L'Amérique
des
écrivains

作家的北美

［法］波丽娜·盖纳 著　［法］吉尧姆·比内 摄影
黄苢　龚思乔　杨华 译

生活·讀書·新知 三联书店

Originally published in France:
L'Amérique des écrivains by Guillaume Binet & Pauline Guéna
© Editions Robert Laffont, Paris, 2014
Current Chinese translation rights arranged through Divas International, Paris
巴黎迪法国际版权代理（www.divas-books.com）.

Simplified Chinese Copyright © 2021 by SDX Joint Publishing Company.
All Rights Reserved.
本作品简体中文版权由生活·读书·新知三联书店所有。
未经许可，不得翻印。

图书在版编目（CIP）数据

作家的北美／（法）波丽娜·盖纳著；黄荭，龚思乔，杨华译．—北京：生活·读书·新知三联书店，2021.1
（三联精选）
ISBN 978-7-108-06856-9

Ⅰ.①作⋯　Ⅱ.①波⋯②黄⋯③龚⋯④杨⋯
Ⅲ.①作家-访问记-世界-现代　Ⅳ.① K815.6

中国版本图书馆 CIP 数据核字（2020）第 075327 号

责任编辑	饶淑荣
装帧设计	鲁明静
责任校对	陈　明
责任印制	宋　家
出版发行	生活·讀書·新知 三联书店
	（北京市东城区美术馆东街 22 号 100010）
网　　址	www.sdxjpc.com
图　　字	01-2018-7520
经　　销	新华书店
印　　刷	河北鹏润印刷有限公司
版　　次	2021 年 1 月北京第 1 版
	2021 年 1 月北京第 1 次印刷
开　　本	880 毫米 × 1092 毫米　1/32　印张 20.25
字　　数	448 千字　图 26 幅
印　　数	0,001-5,000 册
定　　价	68.00 元

（印装查询：01064002715；邮购查询：01084010542）

致我们的孩子
科莱特、妮娜、阿尔塞纳、约瑟夫

目录
Contents

引 言 1

克雷格·戴维森	多伦多，安大略 5
马丁·温克勒	蒙特利尔，魁北克 33
吉尔·阿尔尚博	蒙特利尔，魁北克 47
劳拉·卡塞斯克	切尔西，密歇根州 63
罗素·班克斯	基恩，纽约州 81
理查德·福特	东布斯贝，缅因州 111
玛格丽特·阿特伍德	多伦多，安大略 141
乔安娜·斯科特	罗彻斯特，纽约州 169
威廉·肯尼迪	奥尔巴尼，纽约州 183
迪奈·门格斯图	哈莱姆区，纽约州 209
西瑞·阿斯维特	布鲁克林，纽约州 231
约翰·埃德加·怀德曼	下东区，纽约州 259
珍妮弗·伊根	布鲁克林，纽约州 285
詹姆斯·弗雷	达里恩，康涅狄格州 309
乔治·佩勒卡诺斯	华盛顿哥伦比亚特区 331
罗恩·拉什	卡罗维，北卡罗来纳州 361

约瑟夫·波登	新奥尔良，路易斯安那州	385
约翰·毕盖奈	新奥尔良，路易斯安那州	411
厄内斯特·盖恩斯	奥斯卡，路易斯安那州	437
丹尼斯·勒翰	桑塔莫妮卡，加利福尼亚州	461
T.C.波义耳	圣巴巴拉，加利福尼亚州	489
简·斯迈利	卡梅尔谷，加利福尼亚州	519
大卫·范恩	旧金山，加利福尼亚州	539
帕特里克·德威特	波特兰，俄勒冈州	565
詹姆斯·李·伯克	密苏拉，蒙大拿州	591
托马斯·麦葛尼	麦克劳德，蒙大拿州	609

结　语　637
致　谢　639

"人必先活过,方可写作。"

——约瑟夫·波登

引　言

从小我就爱看美国小说：《在路上》[1]（*Sur la route*）、《宠儿》[2]（*Beloved*）、《金发女郎》[3]（*Blonde*）、《喧哗与骚动》[4]（*De bruit et de fureur*）、《白牙》[5]（*Croc blanc*）、《黑孩子》[6]（*Black Boy*）、《愤怒的葡萄》[7]（*Les Raisins de la colère*）、《麦田里的守望者》[8]（*L'Attrape-coeurs*）……偶然间读到的书，每一本都有一个爱情故事，让我回想起我的青春。它们给了我去看世界、去写作的热望，比如《夜色温柔》[9]（*Tendre est la nuit*）、《金色眼睛的映像》[10]（*Reflet dans un oeil d'or*）、《盖普眼中的世界》[11]（*Le Monde selon Garp*）、《瓶中美人》[12]（*La Cloche de détresse*）。我和它们一起

---

[1] 英文书名为 *On the Road*，作者是杰克·凯鲁亚克（Jack Kerouac）。本书的所有注释均为译注。
[2] 托妮·莫里森（Toni Morrison）的小说。
[3] 乔伊斯·卡罗尔·奥茨（Joyce Carol Oates）的作品。
[4] 英文书名为 *The Sound and the Fury*，作者是威廉·福克纳（William Faulkner）。
[5] 杰克·伦敦（Jack London）的作品。
[6] 理查德·赖特（Richard Wright）的作品。
[7] 英文书名为 *The Grapes of Wrath*，作者是约翰·斯坦贝克（John Steinbeck）。
[8] 英文书名为 *The Catcher in the Rye*，作者是塞林格（J. D. Salinger）。
[9] 英文书名为 *Tender is the Night*，作者是菲茨杰拉德（F. Scott Fitzgerald）。
[10] 英文书名为 *Reflections in a Golden Eye*，作者是卡森·麦卡勒斯（Carson McCullers）。
[11] 英文书名为 *The World According to Garp*，作者是约翰·欧文（John Irving）。
[12] 英文书名为 *The Bell Jar*，作者是西尔维娅·普拉斯（Sylvia Plath）。

长大,我曾经爱过、失意过,它们是我一生的陪伴,如《乱世佳人》[1](*Autant en emporte le vent*)、《宠物坟场》[2](*Simetierre*)、《美国牧歌》[3](*Pastorale américaine*)、《沙崔》[4](*Suttree*)……我无法一一罗列,甚至我所列举的这几部不见得是美国小说最优秀的作品,只不过它们就像被离心力甩到外面的石头,不管出于什么原因,不论它们自身价值孰重孰轻。

多年以后,我萌发了做一次长途旅行的念头,打算和我那位也没少在外面游荡的摄影师爱人一起去闯荡,把美国文学——《亲爱的》[5](*American Darling*)、《战前酒》[6](*Un dernier verre avant la Guerre*)、《锡顶爆裂》[7](*La Nuit la plus longue*)、《唯有蓝天》[8](*Rien que du ciel bleu*)——等揣在我们的背包里。我想访谈它们的作者,怯生生地发了几封邮件后,收到一些回音,有热情的邀约,有礼貌的拒绝,也有一些建议,我发现了一些新作家。他们的作品包括《姐妹兄弟》[9](*Les Frères Sisters*)、《简·皮特曼小姐

---

[1] 英文书名为 *Gone with the Wind*,作者是玛格丽特·米切尔(Margaret Mitchell)。
[2] 英文书名为 *Pet Sematary*,作者是史蒂芬·金(Stephen King)。
[3] 英文书名为 *American Pastoral*,作者是菲利普·罗斯(Philip Roth)。
[4] 科马克·麦卡锡(Cormac McCarthy)的作品。
[5] 英文书名为 *The Darling*,作者是罗素·班克斯(Russell Banks)。
[6] 英文书名为 *A Drink Before the War*,作者是丹尼斯·勒翰(Dennis Lehane)。
[7] 英文书名为 *The Tin Roof Blowdown*,作者是詹姆斯·李·伯克(James Lee Burke)。
[8] 英文书名为 *Nothing but Blue Skies*,作者是托马斯·麦葛尼(Thomas McGuane)。
[9] 英文书名为 *The Sisters Brothers*,作者是帕特里克·德威特(Patrick deWitt)。

自传》[1]（ *Autobiographie de Miss Jane Pittman* ）、《兄弟与看护人》[2]（ *Suis-je le gardien de mon frère？* ）、《恶棍来访》[3]（ *Qu'avons-nous fait de nos rêves？* ）、《野性生活》[4]（ *Une saison ardente* ）。路线已经规划好，可能并没有充分考虑到季节的因素，我们满脑子想的最多的还是那些书。因此，在缅因州的极地旋风中，我们开着一辆老掉牙的露营车，载着超重的行李——"你们在这只行李箱里装了什么？""一堆书……"——四个孩子和他们远程教育的习题本。

因为我们热爱阅读。

---

[1] 英文书名为 *The Autobiography of Miss Jane Pittman Ernest*，作者是厄内斯特·盖恩斯（Ernest J. Gaines）。
[2] 英文书名为 *Brothers and Keepers*，作者是约翰·埃德加·怀德曼（John Edgar Wideman）。
[3] 英文书名为 *A Visit from the Goon Squad*，作者是珍妮弗·伊根（Jennifer Egan）。
[4] 英文书名为 *Wildlife*，作者是理查德·福特（Richard Ford）。

Craig Davidson 克雷格·戴维森

多伦多，安大略

出租车把我带到离一幢小楼几米远的地方，这是在多伦多这座庞大城市的一个居民区里。在那一小块将楼房和马路隔开的草坪上，克雷格·戴维森（Craig Davidson）正全神贯注地推着一辆手动修草机来回地走着。我到得有些早了，他仍沉浸在思绪中。就在我犹豫要不要在街区兜一圈再回来的时候，他的妻子正从纱门前经过，并对我招手示意。我们坐在面朝后花园的阳台上，被空调的轰鸣声包围。我总觉得在低矮草丛的另一边，应该有一片森林，但当我看过多伦多的地图后，马上就意识到这是不可能的。

您能跟我聊聊见证了您成长的加拿大吗？

我的父亲曾是一名银行家，这就意味着我们要经常搬家。他频繁地在各个分行间调动。我出生于多伦多，之后搬去了卡尔加里的西边，接着又先后在首都渥太华、圣凯瑟琳和汉密尔顿生活过。所以说我是在不同的地方长大的，但主要还是在安大略省的南部地区。这之后，我又去了北方，去了新不伦瑞克省的特伦特大学，在那儿邂逅了我的妻子。我们当时修了同一门英文课，这之后，我又去美国的爱荷华大学攻读了艺术硕士学位。

您当初为什么会决定匿名发表您的第一部小说？

这是本恐怖小说。我开始创作它是在上大学期间，然后暑假回到家继续写。我有位魅力十足却有些爱管闲事的母亲。一天，她发现我在写这本小说,就读了一部分,结果把她给吓坏了。她对我说:"你将会败坏我们家族的名誉!如果你想发表它,就匿名发表。"我觉得这很可笑,因为戴维森是个极其普遍而又没有任何特殊荣耀的名字,她没有任何理由担心她的名誉会遭到破坏……但她却不这么认为,我只得妥协。所以,我早期的几本小说都是恐怖小说,并且都是匿名发表的。

它们真的都很血腥吗?

(他笑。)噢,是的!若依照大众的看法,所有后来这些以我的本名发表的书都可以被看作血腥小说。但它们都不是恐怖小说,书里没有怪物,仅仅出现了一些暴力场景。而我之前写的那些却是实实在在的恐怖小说。现在看来,匿名发表总的来说还是正确的。我得向您透露一件事儿,尽管我的经纪人可能要因此不高兴了:我又开始匿名写恐怖小说了。但是我换了个笔名……我过去总觉得将来要写恐怖小说,因为我爱读这些,像斯蒂芬·金(Stephen King)、克里夫·巴克(Clive Barker)、迪恩·孔茨(Dean Koontz)的这一类作品。他们在不同程度上都可以算是我的导师。从学习他们开始入门,我陆陆续续接触另一些作家的作品,比如恰克·帕拉尼克(Chuck Palahniuk)、布莱特·伊斯顿·埃利斯(Bret Easton Ellis),以及汤姆·琼斯(Tom Jones),我爱极了后者那些精彩的短篇小说。于是我开始想自己是不是也能写一些不仅仅有恐怖的恐怖小说。在我攻读英语硕士学位期间,我开始动笔了,那时写恐怖小说是被禁止的,在学术上也不被承认。我不得不尝试写一些文学性更强的故事,这些故事之后大部分都被收进了我的第一本文集中。

您能给我讲讲文学创作课是怎样的吗?

就是一些不同体裁的创作班，在北美很常见。法国也有这样的创作班吧？

基本没有，很少见。

啊，是吗？大家对这个没兴趣吗？那作家们是怎么学习写作的呢？您看，在这儿，这样的创作班就是提高写作能力的一种方式。我们去到这些创作班，这里有各类经纪人，他们随时跟进各门课程，以便能发掘有潜力的新人。年轻作家们需要花费几年的时间来完成他们的第一本短篇小说集或是第一部长篇小说。而这些处女作很多都是通过这些课程创作出来的。所以在法国，作家们平时有自己的工作，有时间了再去写书？

怎么说呢……是的，差不多是这样吧。

其实这是很合理的，或许也更应该是这样。

事实上，在法国，主流观念一直是：写作是无法被教授的，艺术家是天生的。我们认为写剧本或许是可以学习的，我们也有专门为此开设的学校，却不认为写小说也可以。

在某种程度上我是认同这个观点的。我上了两门这样的课程，但可能一门就足够了。我本应该像我之后做的那样找一份工作，然后在工作之余写作的。但总会有些奇怪的信念……比如，约翰·欧文（John Irving）在学生时期经常来爱荷华大学，之后又在这儿教书，我们会因此产生这样一种信念，或者说期望：如果我们也能在爱荷华大学学习的话，我们就能学到他的才气，成为另一个约翰·欧文。这显然是不可能的，我们只能是他的学生。他能给我们一些建议，却无法将他的天赋也传给我们。他的天赋，是上天赐予他的。

但当我再回过头去看，我觉得自己当初应该会很乐意上这样一门课。

您知道，即使您常去上创作课，在遇到一些能给您提供帮助的人的同时，也必然会遇到，特别是在爱荷华大学……我想说的是，作家们可能会比较……怎么说呢，我记得应该是戈尔·维达尔（Gore Vidal）说过这样一句话："每次当我的一位朋友获得了成功时，我体内的一小部分就死去了。"有时，对作家来说，是很难发自内心地为同行的成功而高兴的。这是我在那儿学到的。有时，我们在课堂上展示的文章越完美，大家对它的抨击反而会越猛烈。这就是嫉妒心在作祟，而唯一能平息嫉妒心的方法就是找出文章里的所有缺陷。所以，如果不能承受这些抨击，那么这些批评可能会让你感到很受伤、很痛苦，并且阻碍你作为作家的发展。

那您能承受得了吗？

必须承受得住，或者说应该学着去承受它。我的厚脸皮大概是唯一一件真的让我在成为作家的道路上受益匪浅的事。当别人拒绝你时，要受得住；当听到有人说不喜欢你写的东西时，也要受得住。我不知道有多少作家是像我一样的，当我读到一条好的评价，我会觉得："噢，他们没有认真读过。"而当我看到一条差评时，我会想："啊，他是认真读过作品的，他注意到了让我吃不准的点。"但这却并不会妨碍到我的写作。不管怎样，都应该直面批评，而不是献媚，这才是完完全全的加拿大思维。不断地尝试，不断地挖掘，你可能会受到质疑，但你要坚持。我便是如此成长，如此看待写作的。努力工作，一天天地完善自己，直到成为最好的自己。我并没有成为一名不得了的大家的奢望，而只是在想我是否能做到足够好来养家。我是不是可以为我的家作出贡献？我觉得我可以。如果做不到的话，那我就去做别的事情。这就是我的规划。

<u>您说的这些让我想到对作品的评论，您会看它们吗？</u>

像您一样，不是吗？我的下一部作品将在9月问世，这将是以我的本名发表的第四部作品。人们开始熟悉我了。前几次都有些让人头疼，而现在我们已经知道将会发生些什么了。我们知道我们的情感将会受到怎样的伤害，也知道该怎样去避免。所以，如果我的编辑告诉我这篇评论不太友好，我可能就不去看它了。如果我读了它，可能我接下来的几周都会受到影响，那么我为什么要看呢？第一部小说出版后，我的态度就转变了。我曾经愿意做任何事情来提升对它的宣传，来让人们注意到它，并且在它周围创造出一种正能量。但后来，我明白了这是没办法控制的。你不可能吹口气就能引起人们阅读它的兴趣，也没法杵在书店前，将书塞到过往行人的手里……不管这本书卖得好不好，我都认了。如果卖得不好，我也不会再满心绝望地瘫坐在地上了。在《斗士》（*Juste être un homme*）[1]出来之前，我还是单身，天差地别。那时，我有更多的时间来生自己的气。现在却不可能了。我有了妻儿，所以虽然作品的反响会影响我的情绪，但比起这些，我要承担的责任更重要。我觉得这样做会使事情更简单。我认识很多未婚的年轻作家，他们将大把的时间专注在事业上，也因此而变得不快乐。我不再拥有这样的奢侈。不管会发生什么，我都将一往无前。我会投身到我的下部作品中，尽量不为发生的事过多地责备自己。

<u>是《斗士》让您明白了这些吗？因为它没第一部作品</u>

---

[1] 英文书名为 *The Fighter*。

《锈与骨的味道》(*Un goût de rouille et d'os*)[1]卖得好。

是的,它卖得不是很好,但我已经尽我所能地去推了。真的是尽全力了,即使在体力上也是。我还参加了一场拳击比赛……人们过来观赛,看着我被击中头部,但他们并没因此就去买书。

您为什么会去参加这次格斗呢?这是您自己的主意吗?

这是我广告代理人的主意。因为我曾经注射过类固醇,和我书中的那个家伙一样。

为了找素材?

是的,写这本书,对我而言,多多少少的就是去做所有书中的人物所做的那些事。我想要在我所期待的生活面前做好准备,也就是作为作家的生活,以此来证明我能为此付出一切。我的父亲是银行家,我的母亲是护士,这是他们的职业。这是他们的身份,是他们的事业。我对自己说,写作也是一样的。我用三十年的时间来写作,一本接一本,之后就退休。但是呢,事情并不是这样进行的。如果不能更出色,你的下一本书起码得和上一本同样出色,不管是在写作、销售,还是大众的接受度上。当我们刚进入写作这一行时,尚且有很多未知的方面。对我而言,入行的过程是痛苦的,但大部分的痛苦,我都一个人承担了。您也写过小说,您知道,有时候不管我们做什么,都没用。反正对我来说是这样的。有时,运气来了,想法在我脑中渐渐成形,一切都严

---

[1] 英文书名为 *Rust and Bone*。

丝合缝。而有时，就像火车撞毁一样，一切都报废了。我们投入了太多，所以想要去相信，想要试图说服自己都会好起来的。但事实上，不行就是不行。我们更应该从零开始，不要发表这部作品。

您的意思是《斗士》这本书可能不出版更好？

我不知道，但我觉得我的编辑不会愿意听到我这么说……我很自豪自己完成了这项艰难的工作，也为自己对这本书付出的所有努力感到自豪。我对它的付出并不因此就少于《锈与骨》或是我的下一本书《瀑布城》(Cataract City)。对每一部作品我都是尽心尽力的。只不过有些作品得到的反响会更好些。就算是对《锈与骨》而言也一样，对有些故事所有人都喜欢，而对另一些，人们则会认为："作者不像在其他故事里那样抓住了故事的主线。"我很确定，如果我有幸能继续写小说的话，其中的一些会被看作经得住推敲的作品，而另一些则会被认为"不是作者最优秀的作品"。但这并不意味着我在这些作品上花的时间就少。只不过这其中存在着某种神奇的因素。有些作品从一开始就进展顺利，而另一些却永远没法站稳脚跟。我觉得《斗士》就属于后者。

您是怎样对文本修改的呢？

在加拿大，有一件让我担心的事：购买书的版权的人并不是对它进行修改和润色的人。我的书被一位出版商买下了，一旦交易达成，它就会被转给第三方（另一位出版商）。或许第一位是喜欢我的书的，但另一位就没那么喜欢了，可能她就会寻思："我要对这本书做些什么呢？"我设想这本书不是她喜欢的类型，她不可避免地会认为（我并没有想因此而责怪她）："可能这本书这样就很好了，大众就愿意看这样的书，那还是尽量少改动为妙。"

这样，她对这本书只做了很小的改动，这正是让我很不安的地方，因为这本书也并不像她所说的那样："已经很完美了，直接这么出版就行了。"她只不过是不知道该对它做些什么改动罢了。事情的经过就是这样。所以对于我的下一部作品《瀑布城》，我和我的编辑一起对它改了又改。做了一些变动、修改和润色。整个进行下来我感觉非常好。我觉得已经做到极致了。我的编辑也很好地推动了我，她完全理解了这部作品。在这样的情况下再出版，我们就有底多了。我先后经历过两家出版社，前两本书是企鹅出版社（Penguin）出的，现在转到双日出版社（Doubleday）了。我还在多伦多的一家朋友开的小出版社出过一本小书，也可以说是一本短篇小说集吧，只不过篇与篇之间都是有联系的，叫《莎拉法院》（*Sarah Court*）。我还有另一本短篇小说集已经准备就绪，将会和《瀑布城》一起出版。所以最近这段时间我真的很忙！我知道了自己的错误在哪儿，也明白要在哪些方面改进，今后，我将集中精力在我的写作上。

您在哪些方面还有待改进呢？

为了能全神贯注于人物，特别是女性人物上，我已经稍稍把血腥的场面放在一边了。在我的上一部作品里，我塑造了一些很强悍的女性人物。虽然我不知道这样的塑造是否成功，但我认为确立这类目标是必要的。最终能不能成功不是关键，唯一重要的是追寻创作道路上的一个个目标。同时，也应懂得发挥自己的特长，不要背弃自己。坚持写自己想写的，写读者在你的作品中所欣赏的。我的作品里经常会出现童年这个题材。《瀑布城》讲述了一群青少年的故事。我之前没写过这类作品，于是我利用了自己的回忆。这可能也跟我的年龄有关，我已经三十几岁，在这个年纪，我们开始回顾过去，回顾童年。对于过去，我们常带着一种有趣的又或许是理想化了的眼光去看待，但为找回孩童时的眼神所做的尝试仍然是值得的。

这是一本自传体小说吗？

从地理上来说是的，因为故事发生在我长大的地方，在尼亚加拉瀑布区。作为一名作家，您应该知道，不管我们愿不愿意，总是会存在很多自传的因素。我们依靠某些内容来创造另一些，我们因此受益良多。在创作《锈与骨》的过程中我学到了一堂课：从我的人生中提取那些细小的部分，然后把它们用在小说人物的身上。人物其余的部分是创造出来的，但这个小细节，那个小事件，就是你自己，你能利用它回到过去，所有的一切都在那里，遥相呼应。在写作的过程中我学到的就是要仔细观察我自己的过去，以便能从中来找回过去那些激动人心的时刻，然后再试着将它们用到故事的脉络中去。

我从书中得知您做过很多种不同的工作。

是的，我甚至为残疾儿童开过校车。

这个我们也能在小说中找到吗？

是的，在我最新的短篇小说集中就有讲述公交车司机的故事。

您是不是还就这次经历写过一篇随笔？

是的，作家的脑子就是这样运作的，在写这篇随笔的时候，我就在想："嗯，这能写成一个不错的故事。"

您为什么选择了这份工作呢？

因为经济上的需要。我做所有的这些零工都是因为不得已。

大部分作家都更愿意待在家写作……但当我长时间待在家时，有时候我会变得有些奇怪。不过，只要是在条件允许的情况下，我更愿意待在家写作。目前，我是全职作家，而且需要我来养家，因为我的妻子明年将重回学校准备攻读社会工作方向的硕士学位。我得在家照顾我们的儿子。但我肯定，需要我再去找工作以补贴家用的那天还是会到来的。这没什么。我不知道在法国是怎么样的，但特别是在加拿大，作家很少只有一个身份，能只靠写作就获得所有经济来源。在全国范围内，可能只有包括阿特伍德（Atwood）在内的二十个作家能挣足以专职作家的钱，也只有他们才能做到如果明天就退休，也不至于在八十岁的时候深陷在贫困之中。

我写过剧本，有机会我也会做枪手给人代笔……

啊，是的，我也做过。我们会写些文章、小说、剧本，或者做枪手等来增加收入。但即使是这样，要维持生活还是很难。因为我们不知道下一顿在哪儿。

那您自己是怎么安排的呢？

我写得很多。今早，在您到之前，我写了不少。我不像有的作家会纠结于计算具体写了多少个字，但我需要每天都写个几千字。如果我多写了一些，那更好，不过只要不少于那么多就行了。一旦我写完了那么多（当然是大概那么多），我可能会回去看前面的部分，如果不满意，甚至会把十天的工作量都删掉。几年以来，我就是这样工作的。

您有什么特别的习惯吗？

我总是在每天早上工作。我是个特别会按计划办事的人。起床后，我和科琳一起吃早餐，然后我们和儿子玩一会儿。接下来，由科琳照料尼克，或是带他去散会儿步，而我则去写作。有时进展很快。比如今早，在中午以前我写了三千字，这样算是很顺利的，我知道有怎样的场景要写，然后把它们写下来。但有时，我却得一直写到晚上六点才能完成。我并不总感到满意，但我至少写完了，遵守了约定。我在一些课上，或者在读研期间遇见过不少作家，他们希望自己看起来像个作家：像作家那样说话，像作家那样打扮……但不愿意去做作家那偶尔可能一无所出的工作。他们想要获得一名作家所拥有的一切，却不逼迫自己去成为一名作家。我觉得自己甚至完完全全是他们的反面。您不会看到我边散步边叫嚷着："噢，都来看看我，我是一名作家。"我不会只是干等着缪斯的到来，让她来给我写作的灵感。我会专注于写作，埋头苦干，对自己说："如果我想要写出几千个字，那就得把它们写出来。"这是另一种死板。这并非因为我不是一名艺术家。显然，若没有觉察到一定的天赋或能力，若不是真的被写作的艺术吸引，我们不会涉足这类生活。但与此同时，我会觉得，特别是现在作为父亲和丈夫的我会觉得，更应该通过勤奋的工作，通过对自己严格的要求来获得物质上的需求，我不能因为哪天没心情写作就不写，而让科琳和尼克来承担后果。这就是我的看法。其他的作家可能有不同的观点，并且通过他们自己的方法大获成功。但当我回想起那些在大学遇见的人，我实在很难忍受那些整天游手好闲，然后写几句看起来很有内涵的句子的人。我们真的能这样就获得某种成就吗？我不知道您是怎么想的，不过既然您已经写了三本书，而且还做一些代笔的工作，等等，您肯定得为您做的这些花费精力的。

我有小孩，所以我肯定得有一定的计划，这是肯定的。

毫无疑问！我觉得正是这不可思议的责任感，让我强烈渴求而又充满感激的责任感促使我成为一名更优秀的作家。

正是这样，我想知道成为父亲这个事实怎样改变了作为作家的您？

怎么说呢，写作对我来说，并不算是一件多有趣的事，不算一个爱好——并不是我从没这么看待过它——而是这是件很严肃的事。我能写作，并能尽力写到最好，对我而言都是异常重要的，因为我没法做别的尝试。还有人指望着我呢。我不是靠虚荣心写作的，不是那种会渴望着人们能在鸡尾酒会上或是别的什么地方谈论我的类型。我丝毫不在乎这些。我可能也不是从不在意，但至少现在确实是。现在，我只是想写出一些好书能让我继续下去。如果不能做到够好，那我就去做别的事。而如果我成为一名更好的作家，那是因为我是一名更绝望的作家。一定的绝望有时是必不可少的。

来谈谈您是怎么构建您的故事的吧。您是会全部都提前就设定好，还是说一边写，一边让故事自己发展？

不一定。这很有意思，我是不列提纲的。我知道有些作家会列很详细的提纲，但我从不。或许有一天我会做这个尝试。我并未觉得自己就不能从中受益了。您知道，总是会有五六个构思在我脑海里共存，每天，我会给这个或那个构思加一块砖。当其中的一根柱子已经积累了足够多的砖块后，我会想"或许我能用它来造一栋房子了"，这时我就可以开始写了。一般来说，我会等到一个构思形成并足够成型后，才会觉得"好啦，现在有足够的素材可以写一篇好的短篇或是长篇小说啦，可以写啦"。

您怎么知道把它写成一篇短篇小说还是一部长篇小

说更好呢？我对这个很感兴趣。因为在法国，短篇小说没什么出路，所以我们写得越来越少了。

现在，我立刻就能判断出把它写成一篇短篇小说更好还是一部长篇小说更好。我大部分的短篇小说都是在很短的时间内完成的，几天，甚至是一天。肯定不需要写几年。对我来说，这就是区分它们的方法。一篇短篇小说，是被压缩的几个尤为重要的场景。而长篇小说则需要我们花几年的时间，通过不同的场景、不同的关系，来对人物进行发展。但这是我能通过本能就立马判断出的事情：这是属于一篇短篇小说的构思，还是一部新长篇小说的开头。它们很快就在我脑中归好类了，不需要我过多地去思考。您写短篇小说吗？

不写。我的第一部长篇小说一开始是几个短篇，我把它变成了一个长篇。就像我刚刚提到的，在法国，短篇小说几乎没有市场。

不幸的是，在加拿大也没有。过去曾经有过市场。大出版社只接受那些已经出版过短篇小说集的作家的集子。比方说，一位已经在《哈珀斯》(Harper's)或《纽约客》(New Yorker)上发表过作品的年轻作家将要签一本小说的合同，只有在他们保证能附带写一部长篇小说的前提下出版社才会要那些短篇小说，因为这样他们才能赚取利润和好评。有一些作家，比如说乔治·桑德斯(George Sanders)、查尔斯·达姆布罗西奥(Charles D'Ambrosio)，当然还有爱丽丝·门罗(Alice Munro)，他们只写短篇小说。但这样的作家毕竟是少数，极少数。我不知道在法国是怎样的，但是在这里，在加拿大，在美洲，基本上都是一些很大或很小的出版社，很少再有像灰狼出版社(Grey Wolf)或乳草出版社(Milkweed)这样中等规模、备受尊重、能提供部分预付款，并且还能出版短篇小说集的出版社了。短篇小说要达到大的印刷量，或是卖给一家大出版社是很不容易的。偶尔也有给大出版社的，但这样的情况不多。在法国，出版社的境况如何？

我觉得我们正处在一个过渡期，各大集团旗下的出版社大规模合并。

是的，简直就跟疯了一样。现在，企鹅出版社就刚和兰登书屋（Random House）合并了。我们想不到比这更大规模的了，这简直就相当于可口可乐和百事可乐决定共事了。

啊，对，我看到它们共同的广告了！

这在二十年前绝对是不敢想的。而如今，事情就是这样进行的。短篇小说就是这个现象的受害者，因为它们一般不能带来可观的收益。这是件遗憾的事，因为有些作家在这方面天赋超群。有些作家不喜欢写长篇小说，他们的构思不足以支撑一部长篇小说，却足够写出完美的短篇小说，现在却没有人愿意出版他们的作品。

您有经纪人吗？

是的，目前有一位美国经纪人。我让他打理我的所有事务。您呢？

法国没有绝对意义上的经纪人。

真的吗？那就意味着您得自己投稿？这应该很难。因为我在加拿大有不少人脉，所以如果我决定自己去卖我的书，或许能卖得不错。但有经纪人的好处就是，他可以给你提供将作品翻译到国外的建议。比方说，您怎么知道您要把作品投给美国的谁呢？

啊，不是的，我不需要自己做这些。是我出版社的外国版权部负责这些。

啊，我懂了。这样的话，他们岂不是要拿很多提成。

对，这是肯定的。但是我们没有其他途径了，在法国，除了一些极大牌的作家外，真的完全没有，或者说几乎没有文学经纪人这一说。

这真是很有意思！

那么您和谁一起修改您的文本呢？是和您的经纪人还是编辑呢？

一般来说，他们两人都会看。这是我在进入这个行业后学到的一件最重要的事，也是和我以前想象中的完全不一样的一件事。除了对书进行编辑，我们同时还等着编辑们做数十种不同的工作。如今，我们不只是把他们当成买主了。他们希望能确保到手的书真的是本好书，不想在一本书上大费周章，因为他们没那个时间。因此，渐渐地，经纪人就变得越来越重要了，他们成了我们的第一位编辑。对于您的问题，我想说我是和我的经纪人一起深入修改《瀑布城》的。在把它拿给其他人看之前，我们做了很多修改。

和前几本书是同一位经纪人吗？

不是，是一位新经纪人。一切都是新的。在《斗士》这本书之后，我总结了自己的错误，并深刻认识到需要找一位能够理解我的经纪人。这样既有利于作为作家的我，也有利于经纪人。两者应该有默契。谢谢上帝，我想我终于找到了一位能并肩作战的经纪人了。所以，在把书寄给编辑之前我们很认真地对它进行了修改，之后，我又和编辑一起对它进行再次加工。我觉得这个过程很好。对刚入行的作家来说这是另一个问题：他们不觉得有必要这么认真地修改作品。然而，这其实是个很艰难的过程，即使在大量的修改过后，作品仍没办法达到完美，会有一些地方你坚信还可以继续改进，或你觉得跟目标还是失之毫厘。

即使对您最新的那部作品，您也有同样的感觉吗？

噢，是的，绝对是。尽管我认为自己已经做了很多修改。您知道，我们甚至能在长达两百年的时间内对作品不断地进行修改，却仍然没办法……我不认为自己能写出一本会让我觉得"成啦，就是这样，十分完美"的书。我或许会觉得自己已经尽力做到最好了，已经用上我所有的天赋了。或许会觉得这是我写过的书中最棒的一本。但我知道，之后，当我读到那些对它进行炮轰或批评的评论时，还是会觉得"嗯，是的，或许你们说的是对的……"（他笑。）

您写《瀑布城》用了多长时间呢？

一年半，或两年。当然是断续的，因为我得把文本给经纪人看，等他看完，再进行修改。包括在经纪人和编辑之间反复传阅的时间，我总共花了两年半的时间来完成它。

在您完成一本书之后，谁是它的第一位读者？

我父亲，现在是一名退休的银行家。作为第一位读者，他或许不一定具备好的专业素质，但到目前为止，他展现出了无人可比的强大直觉，他只需要对我说："克雷格，这个不行。"他从未出过错。那些他觉得不错的作品至少都卖得还行，不论它们是否得到了好评。因为能否得到好评那又是另一回事了。但对于是否能获得大众的市场，他鼻子向来很灵。就像一只煤矿里的金丝雀，他能感觉到一本书能行还是不行。

我想和您聊聊生活环境对您的重要性。尼亚加拉瀑布以及这整个区都在您的作品中很常见。

是的，它时不时地被提及，对吧？我从未想过会变成这样。我觉得在我开始写作的时候，我以为人物是最重要的。而且这也是我一直以来多多少少所持有的观点。然而，写到后面，我意识到我们生活的地方，我们成长的方式就决定了我们是谁，我也因此明白了生活环境到底有多重要。无论是《瀑布城》还是尼亚加拉区，都是蓝领阶层生活区，是社会底层人民聚集的区域。我不是在这个环境中长大的。我父亲是白领一族，母亲是名护士。但我的很多朋友都来自工人阶层。在缺少亲身体验的情况下，我最大限度地了解了他们的家庭、他们的生活。我总觉得比起我自己所在的阶层，他们的阶层更吸引我。我们总是更容易被不属于我们的东西吸引……人们生活的环境造就了他们。如果我作品中的人物被他们所生活的环境深刻地影响了，环境就会自动显示出它的重要性。我甚至可以说，在《瀑布城》中，有一个我从未提及，却可能最重要的一个角色，那就是这座城市自己。但在写它的时候，我并未意识到。

我觉得这点在《斗士》这本书中就已经显现出来了。

是的，从那时起这种意识就渐渐形成了。有时，有些东西在你意识到之前就已经在你脑中酝酿了，直到有人将它指出。生活环境的意义对我而言是至关重要的。我以前对此既没有察觉，也没有料到，但这却是不容置疑的。不过，我是在比尼亚加拉区或圣凯瑟琳区舒服得多的地方长大的。比方说多伦多，就更国际化，更充满活力。但是在尼亚加拉区或是圣凯瑟琳区，却会有一些地方让你有回到家的感觉。不论是在最好的还是最差的小说中，我都从未把故事设置在多伦多发生。我了解这座城市，也很喜欢在这里生活。这是个很适合安家的地方。但我却没有丝毫的兴趣将故事背景设置在这里。您或许真该去尼亚加拉瀑布看看。您呢？地理因素也深深扎根在您的作品中么？

我觉得没到您这样的程度。您知道是什么不断地把您带回到尼亚加拉瀑布吗？

在加拿大这边，城市是狂欢的场所，五光十色，像一个巨型主题公园。但如果我们过桥，往美国那边走两百米，就进入了一个完全不一样的世界。甚至都算不上蓝领阶层区，而是深陷在没有尽头的绝望中的完完全全的贫困区。这样的差异，一边是狂欢，另一边是无比艰难的生活，这种经历，即使我们生活、成长在其中时并没有想太多，却是能塑造我们的经历之一。而当我们开始对它进行思考，便会发觉这里面包含着一个故事的很多要素，发现由于他的成长方式，一个人物为什么会做出那种举动。很幸运，我能这样长大，这样的经历直到现在都丰富着我的小说。

您是在不同阶层间斗争的背景下长大的吗？

当时白领阶层和蓝领阶层的对抗很激烈。白领阶层想要对蓝领阶层提供些许帮助，或者说想要理解他们，同时却也在某些情况下压榨、虐待部分蓝领阶层。蓝领阶层想要为他们的家庭和孩子争取到更好的东西。这类斗争随时都在持续发生。这是最深深吸引我的事。

您认为您算有政治倾向的作家吗？

我不知道。我对环境问题越来越感兴趣了。我写了一篇关于海产养殖场的文章，为此做了很多功课。在《锈与骨》中，有一篇就是从我的一次去海产养殖场的经历中得到的灵感。我对此越来越感兴趣了。但就政党方面来说，是自由派还是保守派，我觉得这并没有很……特别是在加拿大，并不会有多大的不同。自由派和保守派几乎是一样的。不像在美国那样。如果我生活在那儿的话，可能会对这个更感兴趣，可能会比现在更具有政治意识。至于我会不会将这些问题写到作品中去，强迫人们去思考这些……有时反而可能会使他们绕道而行。

您的写作风格里最大的特点之一就是它呈现出的极端暴力。这是从哪儿来的呢？

肯定不是从我的亲身经历中得来的。但同时，我也曾参与过不少斗殴，而且每次都输了。所以我对肢体冲突有一定的了解，不过是除胜利以外的。我曾是这类人——这确确实实是男人间的事，是关乎男子气概的问题。如果你招惹我了，或者招惹我的一个朋友了，我肯定会跟你干一架，哪怕会输。有一类男人浑身散发出男子汉的气息，在心里说"噢，我要把他捏碎，要好好地揍他一顿，把他揍得毫无还手之力"。所以，是的，我以前参加过一些斗殴，而且从来都没能吃一堑长一智。唯一的好处就是，看到这样的结果，人们就不会再烦我了。他们明白了我会疯了一样地投入到任何一场斗殴中。虽然被打败了，但我还是出了几拳。他们大概会觉得："哇，我们不用再来一次了。"我挨过不少揍。但就我书中的暴力主题来说，这正是《斗士》的其中一个毛病。有时，当我们对某些事感觉良好时，就比如当我很享受打群架时，最好少去打几次。如果我们能够不放任自己，把次数控制在一两次，这样会更令人热血沸腾。在《瀑布城》中就只有一两个这样的场面，在一本长达四百页的书里只有一两个。在《斗士》里却有七八个，更何况它还更短。总是挠同一个地方的痒很可能会使读者感到疲劳："天哪，又来了。"一开始，我使用它是因为我知道这是我的强项，而且是我喜欢的部分。我还知道人们对它反应不错。但当我达到饱和点的时候，就得寻找其他制造情绪的方法了。我要明白还有其他的方法可以将两个人物的意图展现出来，并推动其发展，而无须让他们互相殴打。我花了些时间来明白这些。怎么推动情节的发展，怎么在不直白地说出人物情感的情况下将它向读者说明。当然还可以有其他的方法。这只是一名年轻作家的狂热爱好。在《锈与骨》中总的来说就做得还不错。尽管还是有过多的暴力场面。而在《斗士》中，就太过了。您知道，阿尔宾·米歇尔出版社（Albin Michel）归一位大富豪所有，我曾经和约瑟夫·波登（Joseph Boyden）（一位大作家）、大卫·特罗伊尔（David Treuer）以及查尔斯·达姆布罗西奥一起受邀出席法国南部的一个艺术节。也是在那里我们遇到了它的所有者。他拥有一栋面向大海的巨大的房子。我们在他面前排着队向他问好。他握住大卫·特罗伊尔的手说："您的书太打动我了。"他握住查尔斯·达姆布罗西奥的手说："真的太精彩了。"接着，他握着我的手说："噢，真的很暴力！"（他笑。）我收到过不少这样的反应，不仅仅在法国，在加拿大也是。确实是这样，这是一些暴力的作品，一部分的我沉醉在其中。我的编辑希望我能在《瀑布城》中再删减一部分这方面的文字。我接受了，但只删了一部分。我拒绝删掉其中的一个场景，并对她说："您知道，这就是我。您明白吗？您应该接受我是这样的，因为正是它带我走到了这一步，这正是我实实在在感兴趣的、打动我的东西，如果您想要我的书，就应该保留它。"她最终理解了。不过比起我的前两部作品，它已经远没那么暴力了。

您通过暴力来表达人物的情感？

是的，我认为是。这是表达情感的一条捷径。行动造就人物。比起塑造勤于思考的人物，比方说在那些人物时刻处于思考状态的小说中——当然这是很好的。不是吗？我也很喜欢这类书，我自己的风格更多的是：若我的人物行动起来了，他们的行动就能体现他们是谁，同时也推动了情节的发展。我的风格就是这样。暴力正是其中的一个组成部分。但老实说，可能之后不会总这样了。这两本书都讲述了一个愤怒的男人的故事。和我一部分的人生很契合。年纪越来越大，又有了妻儿，我成熟了。庆幸的是，人是会改变的，而若作家在改变，这样的改变就会成为他们写作的素材，同时，他们写作的方式也会发生一些变化。我希望自己的改变是在这个层面上的。

您对"我们总是在写同一本书"这个观点是怎么看的？

我觉得在一定程度上这个观点是正确的，甚至对我来说也是。我不确定《瀑布城》算不算得上我写作生涯中一次比较彻底的改变。可能在写作的方式、我的关注点这些方面算得上是，但在主题、形式以及困扰的点上都没有转变。已经读过我前两本书的读者会在这些部分感到很熟悉，看到它们之间的相似之处。有能力改变他们看待世界的方式，有能力总是从不同的角度去探索世界的作家是很罕见的。如果他们能做到这一点，祝贺他们。这是一种我不具备的天赋。

我们能否再追溯一下，回到您的青少年时期看看？因为在您的第一本书里就提到了这个时期。您从那时起就渴望成为一名作家了吗？

我当时写得又少又差。当时在我们高中给我们上文学创作课的老师是杰弗里女士，她是第一个对我说"你知道吗，克雷格，这个写得很棒，你应该成为一名作家"的人。我对自己说："是啊，为什么不呢？"我需要有人点醒我。在这之前，我不知道书籍被放上书架前要经历什么，不知道它们是怎么被创作出来的，不了解这整个过程。突然，我就豁然开朗了，需要有人去书写它们，那为什么不能是我呢？但那之后，当事情进展得不顺利，当我交不起房租，好几个月都喝罐头汤过活的时候，有时我会想："杰弗里女士，我很后悔您没对我说'克雷格，你一无是处，你就该去当个木匠'，或许这会让我的生活不这么艰难。"总之，简单来说，大部分作家不管经历什么都终究是要成为作家的。你写作是因为你喜欢它，因为你从内心深处感觉到你就是为写作而生的，其他任何工作都不像写作能带给你那么多的快乐，那样短暂却强烈的、极度的快乐。

您在写作中体验到快乐了吗？

是的，就像您一样。我不是受虐狂。如果写作只会带给我痛苦和悲伤的话，我是不会从事写作的。当然，偶尔它也会带给我这些负面情绪，但并不总是这样。当它给我带来快乐时，除了妻儿带给我的快乐，它带给我的是人世间最大的快乐。所以我为什么不继续写下去呢？我能承受住所有那些常因自身选择或工作方式而给自己带来的可怕后果，只要我能体会到这样的快乐。我能在这样的情况下坚持下去，即使是在很艰难的时候。

您能谈谈您第一本小说出版时的情形吗？

很不错，尽管还没到能改变我人生的程度。挣的钱还不足以使一切都得到改善，也不够保障我好几年的生活直到写完下一本书，但也已经很不错了，就像一个美梦，一夜间我就成作家了。至少我愿意的话就能这么自称了。即使我很少这么做。当时我二十七八岁的样子，记不太清了。感觉还是不久以前的事。那时我在一家书店工作。我的书已经出版了，但我还继续在那儿工作，我的房租总还得继续付的，尽管《锈与骨》算卖得不错，还卖到国外了。这是种认可。爱丽丝·门罗刚在几个星期前宣布封笔。不管她是否继续写下去，她都已经八十五岁了，她甚至能在三十年前就退休，并留下一份99%的作家都可望而不可即的高额遗产。写作要占据你那么多时间，那么需要你。你无时无刻不在琢磨它。有时，当科琳问我个什么事，但我却沉浸在自己的思绪中无法自拔，我感到很不好受。有时候，我沉浸在思考中，在脑海中的某个部位。停笔的想法总是有那么点吸引人。您看，埃米纳姆（Eminem）说他只需将麦克风放下，然后离开。这或许不错。人们希望能像他这样做，自己主动离开，而不是被迫因编辑说不再需要你了而离开。因为这就更多的算是你个人的选择，而不是他们的。我有种强烈的想法："我完成了我需要做的那些事。"假设我在这个地球上只能活到八十五岁，或许我会有其他想做的事，其他和写作没有任何关联的事。我想我也总能回归到写作上来，在八十岁的时候，我也还是能给您写出一篇短篇小说。这世上还有许多其他我们没时间发现的东西，因为我们全身心都被写作占据了。不过，我的意思不是说我明天就封笔不干了……

关于改变了您人生轨迹的经历，您能跟我谈谈雅克·欧迪亚[1]的电影吗？

我很喜欢。我第一次见到他，是在多伦多电影节上。当然，和所有人一样，科琳也是玛丽昂·歌迪亚[2]的狂热粉丝。我们当

---

[1] 雅克·欧迪亚（Jacques Audiard, 1952— ）：法国著名导演、编剧、制作人，电影《锈与骨》的制片人和编剧。
[2] 玛丽昂·歌迪亚（Marion Cotillard, 1975— ）：法国著名女演员，电影《锈与骨》的女主角。

时受邀出席一场预映。习惯了丰盛的文学晚会，摆满了奶酪块和盛着红酒的塑料杯，电影节的丰盛完全是另一类的……到场后，我和雅克·欧迪亚还有编剧聊了起来，编剧是个很棒的人，有意思的是，他似乎很在意我的看法！（雅克就不像他那样在意了。）我觉得这很有趣，是因为我很感激他们决定将他们的天分用到这部作品上。我甚至觉得他们在意我的想法是荒诞的。我确信他们的改编将比我的原著更精彩。

电影版情感更丰富。

我父亲是个不怎么将情绪挂在脸上的人……随着年龄的增加，男人很容易走向两个极端。要么他们越来越封闭自己，变得越来越冷漠；要么他们越来越开放，越来越情绪化。雅克的电影因戏剧性强而出名，或者说它们都展现了丰富的情感。在这部电影里也是，他很好地表达了各种情感。可能对部分人来说有些过？这是部充满温情的电影，这在好莱坞是行得通的，但因为它出自一位法国导演之手，我们对温情的场面就不那么期待了。但我个人真的很喜欢，即使对那些强烈的情感。可能跟我是在加拿大看着好莱坞电影长大的有关吧。我们对这样的情感表达以及它们的导火线习以为常。我们已经能自然而然地接受了。（有些事已经变成一种条件反射了。）但对我来说，逆戟鲸出现在玻璃前的画面真的是无与伦比的一幕。不管是从总体还是细节上来说，我都无限感激。客观来说这是部很棒的电影。

看着您自己写下的场面在大屏幕上放映出来应该是个奇特的体验。

太奇怪了。在那之后我就再没看过了，也不确定是否还想再看一遍。那是其中的一晚……我们见到了雅克·欧迪亚、托马斯·柏戈恩（Thomas Bidegain）、马提亚斯·修奈尔（Matthias Schoenaerts）和玛丽昂。我有二十张入场券，所以我把所有的朋友都叫去了。我们到了那儿，看了电影。一切都那么神奇，那么不真实。作家们长久地独自待在自己昏暗的小房间里，在电脑上敲击着，时不时地，也能有一些类似的活动。而正是这些时刻支撑着我们坚持下去。所以要一个人在我的小屏幕上再看一遍电影吗？不，我宁愿把它存在回忆里。

跟我讲讲您和雅克·欧迪亚的第一次会面吧。

他散发着一种魅力，一种旧世界的举止风度。很欧式也很法式，褒义上的。法国人对文化和魅力有种天生的感知和冷漠。（这次，是我笑了。）总之，正因如此，在加拿大人眼中，法国人的形象就是不懂规矩地穿着法兰绒衬衫。我当时有点紧张，把我的啤酒溅到了他身上。不过，他很喜欢书中的几处地方，而且庆幸的是，他都坚持将它们放到电影里了！第一晚，放映结束后，我们就出去了，我们坐着喝了点马提尼，接着又去了俱乐部。雅克已届花甲之龄，那时已经深夜两点了，而且他们还都存在倒时差的问题，最后竟然是我先走的！他们都还在继续庆祝。

您需要新的人生经历来给您的小说提供灵感吗？

嗯，这是个好问题。我认为在目前这个阶段，有尼克和科琳在身边，我不再需要去经历那些疯狂的事情了。像打拳击、注射类固醇等。但要说我就从此成为一位隐士，再也不去尝试那些有意思的事了，噢，不，这也是不可能的。而且我觉得我妻子也是支持我在合理的范围内去做一些尝试的。科琳，你会允许的是吗？我想仍会有冒险在等待着我……

科琳过来了。她好不容易才让十三个月大的尼克睡着。克雷格的岳父也在。他利用退休后的空闲时间在学习外语。继匈牙利语之后,他开始学起了法语,希望能练习练习。之后,我们又聊到了克雷格注射类固醇的那段经历,聊到了《肌肉健美》(*Muscles*)这本杂志,在它倒闭前,他一直在那儿工作,聊到了出版业的现状。空调的轰鸣声戛然而止,整个街区都寂静无声。

一辆出租车停在了这座小巧的楼房前,女儿们清脆的声音穿过夏日的午后来到耳旁,科琳的爸爸急忙过去迎接她们,去之前仍不忘和吉尧姆说几句法语。

Martin Winckler 马丁·温克勒

蒙特利尔,魁北克

乘火车离开多伦多前往蒙特利尔，我们将在那儿换乘一辆野营车。整座城市在烈日的炙烤下昏昏沉沉。我们和马丁·温克勒（Martin Winckler）约在拉封丹公园附近见面，几年前，他在魁北克定居。

您的这次访谈邀请得正是时候，因为我一直想成为一名北美作家，并且马上就快得偿所愿了！我将申请加拿大国籍。

您能跟我谈谈您第一部小说的写作么？

关于这个问题，我得先从我发现佩雷克[1]说起。当我还是一名医学院的学生时，我发现了《生活的使用指南》（La Vie mode d'emploi）这本书，把它看了五十遍后，我才去看他在这本书之前和之后出版的其他作品。当时我已经开始写作了，这之后我便以他为榜样继续写作。1982年佩雷克去世的时候，我觉得自己都快崩溃了。第二年，我成为一名全科医生，开始为《处方》（Prescrire）这本医学杂志写文章。同年，佩雷克在阿歇特出版社（Hachette）的出版人保罗·奥恰科夫斯基－劳伦斯（Paul Otchakovsky-Laurens）创办了他自己的出版社：P.O.L.。出版社的Logo采用了《生活的使用指南》中出现过的围棋的图形[2]。我虽与他还不相识，却感到和他心灵相通，就像在文学中有时会发生的

---

[1] 乔治·佩雷克（Georges Perec，1936-1982）：法国当代著名先锋小说家。
[2] 由3枚白色围棋棋子和四枚黑色围棋棋子组成。

那样，便给他写了一封信，表达了作为一名佩雷克的读者，我被他的做法打动了。我还就作家的遗作《53天》(*53 jours*)的出版向他提了几个问题。在这封信上，我署的是我的本名马克·扎弗朗（Marc Zaffran）。保罗当周就回复了我，并表达了感谢。这已经足够美妙！我将他的回信保存了下来。几年后，我写了《临时雇员》(*La Vacation*)这本书，灵感来源于我作为堕胎医生的从业经历，我决定仅将它寄给四家出版社。最后一刻，在法国文化电台（France Culture）听到 P.O.L. 后，我给它寄了一份。日子一周周过去，我觉得永远都不会有人出版我的作品了。一晚，到家后——我们住在一个偏僻的小农场里——我发现我的妻子正在等我："保罗·奥恰科夫斯基-劳伦斯给你打电话了！我让他明天一早你出门前再打给你。"当时，我有两部电话，一部负责病人的来电，另一部则负责家人的。第二天早上，私人电话响了，我给寄书的出版社提供的正是这部电话的号码。电话里的人自称保罗·奥恰科夫斯基-劳伦斯，想找马克·扎弗朗接电话。我惊呆了，在那封随书寄出的信里，我用的是给自己取的笔名，完全没提到我们五年前关于佩雷克的通信。但他却猜到是我了（在书里有一个线索）。他一口气读完了我的书（他抱歉地说"就像在读阿加莎·克里斯蒂[1]一样"，要是他知道我有多高兴就好了！），在决定要出版我的书之前，他希望我们能先见个面，还问如果午夜出版社的热罗姆·兰东（Jérôme Lindon）联系我，能不能晚点再给对方答复。我对他说："如果热罗姆·兰东打给我，我会跟他说我的书由您来出版！"这之后《临时雇员》就在 P.O.L. 出版了。接下来，我用

---

[1] 阿加莎·克里斯蒂（Agatha Christie, 1890-1976）：英国著名女侦探小说家、剧作家。

五年的时间写出了《弊情之端》(*La maladie de Sachs*)，我一直都知道保罗在期待我的新作。

作家和医生，这两个志向从何而来？

十一二岁起我就开始写东西了，对那些我读到过的材料进行再创作。十四岁那年，我有了一本日记，经常在上面写字。同时我也一直都梦想着能成为一名医生。起初，我以为自己只是想仿效父亲，但之后我明白了其实也是因为我自己想当医生。我弟弟也一样，他是世界卫生组织发起脊髓灰质炎疫苗重大项目的经理。我父亲是个品德高尚的人。对他来说最重要的就是人们能好起来。直到我们离开阿尔及利亚前，他的收入都很高。离开阿尔及利亚的那年我六岁，我们在以色列待了一年，我父亲在那儿没找到工作。之后我们就来到了法国。

这段背井离乡的经历是痛苦的吗？

对我而言不是，对我父母来说是的。但其实法国从未让我有过家的感觉，或许正因如此，最终我才会再次离开。让我觉得是家的只有我们家族在皮蒂维耶的房子，以及我和妻子还有八个孩子在勒芒生活过的房子。我从没有国家的观念，甚至恰恰相反，我厌恶法国的沙文主义。

您为何选择定居加拿大呢？

一直以来，美洲都很吸引我。我十七岁的时候在明尼苏达州生活了一年。在那儿，我见识大长，能流利地说英语、读英语，还爱上了科幻小说。回法国后，我进入了医学院，开始读英文的医学书籍和一些期刊，并开始尝试翻译，以便能让我的朋友们读到一些法文书里还没有的新东西，比如说一些短篇小说。在学业结束后，我开始为一家药物类医学杂志工作。做做读书笔记、翻译一些医学文章、译一些漫画书或是侦探小说。在《临时雇员》发表后，《弊情之端》发表前，我翻译了好几部文学作品。当下，我刚结束七十年代的漫画《蝙蝠侠》(Batman)的五百页翻译。这是我童年时代读的书，现在却又重新将它用那个年代的法语翻译出来。真的很有意思。浸淫在英语中，让我对自己的母语有了更深的了解。

从翻译中您收获到了什么呢？

翻译的过程，就是学习写作的过程。我们学着用自己的母语写作。这项工作的完成先从对源语言的研究起步，再过渡到目标语。对一个作家而言，翻译就是创作，它让我受益匪浅。当然也让我了解到他者文化。我总是写和英语国家相关的东西。不仅仅写和美国人相关的，也写和英国人相关的。我读了很多莎士比亚的传记，这是个让我着迷的人。他的戏剧是他本人写的吗？这在英国引起了激烈的争论，人们就此展开辩论。但在法国，我们却没法就莫里哀的戏剧是否由他本人所写提出质疑。在我个人来看，莫里哀是高乃依冒名顶替的。但我们却不能就这个问题进行讨论，人们认为这是一种亵渎。他们不愿严肃地研究文本。在英国，人们引用历史论据来对它们进行严谨的讨论。我们能从中学到很多伊丽莎白一世时期的关于戏剧的知识，以及对作者的讨论，十分有意思。比方说，我们知道了《亨利五世》(Henry V)是由五位作家共同创作的：莎士比亚、马洛(Marlowe)，还有几位我忘记是谁了。这是已经被证实了的。集体创作和冒名顶替的情况是存在的。莫里哀的时代，不过是发生在仅一百年之后的法国，那时法国的习俗应该和当初的英国是一样的，但我们却带着抵触的情绪。盎格鲁-撒克逊人的精神很吸引我，同样积极介入，却更具有科学理性。

是否正是因为这样的法式思维，以及对美式文学和美式思维的热爱促使您离开？

就思维方式来说，英国已经和法国很不一样了。一旦您越过法国北部的边境线，人们就更开放了。比利时人的思维方式和魁北克人的很接近，开放，而又具有文化多元性。在荷兰或是在斯堪的纳维亚国家，要更明显。我认为，其中的一个原因来自天主教和新教的差异。天主教是个奉行教条主义的宗教，它僵化了拉丁语系国家的思想，让它们很难从教条主义中抽身。好不容易从宗教中脱身，它们又马不停蹄地陷入其他教条主义，不管是斯大林共产主义还是最有局限性的拉康精神分析学。另一方面，北美是个年轻的地区。加拿大的存在最多只有五百年历史。而加拿大这个国家才刚成立一百五十年。正因如此，他们认为每位新来客都能带来新东西。而在法国，我们觉得他们是来窃取我们的财富的。这样的想法已经过时了。从1998年《弊情之端》出版到2009年我搬来这里，我注意到，我想表达的东西，我在大众文学、连载作品、漫画、医学与文学的结合体等方面的品位在加拿大都算普遍，且又能引起大家的兴趣。但在法国，人们不希望我破坏已有的秩序，或是去尝试"杂交"作品。不过我还是在1993年出版了同系列的第一本书！当然，现在不一样了，但当时，人们把我当作一个笑话。

您为什么选择了一个讲法语的国家？

第一次来蒙特利尔的时候，我草草地就上路去魁北克书展了，站在马路上，我感觉自己到家了。我喜欢英法双语的并用，这是属于我的两门语言。除此之外还有无处不在的树木和数不清的公园。这是一座大都市，却只有八座摩天大楼。这里的生活质量很高，人们热情好客。这里很安静，也是一座大学城，在蒙特利尔，我可以穿梭在四所大学，授课，开讨论会、研讨会和讲座，马上还要开一门文学创作课。

您对此有什么想法呢？

这是盎格鲁－撒克逊精神和法兰西精神差异的再一次体现。写作，是学习的过程。有要了解的东西，不是凭空写出来的。我十七岁在美国买的最初的几本短篇小说集中，有一本是青年科幻小说家出的合集，他们的短篇小说是在号角写作坊（Le Clarion Writing Workshop）完成的。这很吸引我，我应该会喜欢参加这类工作坊。在我为《处方》杂志工作的那段时间，我们就是这么工作的，会有人帮忙修改文章。对我来说，这就和跟老师学钢琴没什么两样。

您会和您的编辑一起对作品进行大量修改吗？

对那些在 P.O.L. 出版的作品不会，因为在那之前我自己会花很多功夫改稿，只有我认为作品完整了才会拿给他们看。可以改动的地方总会有，大概现在我也仍能找出一些。但我把作品交给他们的那一刻，完成度已经达到了99%。作品的结构已经动不了了。

您如何构思它们呢？

我需要一个开头和一个结尾。有本小说我还没正式开始写，但已经有很多构思了，讲的是一段时光旅行罗曼史，典型的北美题材，带点科幻性质的爱情故事。您读过《时间旅行者的妻子》（*Le temps n'est rien*）[1]这本书吗？很值得一读，这是部很棒的小

---

[1] 英文书名为 *The Time Traveler's Wife*，作者是奥德丽·尼芬格（Audrey Niffenegger）。

说，讲的是一个身不由己的时空旅行者的故事。我恨不得杀了那个女人，奥德丽·尼芬格，因为她写了这本书。

那您的这本书也会在P.O.L.出版吗？

是的。总的来说，这本书是对俄耳甫斯神话的改编。讲的是一个男人为了挽救某些事而回到过去的故事。起初，仅仅是为了去救他心爱的妻子，后来，我把故事给改了，他要补救的，是发生在那些他曾爱过、后来却又分开了的女人们身上的一些事。我得有个开头，让它来讲述，再得有个结尾。我的书总像把弓，结尾又回到最初的状态。这样就能首尾衔接了。就像在《纪念安德烈》(*En souvenir d'André*)里，有一位听故事的人和一位讲故事的人，只不过在这部小说里，听故事的人是默默地在心里对叙述者讲的故事发表看法，而这个讲故事的人就是我的俄耳甫斯。隐喻地说，我的人物和俄耳甫斯神话一样，都只剩下头颅，而这个头颅在讲故事。所以问题的关键很显然就是要知道这是在现实还是在想象中。

您如何开始写作的呢？

比如说《弊情之端》，我先写了最终章"入殓"(la toilette du mort)。而《女子合唱团》(*Le Chœur des femmes*)，则先从开头让(Jean)的独白写起，她在这段独白中显得很男性化，因为我想让读者误以为这是个男人在说话。不过这之后的一两个月我把它放一边没管了。直到我来到魁北克，又重拾起它，并且一口气给写完了。这是我到这里之后写的第一本书。

您每本书要写多久呢？

看情况吧。比如《三个医生》(*Les Trois Médecins*)这本关于我学医生涯的书，早在还是学生的时候我就很想写了，但是一直不知道怎么下笔。有时候想法会在我脑子里酝酿很久。

那从您下笔写开始算起的话，需要多长时间呢？

目前来看，大概两到五个月吧。写《女子合唱团》我用了三个月。《三个医生》四五个月。一决定要写一个《三个火枪手》[1]的新版本，我就已经轻车熟路了。至于《女子合唱团》，我的情节设置借鉴了黑泽明[2]的《红胡子》(*Barberousse*)[3]这部电影。

而且您也在书里提到了这部电影。

是的，这部电影讲的是两代医者之间的冲突。不同的是，我在人物设置上用的是一男一女，这样两者就很不一样了。我预计会花几个月的时间来完成这部科幻小说。

您是怎么工作的？用电脑吗？

是的，从1988年起。

从《临时雇员》这本书开始？

正是。这本书的初稿是在打字机上打出来的。那时，正值《处方》杂志开始配备电脑，我因此得到了一台IBM球形打字机。一写完，我就刻不容缓地读了一遍，但我发现它只能算是一篇冗长的独白，谈不上是一部小说。于是我感到很失落，心想得重写。我买了这辈子第一台电脑，一边重写，一边学着用它。那时在乡下，时不时会停电，我的电脑没备份软件，我也没有硬盘，只

---

[1]《三个火枪手》(*Les Trois Mousquetaires*)：又译《三剑客》《侠隐记》，是法国十九世纪浪漫主义作家大仲马的代表作之一。
[2] 黑泽明（AKira Kurosawa，1910-1998）：日本电影编剧、导演、监制人。
[3] 日文电影原名赤ひげ，英文版电影名为 *Red Beard*。

有两个读卡器。所以我的章节都写得很短,这样,就算停电,写好的章节也不至于一下全没了。

科技影响了写作是吗?

是的,而且这是我的第一本小说,书中存在很多的元叙述:叙述者会自问他是否有权谈论他提到的那些东西、是否有权写一本这样的小说,会有一些道德上的迟疑。我写东西的时候总会这样,会同时受到来自主题、找寻恰当的形式以及外界环境的三重压力,它们可以表现为:身为一名堕胎医生要承受的压力、曾是一名医学生的记忆,以及为寓教于乐而不是苦逼地学习知识而抗争的记忆……法国医学院的教育总是充斥着羞辱、淘汰,这是一种"一战"前的思维模式,已经落后一百年了。

您是怎么做到在参加那么多活动的同时还能留出时间来写作的?

我想写了就写。无论何时我都能投入到写作中去。如果我正在写一本书,在创作欲的驱使下,我早上六点就能爬起来。写《女子合唱团》时就是如此,我早上六点起来写作,然后去办公室,完成要做的事情后,继续写作,一直写到晚上十一二点,再搭最后一班地铁回家。我将U盘带回家(现在我用Dropbox[1]了,U盘就不再用得上了),抱着电脑坐在床上继续写。凌晨四点,精疲力竭的我终于进入梦乡,然后第二天六点起来,周而复始。我能做到这种程度。当我有稿约或者想写的时候我就会动笔写。

在不同的体裁之间,您赋予它们内在的东西会有差

---

[1] 一款网络文件同步工具,是Dropbox公司运行的在线存储应用,通过云计算实现因特网上的文件同步,用户可以存储并共享文件和文件夹。

别吗?在侦探小说,像是将故事背景设置在蒙特利尔的那本《无影无形》(*Les Invisibles*),和你在 P.O.L. 出版的那类小说之间,会有差别吗?

我觉得差别主要在于是不是约稿的。在 P.O.L. 出的书就从不是,全是我自愿写的,因此也就赋予了更丰富的情感。我在卡尔芒-莱维出版社(Calmann-Lévy)出的侦探小说和科幻小说就是约稿写的。我的第一篇侦探小说是出于自己的意愿写的。我想创造一个"鱿鱼"[1]这样的角色来自娱自乐。从那之后我就开始收到这类小说的约稿了。我得有写系列小说的意识,这样更有趣,风险也少。但我也可以选择不写。而在 P.O.L. 出版的书,我却不能不写。针对《纪念安德烈》这本书,我已经满脑子都是各种各样的目标了,其中之一就是要证明我也有能力写出一本虽篇幅短小却和大书一样有思想、有深度的书。我没必要非写六百页不可。

是的,即使是通过标点符号也能表达汹涌的浪潮,有时一连几页都没个标点的影子,有时又用括号做文字游戏。

我很喜欢标点。而且不久前我刚在一个东部地区的侦探小说节上组织了一场关于标点的研讨会,这边的人会有这类想法。啊,门铃响了,该是我儿子托马斯(Thomas)。呃,不是,是马丁(Martin),我有点昏头了。(他笑。)

您有几个孩子?

---

[1] 马丁·温克勒创作的第一本侦探小说中的一个人物。

我妻子和我一共有八个孩子。其中六个是我的,但我们一共养了八个。七个在加拿大,有一个还在巴黎。回到刚才的话题,这其实也是在向菲利普·罗斯(Philip Roth)这样的作家致敬,他既能写出宏伟的长篇小说,又能写出精湛的短文。真正的主题并不是见证一起把人物都联系起来的自杀事件,真正的主题在于如果我消失,我能留下些什么。正因如此,我笔下的人物总是聆听、记录,为了不忘记、不遗失。我对进化论文学批评(critique littéraire évolutionniste)很感兴趣,这种批评并不是致力于取代所有的潜在阅读,而是为了让人们看到不一样的东西。我们要去研究文本,比如说以简·奥斯汀[1]和勃朗特姐妹[2]的小说为例,要从人物身上观察他们在不自觉中存活下来并繁衍子孙的策略。以此来揭示人物身上根深蒂固的社会的规律。怎样才能找到合适的另一半生育后代,然后把他们抚养长大,直到他们也生育自己的后代?《故事的起源》(*On the Origin of Stories*)就讲到了这个,这本书是布赖恩·博伊德(Bryan Boyd),享誉全球的纳博科夫[3]研究专家,写的一本很棒的书。他提到讲故事和听故事的能力是需要培养的,它们和语言一样,是通过不断进化获得的,正因如此,人类才不仅能发展社会关系,而且能生活在除出生地以外的其他地方,甚至是在赤道穿过的非洲国家。如果要就知识、经验、价值、情绪进行交流,除了语言,由语言发展出的结构也是必不可少的:叙述、故事这样的载体。让我们来想象一下一个航海三

---

[1] 简·奥斯汀(Jane Austen, 1775-1817):英国著名女性小说家。
[2] 勃朗特三姐妹(Les Sœurs Brontë):英国女作家:夏洛蒂·勃朗特、艾米莉·勃朗特、安妮·勃朗特。
[3] 弗拉基米尔·纳博科夫(Vladimir Nabokov, 1899-1977):俄裔美籍作家,代表作《洛丽塔》。

周归来的渔夫,坐在你面前说:"我朝着太阳的方向沿河行走了多天,遇到了一处可以坐下休息的地方,有青草,有流水。对我们而言再好不过了。"他是以一个故事的形式来传达这些的。

这让人联想到当地那些描写风景的歌。

正是。博伊德说,我们其实可以将故事看作心理游戏。两只小狗在打闹中学会了战斗。而和成年人玩追逐游戏的小婴孩,笑着跑着懂得了要逃跑自救,学会了逃脱凶猛食肉动物的追击。同样的,故事教会我们直面那些一时之间难以接受的状况。这就是为什么世界上会有那么多关于爱情、战争、家庭……的故事。故事的存在是为了培养我们学会生活。博伊德还补充说这个理论还有待成熟,这才是我最欣赏的地方,他的科学精神。要成为一名科学家,要有想象力。要有能力运用"如果……"。

"如果……"这和写作的方法也很贴近。

一个故事好就是好。博伊德还说过,其实所有故事都是一样的,重要的是要以自己的方式去讲故事,这样,我们才能将自己时代中、生活中和想象中的新东西添加到故事中去。

您是一名主张介入的作家吗?

按我们过去对这个词的理解来说,毫无疑问是的。在主张介入的作家中,我觉得自己最像阿尔贝·加缪[1]。他在《战斗报》(*Combat*)和《阿尔及尔共和党人》(*Alger républicain*)写的那些文章都很有必要读一读,在这些文章里,他坚定地反对殖民主义,

---

[1] 阿尔贝·加缪(Albert Camus, 1913-1960):法国作家、哲学家,存在主义文学、"荒诞哲学"的代表人物。

但与此同时,他也从未认可恐怖主义。而且对一名医生来说,《鼠疫》(*La Peste*)也是本很重要的书。我认为,介入并不意味着要告诉他人应该怎样思考,而是要告诉他人作为公民一分子的我,对事物的看法是怎样的,我希望事情是怎样被传播的。目前来看,我书中提及的很多事都还未在法国讨论开,但终有一天它们会在法国传播开,因为我不是孤身一人。我的书让那些有独特想法的人松了一口气,特别是那些在医学领域的。目前,我对此感到满意。

Gilles Archambault 吉尔·阿尔尚博

蒙特利尔，魁北克

晴朗的一天，沿着通往河流的街道向下走，我一路步行至一座现代化建筑，离吉尔·阿尔尚博（Gilles Archambault）漫步了无数次的旧港只有两步远。公寓被打理得一丝不苟。桌子和架子上陈列着旅途中搜罗而来的各式物件。窗外看起来僻静的街区在这个7月显得有些躁动不安。宽阔的人行道或许没什么特色。然而，这里，却是清凉的。盛着冰水的玻璃杯放置在一个圆形纸杯垫上，缓缓渗出颗颗水珠。吉尔·阿尔尚博今年八十一岁。嘴角的笑容柔和而青春，透着某种脆弱，仿佛某种温柔，印证着他在之后的采访中说的那句话："请不要摇晃我，我的身体里盛满了泪水。"吉尔·阿尔尚博不久前失去了他的妻子，二十岁出头，他就遇见了她，或许是因为她的神秘从未被他看穿，他对她的爱也从未停止。午后时光静静流淌，楼房的间隙中悬着一方澄净的蓝天。在自家的阳台上，吉尔·阿尔尚博窥视着对面的窗子，寻找着新的故事、新的开始。

我参加了蒙特利尔的爵士音乐节，当时我就在想，人群中是否会有您的身影。您就是干这个起步的对吧，主持爵士音乐节目？

是的，也就是说……我现在在做的所有这些事，都是从很久以前就已经开始做了。1968年，我开始做第一档节目，一直做到1992年退休。这之后，我去了加拿大广播公司（Radio-Canada）做爵士乐特约记者，同时也采访一些作家，为《义务报》（*Le*

Devoir）撰文。还为他们的书校稿。

> 您一直是靠记者这份工作来养活自己吗？

我的职业生涯开始于 1958 年加拿大广播公司一个很无聊的岗位，剧本编辑。就是读一些要被退回去的剧本，因为导演对它们不感兴趣。1963 年，我当上了几档工会经济类节目的编导，在这些领域我完全就是菜鸟一个。又过了几年，我开始做跟文学相关的节目，这次就到我的地盘了。出于对爵士乐的喜爱，我还主动提出无酬劳地参加一些爵士乐节目。

> 在您的一本书中，您提到自己从未想过要靠写作谋生？

是的，从未。我出版的作品大多是小说，但若仔细想想，其实可以把它们看作我的个人日记。我只出版过两本纯自传性质的小说，一本关于我的母亲，另一本关于我的妻子，如大家所说，是我生命中的那个女人。除了这两本，其余都是吐露我个人心声的作品，我并没有在这些作品中讲述我自己的人生，而是塑造了一个个和我相像的人物。作品的主题通常与生、死、爱情、友情、光阴的流逝、温情以及对某种感觉、某种情感的追寻有关。我惯用第一人称写作，但即便用的是第三人称，事实上它也并不真的是第三人称。我的作品，总是在找寻各种关系中的某种温情，找寻我们明知遥不可及的幸福。

> 您觉得以女性视角写作容易吗？您偶尔会在作品中这样做。

是的，有时会。我属于那类 45.7% 的感知是偏女性化的男人。这也是一种看世界的方式，一种对非性层面的结合的找寻。我天真地认为，在夫妻或情侣这种我赖以生存的关系中，我们爱着的,或想要去爱的女人很快会转变为我们的姐妹、同伴。

您是怎么构思您的小说的?

我通常从一个画面着手开始构思。您看那儿,看到对面那间有只猫的公寓了吗?我认识的一位年轻女子就住在那里,我曾和她有过短暂的交流。我正在写的这个故事,便是从那儿拉开序幕的。您看过希区柯克(Hitchcock)的《后窗》(*Fenêtre sur cour*)[1]这部电影吗?我的这本小说不完全跟这部电影一样,但是我书中的女儿就住在那儿,和我在一起生活了很久的那个女人的女儿就住在那儿,我会看到那些进出她家门的人,而故事就从这儿讲起。我不知道之后我会编出怎样的情节,但可以确定的是,主人公,也就是书中的我,将会意识到自己已经五十八岁了,但从几年前开始,在他的生活中就再看不见一丝爱的踪影,于是他对自己说:"我的老伙计,是时候找个人来爱了。"我的这本书,将会讲述一个引人入胜而又滑稽的追寻,他告诉自己:"我要去爱,因为我很快就要死了,我已经好多年没去爱了。"您知道,这就是我的主题中很典型的一类。时间的流逝是永恒的威胁。当我还是孩子时就深有感触。如果从这个点切入,我不会列一个很详细的提纲,但这里面总会有一个人物是我自己,所以,他,我是很了解的。但同时,我也得去了解其他人。对他们呢,我会先写一些短小的人物介绍,概括性地写写,再在之后的故事创作过程中慢慢将他们完善。我属于那类——我并不是特别以此为豪——所有小说都在打字机上完成的作家。不过从一年半前起,我开始用 iPad 平板电脑写作了。我放弃了曾让我引以为傲的十指并用的打字法,转

---

[1] 英文电影原名 *Rear Window*。

而开始像这样只用食指打字了。但是我可以打得飞快。我在iPad上写文章。有个叫"eWriter"的玩意儿,可以提供一种印刷字体,这种字体和打字机打出的字体特别相像,所以我也没感到不习惯。打字机的噪音、键盘敲击的声音——这些在过去的生命中使我愉悦的声音开始变成一种打搅我的噪音。因为有时候我也会失眠,而用iPad,即使在凌晨三点我也能工作。

在《笨拙的心》(*Les maladresses du coeur*)这本书中,您的一个人物说:"从某种意义上说,所有的书都是可笑的。"您也这么认为吗?

可笑的是对自己写的东西自吹自擂。有意义的是作品,而不是作者。最终投身写作的人是重要的,但在作家这个行当里,我们甚至得为自己是一名作家而要请求原谅。因为在福楼拜(Flaubert)、司汤达(Stendhal)、陀思妥耶夫斯基(Dostoïevski)……之后,我们竟然还敢写作。那么多伟大的作品读者都没时间读,我们竟然还敢占用他们的时间。我觉得,在所有那些促使我们踏上写作这条道路的理由中,有一条便是崇拜。比如我,若是我没读过巴尔扎克的话——他是我的启蒙作家——我当初还会继续写下去吗?如果我是年轻女孩们倾慕的那个青年,如果我觉得每晚都必须去参加舞会,我当初还会写作吗?我不确定。

您写作生涯的初期是怎样的呢?您为何会想要写作?

因为曾经的我很痛苦。因为生活不能够满足我。因为我热爱阅读。阅读能抚慰我现实中的痛苦。我那时十六七岁,正如拉斯蒂涅[1](Rastignac)说的"巴黎,让你我决一胜负",而我是"蒙特

---

[1] 法国作家巴尔扎克的小说《高老头》以及整个《人间喜剧》中的人物。

利尔,让你我决一胜负;世界,让你我决一胜负;生存、存在的许可证,让你我决一胜负。"我很快明白,对我而言,问题不在于要去征服谁,很快就有人让我们谦逊一点、现实一点。无论如何,我都不是创作交响曲的那块料,我的优势是小奏鸣曲,是竖笛小曲。而且我还认为,若作者本身不能驾驭这样的小曲小调,不能在书的前几页就体现自己的风格,那他就是在浪费自己的时间。我看的第一场戏剧,是莫里哀的,当晚,我便开始写一部戏剧。显然这出戏我一直没有写完。直到三十岁我才出版了我的第一本小说。但这并不是说在那之前我把时间都花在投稿上,在这本小说出版前,我只寄出过一部手稿。因为我想写的不是心理小说,而是那些关于某种生活困境的作品,同时又设想一种我没有过的生活经验。我遇见了我生命中的女人——我和她在一起生活了五十二年——那年我二十三岁,而直到五六年后我的作品才得以出版。那时我没法将一部小说写完,我们有两个孩子,我还在电台工作,好不容易才得到一份我喜欢的工作,让人干劲十足……写作,是重要的,但还有其他重要的事。我从不觉得对我、对我的同类来说,写作或其他任何一项工作可以意味着一切。它们都是我生命中的一部分,仅此而已。它们甚至还是至关重要的。但最重要的,莫过于生活本身。对我而言,生活从来就不是件容易的事,它总是对我很苛刻。在很长一段时间里,我都没弄明白生活最大的价值在哪儿。我轻率地认为何必来这世上走一遭呢,多可笑。但渐渐地,我开始意识到……您知道吧,琵雅芙[1]当时唱过的那首歌,"没有爱,我们什么也不是"。千真万确。这是人间真理。陈词滥调并非凭空产生,而是因为人们整个一生都在不断重复一样的东西。

---

[1] 琵雅芙(Édith Piaf, 1915-1963):法国最受喜爱的歌手之一。

您赞同我们事实上总是在写同一本书的这个观点吗?

或许对所有作家而言并非都是这样,但对我而言,是的。我确信在我的作品中会出现一些重复,出现一些在之前的作品中已经塑造过的同类型的人物。写作,就是千万次地回到同一道创伤。而这道创伤,我们永远也没法抚平它,它是无法愈合的,我们却假装写作能缓解疼痛。而这其实都是骗人的。您知道,我不是在自我吹嘘,但我马上就到八十岁了。多可怕呀。就在今年9月。我一直都厌恶老年人,厌恶老年人的世界。也同样厌恶老了的自己。衰老,也就意味着我们很难再有对某事的体会还是第一次的这种可能性了。虽然我是个绅士,但如果我看到一位异常美丽的女子,并打心眼儿里觉得她很美,这并不是我的过错,更何况,这能让我回忆起过往岁月中我曾感受到的悸动。在一幅我喜爱的画作前,也是如此。我不是在感受,而是在再次感受。所以,美好的,是我们对某样事物的发现。十六七岁时,我发现了巴尔扎克,一口气读了三十本他的书。还有司汤达,我太喜欢他的自传《亨利·布吕拉尔的生活》(*Vie de Henri Brulard*),以至于我大概读了十二遍,比读《巴马修道院》(*La Chartreuse de Parme*)和《红与黑》(*Le Rouge et le Noir*)的次数多多了。我通过阅读来重新确认、来再次体验那些我曾体验过的情感。

您是在怀念旧日时光吗?

在某些方面,现在的我比二十岁的我还要年轻。因为……死神的临近使我们被一些从前没有注意到的事物吸引、震撼。死亡的临近或许反而让我们掌握了惊叹的能力。仿佛我们需要借助这个提醒来激发各项感官。我被美包围着,却对它们视而不见,毫无察觉。自认极能感知美,是美的忠实钦慕者的我,事实上却只是个对美漫不经心的人。以这个主题,我创作了一本小说,《心不在焉的旅人》(*Le Voyageur distrait*),其实,归根结底,说的就是我。

您愿意跟我谈谈您来自怎样的环境吗?

我父亲是个小公务员,我母亲是家庭主妇。父亲去世很早,五十五岁就离开了,我那时才三十二岁。我记得当时自己说过:"我总算可以过自己的生活了。"其实他并不是恶魔般的人,他很优秀,但我们相处得并不愉快。他的兄弟们,这是个庞大的家族,都是工人。从很小的时候起,我就拒绝让他为我支付费用,十四岁开始我就在一家杂货店打工了。比起在家,和小职工、小工人们在一起我反而觉得更幸福。有几年,我和同事们一起做着一份纯靠体力劳动却很有意思的工作,并且乐在其中,因为我感受到了在家无法感受到的友谊与自由。

在您的家庭里没有温情吗?

很少有。没有那种会在来到你身边时给予爱抚的氛围。我父亲从未对我说过他爱我。在那个时代这样的话是说不出口的,至少在我们家没人会说。我母亲也没对我说过,但她表达出来了。她曾是我的知己,我们经常聊天。事实上,我并不是独生子。我母亲有过八个孩子,其中四个在出生时就夭折了,我大概三岁的时候,小妹病死在一场我不记得名字的幼儿疾病中。我知道,这个我曾经常照顾的小妹的死亡改变了我对生命的看法。也有过对此的追忆。十五、二十年前,我母亲告诉我,有好几次她都试图通过堕胎来阻止我的诞生。她那时刚满十八岁。结婚时,已经怀我六个月了。后来她对我说:"你知道吗?你父亲是爱你的,因为他承认了你的到来。"她还说:"我不是街边女郎,但你父亲当时正处在痛苦中,为了讨他欢心……"这让我陷入了迷茫之中。秉承着我的人生哲学，和萨特一样，常常认为"人类就是无用的激情……"的我，真的差点就没被生出来。

那是三十年代的事么？

是的，我是1933年出生的。母亲来自工人阶层。她的家人都挺好。关键还在我父亲那边，整整一年，我奶奶都拒绝见我们，拒绝见我母亲以及还是孩子的我。就因为我父母还没结婚就有了我。对他们这类人而言，没结婚，就不能有肌肤之亲。那时，我母亲十七岁，我父亲二十二岁。

您对这个妹妹还有印象吗？

因为有人跟我说起过，所以还记得一些，但是记忆很模糊。在她刚去世的那段时间，我每时每刻都吵着要找她。想象一下我父母该有多痛苦。他们，那时积蓄还不多的他们，跑去给我买了一辆三轮脚踏车。我到现在还记得那辆三轮脚踏车。

这场幼年时目睹的死亡是您写作的原动力之一吗？

至少我从未直接写到过这件事。

您能说说蒙特利尔是如何滋养您的想象的吗？

我一直都喜欢旅游，但我也每次都欣然归家。我并不觉得蒙特利尔有多美，但这是我的城市。当亨利·卡莱（Henri Calet）谈到十四区时，说他通过丈量他的城市来丈量他的人生。我也一样。尽管我支持魁北克独立的提议，我的情感也不是魁北克式的，而是蒙特利尔式的。我常散步，没车，甚至连驾照都没了。走到旧港时我总能得到一些灵感。我很享受慢悠悠地散着步，看着、观察着行人，听他们的对话。但从两年半前开始，当我看到当众卿卿我我的情侣，心情会变得惆怅。让我充满一种浓浓的愁绪。这是促使我写作的动力之一。不是忧郁，而是怀念。让我难以释怀的，是时间的流逝。这种一切都已发生，一切均不复来的意识很多时候也会给我带来一种美感，但同时还带来伤感。沧海桑田。这并不只是我个人的感受，对您来说，也是一样吗？

是的，深有感触，并且愈演愈烈。

那我得去读读您的作品。蒙特利尔是一座看起来永远都处在解构中的城市。如果您发现了一处美丽的角落，几乎可以确信在它周围一定存在一个丑陋无比或是看起来摇摇欲坠的物体。在我看来，似乎正因如此，它才富有感染力。这是北美城市的特有现象。这里既没有卢浮宫，也没有巴黎圣母院。这里没有漂亮的东西，但那就是它特有的。假如十五岁那年我们在某个地方，假设我们爱上了某个地方，假设我们在某个地方遇见了某个人，那么这个地方便会因这些回忆而变得美丽。这也是写作的动机之一。而且，和其他大部分北美城市一样，事物在不断毁灭。这就像某种在提醒我们的信号："试着爱我吧，因为我马上就灰飞烟灭了。"只需要一个领头人，一切都将被夷为平地。正因如此，蒙特利尔成了一座令人动容的城市。

您认为作家肩负着某种使命吗？

这是可能的，但我从未觉得自己肩负着什么使命。在写作过程中，我从不去考虑读者。我觉得真正的作家无须出卖自己。而会觉得"喜欢我的书的人自然会去读我的书"。应该是大众走向作家，而不是作家走向大众。当然了，也没必要刻意去惹人厌，除非你就有那种喜欢挑刺的脾气。我自己完全不是这样的脾气。梅里美（Mérimée）曾这样形容司汤达："他喜欢讽刺别人，却对别人讽刺他感到诧异。"我不会制造攻击，因为我没有足够厚的盔甲去抵御攻击。您的问题更有智慧……（才不是）或许有的作家是带着使命感写作的，但我难以信任那些自认是传教士的作家。我认为有价值的作家在某种程度上是狂妄的，我们应欣赏这种狂妄，因为这就是他。一边对自己说："这就是像我的那个人。"但我们同时也应尝试着迷失在他人的世界里。如果文学不是独一无二的，如果我们不能从一部作品的前几句话就认出它的作者，那这个作者就是在浪费他自己和读者的时间。很多我喜爱的作家都曾说过类似的话，我也对此深信不疑。给您举个例子吧。我不认为何塞·卡巴尼斯（José Cabanis）算得上举足轻重的作家。但在他的某些作品中，可以听到内心的声音。或许很微弱，只有很小的声音，但却是存在的。这便是真正的作家。路易·卡拉费尔特（Louis Calaferte）以及左派人士、左派作家巴尔加斯·略萨[1]也一样。

那您呢，您是主张介入的作家吗？

在政治行动上不是的，但从我对生活的态度以及对人的态度来看的话，是的。我觉得一个真正的左派，会想要一步步成为人道主义最好的践行者。他不会无节制地追逐利益。其余的部分，就很难说了。主张介入的作家，是不是意味着比起创作出好书，更倾向于创作出提倡人道主义的书？正是这点让我望而却步。我觉得写作是会有私心的，而归根结底，正是这私心造就了它的伟大之处。写作是什么？写作就是创造一个只属于你自己的、个人独有的世界。总而言之，如果有人看你的书，能在仅看过一句、一页之后就赞叹不已的话，那就再好不过了。若是达到了这样的效果，你就没有在浪费时间。但是不要指望，我们次次都能，或

---

[1] 巴尔加斯·略萨（Mario Vargas Llosa，1936– ）：拥有秘鲁与西班牙双重国籍的作家及诗人。2010年获诺贝尔文学奖。

是能毫不费力地做到这样。有些作家出过五十本书了也从未做到过。让我忧心的是那些翻开书本却只想着要从中学到些什么的人。在我的认知里，我们看书是为了被打动。和我们在进行对话的作者，事实上设想着在他对面有某个人。他得在一两个小时里说服你去听他说话。有一位作家雷亚尔·伯努瓦（Réal Benoît），写了一本书，叫《倾听我的人》（*Quelqu'un pour m'écouter*）。我觉得书名很美。作为作家，就像对某人说话，希望别人能倾听我们，但别人或许会说，我们又不要听。也没必要吵。你应邀会见一位陌生人，设法让对方完全被你吸引，但得靠真实的你，而不是靠阿谀奉承。如果能做到，那就太美妙了。

您觉得在您的职业生涯中，自己有进步吗？

老实说，没觉得。比起优点，我属于更容易看到自己缺点的那类人。对我而言偶尔会有这样的情况发生，在那会邀请大家朗读各自文章的晚会上——我曾经大半辈子都在推掉这样的晚会，而现在，我太无聊了，所以什么邀请我都会接受——我对自己说："阿尔尚博，你写的这些还不赖嘛。"但多数情况下，哪怕是在大声朗读时，我也是边读边改。我想尽一切办法不让自己变成一名自负的作家。

您都读些什么呢？

对我影响深远的作家有：亨利·卡莱、迪诺·布扎蒂（Dino Buzzati）。司汤达的影响仍在持续发酵。卡拉费尔特，是因为他的笔记小说。这是位信徒，一位狂热的信徒。而我虽然完全不是狂热的信徒，却很喜欢看些忏悔类的、笔记类的小说。我还很喜欢莱奥托（Léautaud）。但我却对他的某些方面欣赏不来，特别是他谈论女性的方式，有点像个老流氓。还有位让我觉得有些耻于说出口的作家，但多亏了他我才发现了优美的法语散文，那就是雅克·夏多内（Jacques Chardonne）。他在"二战"期间曾当过法奸，人也比较暴躁、自负。我曾采访过他同为小说家的妻子。我说这么多就是为了让您知道，虽然我的政治立场是偏左的，但我读过很多所谓右派作家的书。我还很喜欢维亚拉特（Vialatte）。我是位左派人士，但也是个小得不能再小的资产阶级。我去巴黎都会住在宜必思（Ibis），而不是鲁特西亚（Lutetia）。在奢华的环境里我会感到不自在。

您在写作上有什么习惯吗？您让《笨拙的心》这本小说中的人物罗宾（Robin）说了这么一句话："我难以信任那些一丝不苟地遵循着公务员作息时间，勤勤恳恳在写作的作家。我认为一名作家就应空出些时间用来挥霍。"

通常情况下，我喜欢和妻子待在一块儿。晚上十点，这儿播报电视新闻的时间，我跟她说"拜拜，亲爱的"，然后就下到地下室去写作，一直写到深夜一两点。我不需要很长的睡眠时间。我在蒙特利尔岛上有一处房子，房子的地下室被装修成了一间办公室。有些作家会抱怨有小孩在没法写作，而我则恰恰相反。下面我要说的就是一个最好的例子：我女儿有两个女儿。大概十五年前，假期孩子由我们来照看，孙女们读书，我就在同一间房里写作。我写作的时候从不听音乐。若我有正在写的小说，为了写作，哪怕只有十分钟，我也会抓紧时间写一些。我得确定作品是可行的。这儿的大部分作家都是在签合同前就开始动笔了。但我不是，我会要求先签合同再确定一个交稿日期。我一生都在电台工作，如果节目是晚上8点开始，就不能在8：05分才开始，所以我已经习惯这样的工作方式了。而且我还需要有一个题目。没有题目，就总觉得没有真实感。您想知道我下一本书的题目吗？《温柔的疯子》(*Le doux dément*)。还不错吧，嗯？

在我二十到三十岁之间，有些小说没写完。我感到很泄气。我对自己说："没必要。"我知道自己还会继续写的。我的重大宣言是：二十二岁那年想去法国，想爱上一个女子，一个，因为我想到的是白头偕老。那时，我是不会拈花惹草的类型。到后来我才有一些女性朋友，而在二十二岁时，这并不是我想要的。再就是写作了。若我没有实现这三件事，我的人生就是失败的。它们后来都一一实现了，而我的人生仍然是失败的，因为人生总是失败的。但这却无法阻止我怀有期望。我不知道我还在期盼些什么，但我还在期盼着。

您的灵感从哪儿而来呢？您会从您周围捕捉灵感运用到书中人物的创作中去吗？

我会捕捉一些小细节。在我最新出版的那本小说中，有位叫安妮（Annie）的二十八岁的年轻女孩，和我指给您看的那间公寓里的年轻女孩一样大。但安妮却根本不是她。我总是很担心会伤害到别人。我和本雅明·贡斯当（Benjamin Constant）想的一样，这个世界上最严重的事，是我们给他人造成的痛苦。我们无时无刻不在给他人制造痛苦，但至少，在力所能及的范围内我们应该努力避免这样的情况发生。在生命中，重要的——您露出了高深莫测的微笑——是夫妻/情侣关系，我对此坚信不疑。夫妻/情侣生活，意味着惊喜，但也意味着震惊，有时候你甚至恨不得把对方从窗户扔出去。爱一个人，就是在可能得到的幸福上打个钩，我们可以选择，但生活却不是这样，是身边有一个人陪着你一起绝望地等待。他和你一起等待，就是这样。现在我孑然一身，当我想到些什么，就会写下来。偶尔，我会在半夜两三点醒来，这时我就会去写作。但我知道，如果我没有连续写上两三个小时，那就不叫写作。因为写作，即使一本像我写的这种只有两百来页的小说，也需要坚持，要相信它。就像那些每年读一本书的人，这里读五页，那里读五页。看书不是这样看的。写作，也和看书一样，要持之以恒，就像信奉宗教一样，没有任何事能比你写下来的东西更真实。我妻子总是对我说："你真烦人，你为什么不去写作呢！"因为她知道，我一写作，她就清静了。

您创作一本小说要花多长时间呢？

一般来说，完成初稿要连续花三个月时间，在那之后，还得再花两倍的时间。这都还只是在写初稿。我和司汤达一样，就是说，比起修改，我更愿意重写。所以用打字机写作就很适合我。我打字的速度相当快，都能赶上速录员了，灵感一来，我就能删掉一句，再加上三句。我还留着打印机打出来的初稿。但我不再保留手稿，会把它们都处理掉。如果我现在四十岁，而且好几位我信得过的评论家都让我相信我写的东西是有价值的，我可能会保留这些手稿。

您卖出过不错的销量吗？

我的书一般能卖两千到九千本。我不认为销量能代表一切。叫座的作品通常不叫好。卡巴尼斯就很有先见之明。获联盟奖（Interallié）给他带来了七万五千名读者。但对于下一部作品，他很明智地预测购买它的仍将是那三千个忠实的老读者。事实上你拥有的并不是七万五千名读者，而是七万五千名消费者。当然啦，我既喜欢读者，也喜欢消费者……

您看评论吗？

当我看负面评论时——现在已经没以前多了，当你一把年纪了，人们就不敢再挑刺了——我会记在心里。当我看正面评论时，我会一目十行。可以说上本书，我收到了一沓书评，但我并没有都读完。事实上真正的书评很罕见，一般都是报酬很低，甚至毫无品位的可怜虫瞎写的。但最难忍受的还是沉默，没有任何反响。

  我们漫步在旧港，一个女孩儿在前面奔跑，发丝在风中飞扬。情侣在长椅上相拥。巨大的海军造船厂锈迹斑斑，等待着文化项目的规划，金属上冒出的嫩绿野草赋予了它不同寻常的美。风追逐云朵。采访过后的这几天，我们往返于城市的远郊，在那儿，人们向我们介绍可以展开的折叠款露营车、足够容纳去巡回演出的整个摇滚乐队的大客车。而商家最终妥协了，给我们看了一辆他觉得有点小的老汽车，他很怀疑这辆车能载着我们六个人过八个月，但在我们看来，已经足够了。这车虽丑却不惹人讨厌，一对工匠已经将它的内部重新修缮过了，车内还有一些禁不起孩子们折腾的装饰物。我们神情专注地听着商家对空调和双电瓶用法的说明，以及机器的一些细节，但很快便忘得一干二净了。我们将新家买了下来。惊慌失措地穿过整个蒙特利尔城——我们从未驾驶过这样的庞然大物——便到达了此行的第一站，坐落在郊区的一家巨型沃尔玛。露营用品、毛巾、被单、上色画、便携式手电筒、干粮，两个推车都快装不下它们了。黑夜来临，道路上挤满了车，就在这里，在高速公路旁的某个地方，我们的旅程正式开启。

Laura Kasischke 劳拉·卡塞斯克

切尔西,密歇根州

密歇根的浓荫。生猛而炙热的骄阳被道路两旁大树的枝叶挡住了。远处，那块被修剪得平平整整的草地在阳光下反射出耀眼的光芒。几辆皮卡迎面驶来。赴约前，我们来到一家在切尔西举办茶艺沙龙的小面包店稍事休息。年轻的男店主有一个稍显鲁莽的金发小女孩。而他本人是安娜堡大学的学生，正是劳拉·卡塞斯克（Laura Kasischke）任教的大学。但尽管他也作诗，却从未听说过她的名字。

劳拉·卡塞斯克住在村外，不再是郊区，而是已经在乡下了。高大的乔木下蜿蜒着长长的道路。在一处经过修整的山顶空地上，矗立着一栋灰色的木屋。

劳拉·卡塞斯克戴着垂肩的赤褐色耳环，面带笑容的宽脸上，露出一双略显不安的蓝眼睛，穿着一条夏天的无袖花裙子。她养了七只母鸡和一只名叫"常青藤"的公鸡。其中有一只母鸡不久前被一只隼给吃了，这让她有些难过。她有个十七岁的儿子，这天下午不在家。她拿出了冰茶和巧克力长条蛋糕来招待我，"因为您是法国人。"

家里很温馨：玻璃橱窗的书柜里摆满了精装书和她丈夫收藏的棋子。厨房朝向客厅。空调开到最大。室外，烈日炎炎，热得让人透不过气。透过玻璃门，可以看到鸡儿们在无可挑剔的草坪上走过，更远处，劳拉的丈夫正开着他的拖拉机来来回回。

在密歇根的大树下，四季变幻多端，情感也如此。但面容却如草地般平滑。我们聊得不多，大多是关于气候、牲畜和汽车。幽灵们在那里比在其他地方都更喜欢偷偷诉说它们冰冷的归来。在劳拉的书里，那些折磨着女人们内心的不可告人的秘密，终将被吐露：这些每天清晨盛开在门廊下秾艳的橙黄色花朵，或是那具在晴朗夏日里腐烂的母鹿尸体，多像一个警告。向来如此，在逃避着的无意识面前，在那幅紫红色狂热的画布里，是大自然、是风景、是绿树和鲜花在述说，是暴风雪替那些死去的人代言。

您的写作在多大程度上扎根于密歇根这块土壤呢？

作家是从那片见证他的出生的故土开始写作的。我在美国中西部出生并长大。直到今天，我仍生活在这里。它已经完全成为我的一部分。

美国的这个地区，并不能完全称为乡村，但也跟城市毫不沾边，您对它的描绘真是淋漓尽致。

谢谢您能这么说。不过其实您知道的，我也会出去旅行，也在城市居住过，却依然热衷于描写这个大州，我认为这是因为我书中的人物认识到了他们的思想会在自然界中得到体现，而这些思想与自然之间的较量让我着迷。我和大自然的关系非常紧密，这不管是对我的创作灵感还是心理平衡来说都很重要。

四季在您的写作中占了很大的比重。它们是怎样影响您的创作的呢？

如果说我的很多小说的确都发生在中西部的话，那最关键的一点就是它们都发生在一年中某个确切的时间。这儿的四季极富戏剧性。只要几天、几小时，我们就能经历从寒冬到暖春，我觉得这在其他任何地方都是见不到的。我生活在一个农村化程度很高的地方。在我的作品中,我想要捕捉割过的草散发的清香,就像我们今天闻到的这个味道。我的很多小说,比如《欲望悬流》(*À Suspicious River*)[1]和《暴风雪中的白鸟》(*Un oiseau blanc dans le blizzard*)[2]都是按这个原则创作的:我先设定好季节,然后再设定人物以及他们的故事。

> 您能描述下您每天的日程安排吗?您既是大学教授,又是一个未成年孩子的母亲,还是诗人、小说家……

我尝试每天都写作。这很困难,特别是当你有家庭,还有随之而来的责任,但我依然会试着在办公桌前坐下写作。一天没写,我就会觉得不舒服。这是种身体上的感觉。所以随后的那天我会将更多的时间花在写作上,直写到这种感觉消失为止。总是一边绝望地想写作,一边又有阻碍写作的各种琐事,这是我几乎每天都有的体会。有那么几周,下课之后,我迫不及待地冲回家,因为课堂上的讨论让我有了写作的欲望。但另一些时候,我有太多要做的事,以至于抽不出时间来做自己的事。某天,我决定,既然我每天都有时间吃饭,那同样的,我每天也会有时间写作。即使只是在吃饭的那几分钟时间里,我也可以利用起来。同时,我也在大学授课,一周几次,其余时间,我凡事都以儿子、丈夫和家庭生活为先。我照顾他们,收拾房子,养鸡养猫。所以我的先后顺序是这样排列的:家庭、工作、母鸡,最后才是写作。

> 这么说会不会显得有些狂妄?

噢,不会,完全不会。

---

[1] 英文书名为 *Suspicious River*。
[2] 英文书名为 *White Bird in a Blizzard*。

但尽管如此,您却会强迫自己每天都写作。您有规定自己不能少于多长时间或是多少字数吗?

没有,不大这么做,这样是行不通的。就像我跟您说的那样,我每天都会让自己写一点,但每天的量是不一样的。

那您创作一部小说需要花多长时间呢?

每本都不一样。我最新的这部小说《冬天的心》(*Esprit d'hiver*)[1],是最容易写的几本之一;早晨睁开眼的那一瞬间,开篇第一句话就闯入我脑中,然后我用接下来的几个月时间完成了这个故事。而对于其他小说,我都会做多次修改、调整和润色。

您知不知道创作为何会时而容易,时而难?存在某种魔力?或者某种运气?

其实我也不知道。我们有时候很难抓住正确的思路,很难听到内心的声音。有几本小说让我大费周章。

这个主题在您的小说中反复出现:女人竭力隐藏一个尘封在平凡岁月褶皱里的秘密。

这样的形容真是太浪漫了。挖掘、寻找一个秘密,可能会牵扯出其他秘密。这已经是文学探讨的话题了。

您钟情于女性人物,极其敏锐地把您的女主人公们刻画得惟妙惟肖。

谢谢。我觉得作为女人,从我的视角来写会更容易……而且女性受到更多文化上的约束。男人们可以去旅游,上战场,他们

---

[1] 英文书名为 *Mind of Winter*。

战斗。而女人们则活在内心戏里，她们更多地待在自己的世界里。这也正是我在写作中最感兴趣的一部分，那些隐藏在内心的斗争。我喜欢剥开外皮看内核。

您知道您这样的性格是从哪儿来的吗？

我在密歇根一个传统的小城长大，从表面上看一切都很完美，但隐藏其中的真实生活却充满了家庭悲剧、危机和丑闻，人们虽悄声议论，最终仍会闹得人尽皆知。大人们毫不避讳地在我周围谈论这些，还是孩子的我，十分震惊于这样的表里不一：有些家庭是金玉其外败絮其中。不断会有让人大跌眼镜的事爆出。还有一些事无疑和我们家的家族史有关，特别是和我母亲的个性有关，不过大概我得先做次精神分析才能证明我说的这些是成立的……（她笑。）我担心这会不利于我的写作。

您会将您的生活当作小说的素材吗？

也不能完全这么说，但我有时会用身边发生的事情、逸事作为故事的开端。比如那个关于情话的故事是《你是我的》（*Be Mine*）这本书的开头。这个故事就曾发生在我的一个同事身上。当然，只是用到了这句平淡的情话，并不包括之后发生的整个故事。我在我自己的故事中加入了很多其他的元素，并对它们进行改编。

您也将您周边的环境用到《魂归故里》（Les revenants）[1]*这本小说里，故事发生在您工作且学习过的安娜堡大学校园里。*

---

[1] 英文书名为 *The Raising*。

是的,我半辈子都是在这个校园里度过的。我想就校园写点什么。大学生活是与世隔绝的,是完全与社会隔离开的,这很有意思。校园是社会中的另一个小社会。对教师来说也是一样的。我觉得对小说家而言大学校园是个理想的环境:这是个蜷缩在自己的天地里的小世界,是一个激情可以张扬到极致的小舞台。我还想写写幽灵。我总有这样一种感觉,校园是所有学生魂牵梦萦的地方,他们来这里度过了一段如此短暂却又分外轰轰烈烈的时光,这之后,又投身到截然不同的生活中去了。校园里总是流传着无数都市传奇,你有你的,他有他的。大学校园是幽灵出没的理想之所,因为它被时光困在那里,周而复始。

您描写的所有这些类似于"姐妹会"的传统真的存在吗?

在北美,每所大学的校园生活都遵循着它自己的那套规则,有它特殊的传统,就像姐妹会或是兄弟会。这些都由来已久。某些很严苛的规则和入会仪式有时候可以追溯到很久以前。我查阅了不少相关资料,也和那些给我透露过信息的学生交流过。我对这些东西很感兴趣。

为何您的女主角们总是未成年人或是和这个关键时期紧密相连的女人?

青春期是一个那么极端、痛苦、不可预料而又完整的时期,所有的小说家都对它着迷。而就我个人的人生来说,这也是一段承载着太多故事的时期。我喜欢将我的人物们设置在这个充满转折的时期。

在您的作品中暴力随处可见。

大概是因为就像我跟您提到的那样,这儿季节的更替十分剧烈。我周边的自然环境也很恶劣。它没有被驯服，一直在做抗争。暴力是感官上的体验，我偏爱写感官层面的东西。我的作品中有很多隐喻和象征。它是一种氛围。暴力又加剧了我描写的那种氛围和悲剧。我喜欢描写氛围，让读者们感受到故事情节是在怎样的氛围中进行的。这样，他们就仿佛是在和人物一起亲身经历那些情景。但我书中的暴力主要还是心理层面上的，是内心斗争的产物，通过人物的外在行为表现出来。

带给您灵感的作家有哪些？

噢，上帝啊，不胜枚举。能列出好长一串，听得人昏昏欲睡……如果一定要给出几个名字，那大概会是弗吉尼亚·伍尔夫[1]和伊迪丝·华顿[2]吧。

那您最近在读些什么书呢？

我最近在读一本从俄语翻译过来的短篇小说集，我不知道法语版是不是也已经出了：柳德米拉·彼得鲁舍夫斯卡娅[3]的《这儿曾住着一个想杀死她邻居孩子的女人》(*There Once Lived a Woman Who Tried to Kill Her Neighbor's Baby*)，我很欣赏这本集子。另外川端康成[4]的《掌小说》(*Récits de la paume de la main*)，也是我的心头好。爱丽丝·门罗的作品我也很喜欢。我还是乔伊斯·卡罗

---

[1] 弗吉尼亚·伍尔夫（Virginia Woolf, 1882-1941）：英国女作家、文学批评家，意识流文学代表人物。
[2] 伊迪丝·华顿（Edith Wharton, 1862-1937）：美国重要女作家。
[3] 柳德米拉·彼得鲁舍夫斯卡娅（Lyudmila Petrushevskaya, 1938- ）：俄罗斯女作家。
[4] 川端康成（Yasunari Kawabata, 1899-1972）：日本文学界"泰斗级"人物，新感觉派作家，著名小说家。

尔·奥茨[1]的仰慕者。

您何时决定要成为一名作家的？

很早以前，在我还只是个孩子时。还在上小学的时候，我就开始写一些诗歌和小故事了。

您的这种写作欲望从何而来呢？

我的阅读量很大，而且经常听别人给我讲故事。作为独生女，我经常独自沉浸在想象的世界中。我曾是个孤单的小女孩。因为父母都很忙，所以我想他们会觉得这样很合适：阅读和写作都是清静而安静的活动，不耽误任何事，在自己的房间里就能进行，而且不会打扰到任何人。所以在我们家这两项活动是备受尊重的。那时我还有一本日记，我很早就养成了将想法记在纸上的习惯。写作就这样渐渐地成了我存在的方式。我写上瘾了。

您是在怎样的社会环境中长大的呢？

我父亲那边的家族大多来自波兰和俄罗斯。而我母亲那边则来自英国。我是在大急流城长大的，那儿没有书店。我父母的藏书也很少，所以我将很多时间都耗在了图书馆里。

在这条道路上您是受到支持的吗？

虽然我父母都不写作，但他们都很鼓励我写作。

您父母是做什么的呢？

我父亲是邮务员，母亲是小学老师。

---

[1] 乔伊斯·卡罗尔·奥茨（Joyce Carol Oates, 1938-　）：美国小说家、诗人、评论家、剧作家。

您的求学生涯是怎样的？

我学的是文学专业，又长期去上一些创作班。我主要师从蔡斯（Chase），就是那个您不久后会见到的罗素·班克斯（Russell Banks）的夫人。一段时间之后，我发现原来我都已经学了这么久了，要再转业已经太晚了。（她笑。）于是我就坚持下来了。

您的创作始于诗歌。

是的，而且我逐渐将自己看作一名涉足了小说领域的女诗人……在美国，我的诗歌作品也更有名。如果这种程度可以算作是有名的诗人的话！（她笑。）我经常写诗。然后某一天，我突然有了写本小说的想法，至此我就再停不下来了，写小说是多么愉悦啊！而且也容易得多。

在哪些方面更容易呢？

写诗的时候绝对不能经常被打断。因为灵感的火花转瞬即逝，所以需要绝对的专注。理想的状态是，拥有独属于自己的完整的一天！写长篇小说就不需要这么集中了。我认为短篇小说和诗歌对注意力的集中度要求更高。而在长篇小说中，人们能容忍你一句话、一段话甚至几页都没写好，只要你的故事是引人入胜的。而在短篇小说，特别是诗歌中，这样的容忍绝无可能。一切都必须是完美的。

还有其他不同吗？

在坐下来开始写一首诗之前，我会先构思很久。有时，我甚至会完全在脑海里创作，或是随手记在零碎的小纸片上，之后要做的只是把他们再集中起来。但在没完成之前，我从来都无法知道一首诗能否站得住脚，能否行得通。当我写诗的时候，总是处在一种精神高度集中的创作状态，一种我们显然无法长时间坚持的状态。而长时间的工作却是小说创作的必要因素。要完成一本小说，我们不能只是坐下来干等着灵感的光顾，这样可能上百年才能写完。我们得迈开脚步，得动笔写。我有时知道自己写出来的东西不怎么样，但我还是会每天都继续写一点。我知道改稿的那天总会到来。初稿总是不尽如人意的，要回过头去修改，一次又一次，直到它能体现出哪怕是最轻微的价值。总之，这就是我的创作情况。

您创作生涯的初期是怎样的呢？

很长一段时间里，我写的东西都没被发表。我经历过很多次拒绝。正是这让我明白写作永远都没法立马给你带来额外的回报。它甚至不能给你额外的回报，至少不会直接给你额外的回报。我们不能为了出版、为了获得成功或是为了创造财富而写作。这些想法只会拉开小说家和他们的事业之间的距离。写作仅有且真正的回报是写作本身。只有承认了这点，我们才能即使遭遇拒绝和冷漠，也依然能找到继续写下去的气力。

当您在创作诗歌，并且在一个创作班任教的时候，有了要创作一部小说的想法。您能跟我讲讲您第一部小说的创作过程吗？

关于《欲望悬流》这本小说，指引我的是抓住中西部地区秋天的某些特征的渴望。这是一个极度悲情的季节：冬的脚步近了，死神也一天天靠近。这个季节，以及这个季节的景色，当然也都一点点地和书中那些处在绝境中的人物产生共鸣。希望破灭。于是我就写了一部小说，讲述了密歇根的一座小城里，发生在一位女子身上的谋杀案。莉拉（Lila）的妈妈成了整本书的主人公。我在已经写了好多页，从这个视角做了好多功课后才明白这样做是行不通的。那时，我正指导一个创作班。一天，我让我的学生们以他人的视角来写一个故事。他们在做这个练习时，我灵光一闪：故事应该以莉拉而非莉拉的妈妈为中心。于是我扔掉了所有手稿，换另一个视角从零开始重写。我听任我的新主人公的指引。这本书就这样诞生啦。

您如何构思您的小说呢？

完全得看情况。有的小说，我会先列个提纲。而另一些，则听从内心的指引。但事实上，我认为一本小说的关键既不在于构思出多么坚不可摧的情节，也不在于它的作者能长时间和人物们生活在一起的能力。创作一本小说可能需要花上几年、有时是四年的时间。所以我们不可能每时每刻都处在兴奋的状态中。每天早晨，我们对故事构架进行一些修改，每次，我们前进一点点。

您有没有过书写不下去的经历呢？

噢，有过的，我曾有过一次很糟糕的写作经历。我曾为一本小说拼尽全力，弄得精疲力竭，尽管我已经预感到它可能完成不了。关于那个故事我没有得到什么灵感，它早已失去能唤醒我的能力，但我却迟迟不愿承认。白白浪费了多少时间呀！我花了很长时间才决定将它放弃。

您只经历过唯一一次类似的事情吗？

噢，不止！

您何时知道一本小说有眉目了呢？您的小说是来源于一个想法、一个画面，还是一个角色呢？

对于我早期的小说，触发点通常是某个地点或某个季节。而对于我最新的那部呢，则是清晨睁开眼的那一瞬间闯入脑海的那句话。"有什么东西一路从俄罗斯尾随到他们家"。《你是我的》的开篇是一只兔子被一辆运送情人节鲜花的汽车轧死在西摩小径上的画面。这幅画面首先映入我的脑海,雪地里盛开的鲜红。冬天,这在我家附近是很常见的事情。密歇根州的城市化进程飞快,城市交通网和道路交通网都在不断完善,它们占领了本属于大自然的领土,冲突并非不存在。

> 您以何种形式写作?手写还是用电脑写?

如果是写诗,我会手写在本子上。不管怎样,我会先手写,然后再将它们存到电脑上。但如果是写小说,我肯定会用电脑写。电脑对文本的处理无疑为小说家们带来了福音。我不知道以前人们是如何处理的。我不会一篇定稿再写下一篇,而是会一小节一小节地写。之后再不断回过头来改改这改改那。我不会保存不同的修改版本,有且只有一个版本。进行删减的时候我完全不觉得可惜:这是至关重要的一点,作家们应该懂得删减。

> 您的第一位读者是谁?

我丈夫,一直都是他。他是位很称职的读者。我们结婚后,我的作品他都是第一个读的。他很直白,有时甚至过于直白了,不过我能接受。他读过之后,我根据他的反馈进行修改,然后再将作品拿给我的经纪人丽莎·班科夫(Lisa Bankoff)。

> 您是写多少就给他看多少吗?

不是的。在手稿没有全部完成之前我是不会拿给他看的。我不喜欢翻来覆去来回看太多次,这样会让我更混乱。还在创作过程中的作品,我是不会让他看哪怕一个字的。但作为一名教师,我当然会让我的学生边写边给我看看,因为他们还太年轻,需要反复修改。除此之外,我还是更支持不要过早地把作品拿给别人看，最好在全部完成以后再寻求他人的意见。我不知道那些有其他方法的作家是如何做的。我呢，得在有了故事的开头、经过、结尾之后，才能重新从整体上去推敲全文。

您会和谁一起斟酌词句？

首先会和我的经纪人。对我而言，她既是我的经纪人，也是我的编辑，而且还是位很优秀的读者。之后，我也会继续和我的编辑一起润色。

您会受到评论的影响吗？

嗯……我不知道。有时大家的反应特别激烈，激烈到能让我放弃某个设想。但我却记不起来任何一个具体的建议，要回忆起并且单独把它们找出来实在是太难了。事实上，在我看来，在我的整个修改、整理以及写作过程中，大家的反馈都会起到作用。您知道，我几乎做不到不去听取别人的意见。我对自己、对……对自己的选择都没有太大的自信，无法不去在意我的首批读者的反应。但其实我觉得我从未听到过任何一条让我震惊的过激评论。出问题的总是，您了解的，总是那些自己早就意识到了的部分。读者指出的总是那些我们早已质疑和怀疑过的内容。我们或许也想过要解决这些问题，但通常情况下都很难做到！

您需要一些刺激，需要通过强烈的生活感受来激发灵感吗？

完全不需要。

您写作的动力是什么呢？

这是一条弄清我们的想法，重新整理我们的经历的绝妙途径。同时，或许也是一种微不足道的企图，企图抵挡遗忘、挽回注定要逝去的事物。

> 对您来说,作家所扮演的角色是什么?小说有什么用处呢?

可能有些作家把自己归为某种角色,但我不是这样的。在我看来,写作,就是在孤独中,去探索内心的想法,去探索独属于我个人的经历,是很朴实的。而且,我周围的大部分人都不知道我作家的身份。我也从未提起过。作家就该对作品精益求精。我会写自己愿意读的东西。

> 您对刚入行的作家有什么建议?

这得看情况,因为我既教小说创作,也教诗歌。写故事的话,就总会涉及一系列问题的处理。每一个故事都总能——而且也应该能——通过很多种途径得到完善。对诗歌来说,则大不一样了。有些诗歌还行,而另一些就应该扔掉,有时没办法解释为什么。老师们会青睐那些更易运用的法则……总的来说,我会告诉我的学生们,想要创作出好作品,就要多读书、多练笔,并且持之以恒。还得找到一些敏感点来创造戏剧冲突,然后不厌其烦地多修改、多润色。最后我得再强调一次我最坚定的信念:写作是我们能拥有的最美好的事情之一。

> 当您尝试发表的计划落空时,是什么支撑着您呢?

您知道,当我在青少年时期,还是个二十来岁的小姑娘时,我创作了无数首诗歌。写诗歌的时候,我们更容易对自己正在做的事情保持信仰。首先,我已经发表了好几首诗。其次,一首诗,我们可以拿给其他人看,这更容易做到。不像小说,得写个好几年,而且在这几年之内,我们可能会无数次地问自己:我们写的这些东西哪怕有那么一丁点儿价值和意义吗?还有必要继续写下去吗？不是完全在浪费时间吗？二十大几的那几年，我经历过一段有些灰暗的时期。没有作品出版，诗歌质量也不是很高，我认为。我想写一本小说，想写些具体、实在的东西。我想自己当时是渴望得到一些认可，或诸如此类的东西。在经历过一场危机后，我明白了自己是喜欢写作的。这是我从事它的理由。那时我就知道，不管发生什么，我都会坚持写下去。我将成为教师以及作家，即使我最终没能在文学领域有所建树那也无所谓啦。我觉得这样很好。从这个时候起，压力（我自己给加的）就得到了缓解。我不再一直追问自己这里那里是否做好了，这些都没那么重要了。就这样，我的创作水平提高了。作品也出版了。

回到之前提到的关于暴力的问题。您的小说有时会特别残忍。您觉得这种暴力的根源在哪儿呢？

（她笑。）是的，从哪儿来的呢，对吧？我自己也不大清楚，我从不做暴力的梦，这一类的梦我都没做过。从某种程度说，这种对暴力的兴趣很早就显露出来了。当我高中，或是更早以前，看书的时候，我就热衷于这类小说。我偏爱那些描写死亡的书籍，以及宏大的主题和悲惨的结局。希腊悲剧，这才是文学。所有类型的书籍我都看得下去，但我还是更倾向于认为那些深沉的作品才能被看作真正的文学，阴郁、沉重。我觉得我的这种敏感是家族遗传。我的母亲和外祖母都是古怪的女人，尤其是我的外祖母，我和她在一起生活了很长一段时间，她的很多想法都异于常人，特别是在关于孩子们的教育问题上，也不管他们能否理解。比如说，我记得有一次我和她一起出去散步。她牵着我的手走在马路上，我们正好经过那所不久前发生过两起凶杀案的房子，她将这所房子指给我看，指向一扇窗户，谋杀就发生在那扇窗户后的房间里，她还绘声绘色地跟我描述。这件事给我留下了很深的印象：我那时四五岁的样子。所以说，当我还是孩子的时候人们就在我周围谈论这类事情，从那时起，我就一直为之着迷。当我看书的时候，我会奔着这类主题去，当我写作的时候也如此。这些主题适合我。

通过您的小说，您探索出了现代北美赖以生存的奥秘：《魂归故里》中残忍的姐妹会，《绿皇冠》(*La Couronne verte*)[1]中堕落的春假，《完美世界》(*En un monde parfait*)[2]中婚姻的童话转变成了一场噩梦，《欲望悬流》中麻木的挥霍与嫖妓，《眼前的生活》(*La Vie devant ses yeux*)[3]中高中校园的枪击事件，又或是《冬天的心》中无法建立的母女关系。这些都是北美现代生活中的重大时刻，往往，百分百平凡的日常在我们眼前裂出缝隙，让暴力以最惨烈的姿态喷涌而出。

谢谢您的阅读，但我也不知道。我认为，自己无法抛开我所处的文化来思考所有这些。我做不到保持足够的距离来看我是否对我们的社会持有自己独特的观点。我不知道。我正在做的，或者想要做的，就是讲故事。我很喜欢为事物营造一种氛围，喜欢和感官建立联系，希望能试着描述我看见的画面，但任何时候，我都没想过要对我们的时代发表看法。我的书不是一些思想小说，但我有时确实是通过写作才察觉到所有那些它们所承载的内容。

采访在一些旅游建议中结束。我们来到她位于二楼的书

---

[1] 英文书名为 *Feathered*。
[2] 英文书名为 *In a Perfect World*。
[3] 英文书名为 *The Life before Her Eyes*。

房,这间房间看起来有一点像阁楼,很女性化。矮矮的床上铺着一床白色的棉被。书桌靠墙放置在两扇窗户之间。敞开的壁橱里放满了衣服和鞋子。塌陷的沙发上摊着用钩针钩的被毯,她说无法投入到工作中去的时候就在这张沙发上午休。墙壁上挂满了圣母像和圣像,尽管就像她笑着解释的那样,她并非狂热的教徒。用来装要晾的衣服的篮子被放在房间中央,里面睡着一只红棕色的猫咪。她指给我看密歇根的地图。我们将要出发前往半白岛北边的大马雷,这块原始的土壤毗邻冰冷的、在孤独中颤抖的苏必利尔湖(Lac Supérieur)。

之后,她丈夫在陪我们沿着石子路向下走的途中,被她在美国主要以女诗人的身份出名,而在法国却以小说家的身份出名的这个事实给逗乐了。带着思索的眼光,他凝视着他的那片完美无缺的草坪,解释说她致力于给他们的土地赋予价值。但在青草地上,盘旋着一只隼的影子,或许正是那只那天偷走了他们一只鸡的隼,他抬起眼,望向蔚蓝的天空,有些不安。直到消失前,劳拉都在山顶上挥着手。那只隼鸣叫着飞远了。

这天晚上,我们在用木头生起的火苗上煎烤他们送给我们的新鲜鸡蛋。

Russell Banks 罗素·班克斯

基恩,纽约州

在结束了一段跨越整个密歇根的旅程后,我们沿着加拿大那一边的苏必利尔湖湖岸走,在蚊虫"嗡嗡"作响的森林里一路向北,之后又再次南下回到美国,和罗素·班克斯(Russell Banks)会面。夏日日渐炎热,人们在路边售卖浆果。我们选了一家在世界钢铁侠之都——普莱西德湖[1]的旅馆。一场君越(Lacrosse)车赛将在不久之后举行,整座城市都被年轻人占领了,他们穿着短裤,甩掉袜子,露出线条优美的双腿,脚上踏着凉拖。所有人都健康强健,没有一个像罗素·班克斯书中那些随处可见的人物。

一出城,道路就变得荒凉起来,我们沿着一条峡谷深处汹涌澎湃、浑浊不堪的河流行驶。光线的分界泾渭分明:一面,山峰闪耀着圣洁的金光;另一面,则隐匿在神秘的阴影中。基恩(Keene)勉强算得上是一个小镇,圆木造的房子是当地的古建筑,杂货店里有瑜伽课的广告。幼小的白杨林里藏着一条小道。走过架在溪水上的小桥,我们便望见了那座房子:开满鲜花的山谷中,有一座以前用来熬枫糖的简陋小木屋。屋顶,主体部分被刷成了和环境一样的灰色和深红色。

您是怎样的美国作家?

---

[1] 普莱西德湖(Lake Placid):又意译为宁静湖或静湖,在美国纽约州艾塞克斯县。

我年轻的时候，觉得自己该和过去的美国作家归在一起。五十年代末六十年代初我刚开始写作时，海明威[1]还在世，福克纳[2]也还在。我是以他们为榜样，向他们靠近的，还有马克·吐温[3]和其他十九世纪的作家。我当时读的就是这些作家的作品，可能因为我只读英文书，所以法文和西班牙文都说得不太好。因此那时我对美国作家这个身份的归属感很强。但随着年岁的增长，我渐渐不再只局限于本国文学了。我想，这很大程度跟我遇见了许多来自世界各地的作家有关，亚洲的、南美的、欧洲的，我还和其中的一些成为挚友。从那之后，我终于发现，不管是从作家这个职业还是身份来看，我的写作都可以既不受国界和文化的限制，也能做到不受类别和种族的限制。我觉得自己不再是一位严格意义上的美国作家了。我是一名美国公民，这一点毫无疑问，也对我居住的国家和家乡肩负着某些责任，它们需要借助这些支持前行。但我不认为自己是民族主义者，从任何方面来说都不是。我觉得自己属于一个超越了民族界限的部落。随着年岁的增长，我还发现自己不再局限于写某一些主题，而是可以很自如地写到关于西非或是加勒比地区的事情，只要是在我的想象所及之处。这是经过五十年转变的成果。我坚信民族主义是一种病态心理。对艺术家而且可能特别是对作家来说，坚决抵制民族主义、绝不拥护任何执政党至关重要。若从这个层面来看，我竭力不让

---

[1] 海明威（Ernest Miller Hemingway，1899-1961）：美国作家和记者，被认为是二十世纪最著名的小说家之一。
[2] 福克纳（William Faulkner，1897-1962）：美国文学史上最具影响力的作家之一，美国意识流文学的代表人物。
[3] 马克·吐温（Mark Twain，1835-1910）：美国著名作家和演说家，也是美国批判现实主义文学的奠基人。

自己成为一名美国作家。然而由于语言、国籍以及过往经历的局限，我必定会是一名美国作家，但从我的抱负以及我作为一名作家的目标来说，我却不是一名美国作家。

  当您说您以前被局限在某些主题，是指地理上的局限么？您不少小说里的故事都发生在阿第伦达克山脉和新罕布什尔之间，您的家乡也在那里。

一定程度上说，当我去到我不熟悉或是生我养我以外的地方时，都会感到不太自在。不过这是很久以前的情况了，现在已不再如此。我觉得自从我在国外生活过以后，这种现象就消失了。七十年代中期，我曾住在牙买加我对这个国家很感兴趣，几年的时间里，我融入了它的文化和历史中。想着也可以就这些写点什么。为什么不呢？如果我对这些都有研究，都能很好地吸收，而且又有我自己的研究……这就是我那时所做的。所以我觉得，自己也同样可以写跟海地相关的东西，就像在《大陆漂移》(*Continents à la derive*)[1]中的一样。也可以写关于利比里亚的东西，就像在《亲爱的》[2]中一样，等等。我的写作天地正是由此开始拓宽的，而那时我已经三十好几了。我也可以，而且也仍在这么做，写些和阿第伦达克山脉还有新英格兰地区相关的东西。在我的下一本集子中，一半的短篇小说的故事情节都发生在佛罗里达地区，其余的则发生在这儿。不过地球上的其他地方也都向我敞开。

  当您面对的是一个您不太熟悉的地方时会怎么做？

---

[1] 英文书名为 *Continental Drift*。
[2] 英文书名为 *The Darling*。

比如说利比里亚。

差不多和我处理过的历史时期的方式是一样的，比如那本写约翰·布朗（John Brown）的《拆云者》（*Pourfendeur de nuages*）[1]。我得先做些调查，了解一下那个时代是怎样的，1840年到1850年之间人们都吃些什么，诸如此类的问题。你得找到那些"让读者觉得你构建的这个小说世界是可信的"信息。

这得花多长时间呢？我们拿《拆云者》来举例的话。

就这本书来说，我很熟悉它的地理环境，因为书中的一部分情节就发生在这儿，另一部分发生在得克萨斯。但我还是去了在弗吉尼亚州的哈普斯渡口，以及堪萨斯，几场在边界上的战争都是在这儿发生的。在《拆云者》中，欧文（Owen）讲述了他的父亲约翰·布朗的一生，作为废奴主义支持者、地下铁路的成员以及之后波特瓦托米大屠杀的发起者和哈普斯渡口暴乱的组织者。约翰·布朗和他幸存的儿子们最终被处以绞刑。而为了写《亲爱的》，我也去了利比里亚。我喜欢做调查，但不是像记者或社会学家那样。您是小说家，所以您知道我们想要的是什么，是要弄清楚一个地方是怎样的，这个地方光线的感觉是怎样的。我们更多的是靠我们的感觉而不是知识去领悟。我喜欢去那些我的小说中写到的城市，一部分原因也是为了满足我的好奇心。

好奇，是您写作的动力之一吗？

---

[1] 英文书名为 *Cloudsplitter*。

是的。在不同程度上来说。写作，是一种在时间中旅行的方式，而且从空间上来说，也是进入他人生活的一种方式。我总是对他人的生活感到好奇，特别是对那些和我不同的人的生活。但这也是一种更深层次、意义更为重大的好奇。对我而言，写作是我深入了解无法用其他方法了解到的某个秘密的手段，甚至是某些让我感到不舒服或害怕的东西。创作小说给了我更深入了解某些问题的机会。我想到了《触觉失忆》(*Lointain souvenir de la peau*)[1]。这本书中的谜团就在于，从性的角度去看，人们是怎样在不知不觉中跨越了幻想和现实的界限。这时时都有发生。我想到了那些网络性侵犯者。对色情书画的上瘾也让我感兴趣。在我看来，这其中潜藏着关系到法律、社会学、历史，以及心理上的大谜团。我只有通过写小说，通过将那些生活在其中的人物搬上舞台，才能看清这团迷雾。我进入他们的世界，感同身受。这可以算是好奇心，但我想，这同时也超越了好奇心。

您还创造过一位对食物上瘾的教授。

我想弄清楚这个，想弄明白不同的上瘾之间存不存在某些关联。它们是通过什么联系在一起的？生理学家们告诉我们它们是互相关联的，当教授打开他的电冰箱，当基德（Kid）点击一个淫秽色情网站，他们大脑的同一块区域开始兴奋。他们的行为受到了同样的影响。

为了探索这个领域，您还是选择了一个大家会喜爱的人物。基德是位受害者。

我得这么做。从策略上看，这是带读者进入本可能让他万分

---

[1] 英文书名为 *Lost Memory of Skin*。

恶心的世界的最佳方式了。对作为作者的我来说也一样。我得以跟在那个我喜欢的、觉得有趣的、带有他独特的智慧和敏感的人身后,进入这个世界。从社会学的角度来看,他是个彻头彻尾的失败者。就是那种人们在街上不屑一顾、视而不见的人。对我,以及对我的读者来说,我们都需要一个像他这样的人。这还不够,有很多人在看过第四本书的封面后就立马把它放下了。"噢,不,我不要看这个!"(他发出低沉的大笑。)

您是如何做功课的?您和有性犯罪记录的人交流过吗?

噢,有的。一年中的一部分时间我住在海峡另一边的迈阿密,我见到了麦克阿瑟公路堤道跨越比斯坎湾连接着迈阿密海滩和迈阿密市区。在这座堤道下生活着一群有性犯罪记录的轻罪犯人。这是我五年前从一篇文章中得知的。这激起了我的兴趣。于是我就骑着单车过去了,近距离地观察他们。我拜访了生活在那里的人。

独自一人吗?

噢,是的。他们并不是因为他们的暴力而待在那儿的。他们之中的很多人都有自己的职业,早上起床去上班,晚上再回去。他们没有权利在距离有小孩的区域的方圆七百米以内安家。不管他们犯的罪是轻是重。有的可能是连环强奸案的凶手,而有的可能只是和基德一样做过类似的事情,跟未成年人发生了性关系却不知道对方是未成年人。性犯罪的罪行太多种多样了。大体上来说就是从裸露癖到强奸的各类罪行。一个十八岁的高中生和他十七岁的女朋友发生性关系就构成了性犯罪。

这是本侦探小说。您坚决地揭露了这种双重判决的荒谬性,即使在坐过牢之后,他们还是无法在任何地方安家,因为他们总会离这所或那所学校太近。他们无法再重返社会。

这简直荒谬至极。没人愿意谈论这个现象,也没人愿意对此进行抨击。在美国,一直如此。这可以一直追溯到十七世纪,人们对性的态度总是如此可笑。人们总是做不到理智地对待这个单纯的生理需求,至今如此。

在《拆云者》中您也谈到了这一点,欧文的兄弟亲手切掉了他自己的生殖器。惨烈的一幕。

噢,是的!就是这样,总是这样。压抑在深处的怒火和性犯罪感披上了暴力的外衣,不管是何种形式的暴力。这是数百年以来深入我们文化的特征。

您觉得一本像您的作品这样的书能使事情有所改变吗?

(他叹息。)我不觉得。或许可以,或许不可以。但若它什么也改变不了,我也既不会感到失望,也不会感到惊讶。文学的力量是十分有限的,而且一般来说,那些能给政治带去巨大改变的书都不是什么好书。(他笑。)我希望自己不要写出任何这样的书来。《汤姆叔叔的小屋》(*La Case de l'oncle Tom*)[1]?不,还是算了吧。我很庆幸有人写下了它,促进了奴隶制的废除,但作为一部艺术作品……(他仍在笑。)或者左拉,他那类的书。不过就我个人来说,已经通过阅读改变了不少。我对于女性和对种族的看

---

[1] 英文书名为 *Uncle Tom's Cabin*,作者是哈丽叶特·比切·斯托(Harriet Beecher Stowe)。

法和理解，在读过某些书后发生了改变。

哪些书？

拉尔夫·艾里森[1]和他的《隐形人》(*Homme invisible*)[2]。还有理查德·赖特（Richard Wright），我最开始读到的几本黑人作家写的关于黑人角色的书之一。它彻底改变了我。我的脑海里之前从未出现过男性黑人的形象。也没出现过之后在托妮·莫里森[3]小说里出现过的女性黑人的形象。进入这个世界，感受不同的经历，开始理解作为黑人究竟意味着什么。有一位作家使我改变良多，他就是纳尔逊·艾格林（Nelson Algren），因为西蒙娜·德·波伏瓦[4]的关系，他在法国显然声名远扬。我认识他，他是我二十来岁时的良师。在十余年时间里，直到他去世前，我们都一直走得很近。是他的作品最先带我走进了超越现实社会的美国地下世界。这是伟大的表现主义艺术。我爱上了他的作品，爱上了他，他成为我那个时期所需要的榜样。我当然不是想要模仿他，但我想知道他是怎么做的。作家，就是要创造出一个人物，一个人人都想要成为的作家笔下的人物。特别在当时，对一个我这种背景的平民阶层的家伙来说，很难想象到这些，而纳尔逊实打实地帮我在做。其他改变了我的书……通过您对社会的理解，我们怎么能做到不受到卡夫卡作品的影响呢？作为一名读者，我发生了改变，于是也希望自己的作品能产生同样的影响，独立作用在某位

---

[1] 拉尔夫·艾里森（Ralph Ellison，1914-1994）：当代著名美国黑人作家。
[2] 英文书名为 *Invisible Man*。
[3] 托妮·莫里森（Toni Morrison，1931-2019）：美国黑人女作家。生于俄亥俄州。
[4] 西蒙娜·德·波伏瓦（Simone de Beauvoir，1908-1986）：法国存在主义作家，女权运动的创始人之一。

读者身上，一次影响一个。我活得够久了，我的记忆也足够好到能记起那个时期，那个和如今的美国不一样的时期。关于种族，特别是关于同性恋，或是关于女性的境况。我有个黑人孙子和一个孙女，他们生活在一个和我所认识的那个世界不同的世界里。

　　这个世界更好吗？

噢，是的，对他们来说，显然是的。我的孙子生在今天这个时代会比生在过去更好。肤色问题依然无法忽视，但已不像过去那么严峻了。对于性别问题，也一样。我的孙女拥有一切选择权，她将可以做她的母亲特别是她的祖母曾经想都不敢想的事。事物在变化。但我们没法识别出有可能是哪些作品引起了这些在我孙子孙女们的世界里产生的至关重要的变化。

　　对您来说，那种要改变读者的观点的想法重要吗？

不重要，并不那么重要。我写作更多的是为了改变自己。我是自己唯一的听众。书一旦完成，我们就会知道大众的反应，不管要改什么都已经为时过晚，而且这样显然更好。我希望写作的时候可以看到、听到、感受到。我希望能感觉到自己是属于那个虚构的小说世界的。我和别人没什么两样，所以，如果我觉得这是有启发性、动人心弦、有教育意义的，可能其他人也会这么认为。我没有精神问题，是个普通人，而且我认为很多其他人也会和我有同样的反应。这样很好。但如果事实并非如此，我也不会做任何改变。我还是会继续写我写的东西。就像我刚说的，为我自己而写。

　　您会大声朗读吗？

是的，有时会。我想试试听上去是什么感觉。将文本大声朗读出来有时会比在脑中默念它效果更好。您不这么认为吗？

是这样的,千真万确。您的习惯是什么?

大部分时间,我都在这儿或迈阿密工作。我还有一个离家不远的小工作间,每天早上我都步行过去。我喜欢离开家门。这让我觉得自己是有工作的人!(他笑。)我可以说自己是去办公室。不过,我也需要有一处地方仅供我写作。在这里,我不用付账单,也不用接电话。我的助手南希(Nancy)会负责处理我的各项事务,这样我就可以全身心投入到创作中了。这已经成为习惯了。如果我在这里做其他的事情,会让我觉得有点怪怪的。

您从很久以前开始就有了这个地方吗?

从二十六岁开始。

您一直是这样?单独有一间办公室?

是的,一直都是。在买下这里之前,我租了一间公寓来工作。我的妻子也搞创作,她是诗人,更愿意在家工作。我们需要几个不同的区域避免侵犯到彼此的领地。这样,在我的地盘里就不会有她的电费产生。

您的时间是怎样安排的呢?

一般来说,我每天早上来这里工作,一直到大约下午两点,再去吃份迟到的午餐,饭后我会将写作放一边,去做手头其他正在做的事情。

您会给自己定一个最低字数标准吗?

不会。很多作家都这么做。众所周知海明威就是其中之一。他每天结束后都会数这天一共写了多少字,以此来决定他有没有资格去喝上一杯——不论怎样他大概都会去喝一杯的!(他笑。)如果我看到纸上写满了密密麻麻的字当然会很开心,但我也知道如果它们没写好，明天回到这里的时候我可能会把它们全部扔进垃圾桶。重要的是，到这儿来，投身工作，就算进展不快也没关系。我基本上每天都会写作。这对我可能不像对别人而言那么容易，也不像对某些人而言那么难。我和乔伊斯·卡罗尔·奥茨是很好的朋友，我知道对她来说，词句可以如潮水般自发而清晰地从她体内喷涌而出。这太不可思议了。但也有些人耗费十年时间也只能熬出一本薄薄的小书。我不是这样的完美主义者，也没有乔伊斯那样的天赋。这是一项艰难的工作，我对自己的要求也相当高，经常对自己的作品感到失望、丧气，但却从未觉得坚持不下去。写作成为我的日常。这已经是我从事写作的第五十个年头了，它几乎成了我的呼吸。有时候我都不知道自己来自哪里，也不知道是否还有必要知道，这种时候我就会出门，尝试着用另一个角度去看待事物。我不会受到作家常经历的思路被阻断这一类的困扰。当我年轻一点的时候，更容易受这样的影响。还存在有另一种形式的自行检查，就好像内心住着一位编辑，他看着稿子说："抱歉，这还不够好。"即使是在我们写作的过程中。现在我已经不再有这种不安了。

您是如何从中走出来的呢？是因为功成名就？

我觉得是习惯的力量。我们最终会了解它自身的运作机制。我们了解到挫败感、焦虑、窘迫、失望都属于写作过程的一部分，就像它们也同样存在于所有的人际关系中一样。最好是去面对它们。我坚持认为写作的一切问题都跟材料有关，而不是因为你太笨、受教育程度不够高或天赋不足。问题存在于你和作品之间。你本身并不是问题的所在。问题可能出在人物、伦理或情感上，而不是语言、结构或形式上。文本内容的处理总是困难的。总是。所以，不管我写得好不好，我都会先拉开一定的距离，然后再检查我的主题，看看问题出在哪儿了。有时，从哲学、宗教、伦理或性观念来看，我会觉得有些内容很可怕。这种情况下，我需要面对并克服这样的恐惧。有时，这种情况出现是因为我功课做得还不够，在研究过程中偷懒了。那我就会停笔，重新回到研究中去，直到我觉得足够自信了再重新拿起笔。这个过程和我们在一段亲密关系中会遇到的情况真的很像。比如说，我们应该接受婚姻中总会有比较艰难的阶段。那我就会先冷静冷静，然后再道歉……（他又笑了。）写作的浪漫感会在几年后慢慢淡去，所以要找到重新制造这种浪漫的方法。要把它和纪律、严谨、认真、谦虚结合起来。

作为一名作家，您觉得自己进步了吗？

我觉得我的巅峰期发生在自己还很年轻的时候，但我也觉得自己经历了一些起起落落。我的一部分作品比其他作品要好。

您最偏爱的是哪些作品？不一定要是那些最好的作品。

是的，您说得对，这两者可能不能画等号。若我偏爱某些书更甚于另一些，有时只是因为这些书更难被世人接受。就有点像对待一个孩子。可能我们有一个孩子在社会上立足得很好，所有人都喜欢他，而对另一个孩子而言生活却很艰难，他在社会或学校中活得不自在。并不是说他就是你最喜欢的那个，但你会更关心他一点，会用饱含担忧与慈爱的目光注视他。我就有这样的作品。

给我举个例子吧。

一本名为《监禁关系》（*La Relation de mon emprisonnement*）[1]

---

[1] 英文书名为 *The Relation of My Imprisonment*。

的小说，很长一段时间我都没能在美国出版它。出版过所有小说的很优秀的出版社独独拒绝出版这一本。"我们没法出版这样的作品，太阴暗、太反常了，人们不会喜欢它的。您可以拿给小出版社看看。"我也这么做了，它的发行量很少，极少。渐渐地，它成了作家喜爱的那类书。他们互相传阅，它的名声也就此建立起来了。几年过去，它的销量一点也不低，还被翻译到了法国、德国、意大利。我的主编终于决定要它了，精美的精装书就这样在哈珀·柯林斯出版社出版了。所以说它迎来了迟来的第二春。我的孩子终于成功了。

您能跟我说说您出版的第一部小说吗？

我的第一本书是本名叫《幸存者》（Survivants）的短篇小说集。我没能让它在几个大出版社出。在当时，六十年代末，它看起来有些另类——但放在今天已不再如此了。身边很多年纪跟我差不多的作家，当时都在创作先锋小说、实验性小说，有趣，却难写。我不喜欢实验性和小说联系起来，更愿意将它说成是非常规叙述。很现实主义，脱离主流的流派。那时还是一个很政治化的年代。作家们聚集起来，在纽约创办了一个小型出版社。作家自己同时也是编辑。完全属于六十年代典型的公社组织。几年时间内，我们共出版了三十来部作品。这其中就有《幸存者》，它之后获得了一项国际大奖，并得到了好评。从这以后，我便可以在一些拥有广大读者群的出版社出书了，在霍顿·米夫林·哈考特出版社出过几年，之后我的所有作品都在哈珀·柯林斯出版社出。我的起步有点非常规，是从某种社会主义实验小说起步的。

您现在，或者说曾经，很喜欢介入政治吗？

我年轻时甚至是个激进分子。现在，我让位给其他人了。事实上这个小房子就是我对政治信仰的一种表达。但这需要有大量的精力,做大量的工作,而如果我们想成为作家……

> 对比法国出版界,您对美国出版界有什么看法?比如说几乎在法国不存在的经纪人。

在美国出版界,家长制远远没那么盛行。这里,出版社与作家之间更像是对手关系,而经纪人就要避免作家深化这种关系。我的经纪人仍是我二十五岁时的那个,会像上战场一样气势汹汹地谈判。我随后再到,友好而面带笑容。我唱红脸她唱白脸。

> 发表初期作品时您就已经在学校工作了吗?

我大概在1970年开始教书,当时我的小说还只是在杂志上发表过,那时我更多地是在创作诗歌和短篇小说。由于还没出过有名的小说,我刚开始教书的时候起点很低,在一个散文创作班做兼职。后来,小说得到了出版,我终于可以被调去教写虚构类作品了。我很喜欢教书,喜欢和我的同事交往,喜欢大学的环境。但1998年离开这一切时,我也同样感到幸福。

> 写作,是一种快乐还是痛苦?

对它最好的描述是:有时,是美妙的,一切都完美、简单、刺激而有趣。而另一些时候,却让人咬牙切齿,是可怕的。我登上山坡,坐下来,陷入绝望。我无法将任何稳定持久的感觉与写作联系起来。对我来说,它们永远都处在变化中,而且我觉得可能对所有人来说都一样。我不相信那些说自己只有在写作时才感到快乐的作家,也不相信那些说自己写作时感到可怜而不幸的作家。总是既有苦也有乐的。

> 您知道自己为何会决定成为一名作家吗?

我从未做过这个决定。当我还年轻，还是青少年的时候，我觉得自己会成为一名艺术画家。我有一些天赋，而且也喜欢涂涂画画。如果我们有画画的能力，是可以被看出来的，就跟有音乐天赋一样。但如果我们有讲故事的天赋，却没那么容易被发现。人们只会觉得你肤浅又聒噪，或是觉得你在说谎，却不会赞扬你。但不管怎样，我至少知道自己想成为一名艺术家。我没受过文学教育，家里没有书。我的家人是彻底的工人阶层，没受过教育，对图书也不感兴趣。所以我是通过其他途径接触到文学的。开学六周后，我就从大学弃学去画画了。那是在1958—1959年期间，我住在迈阿密。第一次，我开始按自己的意愿读书，而不是读学校强迫我读的书。我去图书馆，根据直觉随手拿几本书看，我就这样爱上了文学。接着我开始模仿那些我读过的作品。诗歌、短篇小说、戏剧、长篇小说，就像一只在模仿它看见的东西的机灵的猴子。阅读激发写作，也激发好奇心："这果真像看起来那么简单吗？"比如我在读海明威的时候会这样问自己。我思忖着"我可以写出这样的句子，像这样短小精湛的句子"。但之后我意识到写出这样的句子比看起来要难得多，因为我的句子很无聊，而他的却不会。（他笑。）我读福克纳的时候发现了他精心写就的那些超长无比的句子。我也觉得这看起来很容易写出来，却又一次明白事实并非如此，这样的句子我也同样没能力驾驭。一段时间过后，我意识到自己的整个一生都是围绕这项活动展开的：我的人际关系、我的经济情况。我是和谁一起消磨时光，又是怎样消磨的，所有这些都越来越多地受到写作的影响。我明白，我成为一名作家了。这就是我在做的事——写作。并不存在一个做决定的时刻，更多的是，某一瞬间，猛然发现自己已经成为什么人。

那时您身边聚集着其他作家吗？

是的。我回到了北方,在波士顿生活,我出门旅游,和一个波希米亚艺术团混在一起,他们是垮掉的一代。我在一些小型文学杂志上读同辈作家的作品,我这个年龄的作家,那时他们二三十岁。我发现了我这代的作家们。

都有哪些作家?

雷蒙德·卡佛[1]、理查德·福特(Richard Ford),只比我大两岁,发表的作品却已遍地开花的乔伊斯·卡罗尔·奥茨(Joyce Carol Oates),比我年长大概十岁的托妮·莫里森,还有E.L.多克托罗(E.L. Doctorow),所有那些在六十年代发表作品的作家们。而我跟在他们后面。

您当时靠什么谋生呢?

不同的工作,有什么干什么。当时我干得最久的是管工。我的父亲和祖父都是管工。小时候我就给他们打下手,看他们干活我就会了。我父亲是工会会员,我也在不短的时间内在工会做过管工。直到我拿到大学毕业文凭,出版了几部作品,开始教书。教书比管道安装修理容易多了,而且我在这方面也更有天赋。我当老师比当管工当得好。(大笑。)

那政治激进主义呢?

开始于1964年我进入北卡罗来纳大学教堂山分校的时候。那时正值公民权利与政治权利运动的初期。在北卡罗来纳州的我没法近距离参与这场运动。我是因为别的原因去那里的:这是我

---

[1] 雷蒙德·卡佛(Raymond Carver, 1938-1988):美国二十世纪下半叶最重要的小说家。

所知道的南部最好的大学,而且当时我和一位南方姑娘结婚了,而她又不愿去其他地方生活。而且她母亲还负担了我的学费,所以我就去了那里。我那时二十四岁,有一个孩子。我大学进得有点晚,但我已经自认是一名作家,而且发表了一些短文。那时我需要一个文凭,于是选择去读美国历史和美国文化,在一所顶级大学里接受人文主义教育。我已经有政治意识了,但1964年以前我没有真正参与到任何一项集体政治运动中去。直到这一年我开始参与其中。鉴于当时的形势,在还没反应过来之前,你就已经锒铛入狱了。因此,我转而去参加六十年代末七十年代初的反越南战争运动了。在这段时间内我都比较活跃。

> 您是"地下气象员(Weather Underground)"[1]的一分子,就像《亲爱的》一书中的女主角汉娜·马斯格雷夫(Hannah Musgrave)一样吗?

不是,但我是加入了"美国大学生民主会"(Students for a Democratic Society),它是"气象员"的前身,我是这个组织在我们学校的创始人之一。当它在1969年发生分裂,变成"气象员"时,我就不再追随这个向更极端行动迈进的运动了。由于种种原因。并不是因为缺乏同情心,而是我觉得这会将我们引入无政府主义和暴乱,若变成那样,我就不能算是一名真正的革命者了。我已经结婚了,有两个孩子,还要写作。我不想置所有这一切不顾。从那之后,我的行动主义就停留在个人层面了,直到最近,我积极参与到国际作家议会(Parlement international des écrivains)的工作中去,这是一个原来总部在巴黎、现在在挪威

---

[1] "地下气象员":美国的一个极左组织,由其前身美国大学生民主会的成员于1969年成立。

斯塔万格（Stavanger）召开会议的组织。我为逃亡中的作家们建立了北美互助网，可以给那些受到自己国家威胁的作家们提供庇护所。我持续参与着这项行动，尽管几年以前我就退出了它的主席团。

这是个很活跃的组织吗？

是的，我觉得我们活动挺多的，再者这些活动都是由作家而不是官僚或政治家组织的。而作家们没有既定的政治日程。我们有信仰，却各不相同，而且也没受雇于任何运动或团体。基本像处理家务事了：我们会关照这个家庭里的成员……

您上过创作班吗？

没有。但我教过。第一次上课的时候，我完全不知道要怎么上。我不得不自己慢慢摸索。在我的学生时期，这类课还不多。只在斯坦福、爱荷华和约翰·霍普金斯大学有，而我当时甚至都没听说过它们。

您的第一次课上得怎么样？

是在新罕布什尔大学上的。我和学生们碰面，在接下来的两个小时内，将自己所有对写作的了解一股脑儿告诉他们了，之后就脑袋空空地回到了办公室。这个项目的负责人过来看我这节课上得怎么样。"我将自己所知道的一切都告诉了他们，完全不知道下节课该上什么了。"她回答我说："不用担心，他们什么也没听进去，下次再重新讲一遍，之后的整个学期也一样。"她说得太有道理了。关于写作，我了解的有价值的东西只够讲两小时，他们不听，那我就再讲一次。就是这么进行的。（他一直笑。）

您给他们提了哪些建议呢？

不要放弃你们的工作，这是最主要的。(他笑。)当需要我给出建议的时候，我会说，作为一名作家，如果你们看不见，不能完全看见你要展示的东西，听不见你的人物，就不要去指望别人能做到。你得自己先做到才行。如果要写对话，就得实实在在地去倾听。基本上，小说，就是一系列作者给自己施加的幻觉。如果这些幻觉模糊不清，闷闷不响，就说明存在问题。就应该回过头去重新写，直到能看得见、听得清。看书的时候，若一个作家不知道自己在写什么，也听不见人物内心，我是能看出来的。他只是把文字硬凑在一起，却不去品味、感受。感官是需要被调动并参与到其中的。文字可以很优美，但它若无法直抵感觉的最深处，就不能算是真正的小说。

在您看来，风格上的美不是最重要的？

完全不是。虽然我和其他人一样喜爱优美的散文，但前提是它们没有阻塞我们的感觉。我觉得这是我们读小说时体会到的第一个要素：我们进入另一个世界，不再存在于现世。所有那些对这个过程产生妨碍，分散读者注意力的部分都应被剔除，比如一句精妙绝伦的话，或带有乐感的字符——当它们音量过大，就会遮盖其他声音。这会在某种程度上截断进入小说世界的途径。我特别欣赏一些语言优美的作家，比如詹姆斯·乔伊斯（James Joyce）[1]，但我却很难把他们的作品读下去。当语言太过亮眼，便会掠夺本应被其他魅力吸引的视线，使它们暗淡无光。我在诗歌中也感觉到了同样的现象。我读过很多诗歌，特别我的妻子又是一位诗人，所以这是我们经常会讨论的话题。而且我自己也写过诗。

---

[1] 詹姆斯·乔伊斯（James Joyce，1882—1941），爱尔兰作家、诗人，二十世纪最伟大的作家之一，后现代文学奠基者之一。

您的灵感从何而来？

不一定。最常见的是，某个人物出现在某个特定的情景中，就构成了故事的开篇。不是情节、故事、地点，而是一个在困难、复杂的家庭或社会环境中挣扎的角色。就这样开始。这之后，我会针对这个人提问，他在哪里？为何会陷入这样的境地？会变成什么样？这些问题总会指向时间的流逝：在你设想的背景中，这些人物都从哪儿来，要往哪儿去。但有时候，故事真正的开端是一篇类似于《触觉失忆》开头那篇关于在迈阿密桥下生活的那群人的文章。那是故事背景。从这里出发，我开始思考，一个还没怎么搞清楚状况就怒气冲天的蠢孩子，一个没能成功参军的小伙子，一个什么都一塌糊涂的小家伙，若生活在那里会有什么后果。一个被抛弃的孩子，全国到处都有这样的孩子。人物就是这样出现的。"嘣"的一声。我们让人物一个接一个在情节中登场。一般来说我就是这么写作的。目前我正在写的这本小说的故事发生在六十年代，有点类似《亲爱的》。有件事情让我很感兴趣：越南战争时期，加拿大接受了六万名逃避征兵的美国青年。一群逃兵，加拿大拒绝将他们引渡。我从很久以前就开始思考这个问题了，而随着现在英国对朱利安·阿桑奇（Julian Assange）的引渡问题，再加上对爱德华·斯诺登（Edward Snowden）的引渡问题所造成的骚动，让我对这个问题的思考更深入了。六十年代，我们的邻国，同时也是我们全球第一的贸易合作伙伴加拿大，这个跟我们在很多方面都最为相像的国家，坚持自己的立场，认为："他们可以留在这里，他们没有触犯加拿大的任何一条法律。"这给我提供了背景资料。卡特总统，在当选之后就宣布大赦，但只有极少数人回来了。他们大多数都是受过教育、出身中产阶级的白人，轻易便能融入加拿大社会。其中一些后来成为名人，比如民谣歌手杰西·温彻斯特（Jesse Winchester）。有些当了电视制片人，或找了诸如此类的职业。他们属于加拿大精英层。我设想有一个男人，他本该出名，他的政治才能本该一到加拿大就让他得到赏识，但事实上他来加拿大不是为了逃避越南战争，而是为了逃避他的妻子。他本来可以靠着他不应该得到的政治清誉生活下去，但是现在为时已晚，他已经七十岁了，病痛缠身。这类道德上的内心纠葛很吸引我。人物就这么诞生了。年迈、复杂、衰弱，想在临死前把自己的事处理好。他应该说出真相吗？（他由衷地笑。）我刚开始动笔。

您计划投入多长时间呢？

完全不知道。我希望不会超过两年。我已经做了大部分的调查工作。在我年轻的时候这可是件大事。我当时没被叫过只是因为我已经结婚，而且有孩子了，但我周围的人都跟疯了一样。我这儿有很多资料。我不认为若在今天，加拿大还会那么做。现在的他们比六十年代的他们更大程度地受美国人控制。皮埃尔·特鲁多（Pierre Trudeau）是当时的总统，他比他的后继者们更强硬。

这已经不是美国人第一次到加拿大避难了；我想到了您在《拆云者》中讲述的奴隶从秘密的铁路逃跑的故事。那些当年的奴隶们后来回来了吗？

内战过后并没有发生过大规模的归国潮。他们曾经成千上万。很多人都在魁北克安了家，至今在多伦多还留有他们的教堂——非洲卫理公会教堂。在渥太华的温莎，有一大群逃到这里的奴隶后代。英国于1834年废除了奴隶制，而加拿大属于大英帝国，所以对逃难中的奴隶们来说这里是最佳庇护所。大多数人留下来了，他们的后代成了加拿大重要的一分子。

聊一聊约翰·布朗吧。这是个经历过腥风血雨的人物。

有很多关于约翰·布朗的阴谋论。他葬在离这儿不远的普莱西德湖畔。他的房子保存得很好，您该去看看。自1859年哈普斯渡口事件发生以来，他的故事便在美国广为人知，但在这之前，他就是名人了，作家们像我在书中所讲的一样追着他跑，传记家们写他的故事，他是流行歌曲里传唱的人物……白人把他看成疯子，要么就是别有用心、不正常。黑人则将他视为超级英雄。但所有人对此都觉得理所当然。这正是吸引我的地方。同一个事件，截然相反的解读。马尔克姆·X（Malcolm X）、詹姆斯·鲍德温（James Baldwin）、威·艾·柏·杜波依斯（W. E. B. Du Bois）都认为他是比亚伯拉罕·林肯[1]更伟大的英雄。为了反对奴隶制，他献出了他的一生和他的儿子。而几乎所有的美国白人都持完全不同的看法。

着手如此恢宏的主题是否很难？

很多地方是我虚构的。叙述者欧文是真实存在的，但已经去世了。出生于1825年，他父亲那几件大事发生时，他已经成年了。他逃离了哈普斯渡口，也从未接受过任何采访。他在地下组织的帮助下逃走了，但没去北部，而是去了西部，留在加利福尼亚的亚特迪纳，当起了山上的牧羊人，最后在一座小木屋里终老。那一年是1889年。这是一张美国编辑用过的他的照片。他是讲述这个故事的最佳人选。很显然，我不可能让布朗自己来讲这个故事，他过于高调，和他走太近了并不那么好相处。他的这个儿子，我希望他能一直活到二十世纪，这样能使这个故事离我们更近，让它看起来不那么古老。在二十世纪的背景下，它可能会和恐怖主义牵扯到一起。我多给了他十五年的生命。关于他的一生，我

---

[1] 亚伯拉罕·林肯（Abraham Lincoln, 1809-1865）：第十六任美国总统，共和党人、政治家、黑人奴隶制废除者。

可以虚构很多故事，毕竟大家都对此知之甚少。他只是他父亲麾下的一个中尉，也没有任何传记。我们对他的内心世界一无所知，他的想法，他的观点，都是我虚构的。利用这些未知的部分我还虚构了不少事件。但大众对布朗熟知的部分，那些被历史承认的部分，我都是照实写进小说里的。

您修改得多吗？

我尝试着写完之后不立马去修改，防止思路被打断。我知道某些作家，只要对前一个句子还不够满意，就不会开始写后一个句子。而我知道自己如果也照着这个方法来的话，我的第二个句子永远都不可能写出来……因此在回过头来做修改之前我尽可能地让自己多写点，和已完成的句子保持距离。电脑最大的优势，就在于修改更方便。我通常都是先手写，特别是写小说。之后再自己或者让别人打到电脑上——但我可以一边打一边修改。我很喜欢用电脑，这样就快多了。我一直都保存着我的老打字机，您过来看看。我用它写作了十年。

他从盒子里拿出放在架子上的布满灰尘的陈旧打字机，架子就放在两张面对面摆放着的大书桌中的其中一张上。

您的第一位读者是谁？

我妻子蔡斯，她是位很棒的小说读者。您看这架打字机，是不是很有意思？多棒的老伙计，不是么？二十五岁以前我都是用它打字的，直到我拥有了一台 IBM Selectric 系列的机子，不知道您对这款打字机还有没有印象？不过您当时还太年轻了！那是一台电动机，而我手上的这台是手动的。

您的经纪人会要求您做一些改动吗?

不会,从未要求过。但我的编辑有时候会。我很幸运,总是遇到很好的编辑。在整个职业生涯中我只跟两家出版社和一位经纪人打过交道。在这里,这种情况是十分少见的。不过在这两家出版社里,我有过不同的编辑,因为……要么他们去世了!(他笑出声来。)要么跳槽了。我在哈珀·柯林斯的编辑是丹·哈尔彭(Dan Halpern),他是位诗人,很有天赋,我们是很亲近的朋友。他在六十年代创办了一本很好的文学类杂志《安太乌斯》(*Antaeus*),还成立了之后被收购了的埃克出版社(Ecco Press)。他是个温和、老派的编辑,现在已经没有这样的编辑了。他了解我,也了解我的作品,我知道他永远都不会试图让我变成不是我自己的样子。

您是怎么看待评论的?您会读评论吗?

偶尔会。我叫他们不要给我看负面评论。我没必要去读这些,不会对我有任何帮助。正面评论同样也不会给我提供什么帮助,但它们会让我好受些。一条差评能将你的一整天都毁了。但您知道事实是怎样的,总会有一位朋友打电话给你,告诉你:"不要看这条评论,真的,罗素……""哪条评论?"(他笑。)真相就是,如果我们从评论中无法获取任何有用的东西,我们会读它的原因就只是因为它对你的职业生涯会产生影响,而这也正是我给我的学生提出的另一条建议:你们不要将事业和作品混为一谈。你们的作品,是你们唯一可以控制的部分。而对于你们的事业,你们却无能为力。如果你们分不清这两者的差别,就不可能成功。

那您自己做到了吗?

我认为做到了。我在尝试。我的事业掌握在别人手里,鬼知道是受什么潮流的影响:读者的任性、口味、痴迷,来的来,走的走,我完全无法左右。而我的作品,相反,只有我一人能掌控它。

重新回到您之前谈到过的关于弃孩的话题。您觉得,这是个在美国很典型的现象吗?

事实上,我觉得这要看是在哪个国家,要看社会是怎么照顾家庭和孩子们的。这里,被抛弃、流落街头的未成年人的数目令人羞愧。为什么呢?因为一系列的原因,经济上的、文化上的、历史上的,但我个人认为主要还是因为人们以为,如果两个家长不是都有工作的话,在经济上就不能负担一个家庭的生活,这样就导致孩子没有人照顾。因此,才会有那些独自一人在家的孩子,他们被完全交给了无能为力的教育系统。而且生活在贫困中的单亲家庭的数量也在持续上升。贫困线以下的未成年人数量在近几十年来急剧攀升。贫富差距也在加大。所有这些都是促进弃孩产生的原因,甚至有时这些孩子的父母自己都还是孩子。青少年怀孕的事件频频发生,很多年轻的姑娘小伙儿二十岁以前就当上了父母,他们三十岁的时候孩子就处在青春期了,而不管从情绪的角度还是从社会的角度来看,他们自己那时都大多还是孩子,做着一份糟糕的工作,或者干脆就没有工作。我们的社会孕育出了完全被体制排斥的阶层。

您多次写到男人是长不大的,他们成年后,体内仍住着一个孩子。您认为比起女人,男人更容易被伤痛桎梏。

是的。当你在孩童时期被狠狠地伤害过,就很难再走出它的阴影。我们长大了却没有成熟。可能我对这个比较敏感,因为我自己的童年就被酒精、暴力、离婚和贫穷打上了深深的烙印。四大苦痛。我曾被重重伤害,而要从这些伤害中重生,进入成人的生活,确保不会将这些伤害再从我这儿转移到其他人身上,真的太难了。我能够做到,主要是多亏了写作。并不是因为我专注于这个题材,而是因为我把一生都用在对世界进行真诚而智慧的审视。任何其他的工作都没法逼着我这么清醒,是它帮助我从童年的阴影中恢复。写作是精神上的修行,我从中看到了善良、严谨和纪律。但您知道,并不是所有人都有机会拥有这样一个工具。我有兄弟姐妹,我很清楚我的一些家人过着怎样的生活,他们完全没法从受过的伤害中恢复过来,一直被它们左右。

您一直都和家人有联系吗?

噢,当然了。和我兄弟姊妹,和我同父异母的妹妹。他们自己又有了孩子,我看到那些同样的伤害、同样的痛苦,又传给了下一代,就这样一代又一代地传下去。

我们可以将《苦难》(*Affliction*)当作自传小说阅读吗,即使这不是您的故事?韦德(Wade)和罗尔福(Rolfe)可以看作是您的两个人格吗?一个跟过去和家庭断裂了,而另一个则依然被暴力所囚禁。

啊,有意思,我知道您想说什么了。但这本书既不是自传也不是传记。这本小说的灵感来自于我父亲的故事。韦德是我父亲,而他父亲是我祖父。他们的暴力循环可以一直追溯到拉斯科洞窟(Lascaux)。(他笑。)韦德和罗尔福之间的二元对立是在我父亲身上看到的。第一天,他是韦德,一颗爆炸的手榴弹。而第二天,他却是孤僻、安静、克制、冷漠、疏远的。我兄弟和我,我们在父亲酗酒这件事上的反应完全相反。人们要么复制他们父亲酗酒的毛病,要么滴酒不沾,不冒一丝风险,牢牢掌控生活。而我弟弟就是这样,他谨慎而克制。我则更急躁,比他承担更多可能会重蹈父亲覆辙的风险。我既不酗酒,也不暴力,但比我弟弟活得更鲁莽。我姐姐也从不喝酒;她成了一名基要派[1]基督教徒。

  真的吗?这也在《苦难》中出现了!

在我家,很多人都属于这个教派。他们都给共和党人投票!(大笑。)这就是美国工人阶级。

  您的小说会经常从生活中得到素材或是灵感吗?

我会借用一些细节,是的。如果您了解我或了解我周围的人,您可能会觉得写的就是他们。但事实并非全然如此。我会用到那些我喜欢的部分。有时街坊们会对我说:"啊,我知道,这是那谁和那谁的故事。"不是的,我只是从这或那抽取了一部分。《苦难》出版的时候,我的弟弟去世了,但我妹妹打电话给我,对我说:"我讨厌你写的那部分关于你祖母的文字!"我没写到跟我祖母有关的任何事,这本书里没有一个字是写她的。在我写这本书的时候,没有什么比我祖母离我的思想更远的了。她对我说:"你写的东西并不是事实。"是的,我知道,这是小说。

  您可以停止写作吗?

您提的这个问题很有趣,因为菲利普·罗斯(Philip Roth)宣布今年封笔,爱丽丝·门罗也在最近宣布了。她八十四岁,而他八十岁。我不知道自己到了他们这个年龄会怎么想。现在我

---

[1] 近现代基督教新教神学思潮之一。并无统一组织,其基本主张是强调恪守基督教基本信仰,反对现代主义,尤其是《圣经》评断学。一般称持上述主张者为基要派。基要主义的起源可追溯至十九世纪末,1895年在美国尼亚加拉城举行的《圣经》研讨会上提出的五点基本要道,后来成为基要主义的核心主张,即:耶稣为童贞女所生,死而复活并具有神性,代人受死完成救赎,最后基督将"肉身再临",确认《圣经》的权威及其字句无讹。

七十三岁,还有一点时间。但如果我决定封笔,可以肯定的是,我绝不会召开新闻发布会来宣布它!

这像摇滚明星会做的事?

是的,而且有些自命不凡,好像在期待人们哀号:"噢,求求你们了,菲利普、爱丽丝,再写一本吧!不要离开文坛!"将自己置于这个境地有些可笑。我会很担心有人说:"感谢上帝,他再也不会写东西了。"菲利普·罗斯宣布封笔后很多人就是这么想的。(他由衷地笑。)

但您能想象没有写作的生活吗?

我觉得自己能够设想不再创作小说的生活,但不是什么也不写了。我喜欢这项工作,它就像吃饭、喝水一样,对我而言是最基本的事情。写作是一项生命的功能。我可能会写写诗歌,但我妻子会说:"不要觊觎诗歌了!这是我的领域!"我得找到别的事做。

> 当我们穿过森林离开的时候,一只母鹿和它的幼崽随着我们的靠近缓缓远去。罗素·班克斯不是猎人……我们又回到了普莱西德湖。约翰·布朗的家,这座阴暗、偏僻、刻板的农场,那座他曾和他的十二个孩子生活过一段时间的农场已经关了。透过窗户,我们可以看到空无一物的客厅,以及一家之主的房间。花园里,被大栅栏保护起来的坟墓中存放着约翰·布朗和他的孩子们被处以绞刑后的骸骨。天空阴沉,天气变幻诡谲,夜晚马上就要降临了。

Richard Ford　　理查德·福特

东布斯贝，缅因州

我们在巴黎过了秋天,有些事情要处理,当我们回到美国继续我们的第二段旅程时,东北地区已经因寒潮和暴风雪陷入了瘫痪。我们离开的时候,缅因州正处在采摘蓝莓的最好时节,素净而绿意盎然,如今却变成了冰雪世界,呈现出惊人的美。离开高速公路后,我们路过一棵棵银装素裹的大树,路过被冰花完全覆盖的闪闪发光的墓地,然后,我们沿着被海水啃噬、撕咬得几乎成了一条花边的海岸线,一路开到国土尽头的东布斯贝。理查德·福特(Richard Ford)出了名地讨厌小孩。他没有孩子,不想要孩子,也不愿频繁和孩子们接触。但就在我们将车停在他家门口,他打开门迎接我们的那一刻,宝宝在汽车座椅上呕吐了起来,一切都功亏一篑了。好不容易才挽回局面,采访开始了。

上个月我去了穹顶餐厅,因为费米娜奖。

有趣的是,就在我这趟旅程出发前,有位女士告诉我,她曾和您在穹顶餐厅共舞。

这该是很久以前的事了吧。他们这次举行了一场盛会,但我没跳舞。所以那至少是十五年前的事了!我和她一起跳过舞?我想她一定很漂亮。我很喜欢跳舞。

她很漂亮。她当时很高兴能和一位美国作家共舞。您觉得自己是一名美国作家吗?

是的！我生在这里，而且说美语。我出生在美国南部，热切地想逃离这里去美国其他地方看看，去体验那些在南部常因种族间的关系或那段内战的历史而无法做的事情。于是我就去北方的密歇根读书了，在那里，我遇到了一个不是来自南方的姑娘……我习惯于将我所写的作品的故事背景设置在美国这块土地上。但这不一定代表我写的故事和美国有关。您书中的故事可能发生在美国，但这个国家却不是您写的书的主题。但不知为什么，我也尝试让我的作品超越当下的政治局势，可以照到跟美国文化相关的问题上。其中的原因之一便是我个人就是被这个文化塑造出来的：商业文化、地区文化、地区间的无差别化、距离、风景。

地区间的无差别化，您指的是什么？

如果您和我一样也是四五十年代在南方长大的，那么您是带着自己是来自一个全然不同的地方的这种信念长大的。从某种程度上看，福克纳会让您相信这个。这是一种强大到能将我们揉碎、凝固，甚至让我们透不过气来的魅力。但当我生活在其他地方，比如说密歇根、新泽西、蒙大拿、新英格兰或是加利福尼亚，我发现各大州之间的相同之处要更甚于不同之处。因为政府是一样的，因为语言是相同的，货币也是。我们的文化观也是一样的，尽管因为某些商业原因，地区间文化观的差异被媒体夸大了。假如你住在离密西西比州很远的蒙大拿州，你会发现人们对一个地区的热爱，和本地居民的亲近，对历史本身的看法，明显都和你所在的地区是一样的。即使这和别人告诉我们的情况正好相反。

所以您不认为南方有其独特的身份特征？

不认为。但这并不意味着我否认它独特的身份，而是我甚至都不知道它指的是什么。可能很多密西西比人会说他们的某些特征使他们有别于亚拉巴马人、阿肯色人或田纳西人，但我不知道他们指的是什么。有时会有人问我为什么南方出了那么多作家，果真如此吗？我不知道。或许南方作家和这个国家其他地方的作家一样多。但如果这种说法是成立的，也是因为南方人有很多问题要提。一些很难明确表达的问题。特别是，尤其是，这个问题：为什么在一个人人平等的国度，一个人种会奴役另一个人种？这很难解释。这很荒谬，这是道德上的败坏，这是恶。就这些问题表达看法的必要性促进了作家的产生。

现在在南方还是这样的情况吗？

是的，绝对是。尽管已经不像我童年和青少年时期那么可怕了。

您认为，哪些文学主题是很典型的美式主题？

这是个很法式的问题！（他笑。）从十八世纪起，一直到今天，美国文学史就是以一种冲突来定义的，在过去欧洲的乡村生活和在广袤大陆上的生活之间的差异。显然这有些一概而论了，但在一定程度上却是真的。人们带着出生地这种观念生活在美国。新英格兰便是此观念的产物。但是在西部，幅员辽阔，人烟稀少，是逃离自身、逃离生活、逃离痛苦的好机会。逃离，以寻找某种未知。这种留下或离开的挣扎，以及这种挣扎影响个体生活的方式，便是美国文学探讨的中心主题之一。我很喜欢写这个主题。并不是因为我大学的时候学了这些，而是因为这就是我所体会到的本质。我的亲身经历正好符合这个典型的美国主题，但还有很多其他的主题，如原始的高贵被来自欧洲的邪恶压迫的主题，诸如此类的东西。但我认为我的作品比较少涉及这些。

> 您会将自己的生活用作小说题材吗？

能用就用。但我会将它们完全改写。这是对某种真实的找寻，而绝非一次自传的尝试。我对通过小说来揭示自己的生活毫无兴趣。我会用到那些感兴趣的素材，然后把它们写得像是真的一样。而是不是我的亲身经历并不决定它们的品质。

> 我看书上说您有一段时间是由您开旅店的祖父带大的，我就在想我们是否可以在《加拿大》（Canada）一书中找到用另一种形式再现的这段经历。戴尔（Dell）被藏在旅店的那段经历对他而言是惶恐的。

我祖父的旅店很大。我待会儿给您看照片。旅店一共有六百五十间房间。

> 啊，那比萨斯喀彻温州那家一丁点儿大的旅馆大太多了。

简直自成一个世界，无与伦比，壮观至极。但《加拿大》中的那家小旅馆的原型取自我曾在这个州住过的好多家简陋住所。一些旅店建在加拿大漫长的铁轨沿线，一些老旧的驿站式旅馆，房间都不到二十个。而我在旅店生活的经历更是发挥了主要作用：在我的成长过程中，我觉得生活在旅店才是常态。我知道与我朋友们的生活相比，这很奇怪，但我知道这也可以被认为是正常的。就像戴尔接受了他那奇怪的状态已经变为常态的事实。

> 戴尔这个人物身上的自传因素是否比其他人物身上的要多？因为他永无休止地逃离，靠近边界，在新的世界里彻底重塑自我的可能性（被强加的）。

是有一些共同点：我十六岁时父亲去世了。我并没有被遗弃在这个世界上,而是由我母亲和祖父母细心地把我慢慢交给外面的世界。想要在家人的眼光之外去探寻我们是谁的这种欲望无疑构成了我情感的一部分。但很多孩子都面临同样的情况,尤其是在美国。逃离家庭,离开家人,出走,这是五六十年代常有的事。如果说这是自传色彩的,那也绝不仅限于我个人的情况,因此这本书也照进了其他人的生活:读者的生活。

您为何想当作家?

我编了一些理由,您想听么?虽然全是我编的,但很好用。我是个很糟糕的读者,因为我有诵读困难症。我看书很慢而且很难看进去。在我常去的那所高中,几乎不会读书也可以顺利毕业。所有人都说这是所好学校,但人们总是这样评价自己的母校,这是集体荣誉感。而事实上,它并不是一所好学校。所有人都跟我说要多读点书,我对此嗤之以鼻,或者不如说,总之我死活做不到。父亲去世后,我更有责任心了。我无法再靠父母养活了。夏天,我去密苏里州的铁路上打工。和我一起工作的那群人都有不错的活,报酬也高,他们建议我不要再回学校读书,建议我去找份类似的工作。我不想和他们一样,所以回到了学校,但这次,我告诉自己:"你最好振作起来。"因为我不想又回到铁路工作,就么过一辈子。一直到那时,我都没取得过什么好成绩。我开始阅读,困难重重,开始学习。我的生活完全改变了。日积月累,我的阅读水平提高了。我开始读福克纳、海明威、菲茨杰拉德[1]、艾略特,开始读伟大的文学作品。让我惊讶的是,我热爱上了它们。当然,我是得费点劲儿,但我能读懂文学,而且喜欢上

---

[1] 菲茨杰拉德(Francis Scott Fitzgerald, 1896-1940):二十世纪美国作家、编剧,代表作有《了不起的盖茨比》《夜色温柔》等。

文学了。我喜欢文学让我们反思生活的方式。文学使生活重新得到确认。我需要有人告诉我这些……而且我喜欢语言。当我们进行慢速阅读时，能更好地理解语言。所有这些原因都让我觉得如果能将这些人的事业传承下去显然是很有意义的。尽管很难，但阅读能给我带来巨大的愉悦，而且一直如此。

真的吗？

嗯……怎么说呢，我是大学老师，所以也不是那么难……我那时开始弄清阅读和写作的关系了。阅读引导我写作，而写作让我觉得自己可以创作出人们愿意读的东西。二十几年前我编了这个理由。

不过您确实是以模仿您读到的那些作品起步的吗？

是的。我当时的一位老师要求我们做这类练习，以某某的方式写作，就好比作家们握着我的手在指导我。

是在写作课上学的吗？

是在文学课上，很久以前的事了。当时已经有这种观点，写作是可以教会的，但还不像现在这么普及。当时在阅读课上，老师让我们做一些小练习，我觉得是因为他已经厌烦了。

法国还没有这样的创作班。

会有的。雷恩二大已经有一个这样的项目了。一旦大学意识到他们能从这些傻瓜身上捞到多大一笔钱……

您对这类课程的普及有什么看法？

这是一种没有受害者的犯罪，就像卖淫一样。

卖淫真的是一种没有受害者的犯罪吗？在这个问题

上恐怕还存在争议。

您可以不认同我。

那我就保留自己的观点。

(他捧腹大笑。)假设两个成年人同意用钱去占有对方,比如我向您出卖我的身体,这就是一次没有受害者的犯罪。当然,我指的不包括未成年人,不包括被绑架后沦为性奴、被迫染上毒瘾的女孩。

所以您不教创作?

不教,我在哥伦比亚大学教文学。

您喜欢教书吗?读到弗兰克·巴斯康比[1]谈及此的言论时我问过自己这个问题……

喜欢,我基本是喜欢的。(他笑。)在课堂上,我想象姑娘们穿着胸罩,小伙子们多讨人厌。但我现在不会这么做了,甚至都不去想穿着胸罩的姑娘了。

但教学还是能让您有所收获?还是说它只是一份工作而已?

教学是一份复杂的工作。你实打实地在教室里和学生度过的时间一周不会超过两小时。这简直太棒了。这有谁会做不到呢?而且,我任教的哥伦比亚大学给我的薪酬也很高,这是个久负盛名的讲台。但是我们每周都得去一次学校,所以我得去纽约。这

---

[1] 弗兰克·巴斯康比(Frank Bascombe):理查德·福特《体育记者》一书的主人公。

也正是我不喜欢的地方。我不喜欢这种约束。我较少跟同事接触。他们都是很有魅力的人，但他们若是德博拉·艾森伯格（Deborah Eisenberg）或加里·施特恩加特（Gary Shteyngart）这样的作家，他们都忙着做自己要做的事，所以我们也不见面。而那些纯学院派学者呢，都是反社交的类型，更愿意待在图书馆。校园生活是很多人憧憬的理想，但对我而言，却远不是什么灵丹妙药。我教书的时间很少——三十五年里累计也没超过六年。我的妻子一直在工作。她在哪里工作，我们就在哪里生活，比如在新奥尔良、纽约、新泽西。我跟着她走。

她是做什么工作的？

她是一名城市规划师，对城市规划感兴趣，负责过新奥尔良的城市规划。她写过一些这个领域的书，在耶鲁大学出版社发表了，现在她同样也是哥伦比亚大学的教授。她是美国最有名的城市规划师之一。

你们为何会决定在这里定居？

因为1999年的时候我在巴黎，复活节那天，我回到这里，希望克里斯蒂娜能离开新奥尔良到这儿来和我一起生活。那时我们已经有七年时间没有长期生活在一起了，有时在一起，有时不在一起。但我受够了。我买下了这座房子希望能引诱她到这儿来。我想住在大洋旁边。她过了五年时间才最终同意！我们没有孩子，没有任何人告诉我们要做什么，所以大部分时间，我们就做自己喜欢的事。三年前，她离开了，又回新奥尔良生活了一年，而我则留在这里。

心碎了吗？

我总是尽量不让自己为控制不了的事伤心。

您做到了吗？

还行吧。

您能跟我谈谈您出版的第一部作品吗？

我和克里斯蒂娜那时住在芝加哥。我们很想生活在那里。我的一位老教授推荐我申请密歇根大学的奖学金。他们联系到我，问我是否对此感兴趣，我当然感兴趣啦，这可是一大笔钱呢。他们对我说："我们了解到您写了一部小说，能否把它寄给我们？"我当时并没有在写任何小说。但我很快就完成了一部！我给他们寄去三十页的小说，他们也给了我奖学金。大概当时没有任何其他人向他们申请奖学金。福特基金会给我提供了够我生活三年的奖学金。而在我写作的那段时间，克里斯蒂娜拿到了她的博士学位。

您那时就已经想要写作了吗？

是的，我就是靠写作度过在芝加哥的日子的。虽然没取得任何成果。我就那么进了密歇根大学。大学里有位叫唐纳德·豪尔（Donald Hole）的教诗歌的教授，他把我收到他旗下。他跟我说，我的小说完成之后，他会拿给哈珀与罗（Harper & Row）出版社看，哈珀·柯林斯的前身。于是 1971 年末一直到 1975 年的这四年时间里，我就在安娜堡写这本书。之后，就像他承诺过的那样，他把书寄给他的出版商，出版商把书出了。

您那时没有经纪人吗？

没有，我当时一无所有。只是写了本书。和我讨论的那帮大学生总渴望能有一名经纪人，渴望作品被出版。我跟他们说："妈的，写一本书不就得了。不要为其他事情操心。因为如果你们能写出一本好书,这才是你们该做的,事情自然会迎刃而解。"至少这是我那时的经验之谈,我认为直到现在也仍适用。而你们如果过多关注那些细枝末节——怎么找经纪人,别人在做什么——你们就无法集中精力在自己应该做的事情上。

第一本小说反响如何?

都有吧,有正面的也有负面的。更像是一本南方人写的关于南方的小说。它成了我人生的转折点。我不想走这条路,不想写南方文学,因为我不想生活在南方,对那里也没什么好感。我不想成为一名南方作家。我不太知道要怎样才能成为一名比我的前辈们更优秀的作家。这本书收到了一些极为正面和负面的书评,在1984年我的所有书都得到出版之前,没有人购买这本书的口袋书版权。于是我决心不再写以南方为主题的作品。对我来说这是个死胡同。

您是怎么看待这些负面评论的?

通常会很受伤。我的脸皮很薄,性格也很不好。我记得有一次我母亲过来看我,我们那时住在新泽西。一切都很顺利。书已经写完了但还没出版:作家生活中最美好的时光。没什么要做的了,糟糕的情况也还没到来。那时我们住在一间很小的公寓里,差不多这两个房间那么大(他指了指厨房,厨房后面是一间宽敞的餐厅,从屋子的这头一直延伸到那头,从森林到大洋)。电话响了,是我的出版商打来的。"我很抱歉,"她说,"这是出版商的职责所在,我一点都不高兴这么做,但我不得不告诉您,在《纽约时报》(*The New York Times*)上有一篇关于您作品的负面评论。"她在电话里读给我听了,我应该没记错。那一刻简直糟糕透了。通话结束我挂断电话,去隔壁我母亲所在的房间,她正在读《时尚》(Cosmopolitan)杂志。她抬眼,问我:"天哪,理查德,发生什么事了?""你得收拾东西离开了,因为我要好长一段时间都不开心。"她回答:"好,很好。"然后她就走啦。(他笑。)我有一位很棒的母亲。

您写了一本关于她的书。

是的,我为她写了一部小书。我很喜欢。

您当时很气愤吗?有想过做出回应吗?

噢,回应起不了任何作用。我从不写信去投诉。只有一次我恰巧碰到一个人,我当面回敬了他。他写过一篇负面书评。

你们没有打起来吧?

嗯,我们打起来了。如果您拿我开玩笑,那么我也会以同样的态度对付您。如果我的作品刚出版您就贬低它,那么您就成了我的敌人。我是很好斗的。

我以后就有数了……第二本书出版后,您决定停笔。

是的,因为我什么也没做到。我写的这两本小说甚至都没有出口袋本。虽然第二本书收到的评价比第一本书要好,但我那时已经三十七岁了,没有工作,赚不到钱,我对自己说:"好吧,你也已经尝试过了,结果也没太糟,但你没能成为一位大家。"我对西里尔·康诺利[1]说的这句话深信不疑:"作家的唯一使命就是创作杰作。"不存在其他使命了。这是成为作家的唯一价值。我曾尝试过创作一部杰作,但人们告诉我我失败了。所以我觉得:"好

---

[1] 西里尔·康诺利(Cyril Connolly, 1903-1974):英国文学评论家、作家,《地平线》杂志创始人。

吧，也行吧，我能理解。我还年轻，我会去做别的事情。"

那都是别人跟您说的。那您自己是怎么想的呢？

我认为，而且我也一直这么认为，人们应该尽最大的力量去做能做的事情。在这方面，我已经尽我最大的努力了，我对此毫不怀疑。之后，得让别人来告诉你你的作品棒极了。

这是一场关于存在的大危机么？

嗯……我甚至从来都不知道大危机是什么时候降临的。实际上，当事情不太顺利的时候我状态一般都还行。所以并不总能注意到。

啊，您就是这么形容巴斯康比的，一模一样。

真的吗？

是的，跟他一样只有在一切进展不顺的时候感觉才变得最优秀。

相反，当一切进展顺利的时候我会变得比较平庸。正是因为这样，才会很混乱。所以我无法判断这是不是一种危机。这是一种变化。我找到一份体育专栏记者的工作，而且我本来是很乐意继续干下去的，为杂志写点文章，给运动员做做采访，聊聊体育。如果他们让我继续干下去的话，我觉得我可以坚持很久。

杂志的倒闭是您重新回归小说创作的唯一原因吗？

是的。我那时去拜访了另一家报社，希望他们能给我提供一份工作。但收到的回复却是："我们无法给您提供工作，您不是体育记者，您是小说家。"我回复他们："噢，我已经不是小说家了，我曾经是，但都结束了。我现在是一名体育记者，百分百的体育记者。"他们仍然拒绝了我。我回到了普林斯顿（报社在纽约，为了面试我特意跑了一趟），不知道要做什么。我能做什么呢？重新坐回书桌前，尝试写一本小说？我就这么做了。那就是《体育记者》(*Un week-end dans le Michigan*)[1]，一切就此改变。

您当体育记者的那段日子里，没有写过一本小说吗？

1981年我在纽约生活的时候写过一篇叫《石泉城》(*Rock Springs*)的短篇小说，发表在《时尚先生》(*Esquire*)这本杂志上了。我发现写短篇小说好像没那么难。雷·卡佛（Ray Carver）是我最好的朋友，他写过一大堆短篇小说，比蒂（Beatty）也是一位跟我很亲近的朋友，还有托拜厄斯·沃尔夫（Tobias Wolff）[2]、蒂姆·奥布莱恩（Tim O'Brien）……他们都写短篇小说。我告诉自己可能真的没那么难，而事实也证明，确实没那么难。

容易吗？

比写长篇小说容易多了。

为什么？

篇幅更短！需要斟酌的词更少，需要投入工作的时间更少，需要的构思更少，需要的素材更少。而且在读者中的影响力也更小。这是个小众体裁。

雷蒙德·卡佛对这个观点会怎么看？

噢，如果雷还在世的话，他会不太赞同的。我们可能会吵起

---

[1] 英文书名为 *The Sportswriter*。
[2] 托拜厄斯·沃尔夫（Tobias Wolff, 1945- ）：美国短篇故事家、回忆录作家、短篇小说家。

来。我会告诉他我曾经对他说过的话："先写本长篇小说，我们再来谈这个问题吧！"

您是在哪儿遇见他的呢？

在某个作家会议上遇见的，美国这样的会议千千万。比法国还多，在法国也已经够多的了。

您喜欢在公开场合谈论自己的作品吗？

偶尔。我并不是文学咖啡馆［用法语说的］的狂热粉。这不是一种我欣赏的文化现象。问题被过于简单化了。但您对此是了解的，圣马洛或其他地方的文学沙龙。人们坐在走廊上，然后让你站上讲坛，一个拿着麦克风的家伙对你进行介绍，你也拿着一只麦克风，人们向你提问，为了那些在走廊上心不在焉走来走去的人，这太滑稽了。

您喜欢和您的读者见面吗？

噢，是的，这是我喜欢的！我和我的读者在我人生中最重要的这件事上是相同的，那就是我们都热爱文学。我们阅读。他们也写作，经常写。我喜欢遇见他们，因为我是一个普通人。有一天，我读到了托尔斯泰为莫泊桑的短篇小说集写的序。他说，才能，就是专注。我拥有这项才能。就这样。我是一个做事情特别专注的人。我希望读者能明白，如果我创作出了伟大的小说——我创作出过么一两本——他们也同样能创作出来。我取得成功不是因为任何特别的原因。

您真的这么认为吗？

我很确信。完全确信。我去做了，就这样。而大多数人没去做。或许他们在做其他事情，或许他们被孩子榨干了精力，或许女性不接受一项太占用时间的工作，又或许他们关心的是金钱……许多人都能写作，而部分人应该写却因为各种各样的原因没有写。而我呢，我只是那个写了的人。正因为我从事了写作，才发现人类的才能都有用武之地，只不过有些才能用在另一种工作上可能不那么能派上用场。我是个慢节奏的人，缓慢地思考，缓慢地说话，缓慢地生活……对一个小说家而言这简直完美。我有足够的耐心。可以做到全神贯注。我可以待在某个地方什么也不做，只是在思想中遨游。我喜欢独处。我热爱文学。当然了，我本来也可以去做别的事情，比如说留在海军。而我从事写作，是因为作家这个职业看起来能使我的优点得到最好的发挥。这是幸运的。

您曾在海军待过？

没多长时间。我本想在那里干出一番事业，但是生病了。我那时二十岁，克里斯蒂娜不希望我成为海军，她对此表示反对。

你们俩那时已经结婚了吗？

已经在一起五年了。

真好。

这是我人生中最棒的事情。

您所有的作品都是献给她的。

以后的所有作品也都将献给她。

太浪漫了。但您在作品中却很少这么浪漫，如果我可以这么说的话。

正是如此。我把没放到作品中的浪漫都用在我的私人生活中了。生活是我做一切事情的源泉。一切都来自生活。

让您的生活发生彻底改变的是哪本书？是……

……《体育记者》。

更甚于《独立日》(*Indépendance*)[1]吗？

是的。《独立日》取得了成功，我当然对此感到很幸福。但对我而言，它更像是个小赠品[lagniappe 是典型的新奥尔良说法]。一个附加品。

成功可怕吗？

不可怕，没有任何坏处。我对自己的认识很早以前就形成了，1981 年以前，在我的作家生涯还没走上正轨的时候就已经形成了。当我放弃写作时，我对自己的认识依然没有发生改变。它并不取决于我作为作家所取得的成功。我每天的情绪可能会受影响，但我的禀性却不会变。所以可怕吗？噢，不，一点也不可怕。得傻得可以，比我还傻，才会被成功冲昏头脑。比起很多人做的事情，写作算容易的。

您是怎么工作的？

我在这间小船屋上工作。大概八点半过去，一直待到中午左右。我上岸，和克里斯蒂娜聊聊天，给自己做个三明治，午饭过后再回到船上继续工作一个半小时。然后，我会去健身馆。我练普拉提，诸如此类的健身操。当我们开始变老，就得多活动活动。否则就会变成僵硬的石头。

您在哪儿都能工作吗？

---

[1] 英文书名为 *Independence Day*。

只要周围环境安静、没有人在房间里走动就可以。我有时就在这里工作，在客厅里看看书。克里斯蒂娜过来不会打搅到我。我们可以一起讨论，互相打断，而且我也不能把家当作图书馆。但如果真的很想完成某件事情，我会让自己独处。我在这栋房子里也有一间自己的房间，我有时会在那里写散文。但如果是写小说的话，为了保证我能够完全集中注意力，我还是会去小船屋上写。

您不会给自己定一个最低字数的标准吗？

不会，这样做就太像一份正式的工作了。以我的写作观来看，与其说写作是一份职业，不如说它是一个志向。它和生命行驶在同样的轨道上。我的作品和我的人生互相影响。我试着尽可能用最不痛苦的方式让它们共处。现在做起来比以前轻松多了。我不是生在文学的圈子里，父母没受过什么教育。我是我们家第一个上大学的。我需要更多的自我约束督促自己成为一名作家，并从中找到满足感。并不是因为我多想拥有一份固定的工作，恰恰相反，我希望可以每天都独自一人写上几小时。当我还没有读者、还没有写出任何作品的时候，的确有点难熬。现在，我已经不再为这些担忧了。工作不工作都无所谓了。

您不会每天都工作吗？

不会，我当然会休息。并不是总有事情要做的。

您怎么知道自己写的是一本小说呢？

我总是随身携带一个小笔记本。它现在不在这儿，不然我就拿给您看了。我会在上面记些东西。有时，我记录下的某件事会被我记在脑海里，这时我会去笔记本上重新找到这件事。当我不知道该做什么时，我就坐下来，翻看笔记本，直到找到令我感兴趣的内容为止。这时，我会将我的笔记输入到电脑上。今天早上您来之前我就在做这件事。我输入感兴趣的内容。其中有一条笔记记的是拉斯汀（John Rustin）的一句话："创作，就是把参差不齐的东西理顺的艺术。"我就是这么做的。我把那些参差不齐的东西理顺。当我把它们打到电脑上的时候它们变得生动，能营造出一种氛围，就能引起我的兴趣。慢慢就会在我脑海里成形。我经常会思考这类问题：这事可能会发生，这个人物或许会想去那里……故事的叙述轨迹就出来了。一些故事就像拼贴画那样拼凑出来了。而另一些则是以"如果"的形式构思出来的。比如我的一篇名为《雷达下》（Under the Radar）的短篇小说。我写它是因为某天我去到中央车站，意识到我们可以在这个车站设计任何事情的发生，制造出任何邂逅。我是这么开始的：如果有个男人来到中央车站，他看向大厅的另一侧，看见了那个跟他有私情的女人的丈夫。"噢，这是个好主意！"我对自己说。不过，并不是所有的故事都是这么来的。有时我得去寻找它们。

在动笔前，您需要弄清楚故事的脉络吗？

我更倾向于先弄清楚。尽管我最后并不总能完全按照我之前设想的去写。我这周写的那个故事，一篇中篇小说，差不多结束在了我设想的地方，但并不是以我设想的方式结束的。

您的小说可能会出乎您的意料吗？

不至于到出乎意料的程度吧，毕竟是我自己写出来的。但有时我会觉得："我本以为某种情况会产生某个结果，但我却将它引向了另一个方向。"什么事情的发生都是我安排的。故事不可能自己写出来的，尽管许多作家对此说了不少蠢话。

是吗？

都是些蠢话。（他笑。）如果你不写，就什么都不会发生。

动笔前您脑海里就已经有书名了吗？

一般情况下，会有一个，但我有时会把它换掉。我给自己刚刚完成的故事取名为《是的，不是》(*Yeah*, *No*)，如果你跟一个英国人说某件事，他会回答你："是的，不是！"这让我要疯掉了。我厌恶这个回答。在创作过程中，我去了趟密西西比，和我高中时代的一位朋友就葬礼这个主题进行了讨论，我们谈到不少熟人都在最近离世了，而我们互相之间只有在葬礼上才会见面。有人说了这么一句话："葬礼是一种新常态噢！"我很中意这句话，这是个很不错的标题。新常态(The New Normal)。我把《是的，不是》的名字用在另一个故事上。这有些随意。

姓名对您的人物至关重要。

我认为不管是对我，还是对读者来说都同样重要。当我在写《体育记者》时，我的主人公叫斯洛科姆（Slocombe），而不是巴斯科姆，跟约书亚·斯洛科姆（Joshua Slocombe）有关，他是第一个驾驶无动力帆船环游世界的人。我想让弗兰克·斯洛科姆（Frank Slocombe）成为驾驶失控帆船的那个人。我喜欢这个隐喻。然而当我完成这本书时，我跟您提到过的那位老教授对我说："写得很好，但你的主人公不能叫这个名字，因为约瑟夫·赫勒（Joseph Heller）的《出事了》(*Something Has happened*)这本书中的叙述者就叫斯洛科姆。"我很发愁。书完全写好后，我得给自己的人物找一个新名字。正如人们通常认为的那样，这看起来很难做到。我不断重复这个名字，斯洛科姆。我希望新名字的韵脚听起来是一样的。我东想西想。我有位朋友叫弗兰克·纽威尔（Frank Newell）。他的第二个名是鲍科姆（Baucom）。我开始考虑弗兰克·鲍科姆·纽威尔（Frank Baucom Newell）。巴斯科姆就这么诞生了。"啊，就是这个了！"所以姓名重要吗？重要。但不是您想的那样。某种程度上它们很可能是可以互换的。

而且您的人物有时也会改名，比如说伯纳（Berner）改成了瑞秋（Rachel），再比如贝夫（Bev）改成了他父亲的名字。

是的，而且我认为我这个主意太有才了。这并不是我事先就设想好的，而是书快写完的时候才想到的。我们在写一本小说的过程中，是那么全身心地投入其中，以至于很容易获得所有那些平时感受不到的灵感。写作让你变得比以前更机灵了。

在采访刚开始的时候，您提到了风景的重要性。让我们来聊聊《加拿大》这本书吧，萨斯喀彻温州在这本书占据了很重要的地位。您对这个地区了解吗？

我去过很多次。第一次，是和雷蒙德·卡佛一起去的。1985年的时候，去猎雁。

您是猎人吗？

我是不是猎人？噢，是的！您没看见墙上所有那些被做成标本的动物吗？

我不知道它们是否只是装饰。

我喜欢美景，我喜欢生活在美丽的地方，这是我作为人类的弱点，我不想住在丑陋的地方。我年轻的时候在这些地方住过，我曾在肮脏的旅馆、在令人不快的郊区生活过。我迫切地想住得好，且这种渴望不管我成功与否都一直存在。我对那些漂亮的、秀美的东西很敏感，但不需要多么精致。我喜欢广阔的原野，喜欢一望无际的开阔空间，这类风景吸引着我。我希望我笔下的故事发生在吸引我的风景中。能进入读者脑海中的画面就是成功的，但我不认为风景与在风景中发生的故事有多大的联系。这不能跟雪莱（Shelley）谈论勃朗峰时说山中有音乐相提并论。嗯……我从未听见过。我也并不认为就因为你生活在山里或原野上，你就属于哪一类人了。我无法认同。这会削弱个体的自由意志，剥夺他自由选择的权利。这让你成了一场盛大象棋游戏中的一颗棋子。我认为人类要承担一些无法逃避的责任。他们需要掌控自己的人生。不然会怎样？我是名种族主义者，难道是因为我在密西西比长大？抱歉，不是这样的，这个解释行不通。种族主义者之所以是种族主义者，是因为他坏。仅此而已。风景能将一个人往好的方向或坏的方向塑造的观点对我而言没有说服力。

但您会利用风景来表达某些您人物的某些内在的东西吗？比如，空旷的原野出现的那一刻对戴尔来说意味着他的人生将从零开始，他得重新创造自己。

不会。文学作品中的那些风景，就是些词语而已。词语就是我的职业。另外，在这些精准、确切的词语背后，或许会让读者在脑海中形成一些画面，这些画面可能是被跟它相关的背景资料和情节的推进勾起的。这是一些词语，一些被勾起的画面和一些背景资料。我总是用图卢兹-劳特累克（Toulouse-Lautrec）给巴黎牧女游乐园[1]画的装饰画来举例。它们仅仅是装饰而已。

您对被人们称为自然写作的这个流派是怎么看的？

这是什么？我甚至都不知道。对自然进行书写？我可以告诉您，至今为止，在美国最擅长这类写作的作家是皮特·马西森

---

[1] 巴黎牧女游乐园（Folies-Bèrgere）：开创于1870年，据说是巴黎开创厅堂歌舞秀音乐大厅的始祖，表演内容以巴黎人的享乐生活为主。

(Peter Matthieseen)。您看这本书,我常常看,都被我翻烂了。他是一个朋友,曾经是我的老师。如果您要看这本书,一本艾略特·波特(Eliot Porter)的摄影集,读读皮特·马西森是怎么写的吧,很震撼人心。是的,他是我的英雄。《人出生的那棵树》(*The Tree Where Man Was Born*)。

您受过的影响有哪些?

所有我读过的内容都会影响我。作为南方人,我显然是先从福克纳、沃克·珀西(Walker Percy)、弗兰纳里·奥康纳(Flannery O'connor)的书开始读起的。之后,我开始看其他作家的书:福特·马多克斯(Ford Madox)、弗兰克·奥康纳(Frank O'connor)、舍伍德·安德森(Sherwood Anderson)。但不止这些作家。并不是说我们年轻时受了影响就可以一劳永逸,之后会对所有影响产生抗体。影响,并不是什么坏事,而是一种激励。比如说,詹姆斯·索尔特[1],正因为他如此优秀,所以对我产生了影响。当你读到好东西时,总会也想尝试创作出同样好的东西。它会激励你。

您会为您的作品做很多研究吗?

能不做就不做。我没什么耐心去做这个。我想做的是创作,而不是写一份报告。我对现实没什么信心,除非它们和一些很有趣的用词结合在一起。不动产就是个例子。这个行业的用语很有意思。我以前学过,所以对此了解甚多。[弗兰克·巴斯科姆是个房产中介。]让我感兴趣的是语言。

---

[1] 詹姆斯·索尔特(James Salter, 1925-2015):"二战"以来最优秀的美国小说家之一。

您在二十年前，猎雁的那个时期就已经有写《加拿大》的想法了吗？

甚至三十年前我就在想该有人以此创作一部小说了。我和卡佛打了个类似的赌。我们在卡车后面放了一袋要拔毛的死雁。但我们又不想自己拔。我们当时住在酒店里，但酒店方不希望我们将房间弄上羽毛和血。有人告诉我们沿着某条路走大概十公里，会看到一座小房子，花两美元，住在那里的男人就能帮我们把雁毛弄干净。我跟您说的真是在哪儿都没见过的环境。我们去了那里。发现那房子甚至都算不上是一栋房子，说是移动屋更贴切。男人不在家，在家的是他女儿，有着惊人的美貌。她二十岁左右，和她父亲一起住在这栋简陋的房子里，独自抚养她的小婴儿。她美得让人心慌意乱。她在院子里清理我们的大雁。我和卡佛两人坐在栅栏上看她使用大砍刀，唰唰唰，雁头一个个掉下来。我们彼此看了一眼。我们付完钱就离开了。卡车上，卡佛略微口吃地问我："谁先把她写进小说？""这个赌我打了。"我回答，我也这么做了。我很快就把她写进了某本小说里。但这个地方、这片广袤的原野，一直留在了我的脑海中。我应该回到那里，应该将它写进书里。

您写一本小说需要花多长时间？

写《加拿大》我用了两年，这期间我的时间安排极其规律。接着用一年时间进行修改，再用六个月的时间出版。但从我第一次去萨斯喀彻温起，就开始对它做记录了。当我开始动笔写的时候，笔记本上已经积累了很多素材。

您的第一位读者是谁？

克里斯蒂娜。她是个出色的读者，不仅因为她很聪明，还因为她什么类型的书都看——侦探小说、有时是畅销书、文学小说、杂志，而且她不是宗派信徒。我相信，她就能代表我作品能覆盖到的最广大的读者群，从流行小说到博学的著作。对我来说，她确确实实代表了整个世界，至少代表了可能会喜欢我作品的那个世界。不管我要花多少时间、精力在写作上，她都无条件地支持我。她是鼓励我、包容我的。

您会根据她的建议做修改吗？

会。当她说"我不知道这要表达什么"或者"我可能不会用这个词"或者"你或许该把这个删掉……"我可以给您看她在我手稿的空白处留下的小批语，看看我能不能找到一处给你看。

您直接在电脑上写作吗？

不，我手写。这里，您过来看看她做的批注：她要是喜欢某些内容，就会画一个＋号。（最终，他也没能找对手稿，而是找到了另一些写了他本人批注的手稿。）"可能可以再挖掘挖掘"，诸如此类的话。在我写作的过程中，会回过头去看看，确保我没有忘掉什么。

这是提纲吗？

不是，我不把它称作提纲。这是些和构思有关的笔记，一些记录，仅此而已，一堆杂七杂八的东西。当我们写提纲的时候，脑海里会有比它更有条理的东西。

您保留着所有笔记本？

我会把它们逐步寄到密歇根大学归档。它们是可查阅的，人们可以研究它们。在大学的学术领域，稀奇古怪的资助真的是应有尽有。

克里斯蒂娜读过后，您会做什么呢？

我会重新修改一次。

谁将它输入电脑，是您自己输，还是让别人输？

我自己。您真觉得有人能看懂这个？

真不觉得。您是一边输入电脑一边修改吗？

噢，是的，输入电脑也是整个写作过程的一个步骤。

您觉得作品的韵律和它的风格，有多重要？

在出版之前我会大声朗读全文。这是有好处的：这样我就能有整体的把握，这对我尤为重要。把每个音都听听是好事。不好的方面是我的笔调得完全适应我自己的声音。大多数人都习惯默读，这样就能跳过那些类似于亨利·詹姆斯（Herry James）作品中的某些无法完全大声朗读出来的复杂段落了。要大声朗读的话，我大概就得删掉自己作品里那些复杂的部分。

体育在您的生活和写作中扮演了什么角色？

我是一名运动员，一直都是。我打壁球、举重、练拳击，还不算其他项目。关于运动，有一个我很了解的方面：就是动作。将运动写入作品，就是将冲突、竞争、对手写入作品。偶尔会有些暴力，目的不明，所有人对运动会或多或少有些了解……当我在写《体育记者》的时候，我完全没有意识到美国女性可能对这个不感兴趣。就这样我被贴上了为男性写作的作家的标签。我想我现在已经撕下这个标签了，但这在很长一段时间内都限制了我的读者群。

啊？我不知道，您书中的女性人物都很强大。

是的，这是我个人的看法。但你一旦被贴上某种标签，就很难再将它撕掉了。我觉得自己总算是摆脱那个标签了。这是幸运的，因为从伦理的角度看，我不希望自己以为男性群体写作为主。这会让我失去最优秀的读者。我想创作出吸引所有人的内容。尽管科学每天都证明我错了，但我还是认为男性和女性之间的共性多过差异性。比如，我不认为，女性比男性更有母性，也不认为她们没男性有竞争力或没男性暴力。我遇见过一些暴力得让人难以置信的女人。

> 而且，在您的作品中，暴力也是存在的。写到过谋杀，哪怕是跟情节发展没有什么关系的，写到过斗殴、伤害……

我很看重那些暴力的部分。我希望子弹出膛，为那些最根本的原因：生死攸关的问题。这是人们最关心的问题：他们能活下去吗？他们是如何死的？我希望自己的书里出现这些内容，因为它们能提升作品的价值。我的生活中充斥着不少暴力。所以它们出现在我的作品中是很自然的事情。

> 您遇到过哪些暴力？

一开始是为了争取公民权利而使用暴力。

> 您参与了吗？

我对双方都有所了解。当我还是孩子的时候，既无知又愚蠢，我觉得人们会把我看成一个种族主义者。我就是那只盲从的羊，别人做什么我就做什么。快满十七岁时，我终于意识到这是极其错误的，并加入了另一边的阵营。而且，小时候，我们经常打架，并不是发生在黑人和白人之间，而是发生在孩子们之间，我们伤得很重。在医院也是，很小的时候我就目睹过很多事情了：隔三岔五的斗殴，还有谋杀、自杀。我并没有亲眼见过谋杀，但我亲眼见过有人在房门打开的那一刻开枪自杀了。

> 而且在《独立日》中也写到过一个类似的情节，在一个汽车旅馆里，发生在隔壁房间里的一场凶杀案，不是吗？

这个不是我见到过的，是我虚构出来的。但人们往往会选择在旅馆自杀或杀害他人。这很常见。这辈子我住过很多旅店和汽车旅馆，在这些旅店里见过的事情多了。让我感兴趣的是，当人们以为没人能看到他们时，他们会做些什么。

> 您认为自己是主张介入的作家吗？

我认为是的。听听诺思洛普·弗莱（Northrop Frye）的这句话："要成为一名作家，你就不能专注于结果。"（To become a writer, you must have nothing riding on the outcome.）我写作从来都不是为了要在小说中说明某个观点或支持某个动机。在一部小说中，你扔出骰子，而这就是你得到的结果……但我对某些在您看来带有政治色彩的问题感兴趣。生和死、社会公平、男女之间的关系、孩子们的命运，这些都是我偏爱的主题。

> 理查德的一位朋友在一个月前去世了，他要去村里参加为这位朋友举行的缅怀仪式，把我也带过去了。在路上，我们与露营车擦身而过，它没看到我们，正往福特家开去，吉尧姆和孩子们在那儿和克里斯蒂娜以及她的两条小狗一起等着我们。追思会是在教堂还是宴会厅举行的，我说不上来。去世的人的照片出现在巨大的屏幕上，人们三三两两还算愉快地交谈着，有人红了眼眶，几名年轻人在看台上摆放麦克风和乐谱

架。理查德越过人群头顶,寻找他要致意的人,而我则神经质地吃着冷餐台上的哈密瓜条。我们再次上路。在车上,我们继续之前的谈话。

在新英格兰地区,人们都很朴实,只要你不做些故意引人注目的举动,即使你已经上过电视,他们也会像对待普通人一样对待你。当地人知道我是一位知名作家,但他们和我在一起时,举止仍一如往常。我来到一个这么遥远的地区并不是为了要大量的社交,只是想成为这个社会群体中的一分子。这是一个蓝领阶层人数众多的地区,有很多渔民。可能夏天会有些不一样,因为那时也有一些游客,但在冬天,这里只有我们自己。我在工作,他们也在工作,我们互相尊重。我之所以选择住在一个离文学世界这么远的地方,是因为我不想一直遇到那些还没读过我的书就对我说很喜欢它们的人。

这算是一种自我保护吗?

这让我感到高兴。在这里,没有人读过我的书,也没有人假装读过我的书,这样就很好。不管是和那些对我的作品说好话的人,还是和那些对我的作品说坏话的人待在一起,我都感到不太自在。写作,是一件我独自为他人完成的事,我从中得到很大的满足:这是一件能让我获得快乐的工作,也不是很难,还能让我赚钱。但当书问世后,它就自生自灭,成为独立于我之外的存在。人们喜欢它当然更好,我希望读者能喜欢它。但我希望自己能离它远一点。

Margaret Atwood 玛格丽特·阿特伍德

多伦多，安大略

在安尼科斯东边坐落着一座美丽的红砖房：宽敞的厨房，柜台上摆放着旅游指南和鸟类指南，花瓶中插着怒放的鲜花。靠近窗户的位置摆放着一盆兰花，整个房间都浸润在苍白的冬日阳光里。我们瞥见站在花园一隅的玛格丽特·阿特伍德（Margaret Atwood），她裹在厚厚的红色长款羽绒服里，正在穿一双大大的徒步鞋，准备带我们去喝咖啡。半路上，她指给我看十九世纪末维多利亚风格的建筑，房子正面被独具特色的鱼形瓦片覆盖，有着黑色的尖屋顶，还有稍矮的房子，窗户更大——这是一种随着技术发展而变革的建筑：中央制暖的出现让炉子退伍了，室内更容易供暖了，即使开更大的窗户也不会影响屋内的温度……玛格丽特从八十年代起就住在这栋房子里，但她从六十年代起就生活在这个街区了。那时候，这些房子是按一个个房间短期分租出去的，还只是一个穷人区。而今天，有名望的银行家和知识分子正在对房子进行持续的翻新和美化。玛格丽特·阿特伍德曾在法国卢尔马兰的吕贝隆小镇生活过一年，加缪的遗孀卡特琳娜至今仍住在那里。

在欧洲，起决定作用的，是时间，而在加拿大，则是空间。如果想要了解更多加拿大的历史，就应该去读查尔斯·曼恩（Charles Mann）写的《1491，前哥伦布时代美洲启示录》(*1491: New Revelations of the Americas Before Columbus*)。他向我们展示了哥伦布时代之前南北美洲的面貌。另一本一定要查阅的书是贾雷德·戴蒙德（Jared Diamond）的《枪炮、病菌与钢铁》（*De l'inégalité parmi les sociétés*）[1]，此书解释了为什么是欧洲侵略了美洲，而不是美洲侵略了欧洲，还有为什么所有人都死了。《1491》中也对此做出了一些回答：当时人们的免疫系统还不足以对抗某些病菌，因为美洲原住民当时还没有饲养家畜。在发现美洲新大陆后的三个世纪以内，一种本应该只会让免疫力较好的人患病，让20%的人口死亡的病菌，却最终造成了90%的人口死亡。这简直无异于斩草除根。第一次瘟疫在哥伦布到达后的第一年就爆发了，土著居民甚至不需要和欧洲人接触，他们自己人跟自己人接触就感染了。在当时，有一些集中的贸易路线，在欧洲，造成大量死亡的瘟疫也是以同样的方式沿着贸易路线传播的，这也是为什么飞机也是潜在的杀手。加拿大是个辽阔的国家。我想，约瑟夫·波登会向您讲述首批移民的故事，他对此深有了解。加拿大和美国在印第安人所占的本土人口比例上存在着巨大差异。与普通人口相比，印第安人在加拿大所占的比例要远高于其在美国。黑人和西班牙人的人口比例在美国比在加拿大要高。另一个区别是，在加拿大，第二语言是法语，而在美国是西班牙语。两国历史不同，地理也不一样。美国北部和加拿大很像，然而我们却没有任何像美国南部的地方：我们既没有佛罗里达也没有得克萨斯……从地理上看，我们与苏格兰、瑞典、挪威更相似。

做一个加拿大作家意味着什么？

所有人都与他所处的地理环境紧密相关。法国有个有趣的现

---

[1] 英文书名为 *Guns, Germs, and Steel*。

象，这片不算大的土地上却存在着巨大的地理差异，在极短的时间内我们就可能从一种风景过渡到另一种，从一个世界进入另一个。而在加拿大，如果要从一种风景过渡到另一种，则需要穿过很长一段距离，我们永远都无法忽视加拿大的广袤无垠。从哈利法克斯到伦敦的距离不算什么，从哈利法克斯到温哥华的距离才叫远呢。我的家族在美国大陆上生活的历史悠久，在那里，有在十七世纪被赶出去的美国清教徒、法国胡格诺派。他们中一部分人去了美国，一部分人去了爱尔兰或柏林，还有一部分去了新苏格兰。应该就是我这一支……

您有对您的家族史做过研究吗？

您知道，我来自新苏格兰，在那里，人人都习惯追根溯源。在加拿大，越往西，对家族史感兴趣的人越少，越往东，人们越愿意在这上面花时间。如果您有家人住在新苏格兰省，人们会追问您的祖父祖母、外祖父外祖母是谁，他们的父母又是谁，直到追问出你们家族属于哪一支。因此，我对此一清二楚。我父亲那边只有一位祖先来到了加拿大，其余人全部去了美国的新英格兰地区。所以尽管我两边的亲人都挺多的，因为他们都有很多孩子，我在美国的亲人还是要比在加拿大的多。我母亲的家族也来自新英格兰地区。在我父亲的家族里也有一部分在对盖尔人[1]进行驱逐的时期［十八世纪时苏格兰人被迫向海外移民］被逐出祖国的苏格兰人。总的来说，所有我家族的人都是被某地驱逐出境的。新苏格兰省曾经有不少胡格诺派，因为英国政府那时想要增加在这个省的新教徒，不管是哪个国家的都可以，法国、德国，所

---

[1] 英国少数民族，族源与苏格兰人相同。

有他们能找到的新教徒。在当时,起决定性作用的是宗教而不是国籍。

您的作品中有哪些主题是典型的加拿大主题呢?

(她突然开始用法语说话。)有很多。我在1962年写了一本关于这个主题的书,《加拿大文学专题指南》(*Essai sur la littérature française*)[1]里面涵盖了所有相关内容。(她换回用英语说话。)虽然后来情况有了一些不同,但并没有完全改变。我建议您去看看1972年发行的那版里关于印第安人的那章,再和约瑟夫·波登聊聊。那个时候还没有他的书。虽然已经有几个人开始写自传了,但那就是全部了。其他相关的作品都是之后才有的。

居住地对您的影响大吗?

当然,我在附近已经住了一段时间。(她笑。)在加拿大,没有我没去过的地方,甚至几乎没有我没生活过的地方。虽然我没在曼尼托巴生活过,但我在阿尔伯塔省、在不列颠哥伦比亚、在魁北克都生活过。在我小时候,一年被分为冬季和其他季节。每年,我们在渥太华过冬,在森林里度过余下的时间。我们一开始住在魁北克北部,后来去了苏必利尔湖北部。我的父亲是森林昆虫学家。因为他研究昆虫,所以需要住在森林里。但是昆虫在冬天什么也做不了,它们都被冻僵了。所以我们回到城市,在那里,父亲把他的研究写下来。十二岁以前我从来没有在学校读完过一个完整的学年,尽管随着年龄的增长,在学校外度过的时间越来越短。十二岁那年我上了高中——我跳了几级……那是我在学校

---

[1] 英文书名为 *A Thematic Guide to Canadian Literature*。

上的第一个完整的学年。而往常，学期初或学期末我都是缺席的，甚至前后都缺席，只有在一学期的中间部分才去上课。在那时，对学校而言这并不是个问题，但可能现在就不一样了。我母亲将学校发的课本领回家，带到森林里。只要我们每天完成了课本中计划要看的那几页书，就能出去玩耍了。所以我们一般都能比较快速地完成……在学校，我们必须等所有人都完成才行，简直太没劲了……（她笑。）就像您料想的那样，我接触书籍的时间比一般人早，毕竟在树林里没有其他别的事情可以做了，没有任何其他的娱乐方式，没有电影院，没有电影，没有图书馆，但是有很多的书……我的母亲发现安静的孩子往往都很充实。"读你想读的……"所以没有什么书是我读不到或被禁止读的，我也因此比今天的孩子提早很多获准读了不少侦探小说。家里这类书很多，我父亲喜欢侦探小说和科幻小说。我们家也有一些和生物学相关的书籍，以及连环画，这些我也读。所有我能找到的我都会去读……

您是什么时候决定要写作的？

我在七岁的时候写了第一篇短篇小说，关于一只蚂蚁的故事，透过情节的发展，我得到的感悟颇多。因为在蚂蚁一生中的前三个阶段，它们几乎什么也没做：首先是一个卵，之后变成了幼虫，再然后是它们的幼年时期，但实际上什么也没发生。对一个七岁大的小孩来说，这已经是一段很长的插画故事了，但是这段故事直到结束也没有任何情节。（她笑。）不该这样开始啊！所以我写了这个之后就停止写作，开始投入到绘画中。我涂涂画画，直到高中才开始一种肤浅的写作。十六岁时我才开始认真对待写作这件事。

怎样？

我宣布自己想成为一名作家，这可把大家给吓坏了。"什么！"那是在五十年代的加拿大，见不到什么作家。加拿大那时当然是有作家的，但我认识的人中没有。不过我得到了一位高中老师的鼓励。虽然另一方面，我上学年的老师曾说过："在我的班上，她没表现出任何特殊的天赋。"通常情况下，老师们是不会说实话的，他们会说"是的，她有一些天赋"，而她却说出了真相。我在我们班并没有表现出任何特殊的天赋。直到下一年，在另一位老师的班上情况才有所改变。我们在十四、十五、十六和十七岁之间存在着巨大的差别，十七岁的我们要成熟得多。虽然中间只隔了两年，却是关键的两年。我觉得我在十四五岁的时候只是在玩乐。那时候高中是五年制，第五年决定了我们是否能继续上大学。这个体制跟今天法国的体制更像。而在这里，这项体制如今已经发生了不少变化。当时，众所周知，高中的最后一年是很难读的，学年结束后所有人要挤在一间没有空调的体育馆内进行毕业考试。我们需要用功备考。

《道德困境》（Moral Disorder）这部小说可以算作是您的回忆录吗？

除了主人公不是作家本人之外基本全是根据我的回忆写的。而书中英语老师的原型就是当年给予我鼓励的那位老师。

就是那位拥有一双美腿，穿着漂亮鞋子的女老师吗？

就是她。因为她已经去世多年，我甚至在书中使用了她的真实姓名。当时老师们就是这样教我们英语的，对一些文章进行详细的讲解。这同时也是当时教授文学的方法。学习一篇文章的过程中，我们需要弄明白每一个单词的意思。

也就是说，是在那个时候，您表达了想要成为作家的愿望？

是的，是的，所有人都惊呆了。我的一位高中同学最近对我说："你那时候太勇敢了！你在午餐时间向餐桌上的每一个人宣布你将要成为一名作家，这是一件特别需要勇气的事。"

那对您本人来说这是个充满勇气的举动吗？

一点也不。我过去并不是一个善于社交的人，长期生活在森林里，我都不知道这是一件需要勇气的事……我最初的想法——在《与死者协商》（*Nigotiating with the Dead*）的第一章里提到过——是当一名记者。我的父母都很紧张，他们找遍了整个家族（我们有一堆堂兄弟表姐妹）才终于找到一位干记者这行的，这位记者对我说："如果你为一份报纸写稿，由于你是女性的缘故，你将只能负责那些专门给女人看的以及刊登讣告的版面。"好吧，我对自己说我可不能去干这个。当然，时代改变了，现在有无数女性活跃在要闻版块，而在那个年代，女记者被限制在和女性时尚以及死亡相关的页面。我的作品中最重要的两大主题……（她笑。）因此，我想我只能进入大学教书，然后利用暑假的时间来写作了。我就这么进入了大学，而在大学里很快我就发现最棒的事莫过于逃到伦敦或巴黎，在那里，我可以更认真地创作我的作品。我有几位演员朋友去了伦敦，其中一位就是唐纳德·萨瑟兰（Donald Sutherland），在同一时期，他和我一样也在大学。因为他比我大几岁，我看了他演的最初几部戏剧。他过去一直是一位非常优秀的演员。当时还有大卫·柯南伯格（David Cronenberg），但我那时还不认识他。我们这一代是有点奇怪的一代……之后我告诉自己必须逃离，逃到欧洲去做一个流浪汉，在当时，这比在纽约做一个流浪汉要容易：作为加拿大人，在英国入境对我来说要比在美国入境更容易。直到后来我的一位老师推荐我申请奖学金。当时正处在婴儿潮之后，大学教师不久后就要供不应求了，所以学校给我提供了奖学金让我去念硕士。

您同意了。

"我要在哪里签名？"我被哈佛大学录取了，去了那里，因为我的老师很客观地对我说："如果你去做服务员的话，会很累，不会再有足够的精力写作。"我回答他说："我不是学者，我是一名作家！"但他反驳我说，这样我可能会有更多的时间写作。的确如此。他是对的。

那时您就开始写作了吗？

啊，是的！是的，亲爱的*！［本文中所有后面标有星号的词都是法语词。］十六岁起我就开始在一些文学杂志上发表作品了。

一些短篇小说和诗歌吗？

我们得还原一下六十年代的时代背景。极少有出版社愿意冒发表加拿大作家作品的风险。他们更愿意找美国作家和英国作家，这样的话就可以有一家英美出版社一起分担成本。他们常说两句自相矛盾的话，一方面他们抱怨作品"没有加拿大特色"，另一方面又说"您的小说加拿大味太浓了"！所以对加拿大作家来说，诗歌是最容易的。当时是咖啡馆的黄金时代，起源于旧金山的咖啡馆开始普及，在多伦多也有一家咖啡馆开张了，叫流浪者大使馆（Le Bohemian Embassy）。很多人真的把它当成了大使馆，寄信过去申请签证！（她笑。）但实际上这只是一家咖啡店。上楼我们就到了一个四壁砖墙的房间，所有的家具都被刷成了黑色，桌上铺着桌布，放着一个插着蜡烛的瓶子，还有一台咖啡机，我们从未见过这玩意儿，所有人都小心翼翼地凑上前去看它……每周四晚这里都会举办一场晚会，供大家朗诵诗歌，放爵士乐。一些最伟大的爵士乐手曾在这儿为我们表演过。

听起来棒极了。

有谁意识到了呢？我们那时都太年轻了，没意识到那究竟有多棒。我们只是想着："啊，今天是周四了，有人要唱歌了。"在那个年纪，我们把一切都当作是理所当然的。首先，我们认为这很正常，之后，又以为那样的时光会永远延续。但其实那只是短短的一刻，画着眼线，穿着黑套衫的"朱丽叶·格雷科[1]一刻"，属于存在主义的一刻。我们读萨特、加缪、波伏娃。太可怕了。（她从嗓子里发出愉快而讽刺的笑，谈话不得不暂停一会儿。）一切都沉浸在这种气氛里，那时正好处在五十年代末六十年代初，在"垮掉的一代"和"嬉皮士"之间。我当众朗诵我写的诗歌——或者不如说，我当众朗诵我那"灾难般"的诗歌。我还在一些小型文学杂志上发表了它们。一共只有五六首，有一首是写给流浪者大使馆咖啡馆的。那时候我们连电脑都还没有呢！嘘……我们都用铅字印刷机和油印机印刷作品，然后再把它们订起来。就这样，我出版了自己的第一部诗集，用亚麻油毡版画做的封面。

您手上还有这本诗集吗？

还有一本！它现在值不少钱。在当时，我们卖五十分一本。

您喜欢在公众场合朗读您的诗歌吗？

噢，这实在是太可怕了，但是我们会这样做，大家都这么

---

[1] 朱丽叶·格雷科（Juliette Gréco, 1927– ）：法国歌手、演员。

干。这是个不错的锻炼，因为咖啡机的存在，也因为厕所正对着我们诵读的那个房间。我们正读得尽兴，突然咖啡机"咔咔咔咔"开始磨了，或者是有人在厕所里冲水。经历了这些后，任何状况都不会让我们慌乱了……再没有什么事是大不了的，就算有人死了，昏倒了，撞墙了，我们仍继续朗读。

听众会说他们的看法吗？

我们每个人都很认真。也是在那时我改了我的笔名。一位经理人告诉我没人会认真对待一个叫佩吉的女人。这是玛格丽特的昵称，所有人都这么叫我。我妈妈叫玛格丽特，您明白为什么了吧。现在，我有两重身份，普通人和作家。我的朋友和家人都叫我佩吉。曾经有一个过渡期我使用首字母缩写，就像T.S.艾略特[1]那样。（她笑。）这样就没人知道其实我是个女孩了！

作为一名女性，在文学圈子里混是不是很难？

有点难。在加拿大没我们想象得那么难。我觉得在美国才是真的很难，在那里，女作家完全被当作另类。那时，战争刚刚结束，写作完全是男人们的领域。诺曼·梅勒（Norman Mailer）、厄普代克（Updike）、菲利普·罗斯……这些都是当时鼎鼎有名的大作家。战前，有一些像卡森·麦卡勒斯（Carson McCullers）这样的女作家，但到了那个时候，她们要么已经上了年纪，要么已经不在人世了。在美国，当一名年轻女作家被认为是很大胆的事情。我们被看作追星族，或是颓废派的小女朋友。但在加拿大，由于文学圈子很小而且独特，所以作家们都很团结。如果您是一名诗人，您就加入诗人圈，而不是别的……不过，我们偶尔还是会听

---

[1] T.S.艾略特（T.S. Eliot, 1888-1965）：美国诗人、剧作家和文学批评家。

到有人说"女人是不能写作的",但这往往是上了年纪的男人的想法。我们这一代人是不会说这样的话的。与之相反,我们互相帮助,组成一些编辑小组。阿南西(Anansi)出版社,如今已经具有相当大的规模了,就是我和其他三个人一起在1966年创办的。我们每人领一份政府发的微薄补贴,然后把这些钱放到一起创办了一家出版社。一共大概花了六百美元。我们当时也是迫于无奈,因为根本找不到任何其他出路。我们的出版社就这么发展起来了。后来因为小出版社的政策问题,我在1972年离开了:椅子越小,为得到它而进行的争斗就越激烈。最后,是我朋友格雷姆·吉伯森(Graeme Gibson)的前妻当上了出版社的头儿,她想方设法把我们都挤走了!(她笑。)另一位创始人和我一起上了大学,后来,他在儿童文学领域取得了巨大的成功。

请您跟我讲讲您第一部小说的出版。

《可以吃的女人》(*La Femme comestible*)[1]?这是我1964年写在不列颠哥伦比亚大学考试手册上的作品,当时每天早上八点半,我在那儿给工程师教语法,在一幢"二战"时期的农业建筑里,因为没有足够的地方。当时很有意思。我在一张桥牌桌上写作,然后用手动打字机打出来——那时我还没有电动打字机。

您开始都是手写的吗?

我不太会用打字机,但现在我们都有电脑了,这就方便多了,可以随时修改。而用手动打字机的话总是容易出很多错,然后我又得重打。我住在不列颠哥伦比亚省一栋房子的二楼,和外

---

[1] 英文书名为 *The Edible Woman*。

界的通道是一段室外楼梯，房东们觉得房子里有白蚁，因为他们不断听到一些细碎的声响。"这是什么声音？"——"是我，我在写字。"——"噢，您可以买一块桌布垫一下吗？"就是这样，我就是在那儿写作的。那时我在一本名为《字母表》（*Alphabet*）的小杂志上发表了一篇短篇小说——那时在整个加拿大英语区，不算上CBC[1]旗下的，一共有五家文学杂志社，CBC这个是一档无线电广播节目，每年都会出一本集子，包括我和爱丽丝·门罗在内的很多人都是这样起步的，通过这个聪明人，一位虽然很普通但对作家很好，而且善于和流言蜚语打交道的人，他叫罗伯特·威孚，人脉极广。我第一次发表作品的文学杂志社给了我五美元，我印象中是这样。但CBC给的稿酬更高，令人心驰神往！代价是要听一些演员读我们的文章。无所谓，总之我们就这样起步了。

您和爱丽丝·门罗熟吗？

我第一次和她见面是在1969年前，那时她出版了第一本书，《快乐影子之舞》（*La Danse des ombres heureuses*）[2]，和《可以吃的女人》同一年出版。在那个时候，人们都互相写信，我去维多利亚市拜访了她。我睡在她家的地板上，作家们都这么干。在某种意义上，我们就是个秘密群体。一些诗人过来，我们给他们提供晚餐，他们也睡在那里，乘坐灰狗巴士来来往往。我的这本《可以吃的女人》写于1964年和1965年，我把它寄给一位编辑，他读了我在《字母表》上发表的那个短篇小说，并让我把之后写的东西也给他看看。编辑们通常都习惯在文学杂志

---

[1] 加拿大广播公司，英文名为Canadian Broadcasting Corporation，简称CBC。
[2] 英文书名为*Dance of the Happy Shades*。

上寻找那些他们认为有前途的作家。我寄出了我的小说,但并没有收到任何回复。我不知道是怎么一回事。我也没有代理人,没人有。而且我在准备博士学位的口试。我不知道审稿要花多长时间。

然后我拿了一个大奖——一项唯一值得一提的奖——颁给我发表于1966年的第一本诗集《恶性循环》(*Le Cercle vicieux*)[1]。在那之后,我接到一封出版社的信,信上说:"您好像写过一部小说,可以给我们看看吗?""您已经看了一年了……"我回答他。好吧,我们来找找看。那个出版商是个叫作杰克·麦克莱兰(Jack McClelland)的骗子,他找到了我的手稿,并且跟我说:"您的手稿被一个怀孕的女编辑收起来了,她把它放在一个抽屉里,跟谁都没说。哎,这些人都干了些什么呀!"这完完全全是他瞎编的。我后来才通过出版社的熟人知道,其实我的手稿就放在他办公室的地板上,和一堆稿件一起,放了好几个月……后来,他请我去喝酒,他喝了四杯之后,跟我说:"我们将会发表您的书。"我问他:"您看过了吗?"他回答说:"没有,但是我会看的。"然后他又补充说:"我们不是出版书,我们是出版作者。"我想着他可能是喜欢我的小套装。那是六十年代末,迷你裙正流行,然而我并不喜欢崔姬[2]带来的直发潮流,虽然所有人都去把头发拉直了,但是我实在没法做到。我曾经尝试过用直发产品,但那简直是一场彻底的灾难。它把我的头发弄断了,之后头发重新长出来了,但有的地方是卷的,有的又是直的。这种发型在朋克时代倒是挺流行的。幸运的是,大众的审美很快又回到卷发上来了,我得救了……好

---

[1] 英文书名为 *The Circle Game*。
[2] 崔姬(Twiggy, 1949-):英国模特、歌手、演员。她的出现如同一场革命,彻底改变了人们对美的定义、对眼部的化妆方式。

吧，回到我们之前谈到的第一本小说上来，它是在1969年发表的，那时候我正准备从埃德蒙顿搬到阿尔伯塔。

您又搬家了？

是啊，不停地在换地方。魁北克北部、渥太华、圣玛丽、安大略、多伦多，又到安大略北部、魁北克北部，在多伦多上的中学和大学，还去了波士顿：在马萨诸塞州的剑桥待了两年。然后为了写一本小说闭关一年，在哥伦比亚教书，又回到哈佛待了两年，在那里我读完了博士，完成了小说并且寄出去了，还要准备博士学位的口试，在蒙特利尔找一份教职，在乔治威廉斯大学教课，总是熬夜，变得很瘦，喝了太多的咖啡，小说再版，又搬到阿尔伯塔住了两年，出书，结婚又离婚……在埃德蒙顿，婚姻从来都很难维持下去。

哦，这可得知道。

现在情况不同了……嗯，在埃德蒙顿，我学会了看手相和占星术。和我一起住的房客中有一位荷兰女艺术家，她是研究耶罗尼米斯·博斯[1]作品的专家，按照她新颖但已被广泛接受的理论来说：博斯作品里的那些符号不是根据潜意识画的，而是一些星相学的象征符号。为了证明这一点，她参照了那时候的很多星相学著作，因此，她必须得学习看那些跟水星、土星、木星，还有和金星、月亮、火星上的山有关的手相和星象……所有这些都息息相关。然后呢，我接到了一个不知道从哪里打来的电话，电话那头用英语说："我是伦敦的奥斯卡·勒维斯汀

---

[1] 耶罗尼米斯·博斯（Hieronymus Bosch，1450-1516）：荷兰画家，被认为是二十世纪的超现实主义的启发者之一。

（Oscar Lewenstein），我们希望把您的小说改编成电影。"我回答他，"请问您是哪位？您是在开玩笑吧？""我是制片人。"他确确实实是制片人。很快，我就在蒙特利尔开始为把我的小说改编成电影而工作了。"我们希望剧本由您来写。""但我从来没写过剧本！""不要紧，我们会帮您的，我们不希望别人糟蹋了这本小说。"事实上，他们只是不想在请人上花太多钱。但是小说原来的轮廓全被改掉了，我那时候本来应该是要和约翰·凯梅尼（John Kemeny）一起工作的，他后来去写《火之战》（*La Guerre du feu*）[1]了。我什么都不懂，也没有钱，但我很快就到法国南部圣特罗佩山丘上的一个小村庄里开始和托尼·理查德森（Tony Richardson）合作写剧本了。那里有很多小房子，但没有一家通了电，我问托尼最初来这儿的人都发生了什么，他回答我说："我猜想他们互相残杀吧。"太疯狂了，我和托尼在那里的生活就这样开始了，他还会去森林里打松鸡呢。

那是您第一次到欧洲吗？

不是，我第一次到欧洲是在1963年夏天，和一些朋友一起。那时候真的特别穷，我和一对朋友一起住在小旅馆或找一个防空洞凑合，早上九点我们就会被赶走，要找事儿做，直到下午六点才能回去继续待着，我们吃橙子、长棍面包、奶酪，当然了，还要拼命喝咖啡。我们当时还有些钱够租一辆车去参观卢瓦河畔的城堡，那个时候在法国是绝不可能吃得很差的。不管是在哪里，什么价格的食物，都能吃得不错。还有一些小旅馆里，放着长桌子，人们都坐在一起，吃着同一道美味的食物。

---

[1] 英文电影原名 *Quest for Fire*，改编自比利时同名小说。

您的作品《可以吃的女人》大获成功了吗？

要说成功的话，那就是雅克把这本书卖到了英国和美国，对于一个二十九岁、没什么名气的作家写的处女作而言，这大概可以算某种成功吧。

那您认为哪本书取得了真正的成功呢？是《使女的故事》（*La Servante écarlate*）[1]吗？

确切地说，成功指的是什么呢？它们都取得了某种程度上的成功，毕竟成功是可以有很多重含义的。很奇怪，《使女的故事》并没有一炮大红，它的际遇和《羚羊与秧鸡》（*Le Dernier Homme*）[2]、《洪荒年代》（*Temps du déluge*）[3]及《疯狂亚当》（*MaddAddam*）[4]类似。比如说销量都没有《盲刺客》（*Le Tueur aveugle*）[5]多，可能因为这几本书比较另类。在英国，《使女的故事》卖得很少，后来就干脆停止销售了，但它获奖之后，又重新上架了，而且再也没下架过。在加拿大，也可以说是小获成功，因为之后也再没下架过。

而这本书可是 1985 年发表的呀！

各国读者的反映都不一样，加拿大人说："在我们国家不可能发生这种事！"美国人说："我们还剩下多少时间？"现在，书中描写的场景大多都已经在上演了。这本书已经被改编成芭蕾舞剧和歌剧，在丹麦、英国、加拿大等国已经上映了。您可以和约

---

[1] 英文书名为 *The Handmaid's Tale*。
[2] 英文书名为 *Oryx and Crake*。
[3] 英文书名为 *The Year of the Flood*。
[4] 这三本书被誉为阿特伍德的末世三部曲。
[5] 英文书名为 *The Blind Assassin*。

瑟夫·波登讨论这些,他也写过芭蕾舞剧,是关于一个跟美洲印第安人的寄宿学校有关的,这些19世纪出现的寄宿学校主要是为了同化印第安人,这使得这部剧有一定的悲剧色彩。很快还会出一部绘本,也是从《使女的故事》这里得到灵感的,一部典型的法国连环画……我很喜欢《奥斯特利克斯和奥贝利克斯历险记》(*Astérix et Obélix*),还有克莱尔·布勒特谢尔(Claire Bretécher)的《阿格里皮娜》(*Agrippine*)。

您是怎么喜欢上这些的?

连环画吗?

对,您是怎么喜欢上连环画还有科幻小说这些被认为难登大雅之堂的作品的?

我是在那种环境下长大的,我们那代人都很喜欢连环画和科幻小说。四十年代,漫画铺天盖地,孩子们都很爱看漫画,那时候电视也不像现在这么普及。早上的时候会放电影,但我没法去,我大部分时间都待在森林里。我哥哥收集漫画,如果您去蒙特利尔,那里有家叫乔恩和夸特利(Drawn and Quarterly)的很不错的商店,它同时也是一家连环画出版社,您可以去看看他们的网站。至于科幻小说,您想想,五十年代正是雷·布莱伯利(Ray Bradbury)经典作品发表的时期,约翰·温德姆(John Wyndham),还有赫伯特·乔治·威尔斯(Herbert George Wells),我们有威尔斯的作品全集,我爸爸很迷他。同时还看一些讽刺作品,比如阿纳托尔·法朗士(Anatole France)的《企鹅岛》(*L'île des pingouins*)。我们还有乔治·奥威尔(George Orwell)的《动物农场》(*La Ferme des animaux*)[1],那时候

---

[1] 英文书名为 *Animal Farm*。

我还太小了，以至于把它当成了维尼熊之类的作品……哎呀，好奇怪。我十一二岁的时候，《1984》的口袋本出来了，于是我就读了这个封面很丑的版本。这些书为我打开了一个崭新的世界。我还看了一些别的类型的书，比方说亚瑟·库斯勒（Arthur Koestler）的《正午的黑暗》（*Le Zéro et l'Infini*）[1]，实际上，这是历史类的书，但我却把它当科幻小说来读，因为我对俄国不太了解。后来我还重温过……所以说，我什么书都读。中学的时候，学校里有个阅读俱乐部，注册之后可以每个月借一本书。还有现在每天晚上都能在电视上看到的B系列，那个时候会在电影院上映。您随便说一部，我当年应该都看过，有的十分有趣，有的不如说有点恐怖。那是俄国文化来势汹汹的年代。

但这跟您写的东西完全是两回事。

是的，我不擅长写这种题材。但是在《盲刺客》里，我书中的人物写的就是这种故事，那是三十年代流行的文学。

而且故事很棒。

那个年代，没有人真的关注这些作品，它们属于副文化，但是我挺感兴趣的。我认为文学总是随着时代发展的，崭露头角的新文学形式大都经过了从大众文学进入正统文学的过程。即使是十八世纪的法国古典戏剧，如果没有古希腊神话，也就是那些脍炙人口的传说作为基础的话，它又会变成什么样子呢？我有个老师是诺思洛普·弗莱（Northrop Frye），如果您去看他的文学理论的话，您会看到他说作品的主题并不是区分流行文学和其他文学的标准，故事周围的那些因素才是，因为情节大同小异。我尤其对形式感兴趣，

---

[1] 英文书名为 *Darkness at Noon*。

我在哈佛一直没写完的论文，就是关于这方面的，不过是讲十九世纪的。您可以随便问我任意一本您曾听说过的十九世纪的奇怪的小说……您看，您现在知道我为什么对儒勒·凡尔纳[1]了解这么多了吧！赫伯特·乔治·威尔斯和儒勒·凡尔纳是当代这类文学的两个分支，儒勒·凡尔纳写的都是些可能会发生、会实现的事，而赫伯特·乔治·威尔斯是全新的创造。有一天，儒勒·凡尔纳愤怒地喊道："他那是瞎编乱造！"而他自己谈论的是氢气球和潜水艇，都是些正在酝酿发明的东西。

在叙事中最重要的是什么？

无非是人物、情节、故事的铺垫。

您是怎么开始写作的？

当然是从一些废纸上没有意义的涂鸦开始的。

您写提纲吗？

不写。我尝试写过一次，真是太失败了，后来再也没写过。

那是哪本书？

是一本我没写完的书。就像我刚才说的那样，那是一部糟糕透顶的作品。我想表现得有条理一些，因此我写了一些小卡片，有八个人物，共五个部分，每个人物在每个部分里有一小节内容，所以一共有四十个小节，我对每个人物都了如指掌，他们穿的什么鞋子，早餐吃的什么，他们受的教育，他们的父母，这大概就写了有两百多页吧，但实际上什么也没有发生。有点像我写的那

---

[1] 儒勒·凡尔纳（Jules Verne, 1828-1905）：法国小说家、博物学家、科普作家，现代科幻小说的重要开创者之一。

本跟蚂蚁有关的小说。（我们都大笑起来。）就像我跟我的学生们说过的那样："在一部侦探小说里，一开始就要死人，不然的话，你就会失去你的读者。"对于一起 murder mystery[1]（这是英文术语）而言，一定要尽快安排一场谋杀，或者至少要有一个诸如此类的开场："克莱尔不知道自己今天会遇害。"

您写作的程式是什么？有没有什么套路？

没有，理论上说，我是应该有一个。其实我也很希望有，但事实上我并没有。

从来都没有过？

从来没有，不过生活一直在改变……可能我会去尝试吧。

当您开始写一部小说，大概需要多久能写完？

这说不准，《使女的故事》大概写了七个月，《盲刺客》写了好几年，我开了几次头，又把它扔了。

为什么？

亲爱的，因为写不下去了啊。

您是怎么知道行不通了？

噢，会知道，知道或许哪条路都行不通。声音不对，总找不着合适的人来讲故事。[《盲刺客》是借助一位年迈的妇人之口讲述的故事，她的妹妹劳拉在去世后留下了一部很成功的小说，我们跟随着这位老妇人一起聆听一段贯穿一个世纪和整个家族历史的忏悔。]

---

[1] 英语：神秘谋杀案。

您一开始是从哪个角色开始下笔的？

我一直都知道这会是一位老妇人的回忆。我想把二十世纪最本质的东西梳理梳理。我希望这个老妇人是我母亲或者祖母那一代人。我对她们十分了解，她们的衣橱（她笑），她们的经历。我刚开始是从这个已经去世的老妇人的一个年轻亲戚开始写的，这个年轻的女孩发现了一个装满信的盒子。很老套的桥段。然后我对自己说："太没劲了。"于是我放弃了，又重新开始。这次呢，这个老妇人还活着，有两个年轻人对劳拉的事情存疑并且展开了调查，这次不是从一个盒子，而是从一个行李箱开始的。但这次里面放的不是信，而是一本相册……我继续写下去。不幸的是，这两个年轻的记者相爱了，并且打算私奔，然而男方已经结婚了，并且才有了一对双胞胎。这离故事主线已经太远了，我都不知道该拿这对双胞胎怎么办才好了！于是我又从头再来，这次我让我的老妇人自己讲故事了，相册的情节我保留了一点。

您想用这个故事表达什么？

受好奇心的驱使，您走进一个故事。您想要知道会发生什么。事先您并不知道您自己将要讲述一个怎样的故事，只有在写作的过程中才能知道。这也就是为什么我没办法写提纲。不过我如果写侦探小说的话，那就另当别论了。埃德加·爱伦·坡[1]说得很有道理：侦探小说是倒过来写的。您需要知道是谁做的，不然的话就不能一直布下线索，以便在读者找到正确答案之前，引他们误入歧途。

---

[1] 埃德加·爱伦·坡（Edgar Allan Poe，1809-1849）：十九世纪美国诗人、小说家和文学评论家，美国浪漫主义思潮时期的重要成员。

玛格丽特·阿特伍德

> 为了写《盲刺客》,您对世纪初的多伦多做过很多调查研究吗?

大部分的事情我原本就知道,但我一般写完后会再去验证一下。如果您在写作前做太多的调查会很容易陷进去。我都是从我知道的开始写起,然后再去验证。我做了最多研究的书是《女囚》(*Captive*)[1],因为我要知道谁是托马斯·金奈尔(Thomas Kinnear)(该小说取材于十九世纪中期的一则花边新闻),比方说我得知道他多大年纪,我找到了两个托马斯·金奈尔,一个四十多岁,一个已经七十二岁了……这肯定不可能是同一个故事。我又去苏格兰找相关的信息,还拜托了别人帮我去搜寻文件,最后在教养所找到了一些案件报告……我的原则就是如果这件事是真的,我就没有权利去修改它。幸运的是,大家对这件事都不太了解,就跟对辛普森杀妻事件[2]一样迷惑。他们对格蕾丝·马可(作品女主角,十六岁时被判终身监禁)的发色都不能确定。

> 那些地点呢?比方说《盲刺客》中的提康德罗加港,是真实存在的吗?

这是三个不同城市的拼凑,一个是安大略港,另外一个是一座有险滩的城市,而采石场来自第三座城市。也就是说,在安大略南部画一个圈的话,这三座城市您都能找到。

---

[1] 英文书名为 *Alias Grace*。
[2] 1994年前美式橄榄球运动员辛普森(O. J. Simpson)杀妻一案成为当时美国最为轰动的事件。此案当时的审理一波三折,辛普森在用刀杀死前妻及餐馆侍应生郎·高曼两项一级谋杀罪的指控中,由于警方的几个重大失误导致有力证据的失效,获无罪开释,仅被民事判定为对两人的死亡负有责任。本案也成为美国历史上疑罪从无的最大案件。

您觉得词语的读音重要吗？

极其重要。

您会大声读文章吗？

会，在英语里面，人们一般想避免的是 s 这个发音：Sary sells sea shelves by the sea shore, she's sad……然而英语里面总有大量的 s，写作时就必须得当心，因为人们一般不喜欢一个句子里有大量的叠韵。

谁是您的第一个读者？

这得根据书来。我更希望有一些纯粹的读者，也就是不属于文学圈里的。当我把书寄给我的编辑时，他总是说棒极了——他也不能说别的，这毕竟是他的工作嘛。但我还是更希望有人跟我说："这书写得不怎么样。"

这样的人容易找吗？

嗯，其中有一个就是我的女儿，她一向十分严格。我还有一个很喜欢阅读的朋友，她很客观。我还有一些别的朋友，一个是历史学家，一个是英国文学研究者，他们都很聪明，给了我很多帮助，尤其当我在写《女囚》的时候。比方说他们会参考人口普查的材料帮我确定当时生活在多伦多的是哪些人：分别来自多少个国家，有多少居民，在哪些街区，等等。对我帮助很大！之后就是代理人和编辑的事了。另外还有一个特别重要的人叫希瑟-克斯特，她是定稿编辑，在对《疯狂亚当》进行最终定稿的时候，我们从早上九点一直审稿到午夜，她回去的时候遇到了加拿大典型的暴风雪，车子都发动不了了，真的特别有献身精神！她跟我说："您让约翰尼拿了六根能量棒，然后让他在这里吃了一根，这里一根，这里一根，这里一根，这里一根，这里一根，这里又一根。所以呢，要么您就让他多拿一根，要么就让他少吃一根。"因为人们会数的。

谁会数呢？读者吗？

嗯，读者。一些小机灵鬼会说："欸，等一下，我数数看。"

您做大量的修改吗？

是的，我会大量修改。

您会去读那些评论文章吗？

我对于批评的态度是：如果非要读的话，就在作品巡回活动结束后再读。这样的话，当有人问起："您对这篇糟糕的评论怎么看？"你就可以直接说："啊？我没读过。"特别有用，事情就了了。回应批评是不可能的事情，因为批评只是个人观点。你也不能跟别人说："您的观点糟糕透了。"如果事情真的是弄错了，那另当别论。这也是有可能发生的。但是在这种情况下，回应就是解释你自己的书，这不是作者该做的。书是写给读者的，每个人都会有自己的阅读感受。同样，每个演奏者都会对同一首奏鸣曲有不同的诠释。有很糟糕的小提琴手……而且就算都是优秀的音乐家，诠释的方式还是会有所不同。

是否有过一篇评论文章完全改变了您的某部作品？

那都为时已晚，不是吗？

但是这会不会导致您对自己的作品产生怀疑呢？

不会，我觉得不会。文学批评一直都是个人见解。您看双人花样滑冰吗？为什么在评分时总会产生如此多的分歧？假设两个人中有一个摔倒了，毫无疑问，大家都看见了，这是个明显的失误，但要是没人摔倒呢？所有参赛选手都完整地演绎了他们艺术编排的内容，完成了规定动作，甚至连三周半跳都做到了，所有人都有自己的服装、自己的特色，但是他们的分数不一样，为什么呢？什么才是"好"呢？从某种程度上来说，这是一个主观的评价，这也就是为什么艺术很有趣的原因了。在田径赛中，我们可以很轻易地看出谁赢了，但是服装和风格就是两码事了。您是更喜欢巴洛克风格，还是古典主义风格呢？

您知道自己为什么要写作吗？这种内在的需求是什么？

您对梅维斯·迦兰（Mavis Gallant）有所了解吗？她是位了不起的加拿大女作家，她目前的情况不太好。[就在这次访谈结束几天后，小说家梅维斯·迦兰在巴黎去世。] 她对"为什么写作"这个问题的答案是："太晚了，已经停不下来了。"（她笑。）塞缪尔·贝克特（Samuel Beckett）说："我只会写作……" 我想这可能就是我为什么没有成为歌手或者经纪人的原因，因为现在要开始已经太迟了，而且也没有那方面的天赋。为什么我会坚持写作呢？我想可能是因为我一直觉得它很有趣，如果有一天我对它不感兴趣了，我就不写了。

您能够想象没有写作的生活吗？

啊，可能会有另外一个原因让一位作家放弃写作，那就是当我们感到快要失去它的时候。

您曾经遭遇过写作危机吗？

你刚开始工作的时候，就像一只迷宫里的小老鼠一样，你觉得总有某个地方会有奶酪。你从这条隧道出来，没找到奶酪。你回到出口，重新进入另外一条隧道，还是没有奶酪。尽管如此，你也知道里面一定有奶酪，你从来没有放弃过找到它的希望。你继续找，找遍另外一条隧道，依旧什么也没有，你继续走着，找着，一遍又一遍。所以说，是的，我也有过一些停滞不前的经历，就像我之前跟您提到过的，我重写《女囚》的过程。我是在法国写的，那时候正值学校放假，我准备去巴黎看看，火车上全是大吵大闹的小孩子，我突然意识到其实我刚写完的一百多页毫无意义，我得把它们扔了。这时候，我的偏头痛犯了，哎呀呀！（她笑。）所以必须得好好想想该怎么办。我们需要重新开始并且去寻找解决办法。现在我正在写一个故事，大概写了五十页吧，三天前，我意识到真正适合它们的地方是垃圾桶。但我知道奶酪就在那里，只是需要寻找一条正确的道路而已。

您从未放弃过找到奶酪的希望吗？

是的，从未放弃过。虽然我最终放弃了一些书，而当时我已经写了两百多页。实在是行不通。这两本里面，有一本我只保留了其中的一个句子，另外一本，我把里面两个片段变成了两篇短篇小说。第一本就是人物过多，而且是在我热衷于写"小卡片"的时期写的，这种方法不适合我。第二本的故事发生在太多不同的时期。甚至连我自己都不清楚到底发生了什么！我是在英国写的，在夏天租给度假者的一个小屋里，而当时是冬天。地是石头铺的，有一个壁炉，但我生不了火，一个电炉我不知道怎么用。之前的房客留了一堆通俗小说。于是我开始看书。大多数都是关于苏格兰王后玛丽的。我意识到自己对这些书比对我正在写的小说更感兴趣……于是马上我就出发去了柏林，我在那里写了《使女的故事》。有时候，要懂得割舍。可以把它当作一次练习，或消磨时间。不过写作就是这样，该放手的时候就该懂得放手。

您一直教书吗？

断断续续，类似客座的。唯一让我感兴趣的，是教人阅读作品开头的几段。各种开头。

在结冰的人行道上小步往回走的时候，我们谈论生态，她最关心的主题之一。路上铺满了前一场暴风雪打落的树枝。孩子们和我们会合，他们从安大略皇家博物馆出来，突然对物种的灭绝变得敏感了。在宽敞的屋子里，晚饭的餐桌已经摆好。玛格丽特的女儿，一位迷人的画家，正和作家的助手闲聊，后者说话就跟机关枪一样。摄影是在一间紫色的客厅里进行，等待的当儿，我们随手翻了翻《奥斯特利克斯和奥贝利克斯历险记》。

Joanna Scott 乔安娜·斯科特

罗彻斯特,纽约州

安大略湖的另一边，隐匿在薄雾中的罗彻斯特正等待着我们。["罗彻斯特，怎样的一座城市啊！和奥尔巴尼不一样！罗彻斯特，是一个如果我们在奥尔巴尼被赶出来了，在这可能会成为乞丐的地方。"就像威廉·肯尼迪（William Kennedy）在《比利·费伦》（*Billy Phelan*）中说的一样。]在路上，尼亚加拉瀑布几乎快要冻结了，壮观的瀑布飞泻，溅起的水雾随风而逝。我们在一家肮脏不堪的汽车旅馆落脚，旅馆挨着一条望不到头、冷清而笔直的省道。雪堆阻塞了人行道，被暴风雪驱赶的粉雪在我们的房门前堆积。到达的第二天，受罗彻斯特一群教师们的邀请，我们来到一条蜿蜒小路旁的木屋吃晚餐。木屋掩映在一排树皮被鹿啃光了的林木后面，这里是这座城市最迷人的地方之一。在这里很难想象这座城市正在受灾。房子的主人是艺术史系主任。在这座大得疯狂的房子的厨房里，一位正在读博的学生、文学系系主任以及一群历史学家们正边品尝着霜后的白葡萄酒，边切着蔬菜。孩子们的吵嚷声颤动了整座楼梯，但微醺的醉意以及严寒的冬夜里窝在室内的满足感使得气氛一度很愉悦，直到用餐中途一通电话打来。之后没多久，一对小情侣急匆匆地离开了。空下两个座位的晚餐继续进行，人们时不时地交换着耳语和短信，大伙看起来都有点蒙。罗彻斯特教师圈刚刚炸开了锅。一位精神病学家，心理学系的一员，这座城市的杰出人物，被指控参与了一起谋杀案，涉嫌杀死一名本科学生，人们在他的花园发现了被他藏起来的尸体。而那位不久前开始和他有过一些私交、正直而有些神经过敏的专攻十九世纪诗歌的文学系教授崩溃了，向他的朋友们寻求帮助。那名年轻学生是在几个月前被发现失踪的。在精神病学家家里，人们发现了大量毒品。几天后，那对在晚餐中途离开的情侣邀请我们去他们家吃早午餐。屋内，一些俄罗斯画像和套娃提醒着我们女主人的身份，她来这儿读博，之后又嫁给了一名教师。他俩都教书，共同支撑起一个庞大的家庭。一只小幼犬在厨房尿尿，桌上铺着镶了花边的桌布，摆好了松饼和刚磨好的咖啡，还穿着睡袍的少女们下楼将冰箱扫荡一空，没向任何人问好，脸挡在乱蓬蓬的齐刘海后面。用餐期间，没有人再说起那个悲剧，但他们突然不约而同地想到一个在他们看来极棒的主意，他们建议我去对面乔安娜·斯科特（Joanna Scott）的家，这是位文学教授，也是多部小说的作者。乔安娜的家里宽敞而整洁，墙壁全部被刷成了蓝色和金木色。她一头短发，看起来是位干练而务实的理想的一家之母。

您是哪类美国作家？

从分类上来说，我认为国籍既具有重要意义，又具有限制性。我既想对这样的分类做出回应，并围绕它进行探索，又对必须对此做出回应而感到些许不安。一方面，这符合我与传统之间的双重关系——我是在传统的浸润下长大的，是在各种已融入我血脉的传统的浸润下长大的；另一方面，我想把自己从中解放出来。在我的工作中，我摇摆不定。我感觉到自己在尝试接近并思考美国性这样的一个分类。有时候，我甚至有把这个分类再细化的倾向，想超近距离地打量这座城市，以便将我笔下的故事设置在这里。另一些时候，却截然相反：我必须完全摆脱这一切，将我的故事设置在别处，让我的故事和我生活过的地方、我的国籍脱离关系。

您在这里生活多久了？

很久了。有点偶然地，我九十年代末就来到这里。这里原本并不是我的目的地。但当时，我丈夫约翰在罗彻斯特大学教书，所以我们就来这里定居了，而我也被大学聘用了。之后，一事接一事，我们便留下来了，还在这里有了孩子。我对这座城市有很深的感情。作为社区的一员，我愿意积极参与。我愿意在力所能及的范围内作出贡献，让这个地方变得更好。这是我的真情实感。我觉得，不论从事何种职业，我都会有同样的激情。罗彻斯特是城市化与自然的完美结合，甚至在城区也是如此。我们作为城市居民，在享受着诸多便利的同时也遇到了不少困难，尤其是严峻的贫困问题。我们经历过一段犯罪和暴力事件频发的时期。而贫穷是其主因。在这些小城市里，它是那么的根深蒂固。而与此同时，当你从道路的另一边看过去，一片古老的森林延伸开去。不一会儿，时不时地，我们听到汽笛的鸣响或海鸥的叫声。夜里梅花鹿、狐狸、浣熊会透过窗户窥探我们……这是这个地区迷人的一面。四季的影响是巨大的。您是在隆冬到达的，很难想象三个月后的这座城市会是什么模样！四季同样也对我自身的创作欲产生了影响。我觉得它们给我带来了灵感，也给我提供了节奏，这正是我需要考虑的因素。如果我是画家，我觉得我会无比希望能画出四季的力量。而现在我试着通过语言来实现它。

您是在哪儿长大的？

我在东北，在康涅狄格州，纽约的郊区长大的。在我人生的前二十几年，我觉得除了纽约没有任何其他地方值得居住。我常看着过往的火车做着我的美梦。后来我发现了美国的其他地区。您知道，作家的美国性一部分靠他们的四处流动来体现。他们从国家的这头去到那头。某些作家，比如比尔·肯尼迪（Bill Kennedy）或威廉·福克纳，留在某个地方，并把这个地方当成了他们的家；他们赋予了这个地方生命。而另一些作家，他们生活、搬家、移动。我曾在意大利的佛罗伦萨生活过，我发现大多数住在那座城市的人都是在那儿出生的。我问他们有没有考虑过去别处生活，他们的回答是："不去！我的家就在这里！"对我们来说，家，就是我们居住的地方，所以是可以更换的。如果我们要总结出一个普遍性的话，就得考虑到美国的特殊性：人口是流动的。离家的时候，我还是个年纪轻轻的姑娘，但离家看起来却是没法避免的。我对自己说："我已经在这待了这么久了！"我是完全赞成这种迁移潮的。我的家人们散落在美国的各个角落，在我看来，打包搬家是件轻而易举的事情。

乔安娜起身烧开水，磨咖啡。

所以说您成了这里的文学教授。

我教文学，也教写作。我开一些创作班，教现当代小说。实际上，我们还有一家专门出译著的名叫"开放文学书"（Open Letter Books）的小出版社，旨在为美国读者提供更多接触世界文学的机会。

您每周要上多长时间的课？

这得看情况，看有什么课、是哪周、有多少学生、我们计划的学习内容是什么。但无论如何，教书之余我都有时间写作。

您如何安排时间呢？

既是母亲、老师又是作家，啊……一方面，我是个高效的作家。只要我在书桌前坐下，我总能写出个几页，不管写得是好是坏……（她笑。）很多都当废纸扔进垃圾桶里了，但这没关系。一般来说，我上午写作，下午去学校或留在家里；晚上则一直在家。我的孩子们都长大了，最小的女儿也马上就要进大学了，所以我现在拥有世上全部的时间！（她又开怀大笑。）但其实这让我有些害怕！二十年以来我的生活都是如此，而现在我不知道接下来会怎样。我一方面觉得应该收拾行李，出门去其他地方看看，但正如我和您说的那样，我已经深深扎根在这里了。另一方面，部分美国作家对教学持有怀疑态度，他们对那些教书的作家表现出某种同情的态度……能够教书完全是一种特权！可以好几个小时沉浸在文学中对我而言是件幸福的事儿。如果不是因为得能在课堂上和学生们分享、挖掘这些作品，我认真刻苦地钻研它们，我就不知道自己是否真的完全读懂了这些书。是教书给了我接触亨利·詹姆斯、弗吉尼亚·伍尔夫、乔伊斯、福克纳……的机会，我认为如果我没有教书的话就不能将他们的作品理解得和现在一样透彻。教书同样也给了我了解学生们私生活的机会，因为他们和我分享他们的写作。通过他们的私生活，我不仅能弄明白他们生活中的事，也能知道他们想问题的方式。所有这些对我来说都非常重要，给作为人类的我提供了养料，并潜移默化地体现到了我的创作中。这些都会让我在看到其他作家诋毁教学的时候气不打一处来，他们总说："我尤其为这些需要靠教书谋生的作家感到可惜！对我来说，我只想坐在书桌前，从早写到晚，创作出伟大的文学作品……"错！对我来说，我需要教书这个动力来推动我的写作。我会继续教书，一直教到我教不动为止。

您自己也上过写作课？

是的。我就是有机会参加这类写作课程的第一代人。对于我们这些当时大部分都已经参加工作的人来说，这是一种逃离的方式，用几年的时间，从朝九晚五的工作中逃离，抽出一些时间用在写作上。我加入了布朗大学办的一个两年项目。在两年的时间内，我阅读、研究文学，我上课，也教书。之后，我获得了一年奖学金和一个教学—科研岗，让我能够同时创作和教书。我那时口袋里一分钱也没有了，而这个机会给我提供了一份时间自由的工作，还让我开始尝试写作。比起边上全职的班边写作，这样轻松多了。

您是何时决定要写作的？

您看，我最近时常思考这个问题，因为从某个角度来说，我从来都没有机会来做这个决定。我顺其自然地就写了。这是我从孩提时期起就想做的事，我从未有过其他梦想。这同样是别人对我的期待，出于这样或那样的原因。

您父母吗？

是的。我们家曾经对作家的生活存有某种幻想。我决定试一试，做一做文学梦。我现在明白了一点，那就是我从未对这个梦想有过任何质疑。它就像空气一样，与我呼吸相通。不管这样或那样，我总能找到写作的方法。

您还是孩子的时候就开始写作了吗？

是的。我记得小时候读过一篇纳丁·戈迪默[1]的采访。她做

---

[1] 纳丁·戈迪默（Nadine Gordimer，1923-2014）：南非作家，1991年诺贝尔文学奖的获得者，也是第一位获得此奖的南非作家。

了如下区分：有些作家是因为孩童时期对阅读和写作的热情开始写作的；而有些则在成年后才做出这个决定。很显然我属于第一类！这种用写作来表达的方式完全是我的风格。

您父母也是搞文学的吗？

不是，完全不是，但您还真别说，我们最近找到了一部我父亲写的长篇小说，手稿已经丢了五十年了。他当初把他手稿给了一位朋友。这位朋友去世的时候，他女儿在阁楼发现了这份手稿，联系了我们。这份手稿现在正在家族内部传阅，我还没读到呢。（她激动地笑。）

这棒极了，不是吗？还是您有点担心？

再看吧。我觉得他的创作动机比我的要更商业，他想创作出一本超级畅销的作品，但这不是我真心想要的……

您能跟我聊聊您出版的第一部作品吗？

我的第一本小说是我在布朗大学上写作班的时候写的。我带着和课程唱反调的心理创作了它。我对于老师们一直教写作规范感到很失望。于是我决定要写出完全不一样的东西。当我为我的叙述者找到了他独特的声音时，我收获了巨大的喜悦！我写得挺快的。在参加这个写作课之前，我在一家出版社当文学经纪人的助理。所以可以理解当时我将我的手稿寄给了这家出版社。而这家出版社又将作品寄给了和它有交情的其他出版社，就这样，我的作品成功出版了。所以我并没有为我第一部作品的出版操太多的心。

所以还挺容易的？

是的。不管是好是坏。

什么意思？

就是说，能有朋友或前任老板为我引介是一个优势。这帮助我迅速度过了这个往往很棘手的阶段。

那又为什么要说"是坏"呢？

我不知道。毫无疑问，比起找经纪人，我更愿意将精力集中在写作上……（一小段沉默，就在我准备接话的时候，她打断了我。）但这给了我一种一切都很顺利的错觉。而我之后发现这不是事实。正因为有一个如此轻而易举的开始，在我之后的职业生涯中，我有时或许在谈判中显得不那么会变通。

您遇到过哪些挫折？

这个嘛，我可能和大多数人遇到的困难不太一样。我写的东西总是（我觉得幸好是这样）相对比较晦涩。我的写作算是比较有特点的，我也从没考虑过可能会畅销。但是这也不容易，因为不可避免地会有商业压力。E. L. 多克托罗最近在《纽约时报》的一次采访中对此进行了出色的论述。以前，出版业是作坊式的。人们渴望成为其中的一员，所有人拿着低廉的工资就心满意足了，因为这是干这行的代价，而且有风险。而如今，出版也已经变成了企业集团性质，出版书籍就像生产汽车或生产粮食一样，出版商肩上的压力增加了。钱变多了，但反常的是，风险反而减小了。而很可能我们从中得到的乐趣也减少了。出版商的压力加剧了作家们的压力。我对此深有体会。他们希望我的作品更通俗易懂，更符合大众的期待。但我甚至都不知道这样做有什么意思。这是一场博弈。

这种压力如何体现？

很简单，和出版商的关系难以持续，我不得不再去找另外的出版商，一切又得从零开始。但我的经纪人从始至终都是同一个，不管您相不相信，三十年来一直是同一个！她一直都是我的头儿！我二十二岁的时候她就告诉我该怎么做，并且一直如此。这曾是我生命中的平衡点。因为我的另一半也同样既是作家又是教师，所以我们在作家生涯中比肩前行，相互扶持。如果不是这样，至少对我来说，这一路可能会走得更艰难。您有经纪人吗，您，在这个国家？

> 没有！即使在法国我也没有经纪人。经纪人在法国完全不像在这儿这么普遍，甚至可以说是极少见的。

但在法国还是有经纪人的吧，有为美国作家准备的经纪人，不是吗？

> 是的，这种情况下是有的。

我们或许应该就所有这些问题讨论讨论。您知道，当我在脑子里琢磨您的这个计划时，我想到对您而言，比尔·肯尼迪是个很不错的人选。而我呢，我对自己周围环境的书写并不是太多。

> 我们已经约好明天和他见面了，但和您的交流同样也很有趣。发现大学城里的生活、看看教师圈、了解您是怎样协调教学和写作的，这些都很有价值。

啊，我明白了。教书、写作……在这里，围绕着文化也衍生出一系列的经济效应，而我对这一点心怀感激，特别是我刚刚也跟您提到过在商业上的压力。但我还是更倾向于写一本故事发生在世纪之交的维也纳的书，而不是发生在这儿，罗彻斯特。我在这两种尝试间穿梭：深入挖掘，又从中逃离。我最新的一本书，《跟我来》（*Follow Me*）中的故事就发生在虚构的罗彻斯特。

您对书评的态度是怎样的？

我现在已经出了十本书了，所以，某一瞬间我会觉得不必再对此太在意了。很多人，我的经纪人、出版商、朋友、熟人都会读我的书，然后发表他们的看法，结合评论回头看自己的书需要花不少时间，我都不确定这么做有什么好处。除非有人跟我说某篇文章一定要看看，不然我会更愿意把目光放在我的新书上。当书印好出版，离我写完它已经有几个月了，我的注意力已经在其他东西上面了。

您的第一位读者是谁？

我丈夫，从我们还是婴儿开始，如果可以这么说的话！还在读本科的时候，我们就互相交换彼此的作品读，直到今天也仍这么做。我们一直尝试在做的，就是找到能有效解决问题的办法。但这并不意味着严厉的批评，而更多的是"这里我没太看懂"，或"这个观念有点晦涩"，又或是"把这段换个位置会不会更好一点？"，我们一直尝试找到有建设性的解决办法，以便能取得进步，让作品更有价值……我觉得归根结底，所有的关系中都存在一个共同点，就是要去寻找解决之道。（她笑。）

您会定一个每日最少要完成的写作量么，比如说要工作多少小时，或写满多少字？

不一定，就像您能想象得到的那样。有时生活没那么简单。我通常会好好利用孩子们去上学的那段时间。威廉·盖斯（William Gass）就这个主题写过一些东西。生活总是拦在行进的大道上，这很正常，我们都是有生命的人，总是会有打断工作的事情。而且幸好有！

您写一本书一般要花多长时间？

不一定。最近,我就为一部作品纠结得不行,这部作品我一开始是准备写成非虚构类小说的。我试着把它变成虚构与非虚构的结合体。但我失败了。于是我将它改成了小说,但我试图保留一点最初的特色。我费尽力气写了五年,终于将它写完了!

主题是什么?

讲的是发生在一个十九世纪的导游身上的故事,他带团满世界跑,还收集埃及古董。1905年,他在海上神秘地失踪了。而他恰巧是我的曾曾祖父!我有一个绝佳的素材:我最近找到了部分日记、当时的报道、一些相册——应该说,是五年前找到的。特别是,其中有我曾曾祖母写的他的生活秘史!所以我无法抗拒,我必须把这些材料用上。

您有没有体验过写作危机?

说实话,我觉得我遇到的最大的写作危机就发生在最近这五年。这也是为何您刚才在问到我作家生涯的起步有多容易时,我有些迟疑不决。因为我拥有全部的素材,这本书的构思对我而言似乎该是很容易的,所以它仿佛就在我触手可及的地方了。我也在想:"这肯定很容易写!"而事实上它却成了我过往作品中最难写的一部,甚至有那么些时候我问自己:"我为什么要尝试写这个?我为何要逼自己写这个?"

所以是为何呢?

我不能就那么算了。虽然我真不知道原因是什么。因为这本书,我自己折磨自己,也折磨我的家人。但我没法放弃它。每天早上我都坐在书房里,跟自己做斗争,试着推进故事的发展。我做过无数探索!最终,我成功了。我希望这次挑战的成功能帮助我克服一个从某种程度来说我过去还没有克服过的障碍。

我想回到您最初跟我谈到的一件事上来，当您说到要给社会作贡献的时候，具体指的是什么呢？

我发起了一个活动，需要我们和重度残疾的成年人合作，帮助他们写出有创意的文章。这是一群有精神性运动障碍或运动机能障碍的人，而这些障碍会阻碍他们的交流。在这个活动中，我的学生们和他们一起练习创作诗歌、回忆录或文章。其中不乏一些杰出的作品。在一篇回忆录中，一位女士和我们分享了她的经历：她的后脑曾被烧伤，她因此遭受了严重的伤害。就在这里，在罗彻斯特发生的。还有部分社会成员需要金钱或教育上的帮助。这座城市深受经济危机的影响。这里是全国贫困率最高的地区之一。

但在这个街区看不出来……

说真的，在这座城市的任何地方都不明显，主要是因为这里的不动产资产太大了。这座城市建造起来的那个时期，人们使用的都是耐用的材料和高花费的建筑工艺，那是在三十年代以前，柯达还是我们当地最大的工厂，是整座城市的经济支柱。[乔治·伊士曼（George Eastman），柯达这个品牌的美国创始工业家，直到他1932年去世前都生活在罗彻斯特。他是自杀身亡的，似乎还留下了这么一句话："我的工作已经完成了，还期望什么呢？"]整座城市到处都有辉煌豪华的房屋。所以，比起世界上或美国本土其他地区在街上可以看见的活动房屋或简陋住宅，这里的贫穷不是暴露在外的。但它确实存在。

她的女儿一阵风似的过来收走了她跳舞用的衣物。因为她在学法语，所以我们用法语聊了几句，之后便踏上了那条通往奥尔巴尼的结了冰的柏油路，明天，威廉·肯尼迪就在那儿等着我们，而我们还不敢直呼他比尔。

William Kennedy 威廉·肯尼迪

奥尔巴尼,纽约州

深灰色的哈德逊河。穿过冰冷的空气，耳边传来高速公路的轰鸣声、河对岸某处响起的钟声，以及风穿过废弃的铁桥桥洞的呼啸声。从前，夏天到来的时候，这座城市的孩子们会蹦蹦跳跳地从这上面走过去。浪花卷走了许多巨大的冰块。有鹅经过，它们还在这干什么呢？大概是在鸣叫吧。理查德·福特在《星火燎原》(*L'Embrasement*)中说，飞行中，它们一刻也不会停止鸣叫，但显然谁都不知道是真是假。一对绿脖子的鸭尾随其后，比它们叫得更卖力，一直跟到河对岸。从我们所在的地方看过去，几栋大楼遮住了一片十九世纪的房子，威廉·肯尼迪书中的人物就住在这样的房子里。奥尔巴尼的街上很冷清，许多商店都关门了。在"市中心"快餐店，我们遇到了一群应该是在为这个州的首府工作的白人，他们穿着西服，边吃午餐，边低声议论同事的八卦。而在公共汽车候车亭里，那一张张面孔全是黑色的。我们在一条条通过肯尼迪笔下的无数传奇故事而知晓名字的道路上漫步，除了奥尔巴尼，他从没写过其他东西。珍珠街、主街、乌节大道……"河流，就是银白色光亮中的奥尔巴尼，映着仍开门营业的'著名午餐'餐厅的灯光、烟雾缭绕的布洛克利酒吧昏暗红光、贝克酒吧的霓虹灯、美国酒店入口的指示灯、仍有人在打球的路易（Louie）台球室被照亮的橱窗，以及皮条客工作的沃尔多夫餐馆微弱的灯光。如果我们愿意的话，现在就可以去那吃上一个烤苹果，凯迪拉克咖啡馆的灯光、这道无与伦比的奶油派正是这家咖啡馆做的，以及凯迪拉克酒店房间的灯，人们仍在酒店里打扑克……"[《比利·费伦》(*Billy Phelan*)] 电话里，威廉·肯尼迪仔细地向我们描述了一遍去他家的路怎么走，在一个离城区刚好二十分钟远的村子里。我们在一个人烟稀少的乡下迷路了很久，在那里，房子有长长的屋顶，在几米厚的雪被里沉睡。

是黛娜开的门。她有一张小鸟一样的脸,收拾得很利落,灰色的头发整整齐齐的,边泡茶,边闲聊。墙上挂满了照片,纪念一生中最美好的时刻,不知道为什么,让我驻足最久的那张照片,不是以舞者的身姿出现在时尚杂志 *Look Magazine* 封面上的迷人的黛娜,也不是在梅丽尔·斯特里普[1]或菲德尔·卡斯特罗[2]怀中的肯尼迪,而是那张他和黛娜的合影,在他们身后的,好像是一辆豪华大轿车。他们四十岁上下,也可能不止,穿得像斯科塞斯(Scorsese)一部电影中的人物。她穿着一件宽大的白色大衣,露出大长腿。看起来他像是穿着三件套西服。他们手牵着手,正准备出门,满心欢喜、满脸朝气、满脸渴求地冲镜头笑着,让我心头一紧。"生活是惊心动魄的,不是吗,比利?不管我们是输是赢,都深陷其中。"(《比利·费伦》)

威廉·肯尼迪穿着一件绿色的毛衣。他站在宽敞客厅的一角。一张盖着厚布的木质台球桌占据着客厅的一部分。这里也一样,放着一些照片、细木制品和书,让房间变得有些阴暗。落地窗外是一个坡,坡的尽头是一片森林。天空又飘起了雪。

---

[1] 梅丽尔·斯特里普(Meryl Streep, 1949-):好莱坞女演员,第五十五届、第八十四届奥斯卡最佳女主角。
[2] 菲德尔·卡斯特罗(Fidel Castro, 1926-2016):又称老卡斯特罗,是古巴共和国、古巴共产党和古巴革命武装力量的主要缔造者,被誉为"古巴国父",是古巴现任最高领导人劳尔·卡斯特罗的哥哥。

我是从体育记者开始干起的，之后在朝鲜战争期间应征去服兵役了。我被派到了德国，并在那和森林部队一起办了一份报纸。我们是"二战"后回到欧洲的第一批部队。而我毫不知情地被归入了一支文学氛围很浓的部队——第二十二步兵团。杰罗姆·大卫·塞林格[1]也曾在这支部队服过役，海明威曾作为美国多家杂志的自由记者随这支队伍奔赴欧洲各地。我们这个团体当时也是个很文学的小团体，成员们或为报社工作，或写电影，或为戏剧工作……对我来说，不仅是记者生涯的延续，也是在继续接受教育。从1950年到1952年，我在军队待了两年。我退伍的时候，得到了一份在家乡奥尔巴尼的工作，我在那儿待了三年半。我什么都做。并没有太涉及政治，但我采访过所有人。有时，我是周末刊的主编；有时，我是代班主编。但直到我之后去波多黎各时，它才真正成为我的职业。

您为何要离开呢？

我想要变化。我在奥尔巴尼已经待够了，在报社也干够了，那位愚蠢的主编，已经让我受不了了。我感觉自己已经付出了一切，并走入了一条死胡同。我想要去异域，我甚至想过回德国，但有人向我推荐了这份在波多黎各一家新报社的工作。这是一家英语日报，由一家大型美国报业创办于"二战"期间，为军队服务。他们试图让它重新活跃起来。希尔顿境外的第一家店开在了圣胡安，并大获成功。这是大众旅游业的开端，而这些人想要一份报纸。在我做出版商的第一晚，就发生了下面这件事：第二天的报

---

[1] 杰罗姆·大卫·塞林格（Jerome David Salinger，1919-2010）：美国作家，他于1951年发表的著名小说《麦田里的守望者》被认为是二十世纪美国文学的经典作品之一。

纸得在午夜就准备就绪。我们的主编还做DJ。他那天晚上九点去做他的节目了，没再回来。很显然，他第二天就被解雇了。但时间不等人。有人问："泰特（Ted）走了，我们要做什么？"我懂审稿，就把事情接手了，就这样，一夕之间，我当上了波多黎各一家报纸的主编。而且，每天下午，我还会外出做采访。有两个月的时间，我甚至做了这份报纸的副经理，因为经理由于心脏问题住院了，而他的接替者还没来。我写了一些关于波多黎各和政治的社论，尽管我对它们一无所知。但总之，我们挺过来了。这是份好报纸，为它卖力的也都是些很好的人，我们相处得很愉快。但它只办了九个月就停了。于是，我又去了迈阿密，在迈阿密先驱报（*Miami Herald*）找到了一份记者的工作。我主要负责的是古巴、波多黎各和佛罗里达的报道。古巴的革命达到了白热化，菲德尔在山里，我也冲向了山里。迈阿密有很多革命运动，我密切关注。我最新一本小说的主题就是这个。那一年有一段时间我都在参与这些革命运动，之后便为了我的妻子黛娜回到了波多黎各。我们是在报社倒闭的三周前的一场宴会上相遇的。黛娜是一名舞者，刚从百老汇大道回来。她和我在一起，我们在三四周内就结婚了。然后一起去了迈阿密，但很快就想回波多黎各了，因为我们在那儿过得太好了。而且黛娜的家人们也生活在那儿。1959年，我们办了一份新报纸——《圣胡安明星报》（*San Juan Star*），主编还是之前那个，一部分团队人员也是之前的。我们属于加德纳·考尔斯（Gardner Cowles）——时尚杂志*Look Magazine*的所有者。他创办这份报纸花了不少钱，报纸也取得了成功，一共办了三十九年！不过我没在那儿干那么久……（他笑。）我在那儿干了四年。其中有两年是副主编，之后便辞职了，因为我当时想投入到一本小说的写作中去。这第一本书写得一点也不好，我最终放弃了它，开始写另一本，这本看起来更靠谱。只不过，我知道，只要自己还是主编，就永远也没法把它写完。这两项工作我没法同时进行。我早上困，晚上也困，我尝试写作，却写不出来。于是，我离职了，但我还有一半的时间待在报社。每周五，我以主编的身份工作，整个周六、周日为周一要发行的报纸工作，而且我还要写社论。这样，我就能用从周一到周五中午的一整周的工作日的时间来写我的小说了。

您不喜欢新闻工作？

噢，喜欢，我很喜欢当记者，从我还是个小孩起这就是我想做的了。(他被咳嗽打断了。)我咳嗽是因为我说话太多了！

我给您找杯水来。

不用不用，我自己去拿就好。

但您还连着麦克风呢。您别起身。

我没有把水拿回来。黛娜坚持让她拿过来。他坐着没动，一脸沉思地凝视着火焰。

但我得成为作家。我已经写过一些短篇小说了，写了三十还是三十五篇，记不清了，都是在当记者的时候写的。而我一篇也没能将它们卖出去。我试过寄给各种报社出版社，并收到几封充满鼓励的拒绝信。正因如此，我才决定全职写作。我深信自己终能成为一名作家，不管是以怎样的方式。我最开始的时候想做一名专栏记者：以我自己的方式，写我想写的东西。然而当《圣胡安明星报》给我提供了一个特约专栏记者的职位时，我却谢绝了。那时，我知道自己真正想做的是成为一名作家。为了能赚到足够的钱，除了每周为报社工作三天外，我还做起了《时代周刊》的记者，为一些外国杂志写文章,特别是为一家委内瑞拉的报纸写文章。这让我们能养活自己。黛娜也有自己的工作,她是模特,她跳舞,上一些电视节目,她唱歌,演出,满世界跑。她在波多黎各的名气很大。我们就这样度过了六年时光,一直到1963年。之后,我父亲生病了,就在这里,在奥尔巴尼。我过来看看是怎么一回事,我的母亲早在1960年就因为心脏病去世了。我父亲的身体已经完全衰退了。我觉得应该回来照顾他。是时候了,我该回到美国,回到纽约附近,回到出版界周围。我们已经在一块大岩石上生活了六年,在一座不是任何土地中央的小岛上。我又回到了我在报社过去的岗位上。这一次也是,我商议好一周工作三天,其余的时间用来写小说。我成功卖出了几篇短篇小说,并最终卖出了我的长篇小说。

您是怎么培养自己的呢?那时就已经有创作班了吗?

没有,在我的学生时期我并没有上过这类课程,但后来,我在波多黎各报了一学期的索尔·贝娄[1]的写作班。我在读大学的时候学的是文学而不是写作。我觉得,那时在奥尔巴尼写作班还不存在。而现在已经有很多了。1983年我创办了作家学会(le Writers Institute),奥尔巴尼成为一座富有文学气息的城市。从这个角度来说,我给这座城市添了不少"乱"!所以说,我就在奥尔巴尼当了七年记者,一直到1970年我离开报社,并成为时尚杂志 *Look Magazine* 的文学评论家。这就是我写作课的内容:出门,和作家们去交流。我写关于他们的文章,读他们的作品。就有点像您现在这样,在您的旅途中做的这件事一样。我遇到了约翰·契佛(John Cheever),他住在纽约州的奥西宁,遇到了

---

[1] 索尔·贝娄(Saul Bellow,1915-2005):美国作家,被称为美国当代文学发言人。

本宁顿的伯纳德·马拉默德[1]，在哈德逊谷的索尔·贝娄。我去纽约采访了阿瑟·米勒（Arthur Miller），詹姆斯·鲍德温（James Baldwin），玛丽·海明威（Mary Hemingway）——这是她丈夫去世后的第一个采访，我们想知道他有没有留下一些还未发表的文章。我当然是为了金钱在做这件事，但我也的确对它很感兴趣。

我想知道他们是怎么做的。

您学到了些什么呢？

噢！谁知道呢？我学到了成百上千件事，我认真地读他们的作品，向他们提问，他们跟我谈了很多。

您还记得什么特别的建议吗？

我尤其记得贝娄这个学期在里奥彼德拉斯的波多黎各大学给我的建议。他收到了我寄给他的我当时正在写的第二本小说的前三四章，仔细地读了，然后他对我说我写得"油腻、凝滞、重复、含糊"。

那一刻痛苦吗？

不，不会。我是个硬骨头，脸皮厚，而且一直如此。我对批评早有准备。我带着任务回到家中：这几章全部重写。两周后，重新写过一次的我又去找他了。他惊讶了，甚至可以说他惊呆了，他对我说："但是……这已经可以发表了啊！"于是他帮我找了一个经纪人。他曾是一家杂志的台柱子，所以试图让我的小说

---

[1] 伯纳德·马拉默德（Bernard Malamud, 1914-1986）：美国小说家，他的大部分作品用怜悯而扭曲的幽默描绘美国犹太人及他们对美好生活的追求。

在这家杂志出版。倒霉的是,杂志社似乎从没想过要跟进,并最终关门大吉。接着,索尔·贝娄离开了波多黎各。我们一共大概见过八次,而且成了朋友。我们在一起吃过几次饭。当时他大概六十六七岁,而我则是三十岁左右。

黛娜:你应该解释一下那其实是一对一的课。

是的,只有一次是所有人一起上的,而那之后就是每个人单独面对面和他一起修改作品了。有时候,贝娄和我,我们两人聊两小时我的作品,然后一起去电影院看马克斯兄弟[1]的电影,或是去参加大学师生免费举办的宴会。贝娄是位很了不起的作家,是个比较慢热的人。但真的很有才华。他经常笑,有很强的幽默感。他帮助我跨过了阻碍在我创作文学散文道路上的障碍物。在那之后,我独自一人继续前进,但我和他一起修改的那本小说从未出版。多年后的1992年,我重新审视这本小说的主题,并将它用在了《老骨头》(*Vieilles Carcasses*)[2]中。也是在那个时候,我开始打磨费伦家族的故事。[费伦家族,奥尔巴尼的爱尔兰投石党人,是肯尼迪作品的核心。我们在不同的小说中发现了这个家族几代人的身影,有时是作为主人公,有时是作为配角。]

您是想说,从您尝试写第一部小说开始起,您脑海里就已经有费伦家族了?

是的,从一开始就有了。那本小说不是一本好小说,更像是一

---

[1] 马克斯兄弟(les Marx Brothers):美国早期的喜剧演员,被称为无政府主义四剑客。
[2] 英文书名为 *Very Old Bones*。

部短篇小说集。里面没有创作一个故事应该有的环环相扣、层层递进,而是断断续续、不连贯的。当结尾聚焦在某个人物身上时,通常我们期待他卷土重来,不过这个人物往往作为背景人物出现,不一定会对情节发展推波助澜。无论如何,创作这部作品都让我学到了很多方法,不管是在塑造人物、讲述故事、尽量用好语言优势,还是无论写什么作家都应该掌握的所有必要的基本技法上。

那您出版处女作时是什么情形?

我出版的首部作品是《油墨车》(The Ink Trunk)。故事是基于我在1964年一次参加媒体行业罢工的经历创作出来的。这场罢工是报业工会发起的。我就此写了一篇短篇小说,其中有个人物叫比利,和我一样,也是专栏记者。罢工者决定阻拦给报社送油墨的卡车顺利到达。有喜欢这个故事的人,他们给予我的鼓励,促使我将它写成了一部长篇小说。在完成它前,我找到了另一位经纪人,他将我的这本书寄给了戴尔出版社(Dial Press)。在我还没写完这部作品前,他们就买下了它。我在这家出版社的第一位编辑是E.L.多克托罗。不凑巧的是,在这本书出版之前他就离开了,为了全身心地投入到后来以《丹尼尔之书》(Le Livre de Daniel)之名出版的书上。几周后他会来奥尔巴尼,现在他已经是位老朋友了!所以我就这样在1968年被文学界接受了。在出版这本书之前,戴尔出版社基于对《怪腿戴厄蒙》(Legs)前一百一十页的喜欢一并将它也买下了,这是一部从黑帮头子戴厄蒙[1]那儿得到灵感而创作的小说。但我花了六年才将它写完。我重写过八次,花了我太多时间。

---

[1] 戴厄蒙(Legs Diamond, 1897–1931):原名John Thomas Diamond,是美国禁酒令时期费城和纽约的黑帮头子,他一生命运多舛,有"黑帮之鸽"之誉。

为什么呢？因为要做调查吗？

事实上，我是将它作为一本超现实主义的黑帮小说来创作的。我用一位拍摄过怪腿戴厄蒙生平的导演的视角去写。写得不好，我就弃而不用了，但我已经浪费了大量的时间。我对自己之前写的东西不满意。我继续去见那些认识这个黑帮头子的人，我收集了大量事实、资料，不停地重写、修改。有时觉得行得通，有时又觉得行不通。实际上，我在尝试着用多斯·帕索斯（Dos Passos）的方法来处理这个故事，将它写成既是一本不过时的游戏书，也是一部黑帮小说。最终，在写第七次的时候，我找到了法门。我只需要再写最后一个版本将它精简一下就可以了，因为它太长了。在整个写作过程中好些出版商都和我一起为这本书出过力，然而我实在是写了太久，以至于当我终于完成时，我认识的所有人都已经离开戴尔出版社了，而新编辑并不喜欢这本书！（他笑，然后耸了耸肩。）我去了别的出版社，他们买下了这本书。

所以说您终于成了一名出过书的作家了。您有没有一举成功？

那不是一本特别畅销的作品，但也卖得不差，甚至在出版前就加印了，有个口袋书的版本，在英国电影院里贩卖。我得到了不少好评，但并不能算是爆炸性的成功。我在文坛站住了脚，但我的时代尚未到来。接下来的那几年，我写了《比利·费伦》。我的经纪人把它寄给了维京出版社（Viking），那儿的一位编辑很喜欢它。他也买下了我的《紫苑草》（*L'Herbe de fer*）[1]，而当时他

---

[1] 英文书名为 *Ironweed*。

仅仅看了前面几页而已。比利·费伦的灵感来源于我叔叔的生活。我叔叔是个巧舌如簧的人，也是个台球运动员。是个超级棒的家伙。

所以您就是故事中的小丹尼尔？

是的，多多少少有我的影子。

为了保护您叔叔，您向路灯开枪了？

（他笑。）我是向路灯开枪了，但不是为了他！

我在想您为何如此了解台球这项运动，以及整个行业。

我以前常去"哥伦布骑士"（Knight of Colombus），我父亲和叔叔所在的俱乐部。我的叔爷爷是这家俱乐部的保安，他就住在这里。这家俱乐部位于市中心，离您的酒店四个街区远，在珍珠街上。在"Palace"剧院和"McGiries"餐厅之间的一大片房子已经消失了。那里有一个保龄球场和几张台球桌。我被这些桌子吸引了，梦想着自己也能拥有一张。但我住在一间公寓里，这是不现实的。甚至是在之后，当我们搬到一座独栋房子里去时，也一共只有三个房间，依然是不现实的。（黛娜站起身，一下掀开那张大大的台球桌。）我经常打台球。我父亲打得很好，他教了我很多，我叔叔也教了我很多，他是名出色的台球运动员。我像疯了一样地训练，最终打得还不错。高中的时候我是我们班的冠军。《比利·费伦》也写到了奥尔巴尼的夜生活，我还想写政治，因为我在写《怪腿戴厄蒙》的时候，了解到了这座城市的政治头头的侄儿被绑架的事情，这件事在当地甚至在全国都造成了极大的影响。奥尔巴尼曾因这样的夜生活而出名，这个盗窃、赌博、走私、卖淫的世界。这里多少可以说是一个没有禁忌的城市。

政治人物喝着啤酒，被警察保护。对民主党来说，这是巨大的收入来源。

> 这样的夜生活、黑社会是一直以这样或那样的形式存在于七十年代吗？

不是的，但我记得三十年代，在我还是个小孩时，还有四十年代，在战争期间。军人随处可见，整座城里有成百上千的妓女。绿街是闹市区的一条道路，在世界各地都很有名。我想聊聊这样的生活，聊聊我叔叔的生活，聊聊我父亲当上郡长之前的生活。（他笑。）是的！这些很能说明这是一座怎样的城市。在《比利·费伦》之后，我开始创作在写完之前就卖出去了的《紫苑草》。这本书，我一共写了七个还是八个月。这对我来说简直太不可思议了！靠着过去我写一群自己跟踪过几天的酒鬼的那张纸，我有了最初的设定。（黛娜开始在家里翻箱倒柜，弄得震天响。）我对此深入挖掘，写出了一篇以此为灵感的篇幅很长的短篇小说，这篇小说在我的抽屉里躺了好多年了，我给它取名《柠檬草》（Lemon Weed）。但《比利·费伦》中费伦家族的面貌被改变了，这么一来，这第一篇作品就完全废了。弗朗西斯[1]已经在《比利·费伦》登场了，但我感觉他想要有一本自己的书。他之前就告诉过我了。弗朗西斯成全这本书，是他借我的手写完了这本书。

> 还有海伦（Helen），一个很美的人物。酒吧里的那一幕，当她开口唱歌，太震撼了。

这是电影中我最喜欢的一幕。您看了吗？梅丽尔·斯特里普（Meryl Streep）在里面演得太好了，杰克也是。所以说我很快就写

---

[1] 弗朗西斯（Francis）：威廉·肯尼迪的小说《紫苑草》中的主人公。

完了《紫苑草》，感觉很棒。就在那时，我的编辑给我打电话。那时我正准备把作品寄给他，他告诉我他要离开出版社了，又走了一个！并向我保证我的作品会由合适的人接手，而事实证明完全不是如此。他们并不欣赏《紫苑草》。他们中意刚出版不久的《比利·费伦》吗？我从没费力气去问过他们，但不管怎样，这本小说都完全无法算作一部成功的作品，甚至都没有《怪腿戴厄蒙》成功。他们完全没有进行宣传就将它出版了。收到过几篇很精彩的书评，但销量少得可怜。我的出版社想给我找一名发行人，在佐治亚州一个种植花生的农场给我找了一位发行人，被我拒绝了。我对他们说："我不想要一名佐治亚州的发行人，我想要一名纽约发行人！一位我可以和他交流、见得到面的发行人。"这让他们不爽了。于是，我和我的经纪人，我们拿回了我的作品，离开了这家出版社。但当我们在这样的境况下走人时，就好比有一朵乌云飘浮在我们的头顶。没人愿意接纳我们，我被十三个出版社拒之门外！我收到过一些很妙的信。"我从未读过一本能把这个主题处理得如此出色的书，但我不能再出一本不能赚钱的书！"

黛娜：因为写的是奥尔巴尼的流浪汉的故事！

我的第一位编辑，三个月之后回来了，就是那位起初在维京出版社买下了《紫苑草》的编辑。他试着说服他们重新买下这部作品，但没能成功。那时，我正在佛蒙特州见索尔·贝娄，为了给《时尚先生》写一篇关于他新书的文章。贝娄很喜欢《比利·费伦》。在得知我的遭遇之后，他很愤怒。过了一段时间，有一天晚上，我接到了一通电话："天哪，索尔·贝娄在迪克·卡维特（Dick Cavett）的节目上提到了你的书！"这是个晚间脱口秀节目，名气很大，智慧、有趣、文学、高知且广受大众喜爱。那之后，我没有托他，贝娄主动给维京出版社，也是他自己的出版社，写了一封信，对他们说："像肯尼迪这样的作家都找不到出版社，找不到发行人，是一种羞耻！"他没能成功说服他们，但我自己的编辑带着我的书去了企鹅出版社，除了《紫苑草》，他还让他们同时也买下了《怪腿戴厄蒙》和《比利·费伦》（我之前离开维京出版社的时候自己买回了它们的版权，重新将它们卖出去感觉真爽！）1983年，这三本书同时上市了！一月的同一周，确切来说离现在已经三十五年了，我获得了麦克阿瑟奖（MacArthur Fellowship）。五年给我税后二十六万五千美元的稿费！我用不着再工作了。当时，我每周在康奈尔上两节写作课。在那之前我在奥尔巴尼大学任教，但他们给我的工资很低，所以我就去了康奈尔。在我被康奈尔大学聘请并且获得麦克阿瑟奖之后，显然，奥尔巴尼大学希望我能重新回到他们学校，而且给我提供了一个为期十年的荣誉教授的职位。就在一夜之间！多滑稽！这个成功可没料到！

黛娜：跟她说说中国餐厅的事儿。

有天晚上，我、黛娜、我的经纪人利兹·达尔汗索弗（Liz Darhansoff），还有我的出版商在一家中国餐厅吃饭。晚餐结束后，店员们给我们拿来了一些饼干，叫幸运曲奇。其中一块饼干从碗里掉了出来，滚向了我。我说："可见这块是我的！"我将它打开来，里面写着："这周将是您的幸运周。"那天是周三。那周四，我发现《紫苑草》被登在了《纽约时报》文学版面的第一页。那周五，我接到了麦克阿瑟奖打来的电话。接着，我得知自己出现在了全国各大主要报纸的专栏里。这可是一件怪事。标题通常是："肯尼迪突如其来的辉煌。"终于还是来了，瞬间的名人效应，只是迟来了二十年!而且我的生日也在那周,步入五十五岁。

>从那时开始,一切就变了?

是的,一切都变了。哪里都在邀请我去授课,纽约大学、哈佛大学。我拒绝了。我已经把钱给奥尔巴尼大学了。每年提供一万五千美元,为期五年,只要他们是用这笔钱来邀请作家。这样作家学院起步了。我们请来了贝娄、托妮·莫里森、威廉·斯泰伦(William Styron)、诺曼·梅勒(Norman Mailer)……全国所有的大作家们,还有一些记者、历史学家、剧作家、传记家、导演,取得了巨大成功,学校因此决定将这个项目长久地办下去,并且请我当院长。一开始,只配备了两样:一位秘书和校园里一间单独的小办公室。我们甚至要用自己的银行账户。之后,这个项目越来越专业,制度也越来越完善了。我们得到了更多的资金,每年有15万美元资助文学和作家。到现在,这个项目已经持续三十一年了。它改变了这所大学,也改变了这座城市。如今,我们已经发展成了一切文学之旅道路上不容错过的一站。弗兰克·麦考特(Frank McCourt)来的时候,因为位子不够,我们不得不拒绝了五百个人,尽管我们可以接待一千名观众。库尔特·冯内古特(Kurt Vonnegut)来的时候也一样。

>您为成功和认可等待良久。但当您费力地让《紫苑草》出版的时候,是怎样做到不让自己气馁的呢?

出版是第一步。这是不能撤销的事实:我是已经出过书的作家,这也是我一直想做的。而我做了。从那时起,我就坚信自己还会创作出其他作品,尽管我不知道它们会是什么。我认为《比利·费伦》是本很不错的书,但它却没能和《紫苑草》(一本也很不错的书)一样得到同等的关注。即使它们的销量不尽如人意，我也觉得它们是两本好书。它们得到了出版，而我为此感到骄傲。我不会因为《比利》卖得不好就停笔。

您会看评论吗？

噢，是的。所有的评论我都会看，即使是西班牙语的我也看。这是我会说的唯一一门外语，尽管我也能读懂一点法语。

您能跟我讲讲您在电影业的经历么？

一天，我接到了一名和弗朗西斯·科波拉（Francis Coppola）一起工作的制片人的电话。他告诉我弗朗西斯正在纽约拍《棉花俱乐部》(Cotton Club)，他想见见我，让我写一部发生在越南的电影。不知道我感不感兴趣，不知道我能不能南下。当然能啦。我南下到了纽约。我们谈了好几个小时。他读过《怪腿戴厄蒙》，而且特别喜欢，他喜欢里面的对话。我呢，喜欢他的电影：《教父》(Le Parrain)[1]、《现代启示录》(Apocalypse now)、《对话》(Conversation secrète)[2]，都是很棒的电影。他还把贝特·迈德尔（Bette Midler）介绍给我，后者原本应该在这部关于越南的电影里演主角，讲的是军队士气靠一本寄来的杂志来维系的故事。电影后来没拍成，因为弗朗西斯没能筹到足够的资金，所以我又回奥尔巴尼了。但过了一段时间，那个制片人又打电话给我，叫我再去一趟纽约，为《棉花俱乐部》中的对话工作五六周。这部电影弗朗西斯已经开拍了，他甚至写了两份剧本，聚集了一众很优秀的演员，布景也绝佳，"棉花俱乐部"超级写实的再现。事实上，这是一个他从马里奥·普佐（Mario Puzo）手上拿回来的作品，因

---

[1] 英文电影原名为 The Godfather。
[2] 英文电影原名为 The Conversation。

为马里奥·普佐没能为拍摄筹集到足够的钱。大部分的情节都是动作描写。最后，我们一起全部重写了一次。我们的进度必须要很快，因为彩排马上就要开始了。我们写了一份八十页的初稿，不够完整，但已经差不多了，这样他们就可以先开始彩排了。

我们疯狂地工作，有一次连续工作了三十五个小时。我们不回家，在皇后电影棚有间很大的办公室，在那栋马克斯兄弟影业公司曾经使用过的豪华大楼里。我们将葛洛丽亚·斯旺森（Gloria Swanson）的化妆间改造成了办公室，空间巨大！这栋大楼建于二十年代。人们将它全部翻修了一次，现在这里有一些演出。这一片的房子都用上了。《棉花俱乐部》的布景太逼真了。一天，曾经在真正的"棉花俱乐部"跳过舞的一群姑娘来摄影棚吃饭。她们虽是六七十岁的人，但个个都漂亮、性感、时髦，连指甲都精心打理过。她们都惊讶极了："完全就是这样的！"

为了完成这个项目，我在那儿待了远不止六周，而是一年半！我和黛娜还有我们的女儿住在拉娜公园饭店，我们在那儿有两个套间。那里已经成了我们的家。冬天的时候我们暂停了工作，等到开春再回纽约补了两个月。最后，我还写了一份配音的剧本，因为电影中有90%的部分都要配音。而且，在拍摄的时候，弗朗西斯做了一些改动，剧本中很多内容因此都变得没有任何意义了！他做了很多即兴创作，这是他的一个方法，但这让演员们说了很多没意义的话。（他愉快地笑。）所以我就不得不做这件可怕的事情：我有电影的录像带，我看着演员蠕动的双唇，试着找出对得上他们口型的对白，而且对白还得跟故事扯上关系！我做到了，成功了，而且很有意思！与此同时，弗朗西斯在重拍几幕戏。一天早上，我接到了一个电话：弗朗西斯下午要在餐厅拍一场戏，而他还没有对话。我埋头苦写了一个上午，然后黛娜载我去机场，我在去机场的车上继续写。到了机场，我在公共电话亭给弗朗西斯打了个电话，给他念我写好的对话，然后就登机了。在拉瓜迪亚机场，我拦了辆的士，然后一路狂飙到了影棚。我到的时候，弗朗西斯正在拍那场戏。这就是我们工作的方式！我们应该一共写了四十场戏。首先是因为弗朗西斯无法抉择。其次是因为他和不给他提供他想要的资金金额的制片方抗争。有一次，他拿着剧本就回伦敦了，什么也没给他们留下，拍摄暂停了，也没把剧本给另一位导演。他藏了整整三天，直到达成他想要的协议后才回来。我们一直都保持着好朋友的关系。

黛娜：我们去了伯利兹他的一个岛上。

我们还去了新奥尔良著名的"Mardi gras"狂欢，他在那儿有一栋房子。之后他回到这里，因为他要过来商讨将《怪腿戴厄蒙》改编成电影的事，他想让米基·洛克[1]出演怪腿这个角色。但这事儿黄了，弗朗西斯被别的项目叫走了。当他接到一位制片人邀请他拍摄《佩姬·苏结婚了》（*Peggy Sue s'est mariée*）[2]的电话时正好在我们家。他那时身无分文，负债累累，只好答应了。他拿到几百万美元就走人了，并希望能再来。但他再也没来过。

让我们回到奥尔巴尼在您的作品中的地位这个问题上来吧。

奥尔巴尼，既是我的家乡，也是我作品的主题。我总感觉这

---

[1] 米基·洛克（Mickey Rourke, 1952— ）：原名菲利普·洛克（Phillip Rourke），美国影视演员。
[2] 英文电影原名为 *Peggy Sue Got Married*。

座城市有些很不寻常的地方。政治,使得这座城市的历史如此与众不同。当我在波多黎各写作的时候……(黛娜再次把火拨旺,发出噼里啪啦的声响,肯尼迪停下,耐心地等了一会儿。)当我在波多黎各写我的第一本关于费伦家族的书时,我身上仅带着一本装满了这座城市的老照片的小书,印刷效果很差,都是报纸上一些并不传奇的照片。我只有这本小书,以及我的记忆。我知道人们从前是怎样的,他们的神情是怎样的,他们的房子是怎样的。我明白这些可以带给我力量,孕育我的写作,并赋予它意义,因为我了解历史背景,了解人和社会之间的联系。我以此为主题,并以此展开我的写作。我知道这对我来说有多重要。

当我回到奥尔巴尼时,想对这座城市做些调查,挖掘在这里真实发生过的事。我作为记者写的第一篇报道,最早的那篇,就是一系列关于这座城市的历史沿革。很完美,满足了我的愿望。我做了,并且就这个主题工作了四个月,就这座城市的历史写了二十六篇文章,一个街区接一个街区地写。一个很长的系列报道。我很喜欢做这个,我的文章也取得了成功。我知道自己掌握着一处宝藏。在我的调查过程中,我发现了无数不曾知晓的事情,我一直追溯到了荷兰男爵建城的时期,之后接替他们的是英国人,再后来是爱尔兰人、犹太人、意大利人、从南方迁移过来的黑人,最后是西班牙人、波兰人、战争期间的德国籍犹太人……这里从根源上留存着欧洲的财阀政治,我可以看到民族的变更以怎样的方式在造就这座城市。同时我也探索了城市的地理、现代化的进程、铁路的建造、运河的开凿。在我住的街区,沿河有三十四座锯木厂,大量从阿迪朗达克山脉砍伐并用来做建材的林木通过火车或是运河运出来,在这些锯木厂进行加工,然后再销往世界各地。

这次对这座城市的深入了解让我弄清了自己的历史,一切变得清晰，一个当地家庭诞生了，我知道他们是怎么发家致富、怎么破产、街区发生了怎样的变化、爱尔兰人怎样在这里扎根……叙述这些变迁，事实上也是整个国家的变迁。我看到它的浓缩版在我的家乡上演。我知道自己手里已经掌握了讲述那些人的故事所需的一切资料。我的费伦家族，属于黑夜的人，创造者。这才是永不枯竭的素材；一座永不枯竭的城市。正是这样，那些地方成为我写作的中心。我的所有作品都是基于有这样意义的地点创作出来的。社会构造和人际交往，这两者是密不可分的。您知道，在这里发生过许多令人激动的事儿。比如说，犹太教改革运动就是十九世纪四十年代在奥尔巴尼最先发起的。梅耶·怀斯（Isaac Mayer Wise）去辛辛那提前，在这座城市的一座犹太教堂布道。这座城市有两座犹太教堂，如今都已经成了黑人教堂。

社会关系，人们所属的社会阶层，所接受的教育，所在的圈子，在您的作品中都有很重要的地位。所以说您是一位主张介入的作家吗？

从带有党派观念这层意思上来说，我不认为自己是一名主张介入的作家。但我会抨击一些重要的政治主题。我的作品写过各种政治事件。我的最新一部小说提到了公民权利运动和古巴革命运动，两场在历史上同时发生的运动。从这个意义上来说，我是主张介入的作家。但这并不是我写作的动机。我的动机，是那些独立的个体。我从没想过要建立一份改变世界或救治病入膏肓的民主的社会档案。

但是，我一直在写这方面的东西，而且永远不会停下来。这是中心问题，是我关注的最主要的问题。我们是我们活过的生活的一位见证者，不管我们是做新闻的还是做文学的。

黛娜：你说了你的戏剧吗？

还没有。（门铃响了。）应该是您的丈夫和孩子们。他们都多大了？

采访中断了一会儿，相互介绍、喝茶、说笑打趣的时间。然后我们继续采访，仍是在这客厅一角，在这再度熄灭了的火苗旁。

您是怎样安排写作的呢？

我每天都会写。我在楼上有个书房，待会儿带您上去看。我在奥尔巴尼还有另一栋房子，有时我会去那儿工作。它以前是怪腿戴厄蒙的，我有幸将它买了下来。我的作息时间很奇怪。我从没在子夜一点半之前上床睡觉过，有时甚至三四点才睡。我大概需要七个小时的睡眠时间。所以我起得还算早，然后吃个早餐，就去工作了。我有时会连续写上八九个小时，有时却连两个小时都写不到。目前，我主要在为我的新计划读一些书。所以这基本上就是我的时间安排了。我从不中断我的写作，不管去哪里，我都会带上自己的作品。我在为《棉花俱乐部》工作时，不得不中断自己已经进行了八九个月的《昆因之书》(Livre de Quinn)[1]的写作。我当时虽然还没写多少，但进展不错。然后我接了《棉花俱乐部》，没有时间再去做任何其他事情。我每天要工作十三四个小时，然后回家和黛娜一起吃晚饭，之后就上床睡觉了，第二天我很早起床，然后又回去写作。所以说写作中断了很长一段时间，

---

[1] 英文书名为 Quinn's Book。

我已经记不得之前写过什么了，要接着写下去十分困难。于是我对自己发誓这种情况不能发生第二次，而我也做到了。不管我在做什么，都再也没有中断过我的写作。您应该永远记住这一点。而对于《昆因之书》，我只能从零开始重写了。我也重写过其他作品，但都不是像这样的，好像我之前什么也没写过一样。我经常扔掉写了的东西。我的每本书都有十几个版本。除了《紫苑草》，这本书我连一页也没扔掉过。对我来说简直太不可思议了。一切都在我脑子里。

  需要些什么您才会开始写呢？

  没有大纲，我一边写一边编。我不知道接下来要发生些什么。我在纸上对自己说话，这就是我的做法。我花了无数笔墨来写人物在做什么、想什么，直到事物和人物变得模糊，直到我想去做其他事情为止。我就是这么做的，几周后，我再重新回到这些人物身上，接着写他们。他们会对我说话。我很相信睡眠中产生的东西，无意识。我经常看荣格的书，买了《红书》(*Le Livre rouge*)[1]，希望能和自己的无意识建立联系。我偶尔有过这样的经历。有些事会在梦中来到我的身边。

  对您的人物来说也同样如此。在您的书里，梦至关重要。

  我总是会留意自己做的梦。在一个故事里，人们在寻找最重要的事，寻找对人们来说能最大限度地激发事物的因素。现实是无聊的。做梦一直都是唤醒想象力的一种方式。这是一种想象力的训练，而我们却一点也没意识到。

---

[1] 原书名 *Liber Novus*，为拉丁语。

您如何写作？

在电脑上写。我永远也没法回头再用打字机写作了！稿子常常要全部重打。而在我的电脑上，我每晚都能有一个干净的页面。

我们听到了动画片里一阵雷鸣般的音乐，是黛娜刚刚给孩子们放的。

您有没有一位忠实的第一个阅读您的作品的读者？

这个人选会变。黛娜经常会读，我儿子也是。这些年里，我不同的朋友会看我的书。我还有一些文学界的朋友，很有判断力的一群人。我的出版商和经纪人也会看，但我将手稿交给他们的时候，都已经修改无数次了，所以他们很少会有需要向我指出的地方。

在小说中，对您来说最重要的是什么？

语言。没有语言我们什么都不能做。对话、叙事，只要说得有趣，不管什么内容我们都愿意读。人物当然也很关键。接着是情节。我们需要情节，但它是发展的。还有其他方面吗？爱德华·摩根·福斯特（E.M. Forster）就此有过很绝妙的表述。他说："一个故事，就是：国王死了，然后皇后死了。而情节就是：国王死了，然后皇后悲伤而死。"

您会给您的学生一些怎样的建议？

我努力让他们用词用得比我更好。每个故事都有它顺理成章的地方。每个故事也都有它自己的问题。有时甚至会有三四十处问题！我试着教他们去解决这些问题。试着教他们对一个故事进行思考。一个故事要如何生成，要如何在这上面下功夫，如何做记录，如何对故事进行概括。而对非虚构类小说的写作，我教他们如何产生综合的、深刻的，特别是新颖的想法。因为我们做记者的时候，会尽力说出还没被说出的事。而结构呢，它应该是故事的有机体。写小说，就是从无开始创造事物。这不是综述，而是创造，跟新闻写作完全不同。"我怎样才能在看到我说的之前知道我想的呢？"爱德华·摩根·福斯特说过这样的话。（他笑。）对我来说也是一样的：我在纸上看到了我所想的，所以我就只能对它们进行思考。想法就是在我们脑中不断传输、不断变化的抽象的东西。

您为何会想写作呢？

写作，对我而言，就是处在生命活动的最中心，在令人兴奋又意义非凡的地方。独一无二的地方。我是自学的，一般来说，做所有事情我都需要花上一些时间，但也有一些事我学得非常快：我很快就知道自己要结婚了，我很快就知道要怎么写《紫苑草》了。这样很好。

您知道《紫苑草》为何能这么轻松地诞生么？它和其他作品有何不同呢？

如果我知道要怎么做的话，早就重新开始了……

黛娜给我们端来了几杯用大大的球形玻璃杯盛着的红酒，她、威廉、在采访时和我们会合的吉尧姆，还有我，我们一起上楼去了肯尼迪的书房。在楼梯的墙上，挂着一些政治讽刺漫画。办公室在最顶层，很小，墙壁已经完全被堆在占据了整个房间的几张桌子上的书给遮得严严实实了。一些小摆设、纪念品、一座卡尔·马克思的小塑像，在不同角落摆放着。在试着给我们腾出空间的时候,肯尼迪找到了一部他找了很久的作品。他从书架上抽出一些奥尔巴尼居民写的文字,其中一份便是莉迪娅·戴维斯(Lydia Davis)的,她是保罗·奥斯特(Paul Auster)的前妻,他愉悦地给我们朗读了几段。接下来,他询问了我们的生活、工作,带着一份善意的好奇。淡紫色的天空下,清晰地映衬出树木的剪影。冰冷的寒风穿过加拿大的平原,无遮无挡,一路直下,刮得窗户瑟瑟发抖。

Dinaw Mengestu 迪奈·门格斯图

哈莱姆区,纽约州

在我们离开奥尔巴尼前往纽约途中，某个早晨，气温低至零下20℃。强风吹得我们在无人高速公路上行驶的露营车轻微地东摇西晃。纽约已经完全被大雪覆盖了。人们裹着一层又一层不搭的衣服。这里不像加拿大，人人都全副武装，穿得像在北极一样。这里的市民们穿着太过单薄的大衣，大衣上围着披肩，系着围巾，手戴时髦露指手套，脚踏摩登皮靴。人们向寒冬的严酷投以都市特有的轻蔑。接待我们的主人家说俄语。瓦伦蒂娜（Valentina），一位民族舞舞蹈家，正处于两场演出之间的空档期，在家休息。她拥有笔直的背梁和一双跳芭蕾舞的腿。她正在翻看相册，相册中的她，在父母管理的剧团里，还是个孩子。他们那时来美国巡演，她就留了下来。伊利亚（Iliya）呢，是十八岁时和他父母一起从俄罗斯过来的，就在他哥哥移民美国几年后。一家人来到这儿，是为了逃离反犹太主义。他当上了律师，还开了一间画廊。他第一任妻子是一位菲律宾艺术家，他和第一个妻子的两个孩子在教他最小的儿子阿基姆（Akim）说英语，而阿基姆的第一语言是俄语。他们将我们安顿在他们在布鲁克林区[1]肯辛顿的一栋小房子里。

迪奈·门格斯图（Dinaw Mengestu）住在哈莱姆区[2]的下部，拉法耶特广场旁，这是个很美的公园，俯瞰公园的，是晨边大道上直耸入云的高楼大厦。他家公寓的玄关堆满了童车和踏板车，屋里温馨暖和。迪奈·门格斯图刚从法国回来，他在巴黎住了五年。在那儿，他邂逅了他的妻子，生了两个孩

---

[1] 布鲁克林区（Brooklyn）：位于美国东北部，纽约曼哈顿岛的东南边，是美国纽约州纽约市五大区中人口最多的一区（有二百五十万居民）。
[2] 哈莱姆区（Harlem）：纽约的黑人聚居区。

子，写了一本小说。虽然他的法语说得很好，慢条斯理，字斟句酌，但他更愿意用英语接受采访。

当初您在巴黎做什么？

噢，只是写作而已。

您为何又回美国了？

我接受了一个在乔治城的教师职位。

我向他介绍了我们这个项目，而他询问了我们在布鲁克林区住的教堂路附近，地铁 F 线那一带的情况，那个街区的路名会让人联想到大海，成百上千的彩色房屋陷在雪地里。不远处，巨大的货仓上写着希伯来文。

我对那个街区很熟悉，因为我在那里生活过。很有巴基斯坦、孟加拉风情。

是吗？但在我看来，犹太、俄罗斯风情更足一些，不过鉴于我才刚来不久……

（他耸了耸肩。）街区在发生变化，而且街与街之间也很不一样。还有一些拉丁群体。这就是美国……

正是如此，您呢，您是哪类美国作家？

我总是认为除了美国作家以外，我无法再以其他方式定义自己了，因为我不认为还会有另一种文化能够提供如此复杂的身份。美国并不是单一性的，而是那么多不同地方的混合体。我当然是埃塞俄比亚人，因为我是在那里出生的，但我却是在这里长大的。我既写非洲，也写美国，是成为美国人这个事实让我有机会拥有这样的双重身份。我可以一直以美国为背景去写不同的文化、不同的地方，因为这里到处都是来自非洲、欧洲、拉丁美洲……的移民。这里并不仅仅有美国人。

您来美国时几岁？

我1978年生于亚的斯亚贝巴，两岁就来到了美国。我在中部、中西部地区的一个小城里长大。我是纯正的伊利诺伊人的后代。我的童年是典型得不能再典型的美式童年。我父母经常去一家南部的浸礼会教堂，我打棒球，我们去看当地小棒球队的比赛，我们吃热狗，我经常去基督教青年会（YMCA）……还是孩子的时候，我并不知道埃塞俄比亚人，或者非洲人意味着什么，美国历史或美国精神在我身上太根深蒂固了。然后，我去了芝加哥，同样也是一座典型的美国中部城市。直到后来年龄更大一点的时候，我才开始对我的另一重身份进行思考。对作为一名埃塞俄比亚人生活在美国领土上究竟意味着什么进行思考。

您从何时开始对您的身份产生质疑的？

大概是在十六岁的时候，或者是十四五岁开始上高中的时候。

这些疑问是由什么引发的呢？

是由成长，以及越来越多地意识到身份的复杂性这两个事实引发的，而且也因为我的种族。再小一点的时候，我们不会去想这类事情。在成长的过程中，我们开始发现社会中存在很多分裂。

在对种族产生意识之后,我们也会发现在美国,当你是一名黑人意味着什么。不过,也得弄清我们不是非裔美国人,我们不属于这段历史。

这个区别很重要吗?

毫无疑问,特别重要。不管是留美非洲人还是非裔美国人,我们都拥有共同的经历:都是在美国生活的黑人。这一点是不会改变的,尤其是在这个国家的部分地区。在密西西比,我首先觉得自己是黑人,而非埃塞俄比亚人。一个人最初关于种族主义的经历来自他皮肤的颜色这个最表面的特征。但从身份的构成这个方面来说,你的根才是更深刻的,家族历史也是一个因素,父母的历史、祖父母的历史,这些在留美非洲人和非裔美国人之间存在根本性的差异。这个国家的建立受白人和黑人的影响一样多。开拓者来了之后,紧接着就有了奴隶。如果没有非裔美国人,这个国家可能就不是现在这样了。他们开创了民权运动。如果没有民权运动,没有非裔美国人的历史,我们这些非洲移民今天可能就没机会在这里了。否则,我们为什么能来到这里?其他的非洲移民,来自拥有深厚历史的国家,带着完全不同的身份入境。我们来美国的时候往往对美国历史知之甚少,像所有在我们之前抵达的那些先辈们一样,对美国的种族主义毫不知情。我们是带着我们的孩子能拥有一个光明的未来、考上大学、功成名就的希望来的,没有设想到暴力和种族隔离也被沿袭了下来。

您在家说哪种语言?

四五岁以前都是说阿姆哈拉语[1]的,直到上学之后,我才开

---

[1] 阿姆哈拉语:埃塞俄比亚官方语言。

始说英语。不管怎么说,我父母工作很忙,我们每天只能在上床睡觉前的二十分钟见到他们,所以我确实还是以说英语为主。我现在还能听得懂阿姆哈拉语,但已经不说了。

您的两本有自传色彩的小说中哪本的自传性更强?

某种程度上说,这两本书的灵感都来源于我的生活。第二本跟我的人生轨迹更接近一些,但人物却很不一样。[《如何阅读空气》(*Ce qu'on peut lire dans l'air*)[1]讲述了两场婚礼,一场是从七十年代的埃塞俄比亚革命中逃脱出来的约瑟夫(Yosef)和玛利亚姆(Mariam)——叙述者的父母——噩梦般暴力的婚礼,另一场是他们的儿子乔纳斯(Jonas)泡汤了的婚礼,飘忽不定而忧郁的乔纳斯是纽约一家难民接济中心的职员,他的任务是为那些新来的人编造他们的生平,增加他们得到收容的机会。]我的人物是在伊利诺伊州长大的,这个细节是真实的、符合事实的。但我父母的婚姻一直都很幸福,我和他们的关系很亲密,每个月我都会带着孩子们去看望他们一次,所以这个故事里的情感感受并不是来源于我的个人生活。与第二本小说相反,我的第一本小说和我自己的生活没有任何相像之处,但其中蕴藏的情感却可能和我本人的情感更相近。[《天堂结出的美丽硕果》(*Les belles choses que porte le ciel*)[2]讲述了来自埃塞俄比亚的塞法(Sepha)的故事。他在华盛顿的某个街区开了一家食品杂货店,正走在迈向中产阶级的康庄大道上。他爱上了这个街区新来的一位白人女子,她有一个混血女儿。]我从没开过小食品杂货店,从没在洛根圈生活过,但我以前住在华盛顿特区的时候经常独自一人在这个

---

[1] 英文书名为 *How to Read the Air*。
[2] 英文书名为 *The Beautiful Things That Heaven Bears*。

城市的街道晃荡，看贫穷的境遇，看街区的变化。我笔下的人物拥有的这种孤独感，和我自己感受到的或者说曾感受过的很相近。

这部小说中，地点的意义尤为重要。一切都在一年之内发生，这一年里华盛顿的某个街区发生了戏剧性的变化。

洛根圈，是我在华盛顿特区最先知道的几个地方之一，我十八岁上大学的时候搬到了那里。我当时的女朋友住在那里，所以我在那里生活了很长一段时间。在那些年里，我看着街区不断变迁。如果不是因为这个街区的变化如此之大，我也不可能这么关注它。我看着它从贫穷、从卖淫、从毒品里挣脱，变得富裕起来。它如今已是这座城市最富有的街区之一了。这里的房租几乎和纽约的一样贵了。等我拿到文凭的时候，这里已经发生了翻天覆地的变化。我对这里无比好奇，不仅仅因为我了解这个地方，还因为在这样的变化中体现出来的典型的美国式虚伪。这里是美国的首都，而这里聚集着这些妓女，无数人为她们而来，以至于每到夜晚这里的交通便完全瘫痪了，这一切就在那些无所作为的警察的眼皮子底下发生。真是太荒诞了。而它的改变能如此之迅速这一点也同样那么荒诞。我对这种荒诞很感兴趣，尽管我并没有立刻就将这些写进书里。

您为何会决定成为一名作家？

是从我对自己的身份产生兴趣的那一刻开始有这个念头的。与此同时，十四五岁的我为了想弄清自己是谁而感到十分焦虑，上了一所全白的天主教学校，一个对我来说很奇怪的地方。

为什么？

因为我家附近的公办学校都很糟糕，而这所学校很好。但全校可能只有十名有色儿童。我们班有四名。正是在那里，我找到了通往书籍的道路，因为我想找到一个地方，可以让我清静地生活，而不用急着弄清自己是不是有朋友，是不是足够好，是德国天主教白人还是黑人。一个我可以爱上书中人物的地方，仅此而已。我爱这些人物比爱世上任何其他事物都要多。我原本应该不会说出自己想当一名作家这样的话，在很长一段时间之前我也没有这样说过，但我知道自己希望将大部分时间都花在看书上。我周末在咖啡馆看书，看长篇小说、短篇小说，我经常去书店买书。上大学之后，我拥有了一盒子不太贵的小说。我逃课去读那些我认为比所有其他书都更为重要的书。

您喜欢哪些书？

一些老套的书："垮掉的一代"的那拨作家们写的，凯鲁亚克（Kerouac）、艾伦·金斯伯格。《麦田里的守望者》我看过几十遍。对于恰好上过书中一所我很讨厌的富家子弟的学校的我来说，这是一本对我而言极为重要的书。这些作家的书是最先对我产生过重大影响的书。后来，我又陆续发现了詹姆斯·鲍德温、拉尔夫·埃利森、海明威和福克纳。

您家里有很多书吗？

我父母希望我们多看书，而这对我们来说并不是什么难事。他们自己也看书。我父亲关注新闻，他对政治感兴趣。他也看小说，但不是像我们这些作家那么去看，也不像我们这样家里到处都是书。我们家当时并没有大书柜，但我们有不少书，而且我们认为书籍和阅读是优质教育的一部分。

你们会一起讨论政治吗？

我父亲让我们从比较小的时候就开始关注政治，而且孩子往往都很想看父亲看的东西，所以我有时会去看他订阅的报纸，每晚和他一起浏览新闻。每周日的早晨，我们会看《周日新闻秀》（*Sunday News Show*）。这很快就能变成一种习惯。起初我是厌恶的，但我后来明白这是多么重要！

您是何时开始写作，又是从什么开始写起的？

我觉得所有人都能在某天写出一首诗，然后开始思考自己适不适合做这件事！（他笑。）我写下了自己的那首诗，然后发现自己完全不是写诗的料，就没再写了。我对于一件事是否成功有着比较准确的直觉。在知道如何写出好作品之前，我知道自己什么时候写得不好……我从没写过短篇小说，但我花了不少时间把我的"观察"记录下来。但不能算严格意义上的日记。我有一本多年随身携带的旧笔记本，在这个本子里有我对风景、情绪以及见到的事物的描写。这是对写作风格的练习。因为我的阅读量很大，所以我会将自己读到的所有作品用散文进行再创作，也会写些和凯鲁亚克的作品风格相近的或是和我在那个时期读到的一个诗人风格相近的东西。

如果您现在再去看您的本子，您能说出自己那时都读过什么吗？

能，当然能，轻而易举。我进大学之后开始了我第一本小说的创作。大一的时候。我没告诉自己要这么做，但我知道这就是自己要尝试做的事情。整个本科期间我都在努力创作这个故事。

这本就是您出版的第一本书吗？

不是。

您放弃这本书了？

我几年之后放弃它了。在读研期间我将它重写过几十次。在这上面花了大概六年的时间。一直到离开大学校园，我才将它放弃。那时，这部作品已经是本完整的手稿了，总共三百页左右。我将它寄给了一些经纪人和出版商……但没人回复。

一个也没有吗？

没有，因为这是本烂书。就像那第一首诗歌一样。

这本书叙述的是一个怎样的故事？

是两个一起在中西部地区长大的好朋友的故事；一场洪水摧毁了他们的城市，促使他们一起走遍它的大街小巷，他们中的一个意识到他应该离开这个地方，因为他讨厌这里。这是一本青春小说。但很多大家在我之后的那些作品中读到的观念、主题、人物都已经在这本书里出现了。比如，在《我们所有人的名字》(*All Our Names*)里，这本书今年三月将在这儿出版，明年在法国出版，我就用到了这第一部作品中一个人物的名字。

给我讲讲您的第一次出版吧。

在放弃了这第一本书之后，我有些迟疑，不知道自己要不要再重写一次。但我又有了一部新小说的构思，也就是《天堂结出的美丽硕果》这本书。那时我住在纽约，但在那之前我去华盛顿特区见过一位朋友，我在街头漫步，一家充满活力的杂货铺进入了我的眼帘，店里坐着一个男人。当天晚上，我回到家就开始创作这部小说。三年后，这本书完成了。我当时是有工作的，所以没法每天都写作，有时甚至几周、几个月都写不了一个字，因为我打了好几份工，我既得教课，还得为一个校外项目工作。我最终辞掉了所有这些工作，用几个月的时间写完了整本书的一大部分，而最前面的寥寥数页却花了我一年半的时间。之后，一切都进展飞速，很快，我就找到了一名经纪人。

> 您是怎么做的呢？

我问了一些朋友的看法，将这部作品寄给了七八位经纪人，其中有五位回绝了它，两位很喜欢，而和我签约了的那位至今仍是我的经纪人。我们一起又对作品稍微做了一些改动，又校对了一遍，没过多久我们就找到了一家出版社。

> 您知不知道是什么促使您在最初的失败之后继续尝试的？

我不知道。我觉得完全是因为有一个故事出现在那儿，在等待着被人讲述。若没有任何东西闯入我的神思，我不认为自己可以强造些什么出来。再加上这又是我唯一想做的事。我上了大学，读了艺术硕士，从未考虑过其他职业。我原本大概还是会去尝试一下，找一份全职工作，然后再在工作之余写作。但自从我遇见了这个故事、这个声音，我就知道自己将要完成它。当有这样一件我们如此想做的事情出现在眼前，我们便不会再去为这个故事能否出版而担忧了。能够写它就已经让我心满意足了，因为可以写它就已经比不可以写它更令我幸福了。

> 为了完成它，您都顾不上您的生计了，这是个充满风险的选择。

是的。我很喜欢我的工作，但它太耗费精力了。我太累了，很难将一本小说写完。我不希望这种状态持续的时间过长。我存了点钱在银行，还接了一些自由撰稿的活儿，这样我就能待在家里，一边写作，一边过着节衣缩食的生活了。二十四岁时的我，还没有什么很大的需求。

您有没有特别的工作习惯？

说有也有，说没有也没有。还没有孩子的时候，我起床，去咖啡馆，然后开工，这简直棒极了。晚上也可以工作到很晚，我可以想什么时候工作就什么时候工作……我每天都会写作，没有例外。主要在两个时间段进行：第一次，在清晨，写两到三个小时。然后去休息一下，看会儿书……晚上再接着写。而现在，都乱套了……在巴黎的时候，我先送孩子们去幼儿园，接着去"调色板"[1]工作一小时。然后再回家工作——我有一间小办公室，就在公寓附近。下午五点，我和妻子一起去接孩子们。我们玩耍、吃晚饭、哄孩子们上床睡觉，然后小酌一杯，之后我再去工作一会儿。而在这里，我满足于能工作的时候赶紧工作一会儿。（他笑。）起床后，总是各种奔忙，一部分的工作是在白天完成的。目前，由于我刚写完这本新书，所以写得并不多。

您每写完一本书会有什么感想呢？

事实上写完一本书的时候，我通常并不能很清晰地意识到这一点。完成初稿之后，我知道还有很多工作要做，所以若我在某一方面感到松了口气，我同时也已经做好了要再次返工的准备。从开始写一本书直到写完，中间已经过去好几年，我已经忘记书的开头。通常情况下，我都对结尾比较满意，而觉得开头不尽如人意。我们完成一本书时和开始写这本书时是不一样的。比如说，我写最新的这本小说用了四年时间。所以，写到最后的时候，我问自己："我都写了些什么破玩意儿？"我想全部重写一次。似

---

[1] "调色板"（La Palette）：巴黎的一家咖啡馆兼餐馆。

乎再花上很长时间也写不完。给您举个例子吧：2012年我就写完了我下一本小说的最终章，但我会觉得这本书是最近才写完的。其间有好多次都不是真的终稿。所以当它真的终稿了，我们反而不在乎了。我们等待着一件成品，但它永远都不可能是一件成品。

您的第一位读者是谁？

现在，在正式完成一本书之前，我不再让任何人读我的作品。而在一部作品完全写成之后，我会拿给我的妻子和经纪人看。

那以前呢？

以前，我会叫朋友们看。我读大学的时候写的那第一本书，我的朋友们就看了很多遍。第二本书，在完成一半的时候，给少数几个朋友看了。我得知道它是有人看的。我那时又怕知道，又急着想知道它是否有某种价值。我对自己写的东西还算满意，但我需要有其他人向我证实这一点。我需要的不是帮助，而更多的是有人告诉我："加油，继续。"而现在，我觉得如果有人在我的创作过程中说些什么，会对我的创作造成干扰。但毫无疑问，如果有人能稍早一点指出问题，稍早一点告诉我我写的东西让人无法忍受，可能会给我节省不少时间；我可能就不会在数年之后才决定重写第一部分了。但我还是会等等再拿给人看……

您听得进他人给您提的意见吗？

一定程度上还是听得进去的吧。最好的意见，永远都是以提问的形式呈现出来的。"这里我没懂。""为什么会这样？""这些人是谁？""这个人物为什么要这样做？"这都是些好问题，我很重视它们，因为它们促使我自问。我得思考该如何回答这些问题，在我对它们做出解答的过程中，很多其他问题也都迎刃而解了。

我也会和我的出版商一起认真仔细地工作。我的前一任出版商会在我的手稿上做笔记，把她的建议都写给我，我可以自行选择接受或是不接受。她告诉我："这部分什么内容也没有。"我通常都会接受，因此我做了很多删减，这又给我提供了新的空间。这样很好，这样，书的改动就很多了，仅仅是因为她帮我删掉了很多人物无法诠释的内容。有时，我们为某个想法写了一页又一页，但我们缺少一个人物。

您小说中最重要的因素是什么？

大概是词语吧。当然，人物也很重要。但我觉得自己最钟情的还是词语。我听见人物的声音，这些声音发出的方式，这其中隐藏着他们理解这个世界的方式，即使他们并没有直接说出来。这一点很吸引我。他们的情绪、情感、内心世界也由此产生。对我来说这些都比情节更重要。我讨厌……也不是，我其实也不是说讨厌情节，但我对这方面不太在行。而且我也不会因为情节而看书。如果有情节当然是好事，但我在意的还是语言的优美和人物的声音。

您会大声朗读吗？

偶尔会。修改的时候大声读得稍微多一点。但更多的时候我会一遍又一遍反反复复地看同一个部分，所以如果大声读出来的话会让人有点厌烦。

有了什么内容之后您会开始写一本新的小说？

我的小说都是以不同方式诞生的。大多只是起源于一个句子。对于最新的这部作品，我知道是有些什么的，因为我会三更半夜或是一大清早就醒来，我甚至会将开篇的情节写在一本我当时正在看的书上。我有一个构思和一个小世界。我想写一个关于六十年代非洲大学校园的故事,那时的年轻人都无比乐观。我开头很快地介绍了一群朋友。我知道有什么东西就在那里。我接着写下去,将它打到电脑上,我也不记得自己怎么就从这群人写到了一个在美国的女人身上,但它就变成这样了。而我的第二本小说呢,先是有了一句话,之后一切便相对迅速地从这句话衍生开来了。我不写短篇小说,因为我很难有灵感。所以一旦写出几页纸,我就知道一部新的小说将要诞生了。毕竟我的灵感如此稀缺!(他笑。)成年以后我一共只有过四次灵感,所以事情对我来说就容易多了:灵感一来,我就知道该把它写下来了!

您认为自己是一个介入政治的作家吗?

是的。我无法将我的作品与政治分隔开来。在美国,人们不喜欢谈论政治和文学。人们希望这两个领域保持彼此独立的状态,但我觉得这很愚蠢,因为政治也可以让你成为一名更优秀的作家:应该写出更好的作品来传递你的想法。这更多的是以艺术家的身份要求你。我们不能只满足于陈述一个观点,这只能算是政治宣传。如果我们希望自己的观点能被听进去、能得到实施,那就得写得更好,因为政治并不是一个语言很复杂的领域。我想揭露这个世界以及它所存在的问题,世界很残酷,所以很难去粉饰太平。我想写关于暴力的故事,写它在历史上、在今天,是如何对人的性格、身份、生活产生影响的。人物从中诞生,我们不能将他们与政治分开。

您对我们这个时代的忧虑有哪些?

我觉得自己对人的尊严问题很关心。这同时涉及历史、种族、性别等因素……

您也做过记者吗？您去过达尔富尔地区[1]？

是的。我在非洲做过两三期专题，在一些发生冲突的地区。我的第一本小说多次提到了非洲的暴力和独裁问题。[塞法和他最好的两个朋友比赛列举非洲的独裁者和政变日期：一场永无休止的比赛。]在新出的小说里，我会回到这个问题上来。故事发生在革命爆发的初期，在那片后来成了乌干达的土地上。书中的很多人物都借用了我在采访过程中遇到的那些人的形象。军队官员、起义头头，我从一个地方去往另一个地方的途中见到的那些被卷入风暴的村民。这些都是我进行再创作的内容，我并没有将自己当记者的经历写进去，但那些国家、那些风景、那些人，都和我的父母或布鲁克林一样，以同样的方式进入我的想象中。这些经历如此深刻，有助于我将它们写入小说。

在新闻写作中，哪些方面是合您意的？

我其实并不认为自己很喜欢新闻写作。我更喜欢写小说。但我欣赏新闻业的必要性。这类工作看起来必不可少，尽管它确实永远也无法改变一丝一毫。暴力并不会因为人们写它就停止了。

您不觉得写作可以改变世界？

不，我不这么认为。但写作也不会让世界变得更糟。而世界却可能因为缺少写作而变得更糟……总之……我们永远也没法知晓自己做的事情是否会让事情变得更糟。有时会，有时不会。如果我们对某个敏感的形势进行曲解，事情可能会变得危险。比如，人们用最可怕的方式去写卢旺达大屠杀……我呢，我感兴趣的是，通过

---

[1] 达尔富尔地区（Darfour）：位于苏丹西部，与乍得接壤，错综复杂的民族和种族矛盾导致这一地区的暴力冲突持续不断。

写作和一部分刻板印象做斗争。例如，说到非洲的时候，我们读到的内容总结起来大多如下：他们有种族问题，他们为此用大砍刀自相残杀。但这样来形容发生了什么未免也太简单片面了。这就好比你们如此形容美国：那里所有的白人都讨厌现任总统[1]，就因为他是黑人。将事情如此简化是愚蠢的。

您有没有经历过写作危机？

我不太确定写作危机代表什么。大部分时间里，我们厌恶自己在做的事情。这种状态是比较持久的。但我从未有过写不出东西的经历。目前，我没在写东西，但这对我来说不是什么问题，因为我才刚写完一本，觉得有些累了，觉得自己老了。（他笑。）我需要休息一段时间。

您已经有新的构思了么？

大概已经有了。但我得先休息一下。孩子们还太小，我们又刚搬家、刚从另一个国家回来。我为这本书花了那么多时间，而现在它从我脑中抽离了，我感到很舒适。接下来，还要去各地宣传、奔走，去聊一聊它。这些都还没开始，这样很好。我很开心可以待在家里，孩子们五点回家，除了陪他们玩以外我可以几个小时什么都不干。我没有其他任何需要操心的事了，我可以全心全意地陪他们了。

对您产生过影响的作家有哪些？

索尔·贝娄、维迪亚达·苏莱普拉萨德·奈保尔（V.S.

---

[1] 做此采访时，美国时任总统为贝拉克·侯赛因·奥巴马，他是美国历史上第一位非裔美国总统。

Naipaul)、格雷厄姆·格林、加缪、詹姆斯·鲍德温、玛丽莲·罗宾逊（Marilynne Robinson）……这份名单可以一直列下去，但这几位是最主要的。

您是文学圈的一分子吗？

是的。我所有的朋友都是作家。几乎所有我认识的人要么是作家，要么是出版商。大部分都是我在纽约哥伦比亚大学读研期间遇到的。我们那时都想成为作家，我们后来也都成了作家，或者至少在这个行业工作。在巴黎的时候也一样，我经常接触的也都是在出版业工作的人或是作家……

您也教书。教书有什么吸引您的地方吗？

（他做了个鬼脸。）

怎么说呢，您喜欢教书吗，开始的时候？

（他笑。）好问题……是的，我喜欢。每个学期的感觉都很不一样，但我还是喜欢偏多。这学期，我们读了很多围绕城市、暴力等主题所写的不同体裁的作品：短篇小说、散文、诗歌、传记。学生们写下相应的评论，或是写一些描写或散文。他们的自由度很高。这种课堂形式是文学研讨会和创作班的结合体。

您自己以前上类似的课时，觉得有收获吗？

在读研期间有，最大的好处就是能让你有时间写作。白天在学校，你的任务就是写作，然后大家会看你写的东西，再一起讨论。而且我们还得读书，读大量当代作家的作品。能将两年的时间用在写作和阅读上真的很好。在法国，人们会觉得这类课是教人写作的，但这显然是不可能的。相反，我们可以教人如何阅读，成为一名更优秀的读者可以帮助你成为一名更优秀的作家。我们学到了提高语言水平的方法，知道了什么是陈词滥调，什么样的描写是愚蠢的……情感的深度是无法被分享的，但如何区分好句子和差句子却是可以被教授的。这能对成为一名更优秀的作家起到帮助作用。

您有没有会重复犯的错误？

天哪，太多了！这就是校稿最头疼的地方，我们会发现自己用了一些单一的表达方式，一次又一次地重复用同一个词。但每本书里重复使用的表达方式都不是同一个。有时，我能在同一页将同一个词重复使用二十次！修改的时候我会问自己："我都写了些什么玩意儿！"这是因为我们写作的时候，往往都很赶。我们脑子里会设定好某个速度，然后急匆匆地往前赶，以此来追赶倾泻而出的词语。所以，会有一些写错的地方。另一个问题就是，我们脑海里出现了一些想法，最终却没能将它们付诸纸上。我们知道自己的人物相爱了，但写完回过头再读一次的时候却感觉不到他们相爱了。我写作的时候，习惯尽量写得含蓄一点，尽可能地写得不那么明显一点，但我有时会写得太过隐晦，以至于读者可能会觉得："噢，我之前都没弄明白原来他已经有妻子了！"

您会看书评吗？

会。人们倾向于说不会，但其实当然是会的。无论如何，要避开书评是不现实的：人们会给你写文章、发推特、评论脸书……不可能避得开，除非完全断网。以前，如果我们想知道《芝加哥论坛报》（*Chicago Tribune*）对自己的作品都说了些什么，还得跑到芝加哥去买，或者让别人从邮局给你寄过来。那个时代已经一去不复返了。我不相信那些说自己不看评论的人。这毫无可能，评论无处不在。

您皮够厚实，受得了别人的批评吗？

这个嘛……这得看是哪儿的评论。如果是一篇《纽约时报》的负面评论，那么不管是谁都会觉得很不爽，即使你知道评论是极为主观的。有很多我很喜欢的写得很精彩的书都收到过负面书评。但读到这本书的人却没觉得它有那么糟糕。也有一些书我读第一遍的时候觉得不怎么样，但再读一次的时候却觉得写得很好，只不过是因为我第一次读的时候心情不大好，在想别的事情或是自己的事情。所以没看到书中蕴含的深意。到目前为止，我很幸运还没有收到过负面的书评，收到的仅有几篇也都跟我的作品无关，都是在揭发作者的。有位记者说他不相信非洲人能将那么多时间用在读书上。这跟作品本身没有任何关系，只是个人观点：他仅仅是因为这些人物和他自己的刻板印象不相符而批评他们。第二位则固执地拿我的第二本小说和福克纳的作品相比较。为什么呢？我不是福克纳，我跟他一点关系也没有，我也没和他写一样的主题……我不觉得这和我有什么关系。这都是些自以为是放之四海而皆准的标准，但我觉得它们并不中肯。

成功的到来改变了您的工作吗？给您带来了压力吗？

没有。会有一些好的回报，因为它们能给你带来时间。成功让我有更多的时间写书，提高作品的质量。同时也有比较实际的一面：我不需要向我的出版社借钱了，在把书交上去之前我可以有六个多月的时间来对它进行修改，因为我没有金钱上的需求了。而压力呢，也没有。因为，实际上有几个人看书呢？少之又少。若我们能意识到这一点，问题就减轻了不少。唯一重要的事情，就是创作出能够流传下去，能够不断有人阅读的作品。那样，即便下周有人不喜欢这些书，也不重要了。

迪奈只能给我们一小时的时间，采访结束了，但几天后我们又再次见面了，在他家和他的瑞典小说家兼剧作家朋友尤纳斯·哈桑·霍米利（Jonas Hassen Khemiri）一起享受了像晚餐一样丰盛的下午茶，尤纳斯有一部戏剧要在百老汇上演，所以进城了。这并不是他的作品第一次在这里上演，但他的作品第一次在这里上演的前几天，他很紧张，觉得自己什么也做不了。他的词语都得靠演员们说出来，他自己再起不到什么作用了。他的妻子，美得不可方物的心理学学生，照看着他们正蹒跚学步的儿子。我们都穿着短筒袜，沾满了雪的靴子在狭窄的玄关淌着水。我问她读没读过《颤抖的女人或我的神经的故事》（*La femme qui tremble-Une histoire de mes nerfs*），西瑞·阿斯维特（Siri Hustvedt）写的，我马上就要和她见面了。他们询问我已经见过面和将要见面的作家们都有谁。迪奈在厨房里，他在煎三文鱼块，前额上刻着一道忧虑的皱纹。他的妻子跟在孩子们（比我们家孩子更多）身后，从一个房间追到另一个房间，逗得他们发出惊恐或喜悦的尖叫声。

Siri Hustvedt　西瑞·阿斯维特

布鲁克林，纽约州

"我马不停蹄地从一个街区到另一个街区,观察着周围的一切人、事、物,久久地沉思着。纽约这座城市没有一刻能保持沉默。在某些角落,某些街道,也可能出现片刻的安宁,然而只维持了一分钟就被打破了。人们交谈着,歌唱着,尖叫着。一只老鼠奔回它的藏身之处。一次,我见到一个男人在巨大的摩擦声中停下车,将一个女人推出了车门。女人歇斯底里地喊到声嘶力竭,使劲敲击车窗。男人走了,女人扶着肚子看着他离开,仿佛被人打了一拳,然后踩着她的高跟鞋,踉踉跄跄地离开了。"〔西瑞·阿斯维特(Siri Hutsvedt),《眼罩》(*Les Yeux bandés*)[1]〕我下午过去的时候,发现家里没人,或者更准确地说是家里的主人不在,但她的佣人成功地联系上了她,重新约定了见面的时间。夜里,我梦到采访用德语进行,一门我不会的语言,但她给我翻译,或者至少是《眼罩》中的人物伊丽丝(Iris)给我翻译。在我的梦中,我不得不和我的女儿们一起来,因为我没托到人去照看她们。在我们讨论教育问题的时候,她们就睡在房子里布置好了的宽敞卧室里。我跟她讲述了我的梦境,但她并不大感兴趣。她坐在客厅里,客厅一端连接着面向街道的豪华会客厅,另一面连接着摆放了许多绿色植物的餐厅,而餐厅则通向厨房和一间满是植物的内庭。

---

[1] 英文书名为 *The Blindfold*。

那么，当一名美国作家意味着什么呢？

这个问题挺难回答的。我觉得我自己是很典型的美国人，我说着美式英语长大，童年除了四岁、十二岁、十八岁这三年是在挪威生活的，我大部分的人生都在美国度过。前两次去，是因为我父亲有一年的假期。他当时是斯堪的纳维亚研究的教授，所以我们去了挪威。我母亲是挪威人，她生命中的前三十年都是在那儿度过的。我猜想我应该算是挪威裔美国人。我的原属种族根基很深，因为我母亲是挪威人，我是先会说挪威语然后才会说英语的。我也属于移民大军中的一员。我父亲那边也一样，他们家族也是斯堪的纳维亚人，只不过他们十八世纪就来美国了，而我母亲是二十世纪五十年代才来的。所以我是一位与挪威息息相关的美国作家。

您书中人物的原属种族也同样十分重要。

是的，这是人类身份的一部分。比如说，如果我们拿《我喜欢》(*Tout ce que j'aimais*)[1]这本书中的里奥·卡森伯格（Leo Katzenberg）作为例子，他是犹太人，他的家族于1935年纽伦堡法令[2]颁布之后离开了德国。所以这一段经历对他的身份构建起到了至关重要的作用，而且书中随处可见犹太民族大屠杀的影子。在《一个美国人的悲哀》(*Élégie pour un Américain*)[3]中，挪威裔身份是关键点。或者还有米兰达（Miranda）的牙买加裔身份，以及奴隶制度的延续。〔叙述者埃里克（Erik），看了他已过世的父亲的日记，了解了他父亲的过去和难处，与此同时，他沉迷于他的房客——小伊基（Iggy）

---

[1] 英文书名为 *What I Loved*。
[2] 纽伦堡法令：1935年9月15日德国议会在纽伦堡通过的种族法令。这些法令成为德国反犹种族主义政策的法律基础。
[3] 英文书名为 *The Sorrows of an American*。

的单身母亲米兰达的魅力中。］我们被这些故事的观点深深地影响了。我们是有故事的生物。我们当然承载着自己的故事，但同时也承载着我们父母的，乃至整个民族的故事。

> 我想聊聊您作品中故事发生地的选择。比如在《眼罩》这本书的故事中，曼哈顿就占据了绝对重要的位置。

是的，我最终将纽约看作《眼罩》中的一个人物。这本书讲的是一个来自中西部的年轻人，一个第一次来到大城市生活的大学生的故事。大城市的变迁构成了整个故事的一部分。

> 布鲁克林，您现在生活的地方，也成了您小说中的一个人物了？

是的，正是如此，在《一个美国人的悲哀》这本书中。而事实上，这本三月在这里出版，九月在法国出版的书中的故事发生在布鲁克林的另一个区域——雷德胡克。在这本书中，一切都发生在飓风"桑迪"的毁灭性打击之前，但因为这里是一个靠海的街区，所以飓风后灾情严重。这个街区有许多宏伟的仓库，其中一些被改造成了画室，就正对着自由女神像。

> 这些变迁的风景造就了您的人物。在《一个美国人的悲哀》中，您借用了您父亲的回忆录，提到了其中的一些段落，而且可以确定的是这个人物是在明尼苏达平原长大的。

当然，这种在现实与想象之间的摇摆非常复杂。我知道我在写作的时候，脑子里会出现一些和空间有关的很重要的画面。它们有时被描绘出来了，有时没有。也就是说，我的书中并不是充斥着风景描写。它们只是偶尔出现。但是对我来说，写作这项活动是深深扎根于各个地点中的。通常我写一个故事，都需要一个我相对比较熟悉的地点。我的人物在那里走过他们的旅程，不管是内心意义上的还是外部空间上的。而我也和我的人物一起走过这段心灵之旅。我希望让他们能变得充实起来。我乐意知道他们在何处，来自何方。

> 如果您没在这些地方生活过，您会亲自去看看吗？

若是雷德胡克，会去。我感觉必须在雷德胡克走街串巷，这样才能和我的人物感同身受。这本书的主人公是个女人，但我的书里头一次出现了多位叙述者。

> 从《眼罩》到《一个美国人的悲哀》，您的作品发生了很大的变化。前一本是很碎片化的，而《悲哀》这本则有很强的叙事性，尽管它讲述了好几个密切相关的故事。

每次我写书的时候——当然过程永远都不会像我们事先计划好的那样进行——从某种程度上说，我都在致力于按照和以前不一样的方式去写。我们总想着要弄点新鲜玩意儿。但这并不是说某些文学困扰就不会再出现了。在我的作品中，它们总是一直存在的。其中的一个困扰就出现在从一种性别转换到另一种的过渡问题上——从男性转换到女性，抑或是反过来。这样的情况无休无止地发生着，似乎已经完完全全地成了我的困扰。我在自己这本结构复杂的新书中也提到了这点。主人公其实已经去世了。书中的一切都出自一位出版商提供的主人公日记里页面下方的那些笔记。书中夹杂着大量的采访和评论。这本书的结构十分复杂，和我以前写过的作品极不一样。这样很好，正是我所希望的。

> 但在《一个美国人的悲哀》一书中，对您父亲的回忆录的使用是否就已经是这个新方法的初次尝试了呢？

是的，确实是这样。上一次，我拿走了我父亲的回忆录——当然是在他的准许下。但这一次，一切都是虚构的。

> 让我们回到性别身份这个话题上来。因为有时候这有点儿戏，就像波顿（Burton）为了他的纺织厂而乔装自己……[《一个美国人的悲哀》中叙述者的妹妹英加（Inga）的一个害羞的恋人，他将自己乔装成女人，以便打听一位女记者的阴谋诡计。]

他属于那类能通过换装变成女人来获得性快感的人。所以，是的，是有点儿戏。但与此同时，我得提醒您，他开始毫无顾忌地做这事是在他母亲去世之后……（西瑞大笑。）我想我对性别游戏是很感兴趣的。当然在《眼罩》中要悲哀得多，因为对伊丽丝来说，服装成了一种盔甲。[年轻女孩穿着从哥哥的朋友那借来的男士服装去参加化装舞会，之后便整夜整夜地穿成这样在城市里晃荡。]以此来保护自己不被她所感受到的某种强烈的男性压迫伤害。这成了某种形式上的抵抗。

> 您的另一位女性角色，英加，说她宁愿成为一个男人，宁愿面容丑陋。这也是同样的道理……

是的，也是受到了同样的刺激。她剪了头发，给自己塑造了一个不那么女性化的自我作为逃避的方式。但我认为由于两性差异漫长的历史渊源以及男性掌权的传统，要从男人变成女人，或是从女人变成男人，确实会造成迥然不同的行为举止。这牵扯到权力的问题。比尔（Bill）在《我喜欢》里画了一张女人的肖像画，并把这幅画命名为《自画像》。对他来说，这是一次对他的女性特征的发掘。我认为人人都有男性化的一面和女性化的一面。真正的自由，是有能力在超出社会通常允许的范围更灵活地在两者之间转换。

您会有女权主义的担忧吗?

我是坚定的女权主义者。我是十四岁成为女权主义者的。那时，第二次女权主义大潮正进行得如火如荼，还出了一本女权主义作品文选辑，叫《姐妹情谊是强大的》(Sisterhood is powerful)。我还记得这本书。到现在我还能看到它。因为读过太多遍，它都散架了，不过我现在已经没这本书了。这是本白色封面的口袋书，封面上还有一个红色的女权主义标志。(她笑。)后来，我开始读凯特·米利特[1]、西蒙·波伏娃。这些都是那时对我而言很重要的作品。五六年前，我又将《第二性》[2]重温了一遍，那是这本书第一次被完整翻译成英文。在那之前出版的都是有删节且翻译糟糕的版本。我也看了一些关于女权主义的理论，比如说朱迪斯·巴特勒(Judith Butler)的，还有一些法国理论家的。我是朱丽娅·克里斯蒂娃的粉丝，她对这些问题以及符号学理论洞察入微。《恐怖的权利——论卑贱》(De l'abjection)是她最伟大的作品之一。她谈到了卑贱以及它与母性之间的关系。我对神经科学以及生理学也很关注。

《没有男人的夏天》(Un été sans les hommes)[3]，讲到了一种类似姐妹会的组织，在我看来是女权主义的。这是

---

[1] 凯特·米利特(Kate Millet, 1934-)：爱尔兰裔美国作家、教师、艺术家，激进主义女权主义者。
[2] 《第二性》(Le Deuxième Sexe)：法国思想家西蒙·波伏娃创作的社会学著作。被誉为"有史以来讨论妇女的最健全、最理智、最充满智慧的一本书"，甚至被尊为西方妇女的"圣经"。
[3] 英文书名为 The Summer Without Man。

一本鼓舞人心的书。

是的，这是一部喜剧。我的第一本喜剧！这里用到的是喜剧这个词在古时候的含义：以希望结尾的意思。这本书里有很多讽刺。

是的，还有一些处在人生中不同年龄、不同阶段的女人，她们都过着充实的生活。

即便到了一百岁也如此！我构思这本书时的意愿是不要出现男性人物。没有男性人物的踪影。鲍里斯（Boris）很重要，但只是在米娅（Mia）的脑海里，或电子邮件中。还有无姓先生（Mr. Nobody）这个奇怪的人物，他大概也完全可以是无姓女士（Mrs. Nobody），或米娅创造出来的一个对话者。我们不知道他究竟是谁。除此之外还有那些可怕的黄毛丫头。

是的，这群可怕的少女。同样的内容在您的好几本书中都出现过，女孩被团体孤立的故事。

被排斥。我在初中一年级的时候也有过这样的经历，但幸运的是，并没有持续太长时间。正是在这次经历之后我去了挪威，那里的学校棒极了，我感到非常幸福。我对小团体的各种把戏尤为感兴趣。在《没有男人的夏天》中，我用上了这一点，或者应该说米娅用它来反驳女性不具备攻击性的这个观点。这散发着纯粹雄性气息的迷人攻击性！但女性的攻击性却另有其他的表现方式，因为女性做出身体上的攻击时受到的指责要比男性受到的多得多。

是否不仅是在文学界和出版界，而且作为一名母亲来说，女人也是不一样的。

我再次觉得所有这些都和文化既定的规约有关。直到今天，比起男人，仍然是女人照顾孩子、料理家务更多，即使情况已经得到改善。可能这件事的改变是最需要时间的。女人们总是需要做出选择，但在别的体系中，她们可能本不需要做出选择。与此同时，我知道我很感谢自己的好运气，让我可以在女儿还小的时候在家，而不是在外面工作。特别是在开始的几年，这份牵挂让我可以在家陪在她身边，这些对我来说尤为重要。孩子的发展，以及我们能够给予孩子的呵护都是我很关心的问题。

在您的小说中，您描写了很多母女间极为强烈的关系。

是的，在我的这本新小说中也是，书中两位成年的孩子以他们母亲为主题进行写作。我被各种家庭关系吸引，也被在研究中被人们称为人际沟通，也就是人们与他人通过生理、社会、心理产生联系的方式而吸引。一个封闭自我、完全独立的个体只存在于幻想中。

您女儿在家的时候，我指的不是时间上，而是精神层面上，您能进行创作吗？跟现在一样不受影响吗？

我女儿上大学之后，我心中一扇情感之门就敞开了。这一点是毫无疑问的。这里指的并不是多出来的空闲时间，而是情感的空间。为了保持公正，我觉得对父亲们来说也是同样的感受，至少是对那些为孩子付出很多的父亲而言也是一样的。照顾一个孩子需要有巨大的责任心。这是最重要的。（笑。）我们不能只是生下他们，然后就让他们独自一人摸爬滚打。日常的关心、持续的关注是十分重要的。现代西方文化中一个很大的转变就是父亲和他们的孩子越来越亲近了。我读了一本进化论生物学家莎拉·布莱弗·赫迪（Sarah Blaffer Hrdy）写的书。她用理论阐述了我们祖先的进化以及养育孩子的方法。她确信以前存在她所说的"异亲"父母。换句话说，也就是孩子们是在集体中被抚养长大的。母爱当然还是会存在，只不过其他人起到了决定性的作用。我们大概会发现更多的女性异亲，但也有很多父亲和叔叔。我以前经常会想，当然这也是个很经典的问题，孩子们若不仅仅有母亲在身边的话是幸运的。苏菲（Sophie）很幸运地在两个月到八岁这一段时间都有奶妈在身边，奶妈一直和我们生活在一起，而且特别关心她。还有我的母亲，和保罗·奥斯特保罗·奥斯特的母亲。这些在小家之外展开的关系，在我们的社会中是相当重要的。

您认为自己是一名主张政治介入的作家吗？

我觉得在最近几年里，我真的开始意识到要亮明自己支持女权主义的立场的重要性了。很长一段时间里，女权主义周围存在着某种禁忌。人们在会议或阅读会结束后问我是否是女权主义者时，通常都带着一种尴尬的神情。我当然是女权主义者啦！如果说女权主义是和人类的自由联系在一起的话——我觉得它们是联系在一起的，不管对男人还是对女人来说都一样。现在，自认为是另一种性别的人群，变性人的特殊战争也加入进来了。整个讨论是在好几个层面上进行的。这些人觉得女权主义不是只有唯一一种，而有好几种。在男性研究方面也出现了很多新的项目。目标群体一直在变化。我觉得这样更好。然而，这项研究大部分都是学院派的。有时也会在大众文化中进行，但不是每次都是。

小说能起到传递这些观念的作用吗？

我认为小说是引发思考的绝佳工具。我写的所有书在一定程度上都是表达观点的书。当然也都是一个个故事。小说这种形式最棒的地方就是，它的本质是复调的。有很多小说写的都只是一个人物在一个房间里的故事，但牵扯到的其实是一群人。即使写的是一个人物的故事，通过他的回忆和思想，也会涉及其他人。

这些声音汇聚而成了冲突。这些声音也可以表达出多种观念，而不是最终达成一致。在我的新书中，就多次用到了这个手法，因为有太多不同的理解要围绕中心人物表达出来。我的人物都各自坚持自己不同的观点。他们有太多无法达成共识的事情，尤其是在女权主义这类观念上，会有不和谐的声音存在。在这方面最大的理论家是 M.M. 巴赫金[1]，俄罗斯人。他写过一本很有名的书（他写过一大堆有名的书，但这一本最有名），《对话理论》（*Le Principe dialogique*）。他将小说当作包含多种论说的一种形式。我同意这一点是因为它的适应性，小说可以引发精神思考，而学术作品却永远没法做到。但我其实写过很多文章和论文，我的下一篇作品将在一家名为《神经心理学》（*Neuropsychologie*）的报纸上发表。我喜欢这样，丰富论点，完善理论，但一旦我们发展了一个论点，即使我们希望能更精确地得到它，即使我们最终得到的是一个开放性的结论——这也正是我所希望的，因为这样更符合事实——也不符合小说的规则。我考虑过要写一篇新的论文来肯定小说的无限重要性。因为小说这种体裁受到了某种宿命的局限，至少在美国是这样的，我在《没有男人的夏天》中提到过这一点——或者更应该说米娅提到过——女人们既会读男人们写的作品也会读女人们写的作品，但男人们却不会读女人们写的作品。

果真如此吗？

千真万确。男人们，通常都不读女作家们写的小说。他们觉得这是在拉低自己的水平。这是个很有意思的现象，因为这门艺

---

[1] M.M. 巴赫金（M.M. Bakhtin，1895-1975）：苏联著名文艺学家、文艺理论家、批评家、世界知名符号学家、苏联结构主义符号学的代表人物之一。

术很早以前就被认为是女性的艺术形式了。男作家们写小说的时候，会将女性的创作形式男性化。当女人从事科学工作时，她们在进行科学操作时会变得男性化，因为在常识中，科学被看作是一项男人们的事业。这都是些对我们的认知进行思考的很好的方式，甚至是对那些我们无意识的认知。偏见总是固执的。

跟我讲讲您对神经科学的兴趣吧。

我总说自己是从十二年前开始对它产生兴趣的，但现在其实已经不止这么多年了！在很长一段时间里，甚至在我刚上大学的那几年里，我就在读神经生理学方面的书了；一些关于弗洛伊德精神分析案例的研究。之后，在我读博期间，我开始对语言学感兴趣，我读了索绪尔的作品，但也读了研究失语症的雅各布森（Jakobson）的作品。这是我开始看这个症状的相关资料的契机。这位语言学家促使我开始读一些从神经学的角度研究失语症的案例。在看到大脑研究的热度后，我决定试着学一学。我可以告诉您，刚开始学的时候，我对大脑的不同区域一无所知！我开始看一些文章，然后试着将它们理解消化。我参加了一些讲座。加入了一个由精神分析师、精神病专家、神经科学家以及一些从事人工智能研究的人组成的讨论组。我们每个月都会聚一次，二三十个人，这让我受益匪浅，得到了接触在这些领域工作的人的机会。

但您是怎么被这个讨论组接受的呢？

在出版了《颤抖女子或我的神经历史》[1]（*La Femme qui tremble–Une histoire de mes nerfs*）之后，我开始受邀去公共场合谈论这方面的问题……这么说吧，很显然，我不做研究，我没有

---

[1] 英文书名为 *The Shaking Woman or A History of My Nerves*。

实验室经验,但我能给讨论带去哲学以及文学领域的背景。现在,我对神经科学的了解已经很深入了,对这个领域很熟悉。这证明这些都是可以习得的。我们可以学习关于大脑的科学。如果我们接受的是正规的教育,我们便可以从零开始,学习大脑解剖模型,翻阅一些文章,将它们读懂。看,这就是教育。在这个领域,我是自学的。而且——当然了,这很正常——我们了解得越多,就越有评判能力。(她再一次大笑。)通常情况下,当我对某个主题有深入的了解,我就会带着极度批判的眼光去看有关它的介绍。但当我们对某件事只知皮毛,能接触到这个新知识就已经足够令我们幸福的了。我认为,不管在什么情况下,考虑事物生理性的一面都是至关重要的。

在《颤抖女子》之前很久,我们就在您的书里察觉到这种直觉了。在《眼罩》里,伊丽丝就无法摆脱身心疾病[1],无法摆脱身体的不适。此外您对身体以及性关系很重视。

我们都是肉体凡胎。我时常在想,在后结构主义理论,一个原则上属于法国的理论中,会有很多与身体有关的讨论,却没见过从生理角度来讨论身体。一位像福柯那样杰出的人用一种极聪明的方式给性爱提出了理论,我对他的研究十分欣赏……人们最终明白了他谈到的这副躯体其实就是一篇文章、一篇演讲。您知道,我们有心、肾、肺、脑。我觉得在我个人接受的教育中,是

---

[1] 身心疾病是因人的机体发生了生理变化而引发了个体心理、行为上的变化,例如老年性痴呆、经期精神紧张、更年期综合征等。这些生理变化而导致的心理、行为的变化,与当事人社会认知无关,其心理、行为的变化不受自我意识的控制调理。

缺少这种观念的。这使我成了一个想要知道更多关于所有这些机制是如何运作的人。

您也和一些精神病患者一起工作过。

太不可思议了。在三年半的时间内,我作为志愿者去教他们创意创作,开始是教青少年精神病患者,后来是成年人。这是我人生中最特别的经历。我付出了很多精力,我周二的时间全部都花在这几个班上了。我学到了很多东西,不仅仅有关于人类的,而且也有关于精神障碍的。

"嘿,来亲我一下。"她在家过夜的女儿出门了。她给我们介绍她,问她还会不会回工作室。她女儿看起来对这个问题很惊讶,回答说"不回",然后便很快出门了。

我们也同样看到,比如说,《一个美国人的悲哀》体现了对政治的热衷:背景里经常会出现时事新闻。您甚至会将那些事件发生的时间列在地缘政治事件的年代表里。同理,米兰达的女儿画的第一幅画在伊拉克被占领的那天从叙述者的门缝下面塞了进来。

这本书一部分可以算作一本关于精神创伤的书。叙述了好几代人的那些精神创伤事件:对叙述者的父亲来说是绝望和战争,对索尼娅(Sonia)[叙述者年轻的侄女,高中生]来说是"9·11",这对所有人,对所有的纽约人来说都是一次巨大的精神创伤,只不过对索尼娅来说是个更可怕的悲剧。这些素材都糅合到了作品中,因为这些历史事件引出了书中人物各自的精神创伤。这本书的一个关键点就在于埃里克明白自己受那些在他出生前就发生的事件的影响有多深。这些事件清晰地被标上了日期,记录到了时光中。《没有男人的夏天》的故事大概在任何地方都有可能发生，它就像是一个童话故事一样。我的第二本小说《莉莉道尔的魔法》（*L'Enchantement de Lily Dahl*）[1]其实也是这样。好吧，也不完全是，故事还是应该发生在一座小城市里，但结构并不受哪个特定时代的限制。

您就是在像这样的一座小城里长大的吗？

是的，在明尼苏达州北部的原野上。当时在那里生活的居民大约一千人。如今，这座城市没有没落，而是发展起来了。它以前完全就是一座小城市该有的样子，一共拥有两所可以读到本科的大学。

那这样好不好呢？

有好的一面，也有没那么好的一面。有我们刚才讲到的，集体对孩子们的关心。每当有人去世，人们都会自发地带一大堆食物，去陪伴服丧的人。这是好事。而不好的一面呢，莫过于每个人都觉得自己可以对其他任何人的事情评头论足。（她笑。）正是因为这个原因我很高兴自己可以离开。随着自身的成长，我逐渐意识到了在小城小镇生活的积极的一面。可能也是因为我变得有些感性了……不过我现在生活在纽约，不想再回到那里了！

您是何时决定成为一名作家的？

在我十三岁那年。因为我父亲在研究北欧萨迦[2]，所以我和我

---

[1] 英文书名为 *The Enchantment of Lily Dahl*。
[2] 萨迦（saga）是北欧的传说，主要包括家族和英雄传说，它基本收集在一部名为《萨迦》的集子中。"萨迦"意为"话语"，实际是一种短故事。它是十三世纪前后被冰岛和挪威人用文字记载的古代民间口传故事，包括神话和历史传奇，主要反映古代斯堪的纳维亚人战天斗地的事迹，表现氏族社会的生活、宗教信仰、精神风貌等，歌颂贵族英雄人物，有些内容还有传记、族谱和地方志的特点，对北欧和西方文学有很大影响。

的家人在冰岛度过夏天。出现了这道光线……那是一个充满魔力的夏天，因为那年夏天从没完全天黑过，很晚的时候会出现奇异的黄昏微光，虽然微弱却从未完全黯淡。而我不断地看书、看书，一本小说接一本小说地看。那个夏天，我看了我钟爱的《大卫·科波菲尔》(*David Copperfield*)。《简·爱》(*Jane Eyre*)和《大卫·科波菲尔》，这两本是我的最爱。

这一次，是准备出门的保罗·奥斯特过来跟她打声招呼。她问他去哪儿，他低声嘟囔了一声，我埋头写我的笔记。我本来也很想采访他，我很好奇作家夫妇是什么样的。但他拒绝了。她继续接受采访。

我记得我对自己说："如果一本书就是这样的，那么我也想写一本出来。我把它当作自己的责任，甚至向大家大声宣告，向我的父母，向每一位愿意理解它的人。我确信所有人都觉得我是个十足的傻子！在那之前，我想象自己会成为一名艺术家，这是我的另一个计划。我对此有几个设想，其中一个就和是男孩还是女孩有关。我完全陷入这个幻想中去了，我拿到了博士文凭，因为我猜想自己如果当作家的话赚到钱的机会大概是有限的，而我知道教师大概是一份能给我带来快乐的工作。幻想就此打住，我能够为自己做出实际的决定。而这些决定也都还是和文学有关的。但我偶尔会问自己，如果我是个男孩，如果我的父母也能容忍这个幻想，他们还会让我这么自由吗？或许就不能了吧。我觉得现在已经不像以前那样了，但不管怎么说，在我的青少年时期，确实是这样的——儿子的职业比女儿的职业要重要千万倍。讽刺地说，作为女儿的我可能得到了更多的自由。再加上我的父母一共有四个女儿，我们永远也没办法知道答案了。"

在读《悲哀》的时候，我感觉您用埃里克这个人物给自己创造了一个兄弟，也就是故事中您现实生活中的父亲、日记的主人公的儿子。

是的！就是我从来都没有过的兄弟。一部分跟性别以及变性有关的问题可能都和家里没有兄弟有关。同时，我也从以男性的口吻写作中获得了愉悦。我认为，这与男性的发言能直接展现出更大的威信有关。这并不是说我认为这样是合理的，而是现实就是这样。作为男性写作的时候有某种强大的力量。即使在以男性的口吻写了十年之后，我又绝望地想重新开始以女性的口吻写作了。就这样，我一头撞进了《没有男人的夏天》，将男人全部驱逐了！我们就是这么与自己对着干的。

回到您成为作家的这个重大决定上来。您做出了往这方面发展的职业规划，然后便开始行动了。您能跟我讲讲您第一本小说的出版是一个怎样的过程吗？

我是在1986年进行的论文答辩，之后便开始了一个故事的写作。这个故事背后的动机是"怪怖"（Unheimliche）的感觉。（看吧，她说德语了！）……弗洛伊德那篇关于"怪怖"的著名文章的法语名叫什么？

是 *Inquiétante Étrangeté* 吗？

正是，这种我在遇到某个人时产生的怪怖感。我想写一本表达这个的书，这种奇怪的感觉。我试着将它写出来，创作出了以我的名字倒过来命名的这个人物［Siri/Iris］，和曾经的我一样，是位女大学生。她的名字以 I［je］开头，也就是我。同样也表示眼睛的虹膜这个意思。我让她的名字承载着多重含义，并乐此不疲。在完成这个故事之后［在集子的第一个故事里，也就是后来的《眼罩》，叙述者要在她的磁带录音机里描述一个令人不安的男人给她的一些不起眼的物件］，这个故事在一本文学杂志上发表了，后来又再次刊登在一本名为《美国最佳短篇小说》[1]（*Les Meilleures Nouvelles américaines*）的年刊上，我知道伊丽丝的故事还没有在我手中完结。我记得这本小说是在1992年出版的。所以说我用了很长很长一段时间，可能长达一年的时间，去写每一个部分、书中的每一个短篇。事实上，我当时正在学写作，所以写得不是很快。最开始的两篇短篇小说发表在了一本杂志上，前后相隔一年，之后又再度在这本年度最佳短篇小说的文选集上刊登。当时是位女士打电话给我的。实在是太神奇了。她问我想不想要一名经纪人，我同意了。她将这本书寄给了五名出版商，其中四名都愿意要它。这是第一次很不错的反馈。我想我后来选择了能付给我最多稿酬的那位出版商。之后，各种译本接踵而来，所以说，我觉得我职业生涯的起步是非常幸运的。

评论界是怎么看待您的书的呢？

评价很好。当时正处在出版史上独特的发展时期，刊物和书评的数量都大幅增加。我想，如今，这些媒介一部分已经变成了线上网站，而我对它们的了解要少得多，这让我有些惶恐。那是一个不一样的世界。但不管世界是怎样的，是的，我都得到了一些不错的评价，而且这样的接受度也引起了国外的关注。

我想了解了解您的写作习惯。

一般来说，除了周日，我每天都会写作，周日我经常会休息

---

[1] 英文杂志名为 *The Best American Short Stories*。

一天。除非这个故事就要写完了，我真的完全投入进去了。我早上起得很早，六点多就起了。我会尽量在七点半之前进书房，这样我就能在早晨工作很长一段时间，一直工作到午后。这之后我会搁下笔，而此时最理想的状态就是用下午三四个小时的时间来阅读。

您女儿在家的时候呢？

我下午从来都没有三四个小时的时间可以用来看书，我向您保证！但我们不缺钱，也不缺用钱可以买到的舒适和便利。苏菲（Sophie）出生以后，我们找了一个给我们做帮手的人。这就很不一样了。这里没有幼儿园，想想那些在外工作，得花钱雇人照看孩子的人，花销是很大的。在法国幼儿园工作的职员都是受过教育的，他们接受过培训，知道该如何满足孩子们的需求，这对一个国家的文化来说确实是一项福祉。我觉得这是个很棒的体系。现在，这里有不少关于孩子们的学前教育的讨论，我认为不断发展学前教育十分重要，而且也不该只是把孩子寄放在那些或许很好，但完全没有接受过培训的人的家里，一些受教育程度很低的人的家里。社会应该加大对幼龄儿童的教育投入。

您写第一部小说的那六年的经济来源是什么？

我当时做过好几份工作；我翻译挪威语的东西，有段时间在一家保险公司工作过，教那些想要在岗位上更上一层楼的员工们说英语。我教他们的不是文学语言，而是英语语法。我给他们做练习，让他们熟悉隐喻和委婉用语。我很喜欢这份工作。读博期间，我在皇后大学（Université de Queens）当兼职英语老师。苏菲出生后，我就全身心投入写作了。

> 您每天会要求自己最少要写够多少字吗？

我想，一整天的话，写三页吧。但我经常都写不满一页。有时候前一天写的两三页纸第二天就被我全部抛弃了。这都不一定。有时候我会陷入写作的瓶颈期。我对写作背后的东西很感兴趣。写作的生理学因素。我相信很多作家都向您提到过这点，如果您自己也写作的话，您会发现当我们陷入瓶颈，站起身走动走动的时候，就好像我们收回了思想的绳索一样。写作是一项具有驱动性的活动。思考和驱动的过程紧密相连。我目前在思考的最重要、最有意义的问题，同时也是一篇我即将动笔写的，一篇为即将在意大利科莫举办的专题座谈会准备的文章中的问题是：为什么是这一个故事，而不是另一个？当人们在写一本小说时，理论上来说他们是完全自由的，可以想写什么就写什么。但事实上却不是这样进行的。有这样一个常会让作家们发笑，却又经常被提出的问题："您的灵感从何而来？"其实这是个很有深度的问题。故事都从何而来？它们为何会来？我认为这是在人们曾向我问过的问题中最好的问题之一。但没人对这较真。人们猜想这些灵感就这么来了，然后就有人写。有人写了一个蛇族的故事。而另一个人……写的是在通布图[1]一次远足的故事，借用了我丈夫的一个书名。我认为作家们在找寻的，是某种情感上的真实。当文本能提供真情实感，能否弄清这个故事讲的是什么就显得不那么重要了。叙述一个故事的最后一个步骤，有趣的是，这也是作家们一直在说的：句子。人人都可以写出一些佳句。还有不少作家可

---

[1] 通布图（Tombouctou）：又译为"廷巴克图""丁布各都"，位于沙漠中心一个叫作"尼日尔河之岸"的地方，距尼日尔河7公里，坐落在尼日尔河河道和萨赫勒地区陆地通道的交汇处。

以写出绝妙好句。这正是喜欢被美国人称为手艺（craft）的东西。手艺极其重要，但和一开始句子成形的方式没太大关系。这就是吸引我的那个问题。同想象力的根源一样，我认为这同样是一个极其复杂的问题。

很好。我们拿您的下一本书来作为例子吧。它是怎么诞生的呢？您是靠什么开始创作这本书的呢？

还是一样的，基本是从一个童话故事的构思发展而来的。书有中一个女人，是视觉艺术家，年纪已经不小了，工作多年，抚养两个孩子。而在某一刻，她决定用另一个身份来介绍她到那时为止尚未大获成功的作品。她联系了三个男人，让他们声称自己是她那些作品的创作者。您显然能想象到由此将会引发一系列复杂的情况。因为人类并不是一个个面具，尽管她把这个计划命名为"面具"。这是我最初的构思。后来，一系列围绕这个故事展开的想法也随之而来了。我不知道那个研究他的日记的出版商的构思是从何而来的。去年五月，我做过一个关于克尔凯郭尔[1]的讲座，当时正好是他诞辰两百周年纪念日，感觉棒极了。我从很多年以前，从青少年时期就开始读他的作品了，为了准备这次讲座，我又去重温了他的作品，还有些则是首次读到。很可能我的灵感就来源于那些克尔凯郭尔以笔名创作的作品。他以不同的身份写作，尽管全哥本哈根的人都知道那就是他。但这些以笔名创作的作品体现的讽刺和极为复杂的基调无疑给我提供了灵感。而我在文本中也提到了克尔凯郭尔，所以我并没有想要试图隐藏这个

---

[1] 索伦·克尔凯郭尔（Soren Aabye Kierkegaard, 1813-1855）：丹麦宗教哲学心理学家、诗人，存在主义哲学的创始人，后现代主义的先驱，也是现代人本心理学的先驱。

事实。我被面具、化装舞会、乔装改扮、将自己变成另一个人、多重人格深深吸引。在这本书中,我做到了通过这种幻想中的多重人格来制造自身人格的混乱。这令人着迷。

您写这本小说花了多长时间?

大概花了三年半吧。这是一本很厚的书,至少对我来说是很厚的。没厚到《战争与和平》(*Guerre et Paix*)那个程度,但也已经很厚了。我现在写书比以前速度快一点了。我看过,也写过很多随笔、很多文章,我喜欢在这些体裁之间来回转换。一般来说,在写两本小说之间我都需要休息一段时间。我需要让我小说家的头脑休息一下,想想别的事情。这个时候,我也总会去写写随笔。

您在结构上是怎么下功夫的呢?

对我来说,结构就是根本,但它是在写作的过程中逐渐构建起来的。我不属于那类会先坐下来直接列一个提纲的作家。我需要去感受它。它是完完全全人格化的。若我犯了结构上的错误,我自己会知道,因为我能感觉得到。就这么简单。我经常会将写完的部分全部再看一遍,写到哪儿就看到哪儿。如果文本太长,没法用这个方法,我也无论如何总是会往前看一部分,来感受一些书的节奏。对我而言,文本都是富有节奏感的,不管是每个句子的乐感,还是总体结构的节奏感。

您跟我说您在写第一本小说的时候,是"自学"写作的,您从来都没有上过创作班吗?

没有。很多人都上过。很多人也都有创作的导师。很多我钦佩的作家都受到过更有资历的作家的影响,但我从未有过这样的经历。我是在学术环境中成长的,我的老师们都不是小说家。我受到的影响来自那些我读过的书,而这种影响并不属于某一个人。

我并没有建立过这样的关系。

您也没有教过这样的课？

只教过很短暂的一段时间。我在哥伦比亚大学教过被大家称为大师班的课。但这课只持续了三周，我印象中，由于这门课是一周上一次，所以说一共也就上了三次。我还在纽约大学上过一两周另一种类型的大师班。在纽约州的斯基德莫尔学院（Skidmore College）也上过一周。我很少教课。但我不久后要去上一个一周上一晚的课。我喜欢上课，但是太累人了，需要从我其余的工作中分出太多的精力。我很幸运可以靠自己的版权就过得很好。很多作家去授课都是因为他们有金钱上的需求。

谁是您的第一位读者？

我的丈夫，保罗。我也是他的第一位读者。从一开始就是这样。

您会等到作品全部写完再给他看，还是说会在作品的创作过程中就先给他看一些章节？

这得看情况。他会迫不及待地让我看他的作品，还在创作期间就会拿给我看，我觉得对他而言，这是个可以听到自己的作品被大声朗读出来的方法。我在写我的前几本书的时候，写完之前，我是绝不会透露一个字的，而且最终只会拿出一份完整的手稿。但现在不是非这样不可了，我会读一些段落，如果太长的话，我会叫他自己读。不会像他那么经常，但我也会这样做。

在这种情况下，你们双方对彼此的期待是什么呢？

我觉得对作家们来说，若他们的第一位读者理解能力强，而且又是他们所信任的人，那么他们是幸运的，因为读者有时候能够证实文本中那些作家之前就察觉到了的问题。这样做很有用，可以加快进度。如果我们在作品的某一部分遇到了问题，但又说不出究竟是哪儿出了问题，就需要通过朗读来听到这些文字，而多亏了这样的分享，即使是没有其他人的参与，我们也能将那些问题找出来。我们都不是那种很喜欢干涉作者的读者。我们会提的建议大多仅限于"或许你可以去掉这个形容词"，或是"你在二十页前已经用过一次栗色了，我不确定大家是否会希望这次还是栗色的"这一类的意见。不管怎么说，评论常常是有益的。而我觉得不管是保罗还是我，都从不会忽视对方的看法。

> 您有没有在哪次阅评后全部都重写，把全书都改了？

《我喜欢》的其中一个版本。我记得保罗说："还是不对。"我从头开始将这本书一共重写了四次。过程很艰难，因为我对它应该写成什么样子有很具体的想法，我花了很长的时间才做到。这相当于一种挖掘。在同一个故事里越走越深。这样做很有用，也证实了自己了解到的东西。还有一次，我不喜欢他某个故事的结局，他就把它彻头彻尾地改掉了。没人猜得出这说的是哪本书。让另一人多读几次我们的作品是很有用的。然而通常情况下，人们都没这么做。

> 您经历过大的写作危机吗？有没有哪一刻您对自己的使命产生过怀疑，尽管或许您早就设想到您的工作中会出现这种情况？

这是一个诱惑。没有这个诱惑就没人会上钩。可能会有人相信成为艺术家就能成名、变得富有，但这很难……不管怎么说，这原本也不是我的计划。我在很早期的时候经历过一场大的写作危机。我那时在写一些诗歌，二十来岁。忽然之间，我所有的文字都让我感到恶心，看起来都那么糟糕。而这原本也是事实，我很确信它们真的很糟糕。总之，我焦虑地期望着能创作出一些好诗，能写得和那些真正的诗人们一样好，以至于我完全写不下去了。于是我将这事告诉了我的老师，诗人大卫·夏皮罗（David Shapiro）。他读了我的作品，而且看起来备受鼓舞。现在想来，这其实也是另一种形式的导师。还有其他写诗的同学，大家互相传阅诗歌，然后做出点评。大卫说过："西瑞，在我陷入瓶颈的时候，我会练习无意识写作。以超现实主义的形式。"夜里，我会坐下来，一口气写上三十页。接下来的三个月我都在修改它们，就这样，我收获了我最初的散文诗，它们比我之前创作的那些都要优秀。我对写作过程有了深刻的领悟：我们必须是自由的。我们应该被保护。我们不能老想着要去"做"文学。关键的，是迫切与自由。没有这些，我们就无法写出有可取之处的作品。有的只是窘迫的模仿。重新回到男人和女人的这个话题，我觉得对女性而言，要做出某种傲慢的姿态比对男性而言更困难。因为她们已经被训练成要保持谦逊的态度。我们已经被训练成要保持谦逊了！（她着重强调了这一点，用手敲击着椅子的扶手。）我们不会说："我将写出下一本伟大的美国小说，征服全世界。"不会这么说，而更多会说："我敢不敢为文学这座神坛奉上我卑微的献祭？"当然这都是些刻板印象，一部分男男女女是没有这些成见的。

但是，我认识很多很有天赋的年轻作家，我看到，比起他们的同行，他们表现得更加谦逊。长此以往，他们可能要为此付出代价。我并不认为这一定是个缺点。但过多的谦逊可能会削弱他们在创作中必不可少的野心和强大。应该这么想：我们写出来的都是有价值的，否则我们就无法创作了。而这要求具备被我称为"适应伟大"的心理素质——事实上我窃取了一位研究艺术家的心理分析师的说法。"伟大"在心理分析学上是一个比较负面的特质。但这位分析家说,没有适应伟大,艺术家就无法工作。他举了一位画家的例子,这位画家天赋异禀,所有人都支持他,有段时间他常说:"既然这个世界已经拥有那么多伟大的艺术家了,我还有什么可以奉献给这个世界的呢?"所以他改行做别的了。他没有这种适应伟大的能力,这样一种完全合理的姿态。实际上,真正的理性是要说:"谁会需要另一本小说呢?"但我觉得支撑那些艺术家们继续工作下去的,是对他们自身重要性的内在认识。这一点对于女性来说可能要更加复杂。最好的例子就是艾米莉·狄金森[1]。她知道自己是天才。这一点在她和希金森(Higginson)的通信中可以很清楚地看到,她给他寄去了一些诗歌。以她特别光明正大的方式,她对希金森给她的诗歌做出的那些评价回以讽刺的话语。她完全不重视他的评价,对那些诗歌一字未改!她对他的点评丝毫不在乎。她期望的,是他的认可。她希望他能领会到这点。而事实上,他也在一定程度上明白是怎么一回事。但他并没有猜到她的天赋究竟有多高。他并没认识到自己是在和一个天才打交道。他仅仅觉得这是个受过高等教育的古怪的老女人。而现在,我们拥有她了,因为她坚持住了对自身天赋的信仰。这让人分外感动。

正是如此,您知道推动您写作的动力是什么吗?

我想过很多,尤其是在现在,而我试着从想象力,以及生理、社会、心理三个方面来用理论做出解释。我认为,抛开一切理由来看,我感觉自己在写作的时候更有活力。写作是一个安全

---

[1] 艾米莉·狄金森(Emily Dickinson, 1830-1886):美国传奇女诗人,被视为二十世纪现代主义诗歌的先驱之一。

的解除抑制的斗兽场,在神经学上我们是这么称呼它的。写作能解除对自我的抑制,是我表达一切想法和情绪情感、精神情感的栖居地。

> 采访到此为止。从西瑞家离开,我们奔向地铁站,搭乘开往曼哈顿的地铁,约翰·埃德加·怀德曼(John Edgar Wideman)在那儿等着我们。

John Edgar Wideman 约翰·埃德加·怀德曼

下东区,纽约州

在电话里,约翰·埃德加·怀德曼说:"我不敢保证您来的时候已经入春了,但天气会比现在好。"他说对了:太阳在苍白的天空下闪闪发光,但当我们到达他在下东区选定的那家作为见面地点的麦当劳时,气温依然极低。我们和孩子们点汉堡的时候,吉尧姆动身前往居住区进行探查。我很容易被认出来,因为我是大厅里唯一一个"脸色苍白"的女人,后来约翰就是这么说的。他到了,个子很高,穿着一件黑色的夹克衫,戴着一顶羊毛软帽,帽檐都快遮住眉毛了,还戴着一副墨镜。我们互相做自我介绍,他用法语向孩子们打招呼,然后指了指窗外急匆匆朝我们走来的吉尧姆:"看,您丈夫来了,或者至少和您是同一类人。"为了采访,我们兵分两路。约翰选了一个更舒适的地方,途中,我们跨过人行道上脏兮兮的雪块。那是一家墨西哥餐厅,昏暗的红色大厅宽敞而安静,就像一个岩洞。他告诉我在他的孩子们还小的时候,他习惯和他们一起在国内到处旅行。

他们在车上跟疯子一样。"我们什么时候到,我们要什么时候到?我不想去。我饿了。我想尿尿。"(我对这段话深有同感……)

是的,他们总是饿。

特别是他们总想小便。

我们有辆露营车……

嗯……那这样会方便一点。我就差没在我车的地板上开一个洞了。（等菜的时候，我们聊着在各自旅途中的心得。）合作。他们还懂得了他们是集体的一分子。他们得控制自己的渴望与急躁。学会有耐心。

我的孩子们还没到这一步呢……

噢，不，这是一段漫长的学习过程。最初他们会埋怨你……我们开始做某件事，但不是每次都能知道会有怎样的后果。我们不知道我们发出的信息会被怎样看待，怎样理解。这就像我们在写一本书的时候：我们不知道人们会有什么反应。[我们讨论了玛格丽特·阿特伍德针对戴夫·艾格斯（Dave Eggers）的最新一部作品的评价，他觉得评价是经过深思熟虑的，是宽容的。然后我们的话题落在了教育上。] 这是一项特权。人们付给我钱让我做喜欢的事情：读书，谈论让我感兴趣的书。经常去见一见年轻作家大有裨益。给我提供了聆听他们的语言、发现他们的忧虑的机会，也给了我和他们交流的机会……我教研究生小说写作。在"非洲研究项目"里也有我的课，一个更具文学性的项目。我在课上会谈到不同的作家、文学时期和文学运动……再加上其他一些我自己想讲的内容。我喜欢谈论不同时期、在各大洲生活的作家：黑人作家和白人作家，非洲作家和欧洲作家。对此，我的角度是根据不同的视角来看待欧洲和非洲之间的关系。我偶尔也会写写文学评论。所有这些都结合得很好。

您会把自己定义为一名美国作家吗？

一切标签都是危险的。所有的标签都可能引起误解。年轻时，我不希望人们将我看作一名美国作家。我没觉得美国作家有那么好。我希望自己的名字能和那些文学史上最优秀的作家们放在一起：陀思妥耶夫斯基、莎士比亚、T.S.艾略特、弗吉尼亚·伍尔夫，欧洲的经典大家。我当时还只是个小毛孩，不知道自己在讲些什么。我的野心——如果我成功认出了它的话，我在大学时候的野心，就是能被归到这一群作家里。被归到美国作家的行列里对我来说是一种限制。很奇怪的是，现在的我年近期颐，在经历了种种变化后，又重新回归这个身份。我越来越多地觉得，写作，尤其是小说写作，产生了另一种不以国籍或地理来划分的群体。这是一群对语言感兴趣的人，不是因为语言可以用来说谎或卖东西，而是因为它的其他功能。作为作家，我坚持这样一个语言的世界。但值得注意的是，在这里，我把语言这个概念延伸到舞蹈、艺术，当然还有音乐……文学语言只是它的形式之一，它的表达方式之一。我感兴趣的正是它的这种传播和交流的功能。如果我还能再多活些年头，我想自己会从这一点开始重新出发：我可能会再次去关注这个致力于语言表达的群体。一群分散在世界各地，努力让同行们能得到理解，努力将爱分给他们，努力感知这个世界的人。在我看来，美国作家、非裔美国作家，这些都只是文学界的一些名头和分类，为教学提供了方便。这些分类，其实就类似于法国文学或是德国文学这样的分类。如果没有这些分类，我就不能教别人如何走近了去看，如何理解各个不同的传统。但我觉得这些分类太细了，除非再加上解释，说清楚它们其实也属于某个更广更重要的范畴，分门别类分得太专反而可能适得其反。

您认为文学，您谈到的这个世界、这个群体，有改变现实的力量吗？

我希望可以相信它有改变现实的力量。为了前后逻辑保持一致，我们俩聚在一起聊天这件事可以创造出一种互动，可以互相产生情绪上的影响。我可能会从您那里学到一些东西，也可能会惹您动怒，又或者您会惹我动怒，我们可能会因某事而笑，可能会分享某段回忆，您可能会对您的丈夫说起我，又或者，是我说："噢，我见到了那位带着孩子跨越整个美国的法国女士……"除非我完全封闭自己，沉默寡言，过于专注于自身，以至于不再努力进行交流。又或者是您。但我们每个人都出一份力，我觉得是会擦出某种火花的。然而，不论我们今天的交谈会是怎样，它有能粉碎每个人心中如基石一般存在的最根本的自私自利、愤怒与邪恶、做出可怕事情的能力吗？大概没有。尽管您说得声情并茂，但我会因为您说您是犹太人或天主教徒就改变我自己的宗教信仰吗？不会。事实上，我认为保持谦逊是件好事，在文学上也如此。但如果我只是带您去看一条像我看到的那样，在水中以某种姿势游弋的鱼，它身上的斑点让我很喜欢，因为我之前从未注意到过，那么是的，从这个微小的层面上来说，是可以发生改变的。引人注目的变化……我从很久以前就在等待更大的希望了。这已经是我最大的乐观了。您知道，我是在那个时代长大的，那时已知的文明上演了最可怕的事情：四十年代的德国、五六十年代的美国。与此同时艺术领域也很活跃，表明人类可以变得更好。但这也没能消除恐慌，没能改变国家的种族主义。

另外，还有一件一直以来都让我很好奇的事情。在美国上了几年大学后，二十二岁的我去了牛津大学攻读十八世纪文学。我痴迷于英国的文化和历史。我当时求知若渴，在英国，以及在欧洲各地（特别是法国）游历的过程中学到了很多东西。我选择十八世纪文学的一个很重要的原因是我对十八世纪文学一无所知，我没有读过这个时期的作者们写的书，这是一个我从未涉足过的领域。直到在牛津的第二年我才听到"奴役"这个词。而我原以为这个词会在十八世纪的深入研究中遇到。其实牛津还是有一批专家学者对奴隶制和工业革命的关联感兴趣的，一些共产主义历史学家，只不过我得自己去找到他们。在不同的学科之间会存在一些不同步，这时候就需要每个人自己去建立它们之间的联系。在我的整个求学期间，自然没人让我去研究非裔美国作家。在有些课上会讲到不少非裔美国作家，但没人叫我去上这些课，没人告诉过我或许能在这些课上找到让自己有认同感的东西。我的全部人生，以及滋养我长大的文化，在大众眼中都是边缘化的，不是美国伟大传统的一部分。这不重要。如果您对此有所了解，当然更好，如果不了解，那也无所谓。我就是在这样的精神状态中完成了我的学业。在美国，我前面几年的大学生活是在一间相对比较普通的大学度过的。当时全校一共约三千名学生。在这三千名学生中，有七名黑人，其中两名是女生。您设想一下自己经常去一所位于郊区的大学。设想一下它在巴黎的外围，在一个所有人都说阿拉伯语的街区。那里有成群的非洲孩子。您是校园里仅有的两个白人面孔之一。而且您还是金发碧眼，这样就更显眼了。尽管大家会尽量让您感觉自在，您也依然会觉得自己是不一样的。所以您看，对我来说，在自己的祖国上大学是这样的感觉。我生活的那个街区……事实上我在两个不同的街区生活过。有一个街区被合并了，就像二十世纪经常发生的那样。在这个位于匹兹堡的叫作"谢迪赛德"的中产阶级街区，我住的那条街上生活着十来户黑人家庭，组成了一个有色人种的小群体。但若我离开这一块区域，走在这个街区的其他地方时，路上遇到的就都是白人。我确切地知道其他有色人种都分布在哪里。您看，这就是我的世界之一。我之所以会住在这里，是因为我的父母想我上好高中，而在黑人聚居的街区是没有好高中的。我父亲当时有份还不错的工作。为了能保证我们可以上学，他一直同时打好几份工。他几乎一直都在当服务员，但也在造船厂工作过。

再就是霍姆伍德区，住在这里的几乎全是非裔美国人，每年我都会和我的祖母在那里过夏天。霍姆伍德生活着一小群穷困潦倒的意大利人，但我有可能在外晃荡一整天都遇不上一个白种人，除非是去杂货店，因为那里的店主不招黑人店员。所以说，我的夏天都是在那里过的，也是在那里，在街上我学会了打篮球。后来，我进了高中。我是幸运的，在哪儿都有朋友，擅长体育运动让我有机会接触到各个阶层的人。对部分人来说，成为一名优秀的篮球运动员是件了不起的事儿，而且也给我带来了魅力和便利。我还是个好学生，是被归到好学生群里的，而在这群好学生里几乎没有非裔学生。不过，课间的时候我总是会去找我的小伙伴们。我的高中生活是幸福的。我有意识地在描述一个一分为二的世界，但在那时事实就是如此，看起来很正常，我也还没开始对这些既定的秩序提出质疑。这种种族隔离会有一些让我不舒服的地方，但我基本上觉得这是正常的。我觉得世界一贯如此，以后大概也仍会这样下去。我不想夸大事实。这个世界不会让我害怕。事实上，我反而因此变得具备了很强的竞争力。而且，作为运动员来说，我本就已经有很强的竞争力了。而且我还可以借此机会向自己证明些什么。人们可以观察、发现我的某一面，但如果他们有机会更好地了解我，和我互动的话，他们会发现我并不完全是，或者说并不只是他们第一印象中的那样：那种刻板印象。在外表下面，还隐藏着别的东西。这便是我在那个年代的生存方式，而且我觉得在那之后并没有发生太多变化。然后，我去了宾夕法尼亚大学，在那里，我刻苦学习，还加入了一支篮球队，多年里我都是这支队伍中唯一的非裔美国球员。和我住在一起的那群人都是白人，我和他们度过了一段非常美好的时光，而且我和他们中的大多数人直到现在都仍会见面。虽然不如我所期望的那样频繁碰面，但每隔一段时间总会见见。他们都是我的兄弟。这种运动的亚文化让我在大学不至于太孤单。但我时常需要离开校园，到黑人区去散散步。仅仅是行走穿梭于其他黑人面孔中,让我能在某段时间忘掉自己的肤色,看看那些让我觉得很自在的姑娘,见见那些让我感到很惬意的场景。当时,异族情侣在人们眼中仍是相当奇怪的。如果你的男朋友或者女朋友与你的肤色不一样,那你就得非常小心谨慎了,不能想去哪儿就去哪儿。所以我算是那个比较幸运的年轻人了,但也还是压抑着无尽的激情与怒火,在内心咆哮着。

您热衷于政治吗?

噢,没有。政治介入、政治手腕,在我们生活的这个世界中对大多数人来说仍处在萌芽阶段。总是有部分聪明的非洲人,或印第安人,或白人能懂种族隔离,懂殖民主义,我们可以就这个问题展开一场交流、一场对话,时间距现在越远越好:奴隶制时代、古罗马时代……但我成长环境中的意识水平,平均的意识水平,都只是最基本的。而我又很忙,没时间去寻找答案。我一心一意扑在了自己的创作、研究和学习上。

您是何时决定成为一名作家的?

今天早上。当我起床然后开始写作的时候。作家就是写作的人。切斯特·海姆斯[1]说过:"战士战斗,作家写作。"如果我今天早上没写作,那我就不是一名作家,而只是一个想写作的人。不管我以前写过多少本书,如果我停笔了,我就不再是一名作家了。不过这不是您问我的问题……要回答您的问题,我觉得我较早开始就认为自己是一名作家了,上大学之前很早就开始这么认

---

[1] 切斯特·海姆斯(Chester Himes,1909-1989):著名黑人侦探小说家,生于美国密苏里州的杰斐逊城。

为了，因为从小学起我的老师们就鼓励我写作。我那时很喜欢讲故事，而且当时就已经喜欢写作了。大家都鼓励我走这条路。于是，在我的小脑袋里，我开始不再只是把自己当作语言的接受者，而是在想着自己或许也可以对语言作出些许贡献。直到大二还是大三的时候我才正式有了成为作家的计划。我报名参加了一些写作课，我和做讲座的作家们讨论。有作家来学校讲课时，我总会去听。我开始创作一些小短文、诗歌、故事，我把它们拿给身边我可以找到的作家们看。然后，我决定去英国继续我想成为作家的热望。我曾是穷人家的小孩，我看到过自己的父亲同时打好几份工来支撑这个家，我自己也一直都在打工，我不希望自己陷在贫困中。所以我必须好好打算。如果能获得牛津的文凭，我就有可能得到一份让我自由写作的工作。就这样，我决定成为一名作家：我做了选择，我面临的人生选择中就有这个选项。

您和您的家人说起过这个决定吗？

没有，不算说过。这不是个秘密，但我没有和我的父母提过我做的那些决定。他们没上过学，对这一行不了解，也不知道我具体在做些什么。对他们来说这些都还是比较神秘的。他们对我感到满意，也为我骄傲，但他们不太知道要怎么表达他们的想法。我是我们大家族中第一个上大学的家庭成员。他们都很高兴。我在获得了牛津的奖学金后开始小有名气，这是这项奖学金五十年来第一次发给一位美国学生。报纸上出现了一些关于我的文章，我从中透露了我想要写作的意愿，我的父母就这样知晓了我的想法。

他们热爱阅读吗？

他们俩都不是多么了不起的读者，但他们都很喜欢读书。我母亲在一家小店工作，这家小店集书店和图书馆于一身，大部分顾客都是过去借情感小说打发时间的。我的父亲喜欢看西部小说，比如赞恩·格雷（Zane Grey）这种类型的。我的母亲会根据畅销书单里的书目来看书，会看当时成功的女性文学作品。他们俩那时都是我母亲工作的那家书店的顾客。他俩也会一起讨论看过的书。尽管我记不得家里曾有过真正的文学上的讨论，但他们是能表达出在读过这些书以后他们有什么观点和想法的。我觉得我父亲看书是为了能尽快入睡。我还记得他陷在宽大的扶手椅中，鼻梁上架着眼镜，书盖在肚子上（他在装睡）。他在"二战"期间曾是一名军人。所以他享有退伍军人安置法案提供的保障金（GI Bill），也就是说政府要为他支付一次接受教育的费用。他想当牙医，我对他在开始的几节课拿回来的那些书印象深刻。一些用拉丁文写的书，也吸引了我。书的封面上有希腊士兵和身着托加长袍的罗马人。我很喜欢这个封面。那时候，比起西部小说，他能读更多的牙科类书籍。但他同时也是五个孩子的父亲。他每天回到家的时候已经精疲力竭了。工作再加上为了成为牙医要上的那些课，对一位子女众多的年轻父亲来说，压力太大了。他没能坚持住。这是个很特别的男人，而且显然要比大多数男人更有智慧。他能力颇高，很讨人喜欢，而且我后来发现他也很受女人欢迎。不过这也是一个遇到了看不见的障碍的人的绝佳范例。没有任何办法可以克服这道障碍，完全没有，他甚至都没有真正去尝试过。如果再坚持久一点，他可能会疯掉吧。从某种程度上说，事实就是如此。他需要逃离这种无力感。我小时候并不怎么了解他。他总是不在家，毫不停歇地在工作。直到我们俩年岁渐长，我才开始去了解他。我想，他觉得我的年纪也差不多了，可以和我分享一些他的经历了。我对他维护自尊的方式，以及他所做到的所有事情都印象深刻，尽管……一天，他告诉我他为我感到骄傲，骄傲于我不让自己陷入痛苦的方法。他的这席话曾让我激动不已。对我来说，那是美妙的一刻。首先是因为，我就这样被认可了。而且，他也不仅仅在说我，他说的是我们两个人。虽然他很擅长社交，但他是一个孤独到骨子里的男人。他需要躲进自己的内心世界，来逃离所有这一切，所以他坚决维护这块领土。我在我的《一份关于父与子、种族与社会的沉思》（*Fatheralong: A Meditation on Fathers and Sons, Race and Society*）这本书中写到过这个主题。

不过这本书好像还没翻译成法语？

让我跟您讲几件事吧：在某个时期我开始对自己的家族故事感兴趣。我原本只知晓一些片段，而那时我开始借助我的学识和才能系统地进行了解。我做了一些深入调查。其中有一次，我带着我父亲去了南卡罗来纳州的一座城市，在去北方之前，我的家族原本是在那里生活的。我祖父是家族里第一个离开南方的成员。我父亲那时年岁已高，开始变得神志不清，深受阿尔茨海默病的折磨。几年后，他在医院病逝。他有时就像孩子一样。一天，我们在一座城市的市政图书馆里，我在那里寻找线索。因为这座图书馆里有我的书。所以那里的人认识我，很热情地接待了我。我父亲见到这一幕，他就像疯了一样，激动不安。一位白人历史学家过来帮我一起查找档案卷宗。他带来了一些装满各种资料的盒子，其中一些盒子从来都没有打开过。在一份记载里，我们第一次看到我们家族的姓氏被提及，提到我的一位祖先出售了一家农场。不久后，在另一个盒子里，我再次见到了我们家族的姓氏：一张纸上提到了我曾曾曾祖父的那笔买卖，价值四十五美元。百感交集，非常激动，我的手上拿着先人交易的发票。我的情绪没什么不能掌控的，但对我父亲来说，感受就太强烈了。他从那里走开，看着他的周围，然后说："这是属于我的，这是我的。"他看着那位研究员，对他说："这是我的。应该把它还给我。"我们很难让他平静下来，在那里，在市政厅的台阶上。他不断重复着："我看到了那本书，书里头写了，这一切都是属于我的。"（片刻的沉寂。我们将注意力放在食物上。有人放起了音乐，那一刻过去了。）

> 通过您不同的著作，您重新定义了自传的概念。深入挖掘您的个人故事，您讲述的是非裔美国人的故事。您研究集体记忆。这是否也是一项下意识的计划？

这是一个过程。我知道自己想要了解更多关于我自己的和我家族的历史。在做这些了解的过程中，我收获颇丰。事件、日期，特别是我发现了这个调查方法会牵扯出的其他问题。我在官方的记载里发现了我的民族的缺席，发现了一些和我一样的人。于是我开始提出一些问题。为什么是这样的？以后也会一直像这样进行下去吗？到我儿子那时也一样吗？他将要一切从零重新来过吗？他会不会经历这样的孤独，会不会有这种和其他人没多大关系的感觉，会不会觉得被边缘化了？所以说，在了解的过程中让一些问题浮出水面，而且规模越来越大，就像我们朝平静的湖面扔了一块石头，不可避免地会激起一圈圈涟漪。而我一直都有所收获。这不仅是一次个人调查，同时也是一个集体现象，所以要求就更高，也更有调查的必要性了。我是在六十年代末着手进行调查的。与此同时，在美国的其他地方，另一些人也在做着同样的事，还有其他作家、其他人在此前就做过这件事了。于是我意识到这次活动将我和有色人种以及在世界其他地方的非洲侨民联系在了一起。比如这位弗朗茨·法农[1]，他使用的方法就和我的不一

---

[1] 弗朗茨·法农（Frantz Fanon，1925-1961）：法国马提尼克作家、散文家、心理分析学家、革命家。二十世纪研究非殖民化和殖民主义的精神病理学具影响力的思想家之一。

样，但他的发现却和我的很相似。我对政治、审美、文学、社会的敏感相辅相成，相互促进。直到今天我也仍是这样进行的。我对自己的方法以及它的影响的意义所在有了更好的了解。但从某种程度上说，它一直都处在不断完善的过程中，既令人兴奋，又使人压抑。我的每一个进步，向前迈出的每一步，都离不开众多和我一起付出努力的人。但也总还是会有后退，会有重新倒退回老一套思考方式的时候。这个国家是建立在黑人和白人的基础上的，到现在也一直如此。想到感化体系的时候，我们很清楚地知道其实这是奴隶制的另一个名称。[约翰·埃德加·怀德曼有一个儿子在未成年的时候就以谋杀的罪名被判处了二十五年的监禁。他的一个兄弟也服刑了很长一段时间。他花了不少笔墨来写这件事，尤其是在他那本出色的《兄弟与看护人》[1]（*Suis je le gardien de mon frère？*）里。]一旦有了这个想法，我们就感觉自己陷入了绝望的挣扎。而我的文学计划呢，有时我也不知道它有没有起到什么推动作用。所以最终，一方面，我们取得了惊人的成功；另一方面，却总有一些事情的发生，让我们觉得一切又开始走回头路了。

我有三个孩子，他们是一个黑皮肤的男人和一个白皮肤的女人爱的结晶，他们都是在爱的抚养中长大的孩子。我很为他们骄傲，他们都非常有天赋，现在他们都扛起了自己的家庭，带来了新的文化风潮。而这些在五十年前根本不可能发生。

作为异族夫妻，你们有没有遭遇过种族主义？

我们曾疯狂地让自己不要一直去想自己的特殊之处。必须得时刻考虑到这一点，依照这个，我们来选择可以生活的地方，选择

---

[1] 英文书名为 *Brothers and Keepers*。

会去喝上一杯的地方。在介绍双方家庭的时候必须讲究方式方法，幸运的是，我们双方的家人都很宽厚，所以事情进展得很顺利。我是受幸运女神眷顾的。两个家庭都接受了我们，他们都表现得开放而宽容。我妻子的父亲是犹太人，但他娶了一位来自南部长老派家庭的女人做妻子。在那时，这已经是十分具有颠覆性的行为了，宗教问题可是大问题。仇视犹太人的传统风气在美国十分强盛。而我在匹兹堡的家族，从一开始就是一个混杂的家族。我曾祖母的丈夫是德国人。所以我的祖母是非裔美国人和德国人生下的混血儿。她的肤色和您一样，绿眼睛，光滑的头发。我的祖父，来自南卡罗来纳州，和我们一样是黑皮肤。异族夫妻的生活是有趣的、令人兴奋的，但也可能成为彻头彻尾的大麻烦。这样的婚姻会不停地引出自我意识。我们尤其可以想象一下六十年代穿越整个国土旅行的场景。我们会为应该选择哪一家汽车旅馆而苦恼。它们或许不会拒绝接待我们，却有可能给我们提供很差劲的招待，谁会想要去住这样的旅馆呢？谁会想要感觉到自己是不受欢迎的呢？

您选择了在怀俄明州安顿下来。

我当上了宾夕法尼亚大学的教授，休了一年假。我清楚自己想去别处。我有一群在牛津结识的挚友，他们生活在怀俄明州，在大学的英语系教书。他们为我找到了一份小差事，一份几个月的无足轻重的短工，可以让我思考接下来想去哪儿。而最终，我们留了下来。

在您的作品中，您经常提到口头传统，尤其是像"Les douzaines"[1]这样的非裔美国人的传统，这种孩子们玩的

---

[1] "Les douzaines"：The Dozens，美国的一种对骂、骂仗的游戏。

骂仗的游戏。无数种声音互相呼应，编织出您的故事。这是从哪儿来的呢？

我们接下来会谈到我的这些声音都是从哪儿来的，但我首先想说我从很久以前开始就是一名很贪婪的读者了。我对自己看过的书记得很清楚。不仅仅是对其中的信息记得很清楚，而且连书中用到的语言都记得很清楚，我记得那些在我耳边唱出的歌谣是如何唱出的。有时候我能记住弥尔顿[1]、莎士比亚整行整行的文字（整段整段的话，真的）。在某个时期，我应该可以背给您听的。我还记得我们回忆音乐的方式。所以说，我有自己教自己写作的这个习惯，但是以一种很特别的方式：戴上兴趣的有色眼镜去感受不同的声音，比如福克纳捕捉到的放在他作品中的声音。我的另一养料来自我成长的社会和历史状况。我小时候会去"理发店"（barber shop）听人们讲故事。稍微长大一点后，我开始去篮球场，有运动的场地，有围观的人。围观的不是群众，而是在那里训练的人、等着接替我们上场的运动员、赌哪边会赢的人、皮条客、没什么其他更好的事可做的人。周末的时候，人一般都很多。观众们谈论着场上的战况，"你看到这个了吗？"等等。那是一个大合唱。大合唱有一种特殊的音乐。人们不仅会对那时正在进行的比赛议论一番，还会讲讲在五十、二十年前打的比赛的故事。我热衷于听这些故事。有一次，我甚至听到有人在谈论我打的球赛：而我当时正好就站在这个滔滔不绝的人后面，他完全不知道他口中议论的对象就是我。

就是在这样的环境下我从口头传统中汲取了养分。事实上还

---

[1] 约翰·弥尔顿（John Milton, 1608-1674）：英国诗人、政论家，民主斗士，英国文学史上伟大的六大诗人之一。

有仗骂的游戏。人们为赢得空间、时间和关注而互相竞争。所有人都想成为讲故事的那个人,讲出最精彩的故事的那个人。我多数时候都是在听故事,我对这些故事毫无抵抗力,但有时我也会受到挑衅。比如当我从大学回来的时候,已经有了篮球冠军的名声,但我那时已经搬离那个街区了……很显然会有人来挑衅我。一天,我在看一场比赛的时候,说了"防守"(défense)这个词。(他发的是 di-fense 这个音。)一个坐我旁边的家伙面带挖苦地对我说:"我敢打赌你在那儿,在你的学校不是这么说的。"他针对我的口音,暗示我有两种声音,根据不同的场合进行转换。当然,他说的是事实,我有不同的话语体系。就像您或者其他任何人一样。但之所以在我身上会这么明显,是因为本土非裔美国人是很特殊的一群人,靠阶层和地理位置来划分。对所有语言,但尤其是对非裔美国人的语言来说有一个不变的事实,那就是这门语言是能意识到它自己的存在的。非裔美语总是遵循着这个它施加在自己身上的评判方法。这是它文化之根的一部分,和历史有关。它审视自己、接受考验,就像个人可能做的那样。这门语言可以穿过时间长河,将它已经过时的古老词汇搬到今天的英语中去。它成功地将 Spook 这类词语带入日常会话。[Spook 意为"幽灵",现在是一个嘻哈音乐组合的名称。]因此我把时间耗在篮球场、所有的这些对话或是台球桌旁,即使我对游戏本身并没有什么兴趣。所有的这些场所都加深了我对男人们的语言的了解。但我跟女人们也很亲近,和我的母亲、祖母。我在祖母家住了好几年,因为我的父母分居了,而我们又没有别的地方可以去,所以便投靠了祖母:我们当时一贫如洗,父母没办法把我们留在家里和他们住一起,所以夏天的时候就经常把我们寄养在这个或那个亲戚家,偶尔也会托付一整年。我喜欢霍姆伍德。在那里,我有各种各样能让自己放松下来的方式,我喜欢和我的祖母一起在那里虚度时光。我很爱我的祖母。她一度病重，祖父的去世使她深受打击，直至卧病在床。好几个夏天，都是我在照顾她。对我来说能照顾她是件好事，因为这让我觉得自己是有用的，在她不需要我的时候我也可以出去打球。而我正是靠这项运动进的大学。

所以说，我听过的女人的故事和看过的书、听过的男人们的口舌之争一样多。女人们的故事和男人们的故事很不一样。我第一次读《托拉》(Torah)犹太律法的时候就被吸引住了：在希伯来的乡村，每个故事都是有性别的，要么是男性的，要么是女性的。女性的故事可以强大、暴力、野蛮到让人难以置信，甚至连她们在厨房准备食物的时候也一样。而男性的故事则是关于战争和法术的。发现故事是有性别的之后，我告诉自己："这就对了。"很少有作品写到非裔美国人民的民间传说，但是通过系统的分析，我开始对自己的过去有了了解。我本不该将我成长过程中听到的一切传闻都称为"民间传说"，但它就是这样的。您看，您在我的书中听到的那些声音就是这么来的。

让我们来聊聊您的祖母弗里达（Frida）吧，一个在您的多本书中都出现过的人物。

我小时候就跟她很亲。她是一个会讲故事的人。这也正是她吸引我的原因之一，这是个既会找我聊天，也会听我倾诉的人。男人们在家不会像她这样那么多话。我的祖父也会和我聊天，但他在我还没满十二岁的时候就过世了。弗里达，在受到我祖父去世的打击之后就不再开口说话了。她并没有丧失智力，却没法再发出一个字。只能发出些奇特、古怪的声音。我们的交流方式发生了巨大的变化，变成了一种不依靠语言，而依靠动作、眼神和一些声音来进行的交流。没有词汇，就像音乐一样。很有魅力，是另一种对话的方式。我的叔叔也有一位完全不能说话的朋友，布拉特（Brother）。[布拉特·塔特（Brother Tate）是《藏身之处》[1]（*Où se cacher*）这本书里一个很精彩的人物。]他其实是能说话的，但他却不愿意说。他用一些声音和手势来交流，却不用词语。因此，在我的书里，很多东西都不靠语言来表达，或是超出了语言的范畴。我试图抓住沉默。这是我作品中语言，特别是非裔美国人使用的语言中一个重要的构成部分。不把事情说出来。如果你是个奴隶，被你的主人羞辱了，你也仍有沉默的自由，这份沉默可能蕴藏着多重含义。这样的沉默正是我所寻找的。沉默多种多样，它们承载着重负、活力和雄辩。我一直为它们着迷。如果您是一位非裔美国人，您也该成为沉默的主人。

您能给我讲讲您第一次出书的经历吗？

我当时还是在宾夕法尼亚大学教了一两年书的青年教师，二十六七岁。我的出版商是哈考特出版社（Harcourt）的希拉姆·海顿（Hiram Haydn）。给他寄去手稿之后我和他在纽约见面了。在那里我才知道出版社已经接受了我的作品，并且给我提供了一份七百五十美元的合同。对我来说，这七百五十美元就相当于七百万美元。我本来甚至准备要倒贴钱出版的……所以我欣喜若狂，再加上又是与他合作，我就更开心了，因为我很尊敬他，这是一位相当出色的出版商。所有人都认识他，而且这家出版社也很有地位。

他是怎么选中您的呢？

我只给他一个人寄了我的手稿。实际上，五十年代是我在美国的辉煌时期，我在《展望周刊》（*Look*）——当时影响力最大

---

[1] 英文书名为 *Hiding Place*。

的杂志——上发表了一篇文章。希拉姆读了这篇文章,他儿子也读了。他儿子对他说:"你不断谈论过去的那些黑人作家。若你现在出版一些他们的作品呢?这家伙说他热爱写作。为什么你不能出版他的作品呢?"希拉姆接受了挑战。他给我写了一封信,信上说:"亲爱的怀德曼先生,如若您有任何写作计划,我都将会很高兴能有机会拜读它们。"基于这封信,我去华盛顿特区和他见了一面。在第一次的会面中,他表现得十分和善。几年后,当我完成我的第一本书时,我把书寄给了他,并去纽约见了他。我察觉到他是位很有影响力的出版商,并且对像我这样还什么也不是的作家很有兴趣,所以我得抓住这样的机会。而我也的确成功了。

您写这第一本书花了多长时间?

嗯……在牛津的时候就已经开始写了,那时候就已经写了一些片段,其中一些是关于英国和欧洲的,另一些则是关于家和匹兹堡的。但最后,大部分都没有写完。在四五年时间里,我都是在写这些东西,因此我的稿纸堆积如山。最后,我心里寻思是不是可以尝试用这些积累写出点什么,它们是不是就是写一本书现成的素材。因为对当时的我来说,带着一个构思从无开始,从头写起,几乎是不可能的。我看了看自己已有的内容。一堆关于匹兹堡的故事,一堆关于大学、关于我上过课的老师的故事。我开始在现有内容的基础上进行创作,并最终写出了一本书。整个过程一共持续了六七年。这本书就是《匆匆一瞥》(*A Glance Away*),讲的是一个从监狱出来的吸毒者,为过上体面的生活而挣扎,经历了种种诱惑。他遇到了一位大学老师,是同性恋。我用这个故事来讲述这两个世界的碰撞,我的两个世界:大学和街区。

双胎妊娠、二元论的主题在您的作品中经常出现。

这是谈论个体独特的多样化的一种方式，而且我们对自我的认识总是要靠设想一个我们不喜欢，或是想要成为的自我来完成。这是拉康[1]说的。对人类来说，这是一种很自然的行为。创造自我，就是运用他性，这种他性是跟"我"维系在一起的，就像双胞胎通过基因紧密相连一样。我们每次在写一本书的时候，都想象有一个自己在写这本书。这和写作的观念是完全联系在一起的。一个男人如何弄懂一个女人，通过什么途径？就是通过外判和否定。女人就是非我，是一个"不像我的人"。但如果我再靠近一点看她，她就成了我想要变成的，或是不想变成的那个人。双胞胎让人觉得和谐融洽，但他们再相像，也会有各自的个性，会产生对立，会存在隔阂。他们也是神秘的。当我们看到一模一样的人，我们会眨眨眼，会觉得这是个幻觉。

您是怎么工作的呢？

我每天都会工作。周末和假期也不例外。比起工作日，我在这些日子更容易找到写作的头绪。

即便是在孩子们小的时候也如此吗？

就因为这样，我经常很早就开始写作。在大家都还没在我身边出现之前写作。我会早早起床，以便能在家人醒来之前写上两三个小时。早上写四五个小时。今天已经没必要再写了，但我早就养成这个习惯了，所以我会一直继续下去。

总不至于五点就起床吧？

---

[1] 雅克·拉康（Jaques Lacan, 1901-1981）：法国作家、学者、精神分析学家。

有时候会。我越来越有文化了，但还不至于这么用功。比如说，我每年都会在法国待四个月，在那里的时候，我就起得很早，但我没在那里教书，也没在那里有任何任职。而且年龄越大，我就越会利用自己的时间。我的精力更集中了。我需要先把这件事情做好，这样其余的事情就更容易安排了。我一直都是这么安排的，甚至在我毕业前就是这样了，我从不选在11点之前上的课。我很早起床，起来写作、看书、思考。然后去上课，下课了去打球，晚上再出门，日复一日。但我的新的一天必须从写作开始……

您会规定自己每天必须写多少个字或多少页吗？

不会。很长一段时间里，我都有写一些日记，而且经常有做笔记的习惯。写的东西不能完全算是回忆录，更多的是关于小说的一些构思、对我阅读的一些书的感想。所有这些都保存在哈佛的档案馆里了。反正大部分都在那里，因为我还没有全部给他们。我说这些是为了强调并不只是存在一种写作形式。而我每天都在进行这类写作，再加上另一本单独的手稿。我也会写一些学术类、专业类的东西。看看书，做做讲座，准备准备。总有很多要写的东西。但我不怎么写信。写作太难了，我没时间通信。

写作难吗？

噢，难的。

但写作也是件快乐的事？

写作很难，但不管怎么说，也是快乐的。我对能有这样一种消磨时光的方式心存感激。当我环顾四周，我意识到自己拥有了一件能让我有动力早起、让我想要为之付出的东西。不过我为写作付出了很多，所以作为回报，它给我带来些许快乐也是应该的。

您付出了什么？

我的时间和精力。在我生命中占据了一个位置。我投入了。我在写作上寄托了某种满怀期望的想法，就有点像在一个孩子身上寄托的那种期望。我们为小孩付出的时候并没有期待能得到什么回报，我们不求回报地付出。这是一种馈赠。但如果孩子不接受，我们会很失望。我们没想过让他说一声"谢谢"，也没想过让他成为美国总统或世界银行行长，但我们仍有所期待。我不认为人是没有私心的。

您为什么会写作呢？

为了我刚刚提到的那个原因。我觉得这是一种有效的情感投资。我觉得写作能加深我对世界、对自己的了解，能带给我全新的认识，也能检验和分享这些认识，这个过程就像在和一个人说话、跳舞或做爱一样。

您用什么写作？

我不打字。我手写。然后让别人去打。不过我讨了点巧，好多年里我的手稿都是我妻子在打。再加上我是大学老师，所以很容易就能找到一个打字的人。但我更倾向于让那些我信任的人来打，我对他们很友善，他们也能认真对待我的作品，我们之间建立了私人关系。如果我没有这些给我提供帮助的人，我可能就远远没这么高产，而且会遇到更多困难。

您的第一个读者是谁？

从严格意义上来说，我是没有第一个读者的。我自己就是我的作品的第一个读者。以前我的第一个读者是我的出版商希拉姆·海地，那是他仍在世的时候，作为读者，他十分出色。但那之后我就没那么幸运了，我没能再遇到另一位能和我建立这种关系的出版商。其中一些还是这个圈子里鼎鼎大名的人物，我这么说大概会伤很多人的心，但事实就是这样。在这个圈子里，第一个读我作品的人是我的经纪人，我是相信他的判断的。但他有他的利益考量。随着时间的推移，我们成了朋友。我记得将手稿寄给了我的好几位出版商，收到了大段的点评和建议，我回想起自己坐下来和他们一起探讨一些有用的东西，但我再也没有感受到过希拉姆和我的作品之间的那种亲近、那种交流和那种承诺了。于是我明白我不需要有人来帮我一把了。很多年以来我都缺一个第一读者了，但我也就这么写下去了。我完全信任那些和我的作品有关的人。他们有要完成的工作，有他们自己的利益考量，所以渐渐地，我明白了，在出版业，每个人都有各自要面对的压力，而这些压力并不都符合我的利益：职责所在、销售额、规定的行数……金钱利益凌驾于出版利益之上。我参与了所有这一切。我工作、写书、积累了一定的读者量，于是我决定自己出版我的最新作品。我对超短篇小故事很感兴趣。我以前写过几篇，在一些杂志上发表过，也取得了一定的成功。当时，我的儿子在一家自出版平台工作，我将书寄给了他。出版业在改变。所以我琢磨着自出版或许是出些廉价书籍的简便的途径，但事情进展不顺。比如说《纽约时报》没有为这本书写专栏文章，因为他们有规定不能评论自出版作品。在书店也有难处，他们进了书之后，就算卖不掉也不能退货。所以进这类书是有风险的。最终，这本书得到的关注也还算合理，但以我的经验来看，本应更多："啊，他是有出版社的，但却自己出书了，他为什么要这么做呢？等等。"甚至那些主流的报纸也更多是从这个角度，而不是从文学评论的角度来谈论这本书。所以说这是一次失败的经历。但我还会卷土重来的。这个产业已经发生了变化,我对它更了解了,野心也没那么大了。《老派,新派……》(*Old school, new school...*)

您会看那些评论您的作品的文章吗?

如果文章说的是好话我会很快地扫一遍,如果说的是不好的话我会认真地看一遍。

您会做出回应吗?

我很多时候都想表达自己的感激之情,很遗憾我没有这么做,因为我给自己定下了永远都不要回复的规定。如果那时就有电子邮件的话,我或许会花点时间去回复那些深入阅读过我的作品的人。但这又涉及我的通信问题了,我以前不是一位合格的书简作家,而现在我对此感到遗憾。

您是否经历过写作危机?

我日记中的某一页反映了作家们有时会遇到的一种危机。我一直都喜欢画画。那是一张风景画,画里我坐在缅因州的一座浮桥上。我当时是那么沮丧,好多个日子里我都是一大早就起来写作,却写不出一丁点儿有价值的东西。没有选择跳湖淹死自己,我告诉自己:"既然你喜欢画画,那就画画吧。"这就是我的做法。那是我遇到的唯一一次重大的写作危机,而我就是这样克服的。

操着一口拉丁美洲口音的年轻老板邀请我们去听一场在周日举行的爵士三重奏演唱会。(之后,他悄悄问我怎么拼写约翰的姓:他知道他是一位著名作家,却不知道他究竟是谁。）不过约翰已经邀请了一帮朋友去看"超级碗"[1]，而且答应了要做饭给他们吃。他是这么介绍我的："这位女士带着她的四个孩子环游美国。太勇敢了！或者说简直是疯了。"然后我们开始找我们所在的那条街道的名字，以便吉尧姆和孩子们能过来和我们会合，拍些照片。约翰说街道的名字在他脑海中都混在一起了，费城的街道、匹兹堡的街道、纽约的街道、他孩提时的街道和如今的街道……

---

[1] "超级碗"（The Super Bowl）：美国国家美式足球联盟（也称为国家橄榄球联盟）的年度冠军赛，胜者被称为"世界冠军"。一般在每年1月最后一个或2月第一个星期天举行。

Jennifer Egan　珍妮弗·伊根

布鲁克林，纽约州

> 又是下雪的日子。地铁一直没来,我迟到了。我在一条斜坡的雪堆间拔腿狂奔。珍妮弗·伊根(Jennifer Egan)在一家茶馆里等着我,她没法在我们之前约定的时间之外再多给我们一些时间,所以得赶快了。

您是哪一类美国作家?

好问题。虽然我在美国之外的地方生活过,但我确实是个美国人,因为我是在这里长大的。而且作为一名作家,我对美国这个主题也很感兴趣。我觉得,美国的种种偶然因素在历史上是比较特殊的。这个国家是基于一种有可能重建的想法之上而诞生的。如果事情在一个地方进展得不顺利,人们可以马上离开那里,去另一个地方重新开始,一切皆有可能。从登陆这片土地、消灭印第安人的那一刻起,某种与生俱来的利己主义就存在于美国精神中了。美国人民举国上下都习惯性地认为他们想要什么就能得到什么。我不是说这样很好,但这个现象很有趣。而且,我认为我们和世界的关系或许将进入一个新的时期。时间会告诉我们答案。第二次世界大战之后超级大国开始崛起,但我们有不少理由相信这样的状况不会持续很久。不管怎么说,这都不可能长久。所以我对美国的兴趣在于它独特的精神,它是一个实验场地,它是痛苦地成长起来的相对比较年轻的国家;我是将这些作为现象来关注的。当然了,我也是参与其中的一分子,尽管我在寻找能让我从中抽离、保持距离、比较冷静地看待它的方法。

> 您会通过写小说来进行思考吗？

会的，我一直都在尝试这么做。为什么不这么做呢？我永远都是美国人，不可能拒绝这个显而易见的事实。但我若能成为一名对自己的国家有敏锐思考的美国人，我觉得就能给我的作品多增加一个维度。

> 您会不会考虑将一些历史事件加入到您的作品中去，比如您刚刚提到的对印第安人的毁灭？

我还从没写过历史小说，但我目前在写一本故事发生在三四十年代的小说。让我感兴趣的是历史是如何渗入现实的。但我不认为自己会写一本以印第安人为主题的书，尽管这场大屠杀在我们的历史上意味深长。

> 在《风雨红颜》（*L'Envers du miroir*）[1]一书里，其中的一个人物，穆斯（Moose），历史学家，对他家乡的过去念念不忘。

穆斯的历史观稍微有些特别。他将历史视为某种规约，他的关于美国命运的观点有些疯狂。但我确实认为，如果人们能在自己所处的环境中对自己有清醒的认知，就能变得更强大。另一方面，对我们美国人来说有件有些奇怪但有时又很幸福的事情：我们会下意识地不去想我们的历史。在这里，人们对他们的过去一无所知。他们对历史和地理的无知程度让人瞠目结舌。造成这个结果的其中一个原因，是因为我们的国家是一个领土从未受到过侵犯的大国，对边界以及边界的意义存在记忆缺失和概念

---

[1] 英文书名为 *Look at Me*。

模糊。对历史的疏忽大概也和国家的教育脱不开干系，而造成这个结果的另一个原因是一部分人决定忘却过去。这样的记忆缺失既是积极的又是消极的。积极的一面是我们不会感觉自己被侵害了，而消极的另一面是，这种历史语境化的缺失繁衍了某种愚蠢。

在《风雨红颜》中，您为何选择写一座美国的中部小城？

我的母亲是在罗克福德这座城市长大的。我熟悉这座城市，因为我假期的时候会去住在那里的祖父母家。不过他们应该不怎么喜欢这本书吧！（她笑。）我母亲在那里长大，但她讨厌那里，她和我的人物夏洛特（Charlotte）有同样的感觉。她巴不得离开那里。而我呢，小的时候很喜欢这座城市。我在那里度过了不少美妙的时光，特别是在那家乡间俱乐部，在书里我给它改了个名字，好几个场景就是在那里发生的。它完完全全就是我书中描写的那个样子。书里的高中是我母亲读的那一间。我用到了很多现实中的素材，不过当然了，其余的都是虚构的。我觉得小时候我喜欢罗克福德，但从未想过它的历史。祖父母去世后，尽管我没有再去那里的理由了，但我却开始渴望重新回到那里。您看，在我对小说作品的处理方式中，时间和空间是残忍的。何时、何地，的确是我会最先考量的两个问题。当我再一次回到罗克福德的时候，我对这座城市工业化的过去的兴趣被唤醒了。我觉得自己以前记录了很多细节，很多我还是个孩子时从未积极表达、思考过的过往的痕迹。在那时，我喜欢这个极度美国化的地方：一家接一家的快餐店，对我来说是再好不过的。

您是在哪儿长大的？

我是在芝加哥出生的，七岁的时候随母亲和继父搬到了旧金山，在那里度过了我的大部分童年，但我父亲一直都在芝加哥。您不介意我在聊天的时候吃沙拉吧？（她点了一份旁边有蘸料的山羊奶酪沙拉，我又点了一杯咖啡。）我觉得我之前该听母亲谈谈这座城市自我童年以来发生的变化。市中心不见了，美国历史上的经典之作。

穆斯哀悼的那条消失了的人行道！

是的，完全美式的人行道。我最近还读到一篇文章，说在洛杉矶是过不了马路的。我呢，甚至从来都没买过一辆汽车，所以说我是个奇怪的美国人。不过我是会开车的。从某种程度上说，我意识到了自己感兴趣的是作为典型城市代表的罗克福德。它代表的不是整个美国，而是部分工业城市，那些随着汽车的蜂拥而至以及部分工厂的发展，在二十世纪初期进入鼎盛时期，之后又因这些工厂搬迁到国外而经历了一段漫长衰败的城市。人们至今仍感觉自己生活在这一系列事件的余波中。从某种角度来看，我觉得它给了我很多灵感。

罗克福德因经济危机而受到了重创吗？

我有段时间没太关注这里发生的事，但我写这本书的时候，这座城市确实处在低迷之中。

您也会写一些文章，对您来说，这两类写作之间有什么关联呢？

我喜欢在对一个主题完全不了解的时候，从零开始一点一点地去了解。我写的一些文章信息量极大。我会花很长时间去做研究。我关心的问题也是多种多样的。我最近会写一篇关于洛里·贝伦森（Lori Berenson）的文章，一位因恐怖主义而被关押在秘鲁多年的美国女子。我还写过关于年轻人成为牧师的文章、在纽约无家可归的家庭的文章、在大城市过着成年人生活的嫩模的文章……

> 是不是这给您创作夏洛特这个人物提供了灵感,她成了一名纽约的模特?

事实上,是反过来的。我借助新闻工作来接触时尚界,因为我没有获取纽约模特的消息的渠道。于是,当有人向我约这篇稿时,我接受了,觉得这能帮到我。我太喜欢这段经历了,所以我继续做了下来。

> 在您的书中您也是同样的做法,不是吗?您每次都会抨击那些您准备一探到底的领域,比如在《恶棍来访》(*Qu'avons-nous fait de nos rêves?*)[1]中的音乐产业。您也会为您的小说做如此多的研究吗?

我之前一直觉得是,但现在,在我知道什么样的工作可以被称为研究后,我意识到自己做得太少了!我总是在写我熟悉的时期和地点。音乐行业,是的,我对它做过一些研究,但没多到那种程度。所有提到朋克摇滚的部分,都是从回忆里搜索出来的,是我青少年时期的回忆。但我那时并不是朋克,所以这书完全不是自传性质的,我的书永远都不会是自传体。我从不用我自己作为写作的主题。我用到的是我的回忆,但不是我自己。这是我最喜欢使用的手段之一。但我曾经并没有意识到我有多么需要这些记忆。而现在,当我在为这个三四十年代发生在纽约的故事做深入研究时,我才发觉这有多难。

---

[1] 英文书名为 *A Visit from the Goon Squad*。

对您来说，一本小说开始动笔需要具备什么条件呢？

开始我要确定一个地点和一个时间段。人物也由此而生。大体这样我就动笔了。我其实是从这样一个开头来动笔写《风雨红颜》的：车祸、康复。在我看来有一个很关键的时刻，就是当夏洛特进到那间她儿时好友空荡荡的房间，意识到她的朋友一直都住在那里的那一刻。我小时候会去这家人家里玩。我在写这几段的时候，每一段都写得热血沸腾。每一次我都会尖叫："噢，太不可思议了，我没想过会是这样的走向！"所以说就是这样进行的。我总是会先手写初稿，这样我才能更好地达到无意识的状态。之后我再把它们打到电脑上，这个过程真是没完没了。

您是边打到电脑上边修改吗？

不是的，因为我觉得自己盯着屏幕的时候做不出什么很好的决定，而写文章的时候就不是这样，只有写小说才这样。对此我也觉得很遗憾，因为否则的话进度可能会更快。一边打，我一边会思考哪些部分是行得通的，哪些又是行不通的。一般来说，没有哪个部分是非常顺畅的，因为这几乎全是我闭着眼睛写出来的。之后我会重新读一遍，写一份提纲，列出适合写入书中的内容有哪些。我的修改过程极其漫长。要将这一堆废纸转化成一本可以看得下去的书需要花费我大把大把的时间。

您是想说您完全不会去构思接下来要怎么写？

我事先可能会有一个构思，但我往往都是错的。因为一个在一开始就出现的想法太容易被大家预见了。如果一开始大家就什么都能猜到，那就太无聊了。所以我会找一些我本来想不到的内容。

您不会将您的生活作为写作的素材吗？

从不，完全不会，最不可能了。这确实是我的弱项，我对写关于自己或关于我认识的人的事情太不在行了。就因为这个原因，只要一写跟我自己有关的事，我就会陷入难产。我觉得这太恼人了。写作的愉悦和快乐，对我来说，就是逃离自我，从镜子的另一面逃离。我喜欢从我的现实中脱离出来。这样的想法很荒谬，而且还会渗入日常生活中。所以如果只写我自己，我将会被重新拽入我的日常生活，就不好玩了。

您是何时决定成为一名作家的？

十八岁那年，在进大学之前，我空出了一年时间去欧洲。我拿着一张欧洲通，背着一个双肩包去旅行。在那时，会这么做的美国女性还不多。

您是一个人去的吗？

是的。我是在年末的时候去的，因为我得先工作赚取我的旅行费用。这是一次对我来说很艰难的经历。我觉得自己孤立无援。这种被孤立的感觉在今天是不可能存在的：那时候没有手机，没有网络，很难打电话回家，还有九个小时的时差。我打电话回家的时候，一般都没人接，而且我们家当时甚至连录音电话都没有，我想留个言都留不了。在这份巨大的孤独中，我开始患上恐慌症。我很害怕，我很清楚将会发生些什么，但却不知道到底会是什么。我觉得就是恐慌症本身吧。在那个年代，还没人用这个词，我也不知道自己遭遇了什么。我觉得自己疯了，太痛苦了。几个月后我回国了。我在欧洲待的时间比我预计的要短，但最后备受折磨。

在《看不见的马戏团》(*La Parade des anges*)[1]里，我有用到我那次旅行的一小部分路线：我去了伦敦、荷兰、比利时、卢森堡、法国的很多地方，然后去了意大利，到了罗马，到那里的时候我已经精疲力竭了。我已经散架了！（她笑。）但我还是很高兴做了这次旅行，即使我当时真的难受极了。在那之后，我又去欧洲游玩过无数次，有时我过去开文学巡讲，重游十八岁那年让我崩溃发狂的故地时我还是会很惊讶。很遗憾那时没有任何人在我身边，告诉我一切都会好起来。

所以是在这五个月里您做出了要写作的决定？

是的。我当时写了日记，这本日记现在还在。重温这本日记简直是一个壮举，但我从那时开始明白一件事，就是写作是将我和生活连接在一起的一个必要组成部分，我应该认命。

您在那之前不写作吗？

写。但我没有下定决心。而且甚至有一次，我明白了我必须要写作，要为此献上我的一生……有些人会说："我知道我比那些我读过的书的作者都要优秀。"而我从未这么认为，也永远都不会这么认为。我的大脑不是这么运转的。我感觉到的更多的是写作的必要性，而不是我自己有多了不起。我努力做到笔耕不辍。我认为这几乎可以算是一种精神上的磨砺。我需要这样做，也喜欢这样做。有人喜欢我写的东西对我来说就是一个奇迹。我希望这个奇迹能够再现，但我不会就指望这个。不管怎样我都会继续写下去。如果我开始觉得自己写的东西没有新鲜感了——这对我来说相当重要——我可能会去做别的事情，比如完全投身于新闻工

---

[1] 英文书名为 *The Invisible Circus*。

作，作出我的贡献。

通过"不新鲜了"这个形容，您想表达的是什么意思呢？

如果我觉得自己写的东西和别的作者写的东西类似，或者更糟糕一点，和我自己以前写过的东西类似的话，就吸引不了我了。这实在是一种令人很不愉快的感觉。得让我觉得是新的东西。也有可能是我错了，当然从来都没有什么东西完完全全是新的。但我需要有这样的感觉，不然我会觉得没有写的必要。并且真的会导致存在危机，诸如："为什么？有什么用呢？"如果我觉得没什么新鲜事可说了，我或许会转而去写非虚构类作品。这同样也是一门不可思议的艺术，我还没有深入探究过。我可能会转行到新闻工作和散文写作中去。或许有一天这会成为现实，因为我能写出不错的作品的保鲜期有多长呢？我是幸运的，因为我拥有一群很年轻的读者，这简直太美妙了，但这很奇怪。我儿子们学校的一些孩子在看《恶棍来访》。我已经五十一岁了。等我到六十一岁的时候还能做到这样吗？或许吧。但还是现实一点吧，这都是不确定的事。

您在写作的时候会考虑您的读者吗？

写《恶棍来访》的时候，我觉得读这本书的应该都是成年人了，因为除此之外还会有谁对时光的流逝感兴趣呢？但事实证明很多人都对此感兴趣！这简直太棒了。

让我们回到您决定开始写的时候。您有写一些提纲吗？

没有，我没有写任何提纲，不如说是跟自己有了一个约定吧。我从来都不是未雨绸缪的战略家。我总是在等应该做的事情的信号出现才着手做。我的写作也有点像是在以这个方式进行的。末了，我会告诉自己，"这就是应该发生的事。"但仅仅是在我用到的所有材料都向我发出这个信号的时候。而且，当我试着列提纲，就像我为自己尝试写的第一本小说所做的那样时，那简直就是一场灾难，写出来的东西根本就没法看。

那是哪本小说，是在什么时候写的？

是在本科之后写的。在大学里，我继续写作，写一些小故事。我的作品在学校的校报上发表了，所以我拥有了一点知名度，很小的知名度。没有任何信号告诉我这样的成功背后暗示着什么。我想即使那时有人遇到我，我也不觉得有谁会觉得我有过人的天赋。我感觉不到任何信号。

您上过创作班吗？

是的，课程强度很大，我还写过一篇创作性的论文。[以小说的形式写的一篇论文。]所以我有一篇一本书那么厚的论文。但从这篇论文里拿出来的一篇短篇小说在经过了大量的修改后，最终扩写成了《翡翠城》(*Emerald City*)这本书。这就是我在结束我的学业生涯时收获的成果：半篇短篇小说。之后，我有了写一本书的想法。我一直都对六十年代很感兴趣。因为我是在七十年代的旧金山长大的，所以会让我觉得一切都是建立在过去那十年的基础上的。后来，我发现旧金山在七十年代发生了一系列事情：硅谷当时在建设，但我们还没太注意到。整座城市都很安静，仿佛正处在两次运动间的休止期。因为所有的这些金钱和高科技，使它今天已经发生了翻天覆地的变化，不再是那个我长大的地方了。总之，错过了六十年代让我很难过。我觉得这是个天大的错误，也很是自责，仿佛我原本能改变些什么一样！我总觉得自己生得太迟了，而且我觉得每个人都会有同样的感觉。我在一所规模很大的公立高中上的学，我们光着脚闲逛、弹吉他，在那个年代，我们试图维系彼此的关系。就像您看到的那样，以朋克摇滚为主题写作并不是在写我自己的青春。朋克摇滚的兴起之所以是振奋人心的，就是因为它抛弃了所有这些观念。他们叫嚷着："我们就是这么看待六十年代的这些玩意儿的！"对我来说，这个观点或许可以证明我的那个时代并不是那么毫无用处。这是令人激动的，但我其实不喜欢音乐。我觉得写一本关于六七十年代的书对我来说是一件自然而然的事。我倾向于这么做。我想讲述两姐妹的故事。她们一个在六十年代末自杀了，另一个则成长于七十年代，沉浸在对她姐姐以及那个逝去的年代的回忆里。

您后来还是用了这个构思。

是的，但不是用同样的手法。我拿到了去英国学习的奖学金，在那里，我疯狂地创作这部作品。没有一个人读它，就连我自己读的时候也不够专心。我有些唾弃它、打击它，完全像是一场杀戮一样。

那您把它寄出去了吗？

嗯，寄过几次。我把它寄给了几位经纪人，他们几乎是在收到以后立马就给我退回来了。谁都能看出这不是一篇成文。我将它寄给一些朋友和家人，没人知道要怎么评价。这是一段异常痛苦的经历。（她笑。）我当时还只是摸索出我的一部分写作流程。只发现了我写作的时候得手写，但我还没明白这份初稿是灾难性的，需要花数年的时间去审校、修改。我那时光顾着为我那沓厚厚的手稿高兴了，对其他方面一点想法也没有。

确实要经过多年的训练。

我从中得到的一个好处就是：养成了每天早上进行大量写作的习惯。而修改润色这方面，则是我之前没有考虑到的。还有一点是被我忽视了的，就是我需要有回应、有反馈。我不能够在一片空白中写作，于是我组建了一个写作小组，我们经常聚在一起。

啊！您是如何组建这个小组的呢？

我们中的部分人是在几年前的一次创作之旅中认识的，在纽约州北部的雅斗，靠近萨拉托加温泉城。这里是作家们每年春天会面的据点。而其余人则是慢慢在各个不同的场合认识的。

你们会互寄作品看吗？

不会，我们会见面谈。在家是没有任务要做的。我们高声朗读，侧耳倾听，然后给出回应。这样的好处是大家不会纠结于细节，没时间去纠结。看看别人觉得哪些部分写得生动，哪些部分写得不错是很有用的。我对他们十分信任。

您是从何时开始这么做的？

从我到纽约开始。

就是在您在英国待了两年之后是吗？

是的。有件事在我看来是很明显的：我需要帮助。我开始上一些课。在纽约有那么多作家，他们在自己家的客厅授课。所以我就去了。

您没有找过导师，而是更倾向于向您的同行寻求帮助。

如果能找到一位导师，我会很开心吧！但这并不容易。我是希望能有导师的。我觉得这也正是我当时在寻找的。我们这个小组刚开始的时候有点像是上课的模式。我们付少量的学费，让其中的一位成员来教小说写作。几年后，她想将她自己的作品带过来，因此就不再有钱的问题了！

你们都是已经出版过作品的作家吗？

是的，各个领域的。有剧作家、诗人……

您是唯一的小说家吗？

还有另一位。

我觉得这个主意实在是太棒了。您不会觉得在众人面前朗读自己的作品太可怕吗？

是比较痛苦的，让人害怕。但从多方面来说这很有用。原因之一是这会强迫你去注意语言的音乐性，注意不同人物的声音——小说艺术一个很关键的方面。此外，这也能让你避免困死在细节上，就像我跟您说到的那样。这样做能促使我们去聆听情绪，去抓住重点。在家什么都不用做的感觉同样也很好。拥有听众的感觉会很不一样。我也可以一个人在房间里大声朗读自己的作品，但这样我还是不知道自己写得好不好。而如果我读给他们听，我心里很快就有数了。我能感觉到他们的反应。这真的太棒了。我的作品一旦面世，就完全脱离我的掌控了。而我们的聚会就是一个弥补可能会出现的让人担忧的情况的机会。

在这之前，您不会跟他们交流您的想法吗？

不会，我不能这么做，我甚至不知道我都有些什么想法。但我会给他们看一些选段，问他们这些选段看起来生不生动。对我来说这是最关键的问题之一。有新鲜感吗？无聊吗？一些最基本的问题。我不希望作品拖拖拉拉的，而是希望它能尽量一直保持紧凑。我也没法自己去判断。我从来都不知道会有怎样的反应等待着我。有时，我带去一份自以为还不错的作品，但效果却没有我想的那么好，有时带去的是让我怀疑的段落，但我发现它立马就被认可了。我当初就是这样错误地评估了我的处女作：我没想到它有那么糟糕。我不希望自己再度陷入同样的处境，尤其是在现在，老天爷！（她笑。）我需要在出版之前就确保作品是会成功的。

和我讲讲您第一本书的出版过程吧。

很普通。我收到了双日出版社的一小笔预付款。虽然一开始书没有在国外售卖，但我当时特别高兴。这是一次小小的成功，尽管很小。我进行了几次巡回宣传，主要靠的是我自己的人脉。当时，我在公共场合讲话会害怕、会恐慌。这是个很大的缺点。我必须克服这一点。我需要吃一些 β–受体阻滞药来面对公众。我一直吃了好些年，不过能不再害怕真是太好了。患有恐惧症真的可怕极了。我花了很长一段时间才走出来，但我从一开始就知道必须得走出来。因为我已经拿了一小笔预付款，但是销量又有些寒碜，如果我不作出努力，不努力和大众读者建立关系，可能就没有人来买我的书了。人们有什么理由要买我的书呢？没人会为我做宣传。我又不属于那群年轻的明星作家。

也就是说您觉得要付出努力才能实现您的目标，也包括在市场营销等方面的努力，是吗？

不管怎么说，这都存在于我的天性里。如果您想得到某样东西，最好的办法，就是站出来设法摆脱困境，让它成为现实。不能指望靠别人来为你效力。这不是他们的职责。我觉得独立自主很重要。所以对我来说，亲自上场谈判是很正常的事情，即使我并不喜欢这样。我看到很多作家什么事情都等着他们的出版商来做，这让我很惊讶。出版商也是自顾不暇，他们如今都在和电子革命做斗争。如果您希望您的书至少能卖出去一些的话，还是得靠自己。我觉得变得独立自主才是最重要的。我就是这么做的，效果看起来还不错，已经四次再版，而且还有一部电影是由我的作品改编的。不过这是我交了好运。我什么都没做，只不过是我运气好罢了。电影的改编促进了作品在海外的销售。总的来说，这是一个好的开始。谦卑，回想起来还是谦卑一点更好。噢，我的上帝，当我想到那些第一部作品就得到跟我的《恶棍来访》一样的关注度的人时，我确信这会让人玩完。

在收获了这样的关注度和成功后，您觉得下部作品会更难写吗？

我不知道。很明显，我在挣扎，但我不知道是因为这个原因还是因为这是第一次我书中的故事发生在一个我还没有出生的年代，这对我来说是很有难度的。我不知道。您知道，我本该说自己已经受够了采访，已经不接受采访了。但事实恰恰相反。我游遍了世界各地，在家中孩子还小的情况下，我最大程度做了想做的事。这跟我们刚刚说到的关于自主的观念是一样的。如果我有机会能在国际上享有声誉，我不希望错过这个机会，也不能允许自己错过这个机会。所以我做了那些我应该做的事。我不仅会在各地游历，而且还会接受多得想象不到的采访，在这里，在任何地方、任何国家。有时候，毫不夸张地说，我能连续几周每天都做四五个采访。当然了，在这期间我就没怎么写作了。随后，我开始感到心力交瘁。我接受和您会面仅仅是因为您的计划很特别，而且您打算把您的采访汇编成一本书。不过我觉得应该让自己重新充实起来，也希望自己能够做到。有时候我会觉得自己已经筋疲力尽，开始质问自己，我是不是让事情偏离了原本的轨道？我是不是贪婪到无法得到满足了？我不知道。我希望这个时期能够过去。我选择了一个很极端的方法，我相信我拥有巨大的能量和精力可以帮自己度过这个阶段，虽然我觉得可能略微有些高估自己了。不管怎么说，我都希望一切会顺利。（她笑。）

撇开对写作的狂热，您的日常生活是怎样的呢？

我尽量每天早上都工作。眼下我刚完成一部很长的初稿。我现在的工作就是充当打字员。无聊透顶。如果我每天能打三小时的字，就已经不错了。再多我就做不到了。因为我们要见面，所以我今天没打那么多。我每天尽量打四到七页的样子。最近，我人生中第一次尝试同时写两本书。这样做太累人了，所以我最终只能把另一本放一边，先全心全意地写这一本。我发现自己一直都没跟您完整地描述我的写作流程。将初稿打到电脑上之后，我会先读一遍，并且会因为写得太差而感到恐慌。每一次都如此。然后，我会很认真地思考自己可以做些什么让它得到改进。在这个阶段，我会列一份详细到难以置信的提纲。我能这么做是因为这时候我已经知道自己希望这本书是个什么走向了。比如说《风雨红颜》这本书，我的初稿长达八百页，而且是单倍行距，十号字体！这都是经验教训。接着，我会手写修改打印出来的稿子。在修改的同时，也会重写一些部分。加一些页数，划掉那些有点疯狂的记号、标志、注释……之后再一次打到电脑上，整个过程复杂得让我抓狂。新的版本诞生了，我会给它编上号。《风雨红颜》这本书我一共写了七十个版本。我每重新打印一次，都是一个新的版本。当然啦，起初，每次改动都是大刀阔斧的，然后渐渐地，改动就越来越小了。我的新书正处在这个阶段，处在将第一份仍杂乱无章的手改稿打到电脑上的阶段。打着打着，我已经意识到接下来要做怎样大量的改动了。我感觉自己要被榨干了。

您的出版商会在哪一个步骤开始介入？

很后期才介入。我会在我的作品尽可能完善之后再把它拿给出版商看。因为即便他想要帮我，当他看到我是怎么开始的也是很可怕的场景。他大概会觉得："噢，上帝啊！"我的大部分书都没有在完稿之前就开卖的习惯。因为我会觉得卖这么糟糕的作品实在太奇怪了，为什么出版商要卖这种货色的作品呢？他是怎么想的呢？我有一群可以给我提供帮助的人，读者、朋友，我会在不同层面上借助他们的帮忙，还有我的作家小组，他们中的一部分人之后会读到我的完整版手稿。当然了，之后出版商也会发表一些意见，但这些建议都是针对一个我已经打磨到极致的文本。

您完成一部作品需要多少年？——我用年这个时间单位，是因为七十个版本应该要写好长一段时间。

写《风雨红颜》用了我六年时间。《恶棍来访》没写这么久，写这本要更快些。最新的这本是个怪物，它篇幅很长。

您是怎么处理《恶棍来访》里的叙事弧的？事实上，您甚至本可以避免这样用的，不是吗？

一开始，我采用的是倒叙，从结局开始写起。我当时都已经写完了，准备就那样出版了，但我又读了一遍，意识到这样写不好，太没有说服力了。有一瞬间我担心所有的构思都不行。但我后来觉得可能症结在于这个倒叙的结构。在写作中引导我的，一直都是一种好奇心。因为我不知道会发生些什么，所以我会跟着我的好奇心走。有时，这份好奇心带给我的是好的想法，有时是坏的，但它一直都是我的动力。特别是在写《恶棍来访》这本书时，有一些东西让我很好奇。比如说，在第一章里，萨拉查（Salazar）

在他的咖啡里放了一些金子。他这样做的时候，甚至都还没有名字，仅仅是一个我顺带提到的人物。我那时还没想过要在他身上费更多笔墨。但接着，他就激起了我的好奇心，我琢磨着："这太奇怪了，他为什么要这么做？"我开始对他，对这个男人产生了兴趣。他曾经是谁？又为什么会做出这样的举动？就这样我创作出了书的第二章。这样的情况一直都在发生。但一旦我用了倒叙的手法，我就失去了好奇的动力。时间顺序，就像是一套最正规的西服。它是严格的，这件事得在那件事之后发生，而好奇心却是随性的，而且提供了满足感。一个有说服力的例子：当我在写本尼（Benny）那一章的时候，我让他讲述自己朋克摇滚的过去。这一章正好是在我写的七十年代那一章的后面，因为我的好奇心促使我想对这方面有更多的了解。我很兴奋，因为我终于可以用到所有这些素材了。加油干吧。但我一将这本书设置成倒叙的结构，有八个章节就和这两章脱节了。所以说这是之前没有想到的，而当人们读到本尼那部分的时候，谁还会记得他曾是一位朋克摇滚乐手呢？这些曾指引你从一个部分过渡到另一个部分，作为全书线索的激情和兴奋就消失了。这个故事很好地说明了我的写作方式：我是通过对问题的补救来写作的。

您认为母亲这个身份和写作之间要如何进行协调？

您应该比我更了解这个问题，我只有两个孩子！他们一个十三岁，一个十一岁。我觉得要同时兼顾母亲这个身份和其他职业总是有些困难的。母亲这个身份是一份承诺，因此我们会觉得这个身份应该取代一切其他身份，并且也确实是取代了，只不过没那么彻底。所以说我认识的母亲都会遇到这样一个矛盾：这些孩子们需要一个完整的你，而你也应该希望可以完完全全地属于他们。

这并不只是涉及时间的问题……

是的。会有一种忠诚感,当我们对他们说"得再等等"的时候,有时会有种背叛了他们的感觉。他们不想等!但我也觉得作家这个职业对于一位母亲来说是完美的。弹性很大,时间安排很自由。但与此同时,你要承担的后果是,你会被叫去做任何事:如果有人生病了,是你去看望他;如果要去学校接孩子,是我,我得去接。写作得往后排。有时我会觉得自己什么也没做成。但奇怪的是,我还是完成了一些东西,只是速度稍微慢一点……所以说有好的一面,也有不那么好的一面。好的一面是,在我的孩子们还小的时候我有很多时间可以陪他们,比我那些在公司全职工作的朋友们陪孩子的时间多多了,而且他们也给我提供了很多可能我无法通过其他途径得到的灵感。这些好处不仅可以在我目前正在写的这本大部头作品里看到,而且也可以在下一本里看到。我想写一本某种程度上可以说是和《恶棍来访》同系列的书。书中的某些人物让我很好奇,我想再一次见到他们。这本书我也已经写了几百页了。我的一个儿子喜欢体育和统计,另一个喜欢像"龙与地下城"(Donjons et Dragons)这类角色扮演的游戏。然而如果不是因为他们,我是永远都不可能对这些领域感兴趣的。因为他们都是男孩,所以通过观察他们,听他们说话,我能有很多收获。至于让我特别自豪的《黑盒》(*Black Box*)这部作品,我必须承认灵感来源于我读给孩子们听的一本书:这本书讲的是三只小猪的故事,为了躲避狼的追捕,他们从书本中逃了出来,躲进了其他故事里。

正是这样,大卫·威斯纳[1]的书!我太熟悉了!

---

[1] 大卫·威斯纳(David Wiesner):美国顶尖插画家,出生于新泽西州,毕业于罗德岛设计学院。

正是这本书给我提供了从一个世界转换到另一个世界的思路，因为每一次小猪们的画法都不一样，他们的画风会和他们进入的每一个新的故事相呼应，于是我想在小说人物上试试这个方法。选一个用现实主义的写作手法描写的人物，然后将他设置在另一个世界中，并且用动画片的风格来描写他。我就是这样处理小卢（Lou）这个人物的，她进入了一个恐怖片的世界中。这太有意思了。我不知道如果没有这本书我会不会有这个灵感，而如果我没有孩子的话，我应该永远都不会读到这本书。所以说我的孩子们在我的作家生涯中起到了关键的作用。

西瑞·阿斯维特说如果女人习惯于谦卑可能会不利于创作。您对此怎么看？

怎么说呢，我是谦卑虔诚的信徒。我觉得谦卑的价值是被低估了的。保持谦卑，不代表您就一事无成，而是意味着保持渴望。您从不觉得自己是个有多了不起的人。我觉得比起自大，还是自谦更好，至少对创作出一部好的作品来说是这样的。如果您真认为自己有多了不起，您还会让自己脱离舒适区吗？我自己时常处于忧患中。这样的确不舒服，但却能促使我尽全力做到最好。我更支持所有人都应该保持谦卑这个观点。当然不包括那种会导致沉默的谦卑。多少伟大作品的诞生是那么艰难，为建筑添砖加瓦要付出多少努力，知道这些不是坏事，而是有益的。保持谦卑可以说是现实的，而自大则和精神疾病有那么一丁点儿关系。我认为女人无比强大。我们可以做任何事。特别是在我们面对孩子的时候。我希望女人能感受到这一点，能意识到这一点，尽管我自己也不是时时都能感受到。但这不重要，重要的是你有没有感受到。在工作的过程中，很显然，如果谦卑阻碍了女性潜力的发挥，那它是个问题。但如果谦卑是一个声音，它小声地说，"你还可以做得更好",那它就是对的,谦卑万岁!

您读哪些书,受到过哪些影响?

一直都在变。我写的书都很不一样,而且它们每一本都是在和另一本书进行某种形式的对话。我认为对我来说这是很特别的。对于有些作者,我们可以说出他们的作品拥有某种风格,但我不觉得我的作品也是这样。当然还是有一些我很喜爱的作家:伊迪丝·纽伯(Edith Wharton),无比喜欢,既美国化又国际化,有趣……她的作品有很多个维度。从句子的层面上来讲,有趣又调皮,而且总的视野总让人印象深刻,给人以震撼。再近一点的作家有乔伊斯·卡洛尔·奥茨,我毫无保留地喜欢她。还有罗伯特·斯通(Robert Stone)以及唐·德里罗(Don DeLillo)。一些深深打动我的同辈作家:凯塞琳·哈利生(Katherine Harrison)、瑞克·慕迪(Rick Moody)、西瑞以及保罗·奥斯特。但他们对我产生了影响吗?我不知道,这个问题总是很难回答。普鲁斯特对《恶棍来访》产生了直接的影响。这本书是对普鲁斯特的一个回应。当我写《塔楼》(*The Keep*)的时候,整整两年的时间里我都只看哥特小说。那是一个完全不同的世界,都是些乔伊斯·卡洛尔·奥茨、斯蒂芬·金写的早期的哥特小说,很荒诞。而在写这本新书的时候,我看的是一些至今为止都还没看过的经典作品。亨利·罗斯(Henry Roth)的《就说是睡着了》(*L'Or de la terre promise*)[1],十分精彩。还有约翰·奥哈拉(John O'Hara)的作品,我也还没开始看。《穿裘皮大衣的维纳斯》(*La Vénus à la fourrure*)[2]是本很有趣的书。还有我一直都很

---

[1] 英文书名为 *Call It Sleep*。
[2] 英文书名为 *Venus in furs*,作者是利奥波德·萨克-莫索克(Leopold Ritter von Sacher-Masoch)。

喜欢的菲茨杰拉德。《了不起的盖茨比》可能是最完美的一部美国小说，主题是我在前面和您聊到过的美国性，但我一直都在找一些新鲜东西。当我写短篇小说的时候，也曾是伊桑·坎宁（Ethan Canin）的忠实读者。他现在没那么有名了，但曾经是年轻的超级巨星，他初期的短篇小说集写得很棒。您看，我一直都在找寻那些能激发我热情的作品。

您会看评论吗？

很难知道要拿这些评论怎么办。《恶棍来访》收到的评价总体都还不错。但不是所有的书都有这样的待遇。而看一条负面的评价真的可以毁了你，这样做没什么益处。每当我避免去看某样东西时，我会觉得这个东西带有一种负能量，而我的目的是尽可能少地将这种能量传染给它。所以我会瞥一眼，但不会太认真地去看，以防那些词语真的在我的脑海里留下什么深刻的影响。走着瞧吧。一直到《恶棍来访》这本书，我收到的评价都是有好有坏。而我确信这样的情形以后仍会上演。让我们拭目以待。您知道，我已经收到过一些不好的评价了。尽管这让人难受，但也不会要了你的命。我们能挺过去的。这让我想到有个你不认识的人递给你一个装着液体的小玻璃瓶，对你说"喝了它"，而你没有喝。阅读，也是一样的道理。一旦我们读过某部作品之后，就是我们来做决定了。所以我更倾向于保持警惕。与此同时，我自己也写书评，我相信多练习是重要的。我一直都很注意自己写的东西，因为我知道写一本书有多难。当我真的特别讨厌一本书的时候，是不会为它写书评的。

您有什么建议要送给年轻作家呢？

其中一个建议是：多看书，看那些你希望是你自己写出来的书。人们能从阅读中汲取的养料无法想象，阅读可以将愿望变为可能。我还是觉得尽可能地遵循阅读的品位和渴望也是十分有益的。我们总是可以感觉到自己需要什么，而如果我们可以从中得到快乐，那么效果会非常好。再就是最重要的一点，尽管我们不太愿意承认它：在纽约，人们基本上很难不被其他人在做的事情影响到。谁成功了，谁失败了，谁的道路是顺的……我在这些蠢事上浪费了很多时间。这会将我带向何方，我不知道，但我可以向您保证，这没给我带来任何东西。

正是。您算文学圈内人吗？

多少算是吧。我一直都在这里，我见过这里几乎所有的作家。但起初，我觉得自己应该去认识别人，觉得自己应该进入核心圈子……去结识他人，行，可以，但这样做其实什么也改变不了：要写出一本好书实在是太难了。确实太难了。需要付出很多时间，付出无限的专注，而说到底野心太大会分散你的注意力。我觉得自己为这些问题产生的焦虑，投注的关心完全就是在浪费时间。只是在进行自我消耗，而且还激起了我最根本的焦虑。我想要人过留名，去见那些对我有帮助的人。慢慢地，我开始明白并不存在什么可以决定我命运的秘密群体。我们都面临同样的情况。时间一年年过去，我们看到一拨拨的人过去，开始明白并没有什么要破解的密码。努力把事情做好就好了。如果当初有人对我说这些，会对我有什么帮助吗？

照片是在雪中拍摄的，珍妮弗·伊根在飘落的雪花间眨着眼睛。今天是我们在纽约的最后一天。明天，我们就要重新上路了。

James Frey 詹姆斯·弗雷

达里恩,康涅狄格州

达里恩（Darien）有着干净而繁荣的小市郊的风姿：澄澈的天空，木板建造的房子，美味的餐厅"晚餐"。树木随处可见，被白雪覆盖着，灿烂的阳光，斜斜地照在商铺的门窗玻璃上。我们要去和詹姆斯·弗雷（James Frey）见面。作为三本小说的作者，他的每一本书都获得了成功，然而第一本小说的出版也曾让他成为文坛最大的丑闻。《百万碎片》(*Mille Morceaux*)[1]打着瘾君子的回忆录的噱头。这本重口味的书大获成功，一系列的复核调查证明，如果说詹姆斯的灵感确实来源于他本人生活中的某些片段，他写的却是一部虚构作品。这个丑闻，在这个对谎言绝不姑息的国家，掀起了千层巨浪。詹姆斯被请到电视上直接向大众做出解释，他在曾极力恭维他的奥普拉·温弗莉（Oprah Winfrey）的电视节目中被百般刁难，大量报复性的文章蜂拥而至。自那以后，他就声名鹊起了。

他的办公室位于一大片水泥建筑群中间，这里有一个接一个的小工作室——律师的、当地小报社的和其他人的——长长的走廊铺着灰色的地毯，一扇扇门在走廊上排成排，这些工作室唯一的标识是门上的缩略语。我敲了一扇又一扇的门，才终于找到他所在的那间办公室：一个摆着很多书架的大房间，书架上没摆什么东西，一台电玩机，两排面对面的办公桌，其中只有两张正在使用，除此之外还有两间带有观景窗的房间。詹姆斯穿着白T恤、米色的长裤、短筒袜，剃着光头，已经忘记我们约好见面这回事了。他告诉我他很喜欢巴黎，在那里生活过一年，然后说在接受我的采访之前他得先去进行一场招聘面试。我在房间的一角坐下来：我对自己所在的地方一无所

---

[1] 英文书名为 *A Million Pieces*。

知,但我有些后悔将之前设置好的话筒给拔掉了。我很想知道在这家神秘的公司里举行的招聘面试会是怎样的。一刻钟过后,他来找我了。

请您开始吧,向我提问吧。

和我讲讲您在巴黎的那一年,以及它在您成为作家的过程中的重要性吧。

小时候,我一直都很喜欢看书,但我从没想过这也可以作为一个职业。我疯狂地看书。我是在克利夫兰长大的,它是美国中部的一座大型工业城市,丑陋,深陷经济危机的泥潭。二十一岁那一年,我读了《北回归线》(*Tropique du Cancer*)[1]这本书。它瞬间击中了我。我不相信还有其他人能写出类似的书,能像他那样活着,像他那样思考。这些就是我想说的、想做的。我想像这个家伙一样地写作。我希望大家能通过我感受到亨利·米勒让我感受到的东西。六个月后,我搬到了巴黎。我不会说法语,没有工作,也没有多少钱。我那时候刚从这边的大学毕业。我在巴黎住了一年左右。在那儿看书、参观博物馆、喝咖啡、撩妹、醉酒。

没写点什么吗?

---

[1] 英文书名为 *Tropic of Cancer*。

我试着写了。我随身带着小笔记本。它们现在还在我家的某个角落，这些毫无价值的小本子。我在上面随意写些东西，觉得自己写的东西很深刻。但从某种程度上来说，这个时期至关重要，一个梦想被点燃了：成为作家，真正地尝试成为一名作家。最终能不能做到不要紧，甚至不知道成为作家意味着什么不要紧，对一本书的创作流程一无所知也不要紧。所有这一切都无关紧要。我拥有了这个梦想，并且努力地寻找实现它的方法。即使我在巴黎或伦敦时——我是在到巴黎之后回美国之前去的伦敦——写的东西后来没有一个字出版，甚至没有一个字在任何地方被刊用。但那个时期或许仍是在我成为作家的道路上最重要的一个时期。

您有将您的文字寄给过谁吗？

我甚至都没法写完任何一部作品。我对写新闻报道毫无兴趣，我只想写书，但我却写不出来。在我回美国约一年后，写了一部作品的一个部分，四十页左右。这就已经是我在当时能写出的最长的东西了。所以说，您看，我除了一堆废话什么也没写出来，一本书都没写出来过。写的那些日记，都一无是处，就是人们二十一二岁的时候在巴黎露天咖啡馆写出来的那类东西，以为自己这样就是波德莱尔、兰波、亨利·米勒了，但事实上只是个试图理解这个世界的傻瓜。

您向其他人说起过您想成为一名作家吗？

嗯嗯。

他们支持您吗？比如您的家人。

我的父母不太知道该拿我怎么办。我是个不太正常的家伙。我觉得对于我离开美国这件事他们更多还是感到高兴的。小时候，我们搬过好几次家。除了克利夫兰，我们还在荷兰、巴西生活过。

我来巴黎的那一年，我的父母去了日本。他们很高兴我能远离美国的某些东西，他们觉得这样对我有好处。我的父亲在一家很大的美国企业工作，他招了很多从英士国际商学院（INSEAD）——一家法国商科学校——毕业的学生。他想说服我也去法国。这是最后一件我他妈想干的事。没办法。您知道，我习惯去那家酒吧，那家位于圣雅克街的已经改头换面了的酒吧。

那家名叫波利·玛戈（Polly Maggoo）的酒吧吗？

是的！就是它。它现在已经不在了，但我当时每天都会去那儿。就在莎士比亚书店（Shakespeare&Cie）旁边。我四处闲逛，喝得酩酊大醉，去那些有各种希腊快餐店的街道，点一份希腊旋转烤肉，我没有太多钱，今朝有酒今朝醉。我去玛黑区[1]，去蒙巴纳斯区[2]，因为这个街区过去很酷。

您如何生活呢？

我父亲和阳狮[3]有一些生意上的往来，所以他帮我在那儿找了几份小零工，而且我也没什么很大的需求。大多数时间，我都是在闲逛，做些奇奇怪怪的事情，感觉很棒，我露宿街头、酩酊大醉、寻花问柳。我那时觉得自己在体验一些很深刻的东西。而当我回过头去看时，却发现其实很荒唐。不过对我而言，这一段经历尤为重要、尤为深刻。

---

[1] 玛黑区（le Marais）：巴黎最充满活力、最富有包容精神的街区。对于游客，这里是发现新晋设计师品牌、体验巴黎人生活方式的最理想地段。
[2] 蒙巴纳斯区（Montparnasse）：一个曾在法国文化艺术史上领过几十年风骚而如今风韵犹存、依然能引起许多人怀旧眷念的街区。
[3] 阳狮（Publicis）：法国最大的广告与传播集团，创建于1926年，总部位于法国巴黎。

回国之后，您的计划是怎样的？

回国之后，我开始进行脱瘾治疗。在《百万碎片》里我也提到过这段经历。接着我考上了一所位于芝加哥的非常有名的艺术学校——芝加哥艺术学院（Art Institute），我在那学习艺术理论和艺术史。我希望能学会思考。我们读完一本书之后，可以对作者的意图有比较清晰的想法，但这对于绘画作品就比较难达到了。我对作者们有过很多思考，为什么一些作家的地位要高于另一些作家呢？而让我感兴趣的，是通过对比的方法来弄明白取得成功的因素有哪些。比如说，处女作相当重要。不管是在形式上，还是主题、故事上，它都应该以一种前所未有的方式写成，我想写一本世界上独一无二的书。在巴黎的博物馆闲逛、欣赏所有那些作品的那一年给我带来了深远的影响。我很喜欢罗丹，喜欢他的《地狱之门》（*La Porte de l'enfer*），这件作品我们可以在罗丹博物馆里看到，那是我最爱去的地方。在这座雕像的正对面有一把长椅，我在那儿一坐就是好几个小时。我还喜欢马奈[1]，可能这看起来有点奇怪。但是在他那个时代，他的表达是十分激进的。人们看到他的画作时，都不敢相信自己的眼睛。若我们看到在他之后的那些画作时，可能会觉得他的作品看起来很温和。但如果我们将他放到当时的背景下去看，你会发现他做出了多大的变革。妈的，《奥林匹亚》（*Olympia*），他为什么要创作这幅画呢？所有这些艺术家，马奈、罗丹、兰波、波德莱尔……都是法国人。米勒是美国人，但他原本也可以成为法国人。我说的这些有什么意义吗？我在研究他们的同时，会思考他们的想法是如何成形的。我

---

[1] 爱德华·马奈（Edouard Manet, 1832-1883）：法国画家，十九世纪印象主义的奠基人之一。

想要依葫芦画瓢。激进到底，让别人无法将我和其他任何人做比较，让我的作品无法被抄袭。这些就是我想从艺术学校学习的。结束一年的学业后，我认为自己已经知道需要的是什么了。那时，我已经受够了贫穷。我并不在乎人们针对身无分文的艺术家们可以创造出的美而说的那些话，这不好笑。我希望自己有钱远胜过希望自己没有钱，说出这样的话对我来说毫无障碍。所以年末的时候我去了好莱坞，想着如果不管哪个蠢货都能写电影并且靠这个赚钱的话，那我也可以。这就是我的做法。我写了四部电影。做了其中两部的导演，其中三部的制片人。我赚到了钱。

您到那儿之后是如何让自己崭露头角的呢？您有认识的人吗？

没有，我一个人也不认识。我有一些自己的小窍门。遇到一个人，就抓牢他。再遇到另一个人，也抓牢他。我的第一部电影，合作的演员是大卫·休默（David Schwimmer），电影名叫《亲吻傻瓜》(*Une fiancée pour deux*)[1]，而且是个实实在在的傻瓜。但它并不是一部好电影，我想要的，只是能往口袋里装点钱。我觉得要写书，就需要有时间。而要有时间，就得要有钱。

您在好莱坞工作了多长时间才让自己有时间写作？

五年。三十岁的时候，我辞职了，开始投入我自己的创作。我当时写了《百万碎片》的前二十页。

这是一本比较特别的书，因为它模糊了小说和忏悔录的界限。您用到了您自己的人生，但我发现这本书的出

---

[1] 英文电影名为 *Kissing a Fool*。

版，引发了一场真正的轰动。您能跟我聊聊这件事吗？

当您读波德莱尔的《巴黎的忧郁》(*Le Spleen de Paris*)时，似乎很容易地就明白书中写的就是作者的生活，但我们却并不在乎是否所有那些蠢事都真的发生过。可能有一部分是发生过的。生活的一个版本。我写这本书的本意就在于此。这本书基于我的生活，但它并不是我的生活。我不是记者。我对这类写作不感兴趣。这本书写完以后，我找了一位经纪人，我们将书归在"小说"类作品里卖给出版商。我挣的钱足够支撑我一年半的生活而不用工作。如果我不能在六个月以内将这本书卖出去，就得回好莱坞开始从头干起了。前十七位出版商都拒绝了我。"太粗暴了。""太消沉了。""根本没有文法。""风格太野了。"然后一位特别有名的出版商，南·特立斯（Nan Talese）——在这里，她可以说是美国的弗拉马里翁[1]，就是她出版的玛格丽特·阿特伍德的作品——接受了这本书，条件是我得将它归到回忆录那一类里。我问他们有什么标准，她办公室的一个人说："只要百分之八十的内容都是真实的，就没有任何人能找您的麻烦。"我回复说："可以，成交。"

所以说这个决定完全是针对市场做出的。我不知道这样的轰动有没有可能在法国发生。

在法国，你们有自撰小说。本质上这就是一本自撰小说。于是书就这么出版了，销量也很好，我的名字出现在了全世界的畅销书排行榜上，我开始写另一本书了。接着，《百万碎片》被奥普拉选中了，三个月内这本书狂卖了五百万本。[从1996年开始，

---

[1] 弗拉马里翁（Flammarion, 1842-1925）：法国天文学家和优秀的科普作家。1882年创办《天文学》杂志，1887年组织法国天文学会，任第一任会长。

奥普拉·温弗莉有一档节目叫"奥普拉读书俱乐部",在这档节目中,她一开始每个月介绍一本书,后来每年介绍一本。她对销量的影响是巨大的。]

五百万本!

是的。我觉得在我的私人生活中,我是个普通、低调、理性的人。但作为作家的我却不是这样的,所以这给我带来了一些麻烦。

这意味着什么呢,这种存在于私人生活和作家生活之间的区别?

也就是说,如果我们出去吃晚餐,我大概会避免跟您谈到我在做的事、我的作品、我的抱负。但当我是一名作家的时候,这些都是我工作中的一部分。我的目标,从一开始,就是成为世界上最有名、最具争议、最重要的作家。这么说并不会让我觉得尴尬。我不需要让自己变得低调。我的目标,不是卖出二十册书,然后看着朋友们为我骄傲,而是卖出几百万册书、被翻译成世界上所有的语言、世界各地的人都能说出对我的看法,不管他们是讨厌我还是喜欢我。这一直都是我的目标。我不希望他们只是耸耸肩,我希望他们能喜欢或是讨厌我,妈的!

舆论发酵的时候没有太难熬吧?

难熬,但是感觉很棒。这本书被奥普拉选中的时候,它基本上就成了一件别的东西了。我的书是挑衅的、粗鲁的、具有攻击性的。但它的名气在某种程度上湮灭了它的优点,好像使它丧失了所有的力量。所以,当争议在美国传开的时候,一切又回到它身上了,这让我很开心。然而,那时候住在美国真的太可怕、太暴力了。人们跟踪我,到处都有我的照片,一堆人指责我……所以我就和妻子去了法国，到了法国南部的郊区。我当时的法国出版商贝尔丰（Belfond）通过邮局给我们寄了一封信，信上写着："我们很高兴能有您在这里。"信里装着几张关于在法居留的表格。我们在那里待了四个月，从二月到五月，很美的季节，因为这个季节完全不下雨……然后我们就回来了。

> 您的第二本小说，《阳光灿烂的早晨》（*L.A. Story*）[1]，将故事设置在了您曾生活过的洛杉矶。您在写某个地方的时候需要对它很了解吗？

怎么说呢，在我写这些短篇小说的任何时刻，都不会刻意地去写到那些地方，而且我开始写的时候是在法国。

> 那《圣经的最后遗嘱》（*Le Dernier Testament de Ben Zion Avrohom*）[2]中的布鲁克林呢？

我写这本书的时候就住在纽约，但我在写的时候不需要特地去现场考察。而全书的主要部分是在长岛写的。

> 在一个宗教氛围如此浓厚的国家，选择写一本宗教性质很强的书是否也是一种寻求争议的体现？

我在我所有的作品中都谈到了宗教问题，谈到了灵魂的救赎。我觉得这是一件我会思考、全人类都会思考的事情。但我其实完全不信教。

> 因为我们的访谈开始得比预定的要晚，所以聊到这儿的

---

[1] 英文书名为 *Bright Shiny Morning*。
[2] 英文书名为 *The Final Testament of the Holy Bible*。

时候吉尧姆过来拍照片了，孩子们也来了，都聚在电玩机旁。詹姆斯很亲切地向他们问好，然后给他们推荐了在来的路上会经过的街对面的那家名叫"晚餐"（diner）的餐厅。他们又都拥回这个安静的大办公室的门口，我们约好一会儿见。

这里，这间公司，其实是个怎样的地方呢？

我们出书、出游戏、出电影。

您为那些刚成年不久的年轻人写过书吗？（我刚刚扫了一眼书架上都有哪些书。）

我没写过，但我是有想法的。这又得扯到艺术史了。您知道，就像罗丹拥有一间自己的工作室一样，我也弄了一间自己的工作室，不同的只是我没在门上挂我的名字，而且也不是文学性质的。

所以您想用这间工作室来干什么呢？

做些生意。建这个工作室是为了赚钱。还是这个观念，在人们的期望中，作家应该是无欲无求的圣母，不喜欢金钱。让这些人滚蛋吧！罗丹很富有！波德莱尔在将一切挥霍殆尽之前也很富有。我不想穷困潦倒，而且我觉得世界在变化，我也想参与进去。所有这些在数字技术上的创新将会改变讲故事的方式、改变出书的方式……我想要参与进去。我对这一切着迷。我们在做一些很激进的事情。在这里，在美国，人们唾弃这家公司的理念。在欧洲也一样。

我很清楚在欧洲为什么会这样。但在这里，或许我可以将这理解为一个关于企业的创新和存活的好主意？

不是的,人们认为这是对文学的荼毒。人们很反感文学可以被大规模创作的这个观念。

但这并不是一个很新的概念,商品文学大规模出版,不是吗?

《纽约时报》曾经发表过一篇很荒谬的充满恶意的文章,配上了这样一幅插图。(我们看到了那幅插图,他在插图最显眼的位置,在他身后是几十只敲击电脑的手,就像在工厂一样。)我的妻子将这张插画放大,并且将它裱起来了。这让我们觉得好笑。但是是的,我认为书籍也可以像艺术那样进行大规模的创作。我做了和达米恩·赫斯特[1]、杰夫·昆斯[2]一样的事,但我比他们更进一步,因为不再是只针对我自己的书了,而是所有那些我们可以卖的书。您的孩子们肯定会喜欢我们出的书。我想我有法语版的。

你们团队一共有多少人?

今天人没有来齐。一般来说我们有六个人在这里,两个人在纽约,四个人在洛杉矶。

你们是如何分配工作的呢?

我负责出主意。

他们负责写?

嗯。让我觉得愉悦的是,没有人料到我会这么做。我可以做

---

[1] 达米恩·赫斯特(Damien Hirst, 1965-):又译"达明·赫斯特""达米安·赫斯特",是新一代英国艺术家的主要代表人物之一。
[2] 杰夫·昆斯(Jeff Koons, 1955-):美国当代著名的波普艺术家。成名之作是他的公共雕塑,如巨大的花卉雕塑小狗。

一点自己想做的事，我是幸运的。当我贫穷的时候在做这件事，现在也仍在继续做这件事。我喜欢那些激进的想法。

但这些想法是否真的是激进的呢？还是只是些为市场服务的新故事？

这些书一点都不差。它们的激进之处，在于它们的创作方式。

和在电视行业创作剧本是一种模式，不是吗？

我想说的是，作者是不重要的，重要的是这个体系。如果有人辞职了，不会产生任何影响，我可以找到另一位工人来操作杠杆。

他们的职业是什么呢？一些渴望成为作家的人？

不是，他们都是些出版商、录像创制人员、设计师、写一本书所需要的所有相关人员。我们有五部作品登上过畅销书排行榜榜首。

封面怎么署名呢？

不一定。可能署写这本书的人的名字或者我们编一个名字。

所以说，不会对作者进行宣传。

不会。

您有孩子吗？

有三个，分别九岁、六岁、三岁。最大的那个读过几本我们的书。

那么对于您自己的书，您的工作模式是怎样的呢？

在一本小说的创作期间,我每天都会花八个小时来写它。

  在这期间,您会停下手中的其他所有事吗?

是的。在持续一年的时间内是这样的,每本书都会占据我一年的时间。

  您的第一位读者是谁?

过去是我的妻子,但她不想再继续了,因此现在是我的经纪人。我妻子已经厌倦当我的第一位读者了。我们把工作和家庭生活分开,我不会把工作上的事情带到家里。工作中的我和家庭中的我之间隔着一堵墙,这样更轻松。我们不希望我们的孩子在成长的过程中有优越感,觉得自己和别人不一样,或是觉得自己的父亲和别人的父亲不一样。我希望他们过着普普通通的生活。我是个有工作的男人,每天都会去上班。唯一的不同,就在于有时候,由于我的工作性质,人们会认出我,仅此而已。这有什么意义吗?

  选择这座城市是因为这个原因吗?

我住在邻市。以前我在纽约生活。我们搬来这里是因为这里很安静,我有一栋大房子、一个大花园、一片池塘。没有任何人来烦我。我拥有了平和、清静,我可以在夜晚看见满天繁星,我可以听见百鸟争鸣。我真正的梦想,是在法国拥有一座城堡。我觉得做一个在法国城堡里发牢骚的美国人真是太酷了。

  好吧,您的书都是怎么开始的呢?

我会在脑子里对这本书构思很长一段时间,直到我觉得一切都准备就绪,就开始动笔写。我不怎么写提纲。我不太知道怎么用别的方式来解释:我在脑海里思考很久,然后开始写,竭力将这本书正确地从我脑中提取出来。

在您开始写之前,这些构思要在您头脑中酝酿多长时间?

好几年。

关于下一本书您已经有想法了吗?

您读过《神曲》[1]吗?我的下一本书是《神曲》的新版本。被带去参观地狱、炼狱、天堂的人将是我,不过当然了,看到的东西将会和但丁看到的很不一样。

会是今天美国的样子吗?

地狱,将是一家向四周无限延伸的沃尔玛。人们永生永世都被囚禁在其中。

现在您和美国的关系是怎样的呢?

我觉得自己是美国人,而且很美国,但我不是民族主义者。我是和曾经的亨利·米勒一样的美国人。在有些方面,我很喜欢美国,我觉得这里是世界上最好的地方。但在另一些方面,它让我感到恶心。

您喜欢的是哪些方面呢?

奇怪的是,在奥巴马的领导下,很多美国以前的优势通通被破坏掉了。最基本的说自己想说的、做自己想做的自由。美国国

---

[1]《神曲》(*La Divine Comédie*):是著名意大利诗人阿利盖利·但丁创作的长诗。这部作品通过作者与地狱、炼狱以及天堂中各种著名人物的对话,反映出中古文化领域的成就和一些重大的问题。

家安全局（NSA）对我们的所有通话都进行监控！美国是由一群被遗弃的人建立起来的国家，他们来这里是为了做他们想做的事，他们也做到了。我觉得这样棒极了，但我也没有产生这样就完美了的幻觉。国外也有一些我很喜欢的东西。美国的生活可能会很没有质量。人们为工作操心过多，而且坦白说，对金钱也考虑得过多了。我当然也有这方面的罪恶感。我喜欢法国的其中一个更重要的原因是，人们将生活看得比工作重要。在这里，是反过来的。但我仍很自豪自己是一名美国人。（他嘴里的口香糖嚼得更起劲了。）我为自己来自克利夫兰而骄傲，这座可怕而破败的城市。克利夫兰和底特律是全美受经济危机影响最深的两座城市，最动荡也最贫穷。克利夫兰人说："这就是个鸟不拉屎的地方，但这是我们的地方。"然而，如果某天我离开美国，是不会哭的。我是个完全不关心政治的人，我厌恶所有政治人物。共和党人和民主党人在我眼里同样恶心。不过是同一块奖章的两面，同样腐败、操蛋。我最近几次都没有为总统选举投票。只有当我真心觉得有哪位候选人让我值得为他/她投这一票时，我才会去投。不过我挺喜欢纽约市长布隆伯格（Bloomberg）的，他的想法不错。

但您不觉得自己是主张介入的作家吗？

从哪方面来看？我只会介入自己在做的事情。但这跟任何政党都没有关系。我的每一本书都包含了一条信息，但每次的信息都是不一样的。我的作品并不是在探讨同一件事。我不希望它们之间是雷同的。每一本的开头都和前一本书不一样。我觉得没人能预料到关于《阳光灿烂的早晨》这本书我会写些什么。没有人想到会有这样一本书。

《圣经的最后遗嘱》里几乎所有的人物……都有一位暴力的父亲。

暴力的父亲？（他稍显惊讶地笑了。）但有些人物甚至都没有父亲。

在这种情况下，兄长就充当了父亲的角色，露出暴力的一面。

我写了一本关于这个该死的美国的书！这是个暴力的地方。这本书讲述的是人类的痛苦。我记得当我在写它的时候，告诉自己要记住这本书是在讲述痛苦的。人物们不该是幸福的，他们需要寻找某样东西，需要相信某个人。这是一些需要为自己的痛苦寻找解药的人。

您会看书评吗？

会。

我想在这些评论面前您应该不需要自我保护。

我恰恰希望评论能够极端一点。我特别希望读者们能讨厌我，我更希望是这样。我喜欢他们来指责我。

您会回复吗？

偶尔会。我会回一句感谢的话，逼得他们发狂。若有人对我表现得特别粗鲁，我会回他一句："感谢您拿出宝贵的时间来思考我的作品。祝您拥有精彩的一天。詹姆斯。"

您的经纪人还是最开始的那个吗？

不是了，我的第一位经纪人在那次论战过后就舍我而去了。我现在有了另一位更优秀的经纪人。

不过他知道您作品的所属类别从小说换到了回忆录吗？

噢,是的,她是知道的,但她不想管这件事,她没那个能力。

当今有哪些您喜爱的作家?

我喜欢维勒贝克[1]。我喜欢布莱特·伊斯顿·埃利斯[2],他是我最亲密的朋友之一,也是我唯一的一位作家朋友。我和作家们之间的来往不是太多。我在诺曼·梅勒去世之前认识他,但也就仅此而已了。我的阅读量很大,但我是以读者的角度在阅读的。作为一名作家,我完全不在乎我的同行们在写些什么。这不会对我产生一丝一毫的影响,不会改变我自己的写作方式。我不在乎,我知道自己想要做什么,我也知道自己想要怎么去做这些,我并不关心别人是怎么做的。我不再以作家的角度去阅读了。

在您完成一本书的时候会有什么感觉?

不一定。我一般写完一本书的时候都是在半夜。写完《百万碎片》的时候,我因为写完了而开心得泪流满面。

您从未对这本书产生过怀疑吗?

没有,从来都没有,我知道这本书蕴藏着力量,我知道它将使某些东西发生改变。它和其他任何一本书都不一样。当我以作者的身份跟您说话时,我是自负的,这意味着我没产生过任何怀疑。我知道很多作家都在和他们的怀疑做斗争。但我不是这样的。

您从未遇到过严重的写作危机吗?

---

[1] 米歇尔·维勒贝克(Michel Houellebecq, 1956-):法国小说家、诗人和导演,其作品极具争议性,多次引发法国知识界论战。
[2] 布莱特·伊斯顿·埃利斯(Bret Easton Ellis, 1964-):美国男编剧、制片人。

我遇到过一个持续了八年的写作危机，在这八年里我写不出任何一本书。在这个时期里我想写东西，却不知道该如何写。当我感觉到要怎么写的时候，我的写作危机就结束了。写作危机是一个自信心的问题，与我们的写作能力毫无关系。而是不相信我们能够做到这件事。

也就是说您确立了属于您自己的方法……

从某个角度来看，作为一名作家，我在这方面受到的教育并不是很多。我没有修过文学。我对那些很火的流派接触得也不多。我上的是克利夫兰的公立学校。我不是一个被寄予了厚望的人，您能明白吗？不管是十八岁、二十三岁，还是二十八岁，都没有任何人觉得我会成为一位有名的作家。我独自一人在自己的房间里尝试过无数次，失败过无数次。这让我更坚强了，而现在，我再也不会怀疑自己有说出想说的话的能力，再也不会怀疑自己将想表达的话表达出来时用到的方法。我也再不会怀疑我写的东西能完全如我所希望的那样对人们产生影响。当我写作的时候，想做的第一件事，就是震撼你、吸引你、改变你。我想要摧毁你。我想让你感受到我在罗丹的雕像前、在米勒的作品中感受到的东西。我想从内心照亮你。

您在写作的时候会考虑您的读者吗？

不会，但我会想到那些可能照亮过我的人。从某种程度上说，我会写自己愿意读的书。这样说可能有些浮夸，但我无所谓。我不会去想"噢，读者们会喜欢这样"，不会站在读者的立场去考虑这些，但我会思考我能为这个故事做的最强有力的事是什么，我能为这个故事写的最强有力的内容是什么。

您会大声朗读吗？

我以前会这么做，但现在不会了。读出来节奏是不一样的。这跟我是自学成才的有关，我现在知道要怎么做了，但我总是希望自己写的东西与我平时说的没有差别，因此我需要通过读出声让自己听来确认可以做到这一点。我写前两本书的时候，需要将书完完整整地大声读一遍。我希望它听起来是很特别的。您看，我用两根手指打字，我不知道要怎么打字，我都是这么打的。（他向我演示。）

噢，太慢了，这样不会跟不上您的思维吗？

但我不知道还有什么别的办法。您在访谈开始的时候问过我小的时候想成为什么人。其实那时候想成为中量级世界拳击冠军。您知道马文·哈格勒（Marvin Hagler）吗？

不知道。

这是位有名的斗士。[他曾蝉联了1980年至1987的中量级拳击冠军。]我想成为他。

您打拳吗？

我打得不是很好。不过，从某种程度上看，我觉得自己已经成为马文·哈格勒了。我用我自己的方式做我想做的事情，不在乎别人是怎么看我的。马文·哈格勒的人气一直都没有特别高过。人们有的爱他，有的恨他。我喜欢这个念头。我总是热爱那些坏蛋。

您想去教写作吗？

我不知道。我不认为写作是可以教授的。我觉得所有的这些写作课都没有意义。写作是无法被教授的。我们应该自学成才。成千上万的人读了好学校，拿到了高学历，却做不到我现在所做的。原因就在于，首先，他们不愿意像我这样写作。其次，我在犹豫要不要谈谈受苦，可是……

您为何会犹豫呢？

其实有些夸张，我从没有真正受过什么苦。但我觉得自己总是有些愤怒。我指责所有人，而且想成为世界上最伟大的作家。而我成为了吗？我不知道。我还能变得更有名吗？或许吧。这是我所希望的吗？不完全是，现在不再是了。我的书被译成了四十二种语言，在全球一百零二个国家发行。能被翻译成四十八种语言吗？可能吧，但我不在乎。我已经完成了很多自己想要完成的事情。《观点》(Le Point)杂志称我是美国的维勒贝克。您看，这就够了。可能看起来有些奇怪，但我希望我的书能在美国卖出百万、千万册，并且在欧洲受到尊敬。

噢，法国人很喜欢美国作家。

但不是所有的美国作家！

这是真的。但美国作家在我们国家的口碑还是很好的。比起自己国家的作家，法国人更偏爱美国作家。

确实。我不知道为什么法国人不喜欢维勒贝克。我个人呢，是很喜欢他的。他做过一些坏事，冒过一些险，但他不在乎人们是怎么看他的。在我看来这是个不错的做法。

George Pelecanos 乔治·佩勒卡诺斯

华盛顿哥伦比亚特区

这些天来，我们一路向南，在马里兰州，雪已经融化了，被阳光染成淡淡的金色。我们到达了华盛顿的一个市郊，房子离小路有点距离，这条小路即将变成红土场。大多数房子都有点破旧，不过这一栋加高了门廊、还新漆了白墙的房子，看起来比其他的要好一些。乔治·佩勒卡诺斯告诉我们说这是一个混合街区，有很多拉美人、埃塞俄比亚人，还有很多黑人和少数白人。他最近的作品《伤口》[1]（*Une balade dans la nuit*）中出现的人物之一，斯佩罗·卢卡斯，在沉思之后发现："那些穿着套装的男男女女们，离开了U街地铁站，攀登上长长的山岭——他们中有刚下班的拉美人、黑人和很多白人。对于一个旁观者而言，参与目睹这个地区的变化还真让人瞠目结舌。"佩勒卡诺斯写了很多关于这个他出生的地区的变迁，他所认识的华盛顿的资产阶级化，郊区和城区，但是很少写这个政治中心和国家广场。而我们就是恰好在这里看见了刚刚着陆、载着奥朗德和他的团队的几架波音V-22。

乔治·佩勒卡诺斯在这里已经住了二十年了，他在距这儿仅仅几公里的地方长大。当我们到达的时候，他正在倒垃圾，穿着皮衣，戴着墨镜。他看着我们在这个午后的荒凉街道上朝他走过去。在屋里，有一种居家的杂乱无序：毛绒拖鞋、度假的照片和作家早期的画像都挂在没有书架的墙上。有两条狗，地下室传来嘈杂的音乐，也有可能是电子游戏的声音。我们坐在客厅里，挨着一个熄灭的壁炉，但今天还是比较暖和的。他递给我一杯速溶咖啡，因为他不太擅长磨咖啡，而他的太太出门购物去了。

---

[1] 英文书名为 *The Cut*。

乔治·佩勒卡诺斯

这场访谈差点在最后一刻被取消,因为他正在处理洛杉矶的一些事情,差点被紧急传召过去。最后,他决定周日再去,下周一,他要去HBO电视台[1]谈一谈他和大卫·西蒙[2]一起新创作的电视剧。另外一个写作计划是他要一个人完成的,关于斯佩罗·卢卡斯(Spero Lucas)这个人物,他是个从伊拉克战争归来的年轻海军士兵,改行做了失物搜寻的工作。

您坐那里吧,因为这个是我的扶手椅,我是一个积习难改的人……麻烦您再跟我说一下我们要做些什么。(我跟他说了一下我们的计划,并且给他列举了一下我们已经拜访过的作家。)理查德·福特,他现在在哪儿生活?在缅因州吗?

对,在缅因州北边。

我认识他。我们在福克纳文学奖协会[3](PEN/Faulkner)的时候坐在一起,所以我认识他,我们还聊过天,我很佩服他的成就。

您在笔会 / 福克纳文学奖协会主要干些什么?

---

[1] HBO电视台(英文名为Home Box Office):总部位于美国纽约的有线电视网络媒体公司,其母公司为时代华纳集团(Time Warner Inc)。
[2] 大卫·西蒙(David Simon,1960-):美国作家、记者、电视剧编剧兼执行制片。
[3] 又称国际笔会 / 福克纳文学奖,该文学基金会由美国国家图书奖得主玛丽·李·塞特尔(Mary Lee Settle)于1980年创立。

他们做很多事。但是我参加这个协会的主要原因是他们有一个叫"作家进校园"的活动,他们给学校捐赠了很多书,并且让作家们去学校跟孩子们讨论他们的读书活动。以前我自己一个人在华盛顿这样做了很长时间,但是我希望这种活动能深入到未成年犯管教所去。那里有中学,而且那些孩子们总是被遗忘,尤其是男孩。这个活动已经开始举办了,现在我们在华盛顿未成年犯拘留所有了一个叫作"新起点"的项目。这就是我参与这个协会的原因,我完成了我想要在那里做的事情。这并不总是一个积极的体验,也不总像《万世师表》[1]（*Au revoir Mr Chips*）那类电影中那样说的爱总能得到回报什么的。您知道吗？有时候我们去那儿,他们要么就是完全不听你的,要么就是对别人毫不客气。

气氛很紧张吗？

是的,如果您去过监狱,您就知道是什么样的了。我上周去了哥伦比亚特区的成人监狱。您会发现那里的气氛十分紧张。教授们常跟你说的就是,如果您抱着帮助这些孩子的心态去那里的话,那是很愚蠢而且很不现实的。我们能够试着做的,也就是感动一个小孩吧,而且我们也不知道能不能够成功。可能他今天晚上就会拿着你的书在他的小单人间里读也说不定。我们永远都不知道事情会变成什么样。我们去那儿不是奢望他们爱我们。

您是怎么开始对这件事感兴趣的呢？

负责哥伦比亚区青少年改造中心的那个人住在我附近,我们是朋友,有天他叫我去跟这些孩子们说说话,我就去了。那次

---

[1] 英文电影名为 *Goodbye Mr. Chips*。

不怎么愉快。然后下一次呢，我就带上了《火线重案组》[1]（*The Wire*）[这部大受追捧的热剧由大卫·西蒙和他当时的女朋友劳拉·李普曼[2]开创，丹尼斯·勒翰和乔治·佩勒卡诺斯等一众创作班底打造]的DVD，这样我就能和这些男孩建立联系了，因为这是一些他们能理解并且喜欢的东西。我开始经常这样做，不只是在这里，在欧洲也是这样。我在哥伦比亚特区的监狱里有一个阅读项目，是专门针对那些犯了大罪被判了重刑的人的。他们中大多数都会被送往联邦监狱，会被关押很久。我还参加了自由思想读书俱乐部，在那些从来都没听说过的城市里，总有一堆各式各样的志愿者活动。不管怎么说，他们都是和我一起工作过的最了不起的小伙子。看看吧（他递给我一本书），这些小伙子写过一些散文和诗歌，我们结集出了一本书。

> 所以，这不仅仅是一个阅读俱乐部，就像您刚才解释的那样，还是一个写作坊呢。

我会回答您的问题，但回答之前我要卖个关子。我写过一本叫作《回家之路》[3]（*Mauvais Fils*）的书，从那时候起我开始对这些感兴趣。[这本书讲述了一个曾被哥伦比亚特区少管所关押过的男人，他白手起家，少年时期过得十分艰难，尽管后来找到了赎罪之道，但认为自己被肮脏的历史拖累了很多年，他的父亲将会前来帮助他。这本书对那些有难以管教的孩子们的父母有很大的宽慰作用。]我在写完这本书后将它带到了哥伦比亚特区监狱，那些孩子们读了这本书。自由思想读书俱乐部的那位女士给了他们

---

[1] 又译《火线》。
[2] 劳拉·李普曼（Laura Lippman，1959- ）：美国推理小说家。
[3] 英文书名为 *The Way Home*。

这几个词：*The Way Home*［《回家之路》是最初的书名］，并且让他们在旁边的小房子里用十五分钟写这几个词带给他们的感受。孩子们带着一大沓了不起的诗歌和文章回来，这些作品十分震撼人心，因为他们开始讲述他们从哪里来和他们想要回家的愿望。我们那天做的事情就是这样，真是棒极了。

  您没有为了写《回家之路》而去查资料吗？

  查过，不过那时候我还没去过这个监狱。我对于司法问题十分感兴趣，尤其是在把未成年人当成年人来量刑的问题上。我认为不应该这样做。我发现了一些事情：当一个人开始用大脑思考，就说明他开始改变了。如果一个年轻人犯了所有的这些我在青少年时期也犯过的错误，是因为他还没有完全成熟，这是一个阶段的问题。

  您年轻的时候也犯过错吗？

  嗯，我以前是个与众不同的孩子。当人到了二十岁的时候，大脑会发生一些生理上的改变。在这之前，人总是会被肾上腺素和冲动所左右。到了二十岁，才会拥有理智和信仰，然后人就开始改变了，不是吗？因此我对这件事很感兴趣。我在《火线重案组》中就提到了一些关于毒品立法的不平等问题，您知道的，因毒品入狱的黑人少年是白人少年的三倍，即使这些吸毒者其实在白人和黑人中各占一半。我写的基本上就是这些事情。

  您在青少年的时候都做过些什么事情呢？

  啊，我对人开过枪。（他大笑。）我以前是个挺蠢的男孩，白天我逃学、喝酒、抽大麻。有次父母出去上班了，我和一个朋友在家里。我爸爸有把手枪，我们就把它拿了出来，我完全忘了里面还有一颗子弹，就"嗒嗒嗒"地扣着扳机，然后就"砰"的一声巨响！

所以，您对于枪械控制怎么看？

嗯……（我没有料到他会思考这么长时间。）很明显我们关于枪支的政策是很荒诞的。政客们都被美国全国步枪协会（NRA）收买了。后者有一个强有力的手段：他们提供资金支持政客们再次当选，之后政客们就会支持买枪。美国人大多不想放弃持有枪支，但是想要一个更严格的管控法案。不过没办法做到，即使是在康涅狄格州小学的枪杀案之后，国会也没有通过这项法案，所以……

这确实是一个很典型的美国人的担忧。您能跟我说说是什么让您成为一个美国作家的吗？

您对所有人都问这个问题吗？

或多或少吧。我知道这个问题有点蠢，但是答案都很有意思。

我可能和您遇到的大部分美国人都不太一样。因为我是第一代美国人。我父亲出身希腊。他有一家餐厅，我是在这家餐厅里长大的。所以我是一个成长环境和别人不太一样的美国人。

希腊语是您的母语吗？

不，我会说希腊语，但是英语才是我的母语。我来自等级意识和种族意识都很敏感的大众阶层，就在这里，华盛顿。您知道的，华盛顿文学大多以政府、政治和五角大楼为基础……我从来不写这些东西，因为我对这些完全不感兴趣。我来自一个有点不同的美国，我主要写这些。

您是在一个什么样的地区长大的？

那里离这儿大概有几公里吧，在芒特普莱森特，我的朋友大多是犹太人、意大利人和希腊人，很多都是移民的儿子。我们的父亲大多都在服务业工作，他们没有办公室。但这并不是一个多种族混合地区。会有一些黑人家庭，不过不多。那里的世界和这个时代有点脱节。

在您的作品中您谈到了很多的种族问题。

华盛顿是一个南方城市。我们是在梅森－迪克森线[1]（Mason-Dixon）上。我们从来都没有像种族隔离法那种南方都有的严格的法案。然而一直到六十年代，黑人们都不能在一些商店购物，在电影院里有他们的固定座位，有两种水龙头，诸如此类的事情。这就是为什么1968年的暴动成了我生命的根基，让我明白了我为什么而写作。当这场运动爆发的时候，我正好是十一岁，我是在1957年出生的。我父亲的餐馆在市中心，暴动后两个月的夏天，父母让我去那儿干活。我必须要坐公交车才能到达餐馆，我在格鲁吉亚大街坐公交车去哥伦比亚特区。

您十一岁就开始工作了？

是的，那是我的第一份工作，一点也不夸张。我帮我爸爸送外卖。公交车在格鲁吉亚大街和7号大街停，这条街在1968运动中全被烧毁了。这是一个黑人街区，在这辆公交车上的基本上都是黑人。人们觉得他们一定被吓坏了，但是实际上，在这场运动之后，他们看起来更加坚定了。他们站得更加笔直，穿得更加显

---

[1] 梅森－迪克森线是美国宾夕法尼亚州和马里兰州的分界线，也是南北战争之前美国的南北区域分界线。由英国测量家查理斯·梅森和测量、天文学家杰里迈·迪克森确定。

眼。尽管我只有十一岁，但这些我都注意到了。我一直在思考这些问题，然后我就到了餐厅。那是一家希腊餐厅，但所有的工作群体都是黑人。一共有四个人在干活，地方很小。在柜台的另一边，接受服务的都是白人。我看到了这种现象，它不自觉地影响了我。那时我还不能对这个问题展开思考，但是它给我带来了一些启发。从那以后我就开始写这些了。我的主要任务就是在城里面帮我爸爸送外卖，要把那些装着食物的袋子送到各个办公室。我在路上的时候就开始编故事。实际上是一些电影，我在脑海里构思这些电影。我一直都在这样做，每周都会有一部新电影……这个夏天对于我而言非常重要。

也就是从那以后您开始有了成为作家的念头吗？

说实话，我刚开始是想要拍电影的。我那时候还不知道电影需要有人来写。然后我遇到了一个马里兰大学的教授，他指导我读了一些书，是一些小说。于是我告诉自己，也许将来有一天我会拍电影，但首先我想尝试一下写作，也就是从那时候起我决定要成为作家的。

跟我说一说您受的教育吧，您读过大学吗？

读过，我在大学里修了一些电影课程。不过我没学习英语，直到今天也没学过写作。大学毕业之后，我一直干杂活。卖女鞋、卖音响、做酒吧招待、在工地和厨房干活……一直到我写第一本小说，那年我三十一岁。

但我知道您曾经在一家电影发行公司工作过。

在我出了第一本小说之后，三十四岁的时候，我开始在那里工作，也就是1990—1999年。

好，那您在干杂活的这些年里，想过要写一本书吗？

嗯，我一直想要写一本书，但我知道我能力还不够。于是我就大量地读书，其实我开始得有点晚了，因为我在读大学之前书一直读得不多。所以在干零活的这十年里我一直在读书，没有间断过。

您读哪种类型的书呢？

主要是一些侦探小说。我试着去理解它们是怎样构思的。我的第一本书基本上都是在夜里写的。那时候我刚和妻子结婚。我们家里只有一个房间，在屋子后面有一个小单间，我每天就坐在那里的一张小赌桌上在一本小本子上写作，然后又在另外一个小本子上重写。我们那时候甚至连一个文本处理器软件都买不起。我对书刊出版业一无所知，我从来没去过纽约，也不认识经纪人……当我写完书之后，我就直接把它盲投给了一个出版社，没有经过经纪人，整整一年我都没有得到消息。

那您在等待的那段时间里精神状态是怎样的呢？

我开始写另外一本书，因为我在写作中得到了极大的乐趣，所以想要继续写。

您是怎样选择出版社的呢？

有两点：我去了一趟书店，发现很多侦探小说都是由圣马丁出版社（Saint Martin's Press）发行的。其次，我有一本叫作《写作市场》（*Le Marché de l'écriture*）的书，是一本作家入门指南。这里面有所有出版社的联系方式和地址，它提到说不能同时把一篇手稿寄给多家出版社，我那时候还不知道他们不希望人们这样做只是想要避免作者抬价……我以为必须这样，所以我就只投给了一家出版社。就这样，一年之后，出版社给我打电话说他们要买我的版权，太棒了！

您是怎样庆祝这件事的呢？

我不太记得了。我那时候已经戒毒了，所以应该也不是买了一盒可卡因来庆祝……那时候没什么钱。

"嘿！尼古拉！"
"我是皮特！"一个粗粗的、年轻的声音回答道。
"噢，好吧。"

这第一本书，出版社给了我两百美元。所以，您知道的……这个价格在很长一段时间都没有改变。然后，是三百美元，再然后，是五百美元……

书卖得好吗？

不，一点也不好。（他大笑。）

那您想过您的生活从此就要改变了吗？

是的，我的生活得到了极大的改变，因为我成了一个出过书的作家。我很受鼓舞。没有人能够从我这儿把它拿走。国会图书馆会有一本我的书，上面署着我的名字。我喜欢写作，于是就埋头继续写了，我雇了一个经纪人，他告诉我："您不用担心出版方面的事，让我来帮您搞定吧，您只要继续写就可以了。"对于一个作家来说最糟糕的事情就是刚开始出版的时候拿到过高的稿费，随后，如果他赚不了这么多，他的职业生涯也就基本完蛋了，他就不会继续再出版书了。这些道理对于我出前几本书的时候非常适用，您记得我刚开始都不知道该怎么做吗？我一边写书一边学习写作，尝试了很多不同的事情，没有人管我，因为他们给我支付的报酬并不够多，所以他们就随我去干。于是我就做了很多很棒的事情。我现在写得比以前好多了，但是最初那几本书的能量是巨大的。那种激情再也不会有了。

您在哪些方面有了提升？

我觉得我变得更加诚实了，会让人物用他们在现实中的方式去表达，而不用担心别人会怎么看我。如果某个人物想要说"黑鬼"，我就让他们去用。您看，这也就意味着这不再是我的风格了。如果有件事值得一提的话，那就是我试着描绘出世界原本的面貌，而不是读者想要的那个样子。

这是一种职业道德吗？

是的。

"嘿，你可以进来。这是我的儿子尼克。"一个身材高大、棕色皮肤的长头发年轻人轻快地穿过房间。

我有两个儿子和一个女儿。这个儿子这个月要满二十三岁了，另外一个儿子二十一岁，女儿明天满十七岁。

我，我不知道我们聊到哪里了……好吧，那您觉得阅读评论对您来说有用吗？还是您习惯独自工作？

更喜欢一个人工作。我很少读评论。

真的吗？

我会看一些《纽约时报》和《华盛顿邮报》(*The Washington Post*)的评论，因为那是我的家乡。但是我很少读别的。

> 为什么呢?

我也不知道,我觉得把评论看得很重有点自恋。当然,如果这些评论里出现了一个共识,那你就知道你确实错过了一些东西。不过我实在不喜欢读评论。

> 在您写前几本书的时候,您白天还会做别的工作吗?

会的。我一直在工作,一直到1999年吧。我想我在辞职之前应该是写了六本小说。嗯,是的。我的第七本小说是《傻国王》(*King Suckerman*),电影改编权卖给了米拉麦克斯影业公司[1],我也成了这部影片的编剧。所以在这个时候,我就有了两份工作,白天我在电影公司上班,晚上回来写小说,当然也就不能再有第三份编剧的工作了。所以我就离职了。从那以后我就自由了,我做全职作家已经有十五年了。

> 这改变了您的工作习惯吗?因为您开始在白天写作了。

我的生活一直很规律。上午写作,午餐吃得稍微晚点,下午会做一些运动。划划皮艇,骑骑单车,诸如此类。

> 这听起来跟斯佩罗·卢卡斯的运动计划不太一样……您觉得运动对于您和您笔下的人物而言一样重要吗?

是的。我习惯于保持身材。这让我觉得很开心,因为我比较

---

[1] 米拉麦克斯影业公司(Miramax Films),美国最重要的独立片商之一,1993年被华特·迪士尼公司并购,负责发行艺术性较高或较冷门的小众电影,近年来也开始朝大众电影发展。

虚荣，其次运动对身体也有好处。另外一个好处是，运动可以带走一切烦扰。比方说我在骑车远行的时候就不会想到我的工作。在做大量的运动之后，我的思路会变得比较清晰，然后我就回家。晚上我会继续工作，修改上午写的东西。第二天，我就可以继续往后写了。我每次只写一个很长的文本，但是我在往后写的时候经常会去修正前面的内容。我一旦开始写一本书，我就会天天写。

谁是您的第一个读者呢？

我的经纪人。我一直都在用同一个经纪人。我们在职业生涯上或多或少一同成长了。当我认识他的时候他还是个刚开始做经纪人的年轻人。他对我而言是一个十分优秀、值得信赖的读者。

您在写完第一遍后会经常回头去读吗？

不会，嗯，我这一步做得不好。（他又笑了。）

您写一本小说大概需要多久？

您还记得我的构思都是在划皮艇的时候完成的吗？我在动笔开始写之前会把一切都准备好，所以我就不需要每天都去确认一些琐事。我的东西都放在办公桌上，所以随时可以开始写作。

也就是说您在写作之前一切都在脑海里构思好了？但是这可需要查阅大量的资料啊，因为很具体嘛，比方说人物的路线就需要精细地规划好。

是的，这些我都写在笔记上了。但是我得不断地调整情节，我不写大纲。不过我或多或少地会有一个剧情概要，我就从这里开始。我让人物自己写故事，这听起来感觉有点神神秘秘的，其实不是，这很合理。一旦创作出人物，就应当遵从他们原本的样子来表达，作者就只需要敲打字机就可以了，因为人物自己会告诉你他们想要说的话。

所以您有时候会为您的故事中发生的一些事情感到惊奇吗？

嗯，是的。但是神奇的地方在于，当故事里发生了一些你没有料到的事情的时候，如果你回头去看，会发现其实这件事确实是要发生的。也许它存在于一些类似于你的潜意识之类的东西里面，但它的确就在那儿。这不是无中生有，因为你实际上已经打好了基础。一旦我开始写作了，您知道我每周七天天天都写，所以大概四五个月就能完成一本书。

您的新书一本接一本出得很快。

是的，我试图每年都写一本书。

不觉得困难吗？

确实有点难度。我希望我的书能够保持和刚开始一样的激情。我不希望写作对于我而言是一项工作，即使它确实是。我不希望读者会有这些作品是从流水线上生产出来的感觉。我试图找一些能够让我觉得充满激情的事情，这样这本书就会变得更好一些了。有时候，你很难知道你接下来该怎么做。我没有很多的……我不是一个有很多想法、诡计或者说花花肠子的人。这不是真正的我。对于我来说，所有的一切都围绕着作品人物和我所要讲述的东西。

您从哪里开始着手呢？

举个最近的例子吧。斯佩罗·卢卡斯系列，我写了一对收养了很多孩子的夫妇，因为我和我妻子就收养过很多孩子。所以我想要谈一些真实存在、不那么刻意的事情，更多的是谈一谈关于收养的一些奇怪的方面,因为您知道的,其实这是一件很奇怪的事情。人们想要装作某件事情很寻常,但实际上它并不寻常。

您所有的孩子都是收养的吗?

嗯,是的。[两个来自希腊的美国人收养了两个黑人孩子,两个白人孩子,一些黄色的狗,《伤口》中描述的场景和佩勒卡诺斯家的很像。]所以我在这个故事中,以父母的角度提到了很多关于这方面的东西。不过最后我谈到了在孩子们身上发生的事情,也就是随便提了一下有一个男孩在法鲁贾[1](Fallujah)打仗,另外一个成了哥伦比亚特区公立中学的老师。我认为这是作品自己的意志。我的故事总是有很多来源,而且我认识一个雇用私家侦探的律师。他有次跟我说他以后都用老兵做侦探,因为他们都很擅长这些。他们从前线回来,想要继续做他们在前线做的事情,每天都需要有任务安排,即使去那些危险的街区他们也不会害怕。我觉得这很有意义,写一个从战争中归来的人。这些都来自一则新闻。这本书的开头是他接受了一个任务去找回一些失窃的物品,并且他可以从他找回的这些东西里拿到40%的报酬。其实这是向约翰·D.麦克唐纳[2]和他的主人公查维斯·麦基(Travis McGee)致敬,《深蓝再见》(*The Deep Blue*)是我读的第一本侦探小说,在这本书里,查维斯·麦基找回了很多失窃的物品。您看,这对于我来说很简单,我想要做的就是一些这样的事。我还想要写一个超级性感的年轻人。我写了很久的中年人,现在觉得写一个很喜欢和女人们睡觉的人会更有意思一些。可能这在政治上不太正确,但我的人物就是这样。斯佩罗·卢卡斯消失了很久,他

---

[1] 伊拉克地名。
[2] 约翰·D.麦克唐纳(John D. MacDonald,1916-1986):美国小说家。

试着找回失去的时间。您看,我没有怎么跟您描述故事情节,因为我也不知道情节。只是一些跟人物有关的事情,我就是这样开始写作的。

我跟您说过了《回家之路》的灵感来自我和监狱的少年们一起工作的时间,我想要写一些在一个入狱的少年身上发生的事情。《戏剧之城》(Drama City)的构思,是我在拍《火线重案组》的时候完成的,拍摄的时候,人们雇用大量刚刚刑满出狱的人,让他们做群演等等。我经常和这些家伙交谈,当然不只是和这些家伙,比如斯诺普,她因为谋杀刚刑满释放。我对这些人出狱后的去向很感兴趣,他们怎样在一个失业率堪比大萧条时期的国家生存下去呢?他们在出狱之后找工作时,会成为人们最不想雇用的人。怎样面对这种状况呢?我去了一个保护动物协会。因为我对于狗打架这类事情很感兴趣,这种事在当时很常见。然后我就问:"你们会雇用一个刚出狱的人做保安吗?"那个人回答我说,如果他不是一个小偷或者杀人犯,他们会雇用他的。这样我的书就有了。一个刚出狱的人,在保护狗的组织里工作,《戏剧之城》就这么出炉了。

您是位介入式作家。

我喜欢去看那些在街上发生的事情。对我而言,这是最有趣的。上周五,我去了一趟哥伦比亚特区监狱,因为有个朋友跟我谈到了一个小伙子,后者曾攻击过一个坐在车里的家伙。这个小伙子几周后会被提起诉讼,于是我就假扮助手,跟着一个侦探去和他谈话。我和这个男孩谈了两个小时,真的非常有意思。

真的吗?

其实我对于像用了什么武器,或者他们怎么计划之类的细节并不是很感兴趣。我想听他说话,他跟我讲话时运用的语言,以及他和别人的关系。他戴着手铐,胳膊和腿上都挂着铁链。我问他为什么,他又没有杀人。他是在和监狱的女看守睡觉时被抓住关禁闭的。这也挺常见的。他说他是在马里兰被捕的,在那儿,他想睡谁就睡谁。他要的东西他都能搞到,像大麻啦、色情杂志啦、女人啦,所有的一切。在哥伦比亚特区就稍微难点了,因为到处都有监控摄像头,他得找一个没有监控的地方跟女人睡觉。总而言之,他是故意让自己被抓起来关禁闭的,这样他就能一个人待着了。实际上,他喜欢一个人待着,这样他就不用跟任何人说话了,他可以有自己的牢房,不用跟别人共处一室。他谁也不相信,所以还是一个人待着比较好。不过呢,联邦调查局在监狱的电话里装了监听,稍微有点常识的人都知道这些电话肯定是被监听的,但他却打电话去找一个不是他女朋友的女人做爱。FBI[1]的人就拿着录音带去找他的女朋友,跟她说:"看看你苦苦等他的时候,你男朋友干的这些事吧!所以,你有没有什么要告诉我们的?"他们想要让他女朋友动摇,就故意利用录音带来刺激她。我从这些故事里提炼出什么呢?这个男孩败就败在他的弱点上:"对女人兴趣太大。"这是个很帅的小伙子,我能理解他为什么情场得意,但这也是他的克利普顿石[2]!(他笑。)您看,我感兴趣的就是这些事,不是他的犯罪,而是他的语言和性格。

> 对,是这样。您笔下的人物来自各个社会阶层,我想知道您是怎样发现他们的声音的呢?

---

[1] 美国联邦调查局。
[2] 可称氪石,是漫画《超人》系列中的一种假想矿物,最早出现于1943年的广播剧《超人历险》,它在长久以来都被设定为超人众所周知的弱点之一。

我认为对于我来说最重要的事情是倾听。这要追溯到我十一岁的时候了。我喜欢每天坐公交车去市区,为什么呢?因为我喜欢听人们说话。我热衷于听他们声音里的诗韵,尤其是华盛顿黑人之间的谈话。我还会去法庭,旁听谋杀案或者这一类的诉讼。所有人都可以去法庭旁听,这是公民的权利。所以我就经常去坐在那里听人们说话。我对于每场诉讼的结果和律师们玩的手腕并不感兴趣,我就是想听不同的声音。

同时您对细节的描绘也十分精细。比方说描述武器啦、车子啦等等。您是怎样知道这些的?

我到处都有朋友,包括警察局和毒贩子……

您是怎么找到他们的呢?

现在是他们来找我了。主要得归功于《火线重案组》,它帮助了我很多,给我打开了很多扇大门。现在人们想要找我说话了,之前比较困难。以前,我不得不干一些蠢事,比方说在那些卖毒品的地方闲逛,就为了跟那里的人说说话。

这样有用吗?

不是非常有用。(他笑。)实际上,一点用也没有。我现在要有技巧多了,不过其实我也没的选。

那您实际上在寻找什么呢?真实性吗?

我感觉需要把读者带到一个他们不会独自去的地方。所以我必须得对这个地方十分了解。也就是因为这个读者才会为我的书花钱:他们希望我能够带领他们。您知道吗?我不能凭空捏造这些,我没有那个想象力。即使为了电视,我可以描绘一些别的地方的场景[《劫后余生》(*Treme*)发生在新奥尔良,《火线重案组》

发生在巴尔的摩]。但是对于我的小说,我做不到。我必须得去欧几里得九号街看看它真正的样子,我需要充分地接地气。我就是这样写作的。

您从一开始就知道华盛顿会成为您的写作重心吗?

嗯,我想写写这座城市,因为之前没人在小说里写过它。再者,之前只有一些关于政府的作品。现在有个非常好的小说家了,爱德华·P. 琼斯[1],但他是在我之后才开始的。他是个华盛顿黑人,写了一些很了不起的关于这座城市的作品。但是在我之前,没有人写过这种书,我希望能够讲述这座城市真实的生活。

您是怎么写过去的事情的呢?

让我想想。我干的第一件类似的事情是《大崩溃》[2](*Un nommé Peter Karras*),主要题材是我父母,从他们五十年代的移民经验里汲取的。我和他们聊了很多。我父亲那个时候还在世,我遇到了一些当地经历过那个年代的人,记录下他们的回忆。然后我又去了图书馆查阅了很多当时的报纸,还有缩微胶卷。去看一些新闻啊、广告啊、宣传册之类的东西。这样我就知道那个年代人们抽的是什么烟,值多少钱,他们在电影院里看些什么,还有房租是多是少。从这里就可以开始搭建一个世界了。我做的最雄心勃勃的事情是写1968年暴动,这是我一直以来的计划。但是我等了一阵子,这是我最困难的一部小说,因为我之前没有想到过我还不够好。我当时还不算是一个足够好、能够还这件事正义和真相的作家。这个主题太重要了,所以不能只写一半就搁笔。

---

[1] 爱德华·P. 琼斯(Edward P. Jones, 1951—):美国小说家。
[2] 英文书名为 *The Big Blowdown*。

这本书花了我一年的时间，这跟我一直以来的习惯不符，时间太长了。

您是到什么时候觉得自己变得足够好的呢？

我觉得我写的《德里克·斯特雷奇》(Derek Strange) 系列里的中年人帮助我找到了《暴力革命》(Hard Revolution) 里面的更年轻一些的人物。这些书可以说是某种程度上的准备工作。我进步了很多，当时我已经是个挺不错的作家了。（他又笑了。）

您觉得让同一个人物回到一个完全不同的故事里，或者正好相反，让他离开这个故事，您会感到困难？

一直以来，我从来没有写过一个超过三部以上的系列小说。我一直在担心我的小说不够"生动"，因为我会重复讲述，或者说对人物感到厌烦。（这时候狗开始叫起来，因为对面的人行道上路过了一只它们的同类，他在努力使它们安静下来）。这两条狗来自保护动物协会。在我写完《戏剧之城》以后，他们把这两条狗送给了我。您知道的，在斯特雷奇系列里的特里·昆因 (Terry Quinn) 这个人物，我在第三部里杀死了他。当时出版社跟我说："你确定你要这么干吗？这些书可刚开始大卖啊！"不过这就是应该发生在他这个人物身上的事情。

是从什么时候开始您的书的销量开始变好的呢？

我觉得是我换到了利特尔·布朗出版社 (Little Brown) 之后吧。《傻国王》就卖得比较好。它还卖到了国外。在法国和英国，我都收到了一些评论。但是在美国，就没人写关于这本书的评论。然后有一些美国记者发现了这点，他们疑惑道："这人是谁啊？"事实上，这种好销量是继《火线重案组》系列之后，从法国开始的。

那么我们来说说看您是怎样重返《火线重案组》的?

已经有十二年了。我和作家劳拉·李普曼是朋友,当时她和大卫·西蒙一起,她把我的一本书递给他说:"你应该读读这个家伙的书,他来自华盛顿,在那儿干着你在巴尔的摩干的事。"她想说的是那些社会侦探小说。大卫·西蒙写过《凶杀》(Homicide)和《街角》(The Corner)。当时是在一个共同的朋友的葬礼上,我还不认识大卫。他们刚拍完飞行员。大卫让我陪他一起回去,然后我们就聊起来了。他告诉我说:"我正在为HBO拍部片,是关于警察和毒贩的……"他表现得很低调。"你想写一部吗?"我回答说:"好,我来写一部。"我那时正在电影公司工作,但什么也没拍过。实际上,我清楚地记得,那阵子我正在法国巴黎参加文学作品的巡展,回来之后就必须写这部剧了,我十分焦虑。我从来没做过这个。凭空写一本小说和写一个要拍成电视的剧本还是有些不同的。我回家之后就投身到这件事里了。第一年他们会给我一个主题,我就写这个。然后我就成了影片的共同制作者,我一直在那边,和他们一起构思创作整部电视剧。这真的很棒,它使我变成了一个更好的作家。

啊?是这样的啊?

就像我跟您说过的那样,我没有参加过写作课,以前我也没有收到过评论。在那里,有一个作家群体,氛围是比较紧张的。有很多的争论,也有很多的虚荣心作祟。所有人都想成为房间里最好的作家。爱德华·伯恩斯[1]、大卫和我每一季都在那里工作,不

---

[1] 爱德华·伯恩斯(Edward Burns, 1968—):美国演员,编剧。

过也有一些作家在创作另外一季：理查德·普莱斯[1]、丹尼斯·勒翰、艾瑞克·欧文麦尔[2]、泰德·科恩[3]……所有人都想要最好的题材，竞争非常激烈。我们分别创作不同的片段，然后大卫会一起重新读，重新改写。我想要最大程度上避免被改写，因为作为小说家，我习惯于做我想要做的事。所以我就尽量好好创作以达成我的目标。也会有人拍着门说："我才是作家，不要改写我的作品！"不过我的态度是尽量提供最好的作品，这样他就不会重新改写了。大卫告诉我说，我的第一部电影剧本被他改写了70%！这给我带来了压力。我想要做得更好。在第三季的时候，我写的90%的东西都被拍出来了，我做到了。

那这份工作最后是怎样影响了您的小说创作呢？

我认为它使我的小说变得更加精练了。我不希望我的小说读起来像一部剧本，所以努力使它变得更加精准。同时我也不希望它给人刻意雕琢的感觉。我从《火线重案组》里学到的一件事就是：虽然我们还不太习惯这样做，但是需要给予观众更多的信任，让观众多动动脑子。我认为这样更好。

当您在写小说的时候，您会想到它们有可能会被改编成电影吗？

不会。

因为您的作品太精准了，任何细节您都不会放过。在您的小说细致的描写中，有一种典雅和诗意。

---

[1] 理查德·普莱斯（Richard Price, 1949- ）：美国编剧，作家。
[2] 艾瑞克·欧文麦尔（Eric Overmyer, 1951- ）：美国剧作家，电视剧制作人。
[3] 泰德·科恩（Ted Cohen, 1949- ）：美国媒体业高管。

谢谢!

嗯,描写武器或者是汽车的时候,您的小说都有这种特点,比如像这样:"阿兹特克人的凯迪拉克金色豪华轿车,1979年出的林肯马克B豪华轿车,敞篷,里面铺着用蓝色丝绦装饰的洁白天鹅绒,车身侧门和巨大的轮胎都饰有白边……"

是的,我喜欢汽车!实际上,我觉得这是因为没有人教过我该怎么写作……当我想象一件事的时候,我就会去仔仔细细地观察它,然后就这样写。我认为这样帮助了我描绘人物,知道了他们穿什么衣服,开什么车子,听什么音乐。这些都是人物的一部分。

对,音乐,正好,我想要听您谈谈音乐对您的重要性。

极为重要。看看您周围。(周围墙壁的架子上放满了CD。)

您曾经在您的书里放了一张CD,不是吗?

是的,在《暴力革命》里。那张CD里有很多灵魂乐[1],来自南方的灵魂乐,还有一些其他类似的东西。我希望读者知道我在说些什么。说实话,大部分读这本书的人都不是出生在那个时代。1968年的时候,我自己也不懂这种音乐。直至我长成少年,我才被这种音乐所震撼。因为摇滚乐和灵魂乐都是和性有联系的,当性意识觉醒之后,你才能真正地感受它们。但是在书里放张CD

---

[1] 灵魂乐是二十世纪五十年代发源于美国的一种结合了节奏蓝调和福音音乐的音乐流派,紧扣节奏、拍掌、即兴形体动作,是其重要特征。

代价太高了，出版社以后可能不会再让我这么干了……

您遇到过很大的写作危机吗？

没有。不过我确实遇到过一些不太好写的书。《暗夜园丁》[1]（*Les Jardins de la mort*）就写得十分艰难。我感受到了巨大的压力，因为我刚签了一个很大的合同，报价很高，在那之前，我这辈子都没有挣过那么多钱。那是第一本签了这样的合同的书。我必须得交一本大部头。这确实意味着很多钱，我之前没有遇到过这样的事。我开始写这本书，不过发现自己被卡住了。不是那种"江郎才尽"的被卡住的感觉，毕竟我每天都会写作。但我开始有点恐慌，因为我感受不到这本书了，我没办法去想象它。那是一个非常艰辛的体验。我不知道故事该怎么结束。这种感觉一直贯穿了整个写作期间。那阵子可真不好受。最后，我指的是最后一章，我终于知道了该怎样把所有情节拼起来，但是与此同时，我也意识到了其实一切都已经定好了，一切都在书里。我应该回过头去看看，然后修改一些细节，不过很少。我认为这本书最后可能会成为我最好的作品，但它也是最难写的。我也有过一些经历，那时候我想着："嘿，写这本书可太容易了！"但是这些书通常不会那么好。

比方说哪些呢？

（他大笑。）我现在可不知道了，我就知道您要问我这个！我看看我的书架啊，不过我还是不太知道。相比我刚开始写的那些玩意儿，我更喜欢我现在的作品。我认为我学会了怎样写作。这些书里有很大的能量和很多的情节。《大崩溃》情节就很好，我认为这是我写过的最好的故事。但这不是我写过的最好的书，我想

---

[1] 英文书名为 *The Night Gardener*。

要重新写一遍，现在我能写得更好一些了。

您有比较喜欢的人物吗？

德里克·斯特雷奇。很喜欢。我觉得我抓住他的灵魂了。他是一个比我年长的地道的华盛顿人和我喜欢观察的那些黑人社团中重要人物的综合体，这些黑人会教导孩子，有人道情怀，还综合了每天去干活的工人和一些我很爱看的很酷的人的元素。我很想要在他生命的另一个阶段重现他，就是在《它是什么》(*What It Was*) 这本书里，我不知道法国会怎么翻译这个书名，我想法国应该还没有引进吧。在这本书里他二十六岁，那是1972年。我写了三本跟他有关的当代小说。他在《暴力革命》里是二十二岁，到七十年代初就二十六岁了，我描绘了他的人生，这样很好。

您在写作的时候会考虑到读者吗？

完全不会。我不会一边写作一边想着读者，我在努力写一本好书，这就已经很辛苦了。

什么是您写作的动力呢？

写作是一件让人很愉快的事情。就从一本书的物理形态上来说吧，当你把它放在手上，并且告诉自己这是你写的，会感觉十分满足。就算我们走了，书还会留在世上。您知道吗？就好像一幅画，或者是录下的一首曲子，知道自己完成了它会非常满足。我认为相较其他人而言，作家们对生命的脆弱易逝尤其敏感。我不理解那些人是怎样能每天起床去干他们不喜欢的工作的，而且终其一生。他们工作是为了生存，而且仅仅是为了生存，但是当一天结束的时候，他们不会有任何成就感。当然，认为在身后能留下几本书就能战胜死亡的念头是没什么价值甚至有点荒诞的。人是不能够战胜死亡的，这种想法毫无意义，但是不管怎么样，人们还是会去尝试。

>我们可以谈谈《劫后余生》吗？

在为《劫后余生》的创作和拍摄的四年里，我每年会在新奥尔良住半年。拍摄时，我每天都待在摄影棚里。这是我生命中最好的体验。在这之前，我从没在除了华盛顿以外的地方生活过。

>不过，这对于一个美国人来说很少见吧，不是吗？我印象中美国人个个都一直在搬来搬去。反而在欧洲比较常见，人们一直待在他出生的地方生活。

同一个国家的每个地区都很不一样……我的家就安在这里，不过有一年我曾经把我儿子带过去帮忙拍电影，就是您刚看见的那个。那是他的第一份工作，现在他全国各地跑，都是为了电影工作。我很喜欢新奥尔良，我一下子就爱上了它，爱上了那里的音乐，那里的人们。那是一个黑人城市，就像我成长的地方华盛顿一样。

>您在书里谈到了很多关于华盛顿资产阶级化的问题，这座城市已经改变了吗？

当我还是个孩子的时候，也就是我跟您说到的这些年里，从六十年代末到整个七十年代，华盛顿70%—80%的居民都是黑人，现在不到50%了。如今这座城市变得更好了，有更多的工作机会和更低的犯罪率，这点我们不能否认。不管怎么说，我们不能说过去比现在更好，但是过去更有意思、更广阔。这儿曾经是一个巧克力色的城市，它有自己的灵魂。我在新奥尔良重新发现了这一点，它一直是一个黑人城市。这让我想起了我的老华盛顿城。我就是单纯地爱上了它，尽管这个系列的剧没有什么人追……

真的吗？这个系列明明很棒啊。

它的收视率一直以来都是 HBO 最低的。我们请求他们在节目上保留这个系列，他们也信守承诺做到了，并且帮我们保留了四年。这不是一部侦探剧，不是讲跟律师或者医院有关的故事，跟这些东西没什么关系，所以美国人还不太习惯。我们在写这部剧的时候就已经知道了，但我们还是坚持了我们的初衷，我们写了一部我们想要写的剧。那是一个很不错的体验，我很喜欢在新奥尔良生活。

您对新手作家有些什么建议呢？

大量地读书，让生活更加丰富一些。我们不能够把自己封闭起来然后还期望着……我也不知道。需要走出去发现。我一直在告诉年轻的作者们不要着急，这不像一个运动员或者一个电影明星只有一小段黄金时期那样，写作是一件可以为之奋斗终生的事情。您看，我就从来都不打算退休。我不能停止写作。我这二十多年来做的所有的事情，我做过的这些工作，都是我创作的源泉。我很高兴不用从事一份办公室工作。在厨房或者酒吧干活，都很有意思，可以一直听人们说话。这就是一个新手作家该做的：走出去，成为酒吧招待。卖女鞋是我干过的最好的工作，我每天都可以和无数的女人说话。超棒！

在写小说和写剧本上面，您怎样分配您的时间呢？

我必须最大限度地把它们分开。我不能同时干这两件事。比方说，对于《劫后余生》，我基本上从九月到三月就必须在那，我知道接下来的夏天里我得写一本书，这就是我要干的。我就不干别的活儿了。我每年都是这样做的，半年投身于文学，半年奉献给电视。

您会拍摄一些不是您写的电影吗？

当我在电影公司工作的时候，我们拍过一些独立创作的电影，然后我就只拍我自己写的剧本了，因为有时候会比较失望。我曾经拍过一些电影，我觉得如果我能够插手它们的剧本创作的话，它们会变得更好。

您在结束一本书的创作的时候曾经遭遇过失败吗？

没有，我写的所有书都被出版了。不过我为电影写的很多东西都没有被搬上银幕，这通常让人很沮丧，不过也是不受控制的。创作质量和最终呈现通常没什么关联。

狗又开始叫了。这次是吉尧姆和孩子们来了。在拍照的间隙，男孩们在客厅里闲逛，耳朵听着地下室传来的声音。乔治的妻子购物归来，把我们的女儿们都带到楼上的一间房间里，并且拿出一个装着十几个芭比娃娃的橱柜。在这段时间里，乔治的女儿，高兴得脸都红了，来给她爸爸展示哥哥提前送给她的生日礼物，一个小挂件。她有一张很温柔的脸，"尼克在他口袋里发现了这个！"她说。"真的吗？"她爸爸有点怀疑地问道。不过他很知趣地没有继续追问下去，而是帮我们联系他的朋友们，去找那些南方的侦探小说家们。

Ron Rash　罗恩·拉什

卡罗维,北卡罗来纳州

我们沿着海岸线游荡了几天，等着罗恩·拉什跟我们确认访谈的事情。这位诗人来自大烟雾山（Great Smoky Mountains），那里的人们还信鬼魂，但也知道它们不能蹚过急流，还信杀死一条黑蛇就能求雨，觉得猫头鹰的叫声预兆着死亡。雷奥纳多（Léonard）——《无序之王》[1]（*Monde à l'endroit*）里的人物，从前是老师，被放逐之后，住在活动房里，做着给当地年轻人提供药片和酒的小生意，就是这些迷信的见证人，他"怀疑这些信仰就来自这危险的、黑魆魆的大山，他的祖父就是在山的阴影里召唤亡灵，就好像后者是被这些暗无天日的山脊山谷创造出来的一样"。

佐治亚州一直在下雨，浇灌着这些覆盖着西班牙青苔的百年古木。密布着无数小岛的海岸线极具风情，被一些美丽的木屋点缀着，台阶上挂着一些空荡荡的吊床。在路的另一边，离海要远一些，有很多破败的小屋，一些活动房和雨淋后生锈的合上的烧烤架。访谈终于约好了。我们穿过佐治亚州直达北卡罗来纳州。随后开始有一些上坡路，而在大山里寻找西卡罗来纳大学的我们也迷失了方向，走到了一条之字形小路上，两边都是由混凝土和预制板搭成的摇摇欲坠的小屋，小花园里堆满了开裂的塑料玩具和盆子，一些写着"犬类出没"的标志牌歪歪斜斜地贴在围墙上，窗户上挂着窗帘。我们没有遇见任何人，但四处停着小卡车。我们觉得这种景物就像是从《无序之王》里走出来的。最终，我们到达了目的地，决定把野营车和学生们的车停放在一起。又高又瘦的罗恩·拉什，一身牛仔服，在附近都是英式建筑的小办公室里接待了我，不过他还是更喜

---

[1] 英文书名为 *World Made Straight*。

欢坐在晦暗无窗的公共客厅没有特色的大沙发上,伴着咖啡的浓香接受访谈。

我读到说您声称自己是一名南方的作家,连维基百科上都提到了这一点,南方对于您来说有着近乎国籍一般的意义。

这里有我的风景,是我熟悉的地方。我的家族在这里住了大约两百年。在美国,这意味着很长时间了。在欧洲或许不算久,但在美国可以说是很久了。当我读福克纳、弗兰纳里·奥康纳和尤多拉·韦尔蒂[1]的时候,我就希望长大之后能够从事写作。是这些作家启发了我,而他们都是南方人。他们写的都是乡村生活,就像法国的季奥诺[2]——我们这样用他的姓去称呼是不是不太好?——描写山村风光那样。对于我来说,通向共性的最佳途径就是从个别出发。使得作家们与众不同的就是他们能在某一个地方发掘得越来越深直至发现共性的能力。我认为,一旦发掘得足够深,就能触及一些对于全人类都共通的东西。福克纳、都柏林的詹姆斯·乔伊斯,这些作家都为我指明了方向。

您是在这些大山里长大的吗?

---

[1] 尤多拉·韦尔蒂(Eudora Welty, 1909-2001):美国著名女作家、短篇小说大师。
[2] 季奥诺(Jean Giono, 1895-1970):法国小说家。

我是在北卡罗来纳州的一个叫作沸泉（Boiling Spring）的乡村小镇里长大的，离这儿八十公里，大约有一千个居民。是阿巴拉契亚山脉的一个分支。但我家就在这里。我们家族里几乎所有人都来自高山地区，我现在已经在这里生活了十一年了。两百年前，这一小片土地属于我的家族，后来不是了，但我们又把它买了回来。拉什家族来自韦尔斯。我的祖先们大部分是英国人、爱尔兰人、苏格兰人和荷兰人。我妈妈在山里的一个农庄长大，我父亲的家族在阿什维尔和这边的大山之间来回奔波。我父母刚开始在一家棉花厂里工作了几年，然后他们又重新回到学校当上了老师，那个时期对于家庭来说是很困难的，我指的是经济上。

您是怎样决定成为作家的？

我不像大多数人那样很早就开始了。我大部分的作家朋友起步都很早。但我一直都很喜欢写作。我喜欢孤独，喜欢一个人去森林里，我可以在那里待上一整天。一个人的时候，我觉得很自在。在某种程度上来说，我是强迫自己成为作家的。您知道的，要想成为作家需要这种性格。我是以运动员的身份进入大学的，我把精力全花在体育上。我跑八百米，是这个项目让我拿到奖学金上大学。但是这种运动员生涯随着一次肌肉拉伤而结束了。然后我就到了一种漫无目的、有劲没处使的状态，于是我决定尝试一下写作，看我到底有没有这个能力。二十几岁的那几年，我花了很多时间在写作上，但都属于业余爱好。当我到了二十八岁的时候，我很清楚地意识到我宁愿当一个失败的作家也不愿意永远不知道自己是不是当作家的料。我当时是在读文学博士，我感觉自己要做一个重要的决定，于是我就放弃学业了。人们都说我疯了，但我感觉自己没办法继续学业、成为自己想要成为的作家。我应当用一个标志性的举动来证明：我就是作家。

可以谈谈您的第一部作品的出版吗？

在我二十大几的时候，我在几家文学报刊上发表了一些诗歌，慢慢地有更好一些的报纸接受我的作品了，我也写了几篇短篇小说，但我的初期作品主要还是诗歌。我认为这对我后来的小说创作大有裨益。我希望我的小说能达到的效果，就是读者会感觉到语言对作品起了很大作用。我不知道这在我作品的译本中能不能体现出来，翻译确实是份艰苦的活儿，但我听说译得挺好的。

在您发表最初的这些作品时，您还有别的工作吗？

有的，我在一所技术学校教书。学生们读完两年之后就毕业，然后从事机械师或者牙科护士之类的工作。对我来说，这主要是为了谋生。暑假我比较自由，可以写很多东西。您知道的，对于写作来说，只要你觉得它足够重要，你就一定能找到时间。早上我起得很早，白天和晚上我都有课，一个学期要带五个班。但是在写作这件事上是不能妥协的。我强迫自己每天写两小时，周末和假期会更长一些。剩下的精力我都用在教学上。我很想做一名好老师，也努力去做了，我喜欢教学。但是对我而言，最重要的还是写作。

您喜欢教学的哪一点？

我喜欢学生读到某个作者的一部短篇小说或一部戏剧时的兴奋感。我喜欢分享，我认为这是最基本的。美国现在几乎有一种反文化的氛围，艺术、音乐和文学都被认为是不重要的。我不这么想，这些东西对民主是至关重要的。我喜欢文学的地方在于，它是处在"灰色地带"、黑与白之间的。政治家会给我们黑白的界限，但对于我来说，真正优秀的文学并不是那么容易能找到答案的。这意味着同理心，它帮助我们去理解一些和我们有很大差距的生活。我一直坚信这一点。德里达[1]的解构主义和拉康的结构主义都没有让我改变想法。(他淡淡地笑了。)

我们回到您初期作品的出版吧,您是怎样开始小说创作的呢?

我在快三十岁的时候写过一些小说,然后三十五岁的时候又写了一本,都不太成功。

您把它们寄出去了吗?

没有,写得太糟糕了。我知道小说写得不好。当我四十岁左右的时候,我以为自己正在写一部短篇小说,里面的人物让我没办法停下来,我就继续写了,这本书就是《一脚迈进伊甸园》[2](*Un pied au paradis*),那是一次完全不同的体验,我觉得自己年轻时,没有准备好写这么长的东西。我觉得美国对文学的最大贡献在于短篇小说,当我写了大概四五十页的时候,我开始害怕了,我对自己说:"见鬼,这是个长篇啊!"但是我准备好写这本书了。最后我雇了一个经纪人,这在美国是必需的,他试着把这本书卖出去,不过没人买。终于有一家出版社愿意接受这本书了,但条件是我要对它进行改编。这本书里一共有四个讲述者,出版社希望只有一个。我觉得这样就糟蹋了这本书,于是我拒绝了。两年后,我的作品拿了奖,被一家很小的地方出版社出版了,我得到了一些好评,有一家纽约的出版社开始对我感兴趣。之前我都是在一些小出版社发表诗集和短篇小说集的。

---

[1] 雅克·德里达(Jacques Derrida,1930-2004),法国哲学家。是二十世纪下半期最重要的法国思想家之一,西方解构主义的代表人物,法国著名的哲学家。
[2] 英文书名为 *One Foot in Eden*。

要出版作品的话，生活在这样一个稍嫌偏远的地方是不是要比生活在纽约更难一些呢？

也许吧。我不属于那个圈子、那种文化，我很少有机会碰到出版商和作家，但我一直坚信只要作品好就一定会被发现。南方的文学传统历史悠久，人们相信这里会出一些很优秀的作家。

您是怎样跟这种传统建立联系的？

南方和美国其他地区都大不一样，我不知道您是否感觉到了，即使在口音上，也是有很大差别的。我们的食物和风俗都不一样。关于文学嘛，南方一直有一种口语传统。我觉得这个有影响。不管出于什么原因，文学对于我们都十分重要。福克纳的影响十分深远，出了一个蜚声国际的作家对我们这种在南方长大的人来说影响很大。这里可以诞生伟大的作家。像奥康纳、韦尔蒂、田纳西·威廉斯[1]、卡波特[2]、拉里·布朗[3]，都是南方人。

您是在这种口语传统中长大的吗？

是的，但是把一切都归功于故事口述者就有点过时了。我会读很多的书，少年时代我最喜欢的作家是陀思妥耶夫斯基，并不是大家围坐一圈一边削棍子一边讲故事，但我能够感受到这种传统的影响之大。而且我认为，乡村语言里运用的大量隐喻和象征都和大自然有着深刻的联系。这一点很重要，来自大自然的隐喻

---

[1] 田纳西·威廉斯，原名托马斯·拉尼尔·威廉斯三世（Thomas Lanier Williams Ⅲ，1911-1983）：美国剧作家。
[2] 杜鲁门·贾西亚·卡波特（Truman Garcia Capote，1924-1984）：美国作家。
[3] 拉里·布朗（Larry Brown，1951-2004）：美国短篇小说家。

有一点非常好的地方就在于它们是有共性的。所有人都知道什么是瀑布，什么是河流，不管身处什么样的文化中，人们都能理解这些。

> 风景描写对于您的作品起什么作用呢？它们在您的作品中扮演了非常重要的角色。

是的，它们在我的作品中占据着首要地位，我希望风景能够成为一个重要的"人物"。对于我来说，风景和人物时而矛盾，时而和谐。但我也认为是风景成就了人物的命运。比方说在大山里长大和在海滨长大的体验就是完全不同的。[他笔下的人物在被迫离开大山时对于平原十分不适应——"无处可藏的风景"。]阿巴拉契亚山和美国其他地方相比是比较孤立的，当然了，也很穷，那里的人们简直是一贫如洗。当人们在极端困难的条件下生活时，会知道他们自己是谁。这种经历对于小说家而言是很宝贵的，书应该讲的就是这个：人们是谁。风景是主要的，我希望读者们能感受到是大山在推动着故事情节发展。

> 那关于历史，尤其是正史方面呢？

我喜欢历史，我一直都很喜欢历史。很明显，这又像是在吹嘘了，但我认为南方的历史更为厚重一些。在缅因州以及其他新英格兰地区也是。在加利福尼亚，几乎所有人都是第一代美国人，然而在这里，很多家族很久以前就已经在了。通过家族来了解一个地方的过去，这种联系既可以让人了解自己家族的历史，也可以了解这个地方的历史。但我想要做的是通过谈论过去来让人们思考当下。在写到当下的时候让读者感到惊奇。我喜欢这种想法，也就是读者读我的书时会想到："1919年的世界和我们现在完全不同。"然后，我希望他们能够通过做一些比较来理解我谈论当下的目的。在《山涧》[1]（*Une terre d'ombre*）里[这个故事发生在"一战"末期，描述了在一个偏远的山谷里，一个疯狂排外的国家的悲剧]，其实我写的就是"9·11"事件之后这种反对阿拉伯人的偏执情绪。另外一个和"一战"相似的地方就是：对于伊拉克战争和阿富汗战争，支持打仗的政客们都没有派自己的儿子去，上前线的都是别人的儿子。昌西·费斯（Chauncey Faith）这个人物就是这样。我相信人们喜欢在小说中读到现实生活中发生的事情。您读过希拉里·曼特尔[2]的书吗？她是个英国作家。她写了一本关于亨利八世的很棒的书。读完之后你会受到触动，会感受到这个世界是怎样组织运转的。当然，有一些情节是她杜撰的，但是她确实做了很多研究。

作为作家，您觉得自己肩负着一种使命吗？

作家的使命就是真实地面对世界。不太好说，因为我不想搞得像布道一样。小说有时候需要表现出怀疑的态度。同时，我在写《山涧》时，我确实表明了自己对政治的态度。我想要揭露一些在我们国家运转得不太好的事情。同样的，在《塞雷纳》（*Serena*）这本书里，我也表露了对于环境的担忧。

在《山涧》中，您给一个女性人物命名为劳雷尔·谢尔顿（Laurel Shelton），其实就是把谢尔顿·劳雷尔（Shelton Laurel）这个在内战时期曾经发生过大屠杀的小村庄的名字倒过来，您在《无序之王》里谈到过那次大屠杀。

---

[1] 英文书名为 *The Cove*。
[2] 希拉里·曼特尔（Hilary Mantel, 1952—　）：英国女作家。

在谢尔顿·劳雷尔发生的大屠杀是一些人因为意识形态的问题彼此反目而引起的。1919年这种事又重新上演了,由于无知和偏见,人们相互残杀:一些世代住在美国的德国人被怀疑背叛而惨遭迫害。这里还有一些人仍然记得在内战中发生的事情。当这本书出版的时候,一位母亲带着她的女儿告诉我说她们的家族里仍然有人在谈论那个时期的事情。那儿离这里不远,大约八十公里吧。关于这个地区人们所不知道的一件事就是,这里有很多支持南北统一的人。这儿奴隶不多,因为地形不支持开拓大量种植园。卡罗来纳州是最后一个加入脱离联邦行动[1]的。比方说在我的家族里,就有很多人为了南北统一而斗争。他们不觉得脱离联邦行动跟他们有什么关系。他们没有奴隶,受够了和富有的种植园主的竞争。这里和田纳西州东部都有很多支持统一的人。

作品被纽约的大出版社出版,这是否改变了您的生活?

这给我带来了一些南方地区以外的读者。这一点很重要。这在某种程度上改变了一些事情。我受到了更多的关注,更多的人想要读我的书,也得到了更多的参加一些文学盛典的机会。

您喜欢这样吗?

嗯,有时候吧。您呢?我觉得这很累人。我可以去澳大利亚、新西兰,这些我以前从来没去过的地方,但我认为这样对于一个作家而言很危险。我觉得作家在摄像机前过度曝光不太好。当我一个人待在家里写作的时候,我会觉得很开心。

---

[1] 1861年美国南方十一州的脱离联邦行动。

您是怎样庆祝这次出版的呢？

我很高兴，这种兴奋的态度持续了很久，这本书卖得很好，但并不是最畅销的一本，所以我生活里的一切好像并不因此就完全改变了。《塞雷纳》给我带来的改变更多，因为这本书也卖得非常好，在美国大概卖了十万册。在国外卖得也很好，尤其是在法国。

这本书将要改编成电影了，您参与编剧工作了吗？

很少。我需要保持距离。我觉得这件事我不一定能做好。他们也不一定希望我参与到编剧中去。而且据我所知，他们根本不会听你的。所以还担心什么呢？就让他们按照他们想要的那样去干好了。您写过剧本吗？

写过。这种写作确实非常不同，意味着要用另外的方式，因为这经常是团队创作。您，您更像是一位独行者……您有固定的工作习惯吗？

啊，当然有！我认为对我来说保持每天写作的习惯非常重要，有时候我周日不写作，或是周日写得没有平时那么多。但是无论如何，每周有六天我会写五到六个小时。我喜欢在上午写作，这样的话我的头脑比较清醒。我还会有一些仪式，我会摆好几支铅笔，泡一大杯茶。

您用手写吗？

当我觉得思路不太顺畅的时候会用手写。大部分情况下我都用电脑写作。但是当我觉得"卡"住的时候，会用手写。我不喜欢在电脑上重新修改。一般来说，我会打印一份然后手写修改。我觉得这样我会对自己更严格一些。我不太清楚是为什么。我一次要喝半升茶，我觉得作家需要一些东西。我很多朋友都抽烟，我自己就是喝很多茶，这会让我多动一动，因为我要经常去洗手间。我发现我不管在哪儿都能工作，当我旅行的时候我会继续写作，我可以在宾馆房间里写作。我也会经常在这里写作，我觉得这里没有什么会让我分心。我住的地方在山顶，因为那里太美了，所以我有时候会注意力不集中，会花好几个小时去看风景，要知道，城堡应该是很适合写作的地方。

您写一本小说大概要多久呢？

对我来说是三年。基本上我每一本书都会需要三年时间。您呢？

我会说是一年左右，但通常会更短一些。

噢，很快啊！有些人是能够写得很快，但我就需要三年。

您在创作作品的时候，一般从哪里开始呢？

一般都是从一幅画面开始。我觉得这是因为我也是一个诗人。我脑海里会有一幅抹不去的画面。对于《山涧》而言，我脑海中的画面是这样的：一个脏兮兮的年轻人，吹着一支银笛，小说就是从这里开始的。对于《无序之王》这本书而言，是一条满是鳟鱼的河，有个人正在看着一条鱼，书是从这里开始的。那个年轻人就是特拉维斯（Travis），我希望读者一开始不喜欢这个人物，严厉地去批判他，然后为他的改变感到惊奇。这就是一本书的开始，一切都起源于这里：一个年轻人在看一条鳟鱼。

对于您的小说而言，最重要的部分是什么呢？

语言。一切都很重要，但我操心最多的还是语言。不管是通俗的还是诗意的，我希望每个词都有价值。当我定稿之后，我做的全部的事就是注意发音和音节，看它们是怎样彼此应和的。有的时候我会高声朗读，为了好好听听文字的节奏。这对我非常重要。我希望读者能够听到这种节奏，即使他们是默读。

您会经常修订吗？

会的，我大概会写十到十四个版本。我的第一个读者是我哥哥，他真的很不错，他在一所技术学校教一些脑部受损的孩子和大人们。他是我最好的读者，因为他有一个很好的地方就在于他知道我在尝试着干什么。这是个非常大的优点。而且我在第三个或者第四个版本面世前都不会把作品拿给别人看的。

您的编辑也会帮您吗？

会的。她人也很好。我的经纪人也会看，但还是编辑会做主要的校对工作。一般来说，我会给她看第六个版本。我最近一次给她看我的书是在十二月份，这本书我已经写了一年多了，她做了一些很好的批注，提了一些很不错的建议。我知道这本书还没完全准备好，但她帮我加快了进程。我修订了这个版本之后，开始创作另外一个版本。当我完成之后，我会重新发给她，然后我们再一起看。我也会发给我哥哥看。

您会把您自己的生活当作写作素材吗？

不会。在我的一些诗歌里会提到一点儿。我不怎么写自传类的作品。很明显，有一些困扰会一而再再而三地出现。但我觉得我的生活没有那么有趣，此外，我觉得更多的作家应该这么说……对我而言，杜撰另一种生活是一种乐趣。

您在写作的时候会考虑到读者吗？

我不会刻意地去想。在某种程度上也许我应该这样做，但我也一直在努力创作出最好的作品。我的希望是这样的：如果我喜欢我写的东西，可能就会有其他人也喜欢。

> 在那些一而再再而三出现的困扰中，有对某种文化消失的担忧，对生态的担忧……

我希望能够借助于比传统大众文学更为细腻和完整的笔触，来还原阿巴拉契亚山和当地居民本来的面目。他们通常被展示出来的是消极的方面。人们对他们有很多成见：无知、暴力……有一些人是这样的，这个地区非常贫穷，确实没有什么接受教育的机会。现在这里是美国最穷的地区之一，比肯塔基州那边还要穷。这里眼下正遭受许多痛苦。年轻人大部分都去参军了，因为没有别的事可做。没有工作。还有一个很严重的问题就是冰毒。这是一场真正的灾难，这种毒品极其危险。但我希望我能展示出他们人性的一面；希望我能公正地对待他们的希望、他们的诉求；希望我能告诉世人他们只是因为生活的地区和别人不同而已。再说一遍，我希望能抓住普世的东西。

> 您会根据提纲来写作吗？

从不，我从来不写提纲。有时候当我写到第四个或者第五个版本了，我会画示意图，但是很粗略，就是大体的线条。这其实有点吓人，因为我从来不知道我到底要说些什么。我总是觉得很惊讶，每一本小说都让我很惊奇，它们都没按照我一开始设想的样子来发展。我现在创作的这本书，大概写了两百三十页吧，但是我已经扔了一百五十页了。不是因为它们写得不好，而是因为它们跟我的故事不符了。

> 它们有时候会让您有点写不下去吗？

不全是。在快三十岁的时候，我总是有很多东西想写。有一阵子我精疲力竭，但那主要是因为累的，而不是真的没东西可写了。当我写完这本书后，我会开始写另外一本我特别想写的书。

当您有灵感的时候您会记下来吗？

会的，有时候是关于某个人物，或者是一句话，要么是一些图。

您从来没遇到过很大的写作危机。

您呢？

啊，我觉得我正好在经历一场巨大的写作危机，这也是为什么我开始了这趟旅程。为了让自己喘口气，也为了看看别人是怎么做的。

因为您已经有四个孩子了。

不仅仅是因为这个。我现在意识到了，写作危机确实是我这趟旅程的原因。那么，哪些人对您影响最大？

陀思妥耶夫斯基。他对我而言非常重要。一直以来，我都很喜欢莎士比亚，我会经常重温他的书。我也喜欢诗歌，像波德莱尔、济慈，我也打算用很开放的阅读方式去重读。目前我正在重读《吉尔伽美什史诗》（*Gilgamesh*）[1]，我读过福楼拜、加缪、蓬热[2]，后者是一个很有趣的诗人。我喜欢他处理描写对象的方式。我特别喜欢俄罗斯作家契诃夫，还有爱丽丝·门罗，一个写短篇

---

[1] 又称《基尔麦什史诗》，目前已知世界最古老的英雄史诗，是一部关于统治着古代美索不达米亚地区苏美尔王朝的都市国家乌鲁克英雄吉尔伽美什的赞歌。
[2] 弗朗西斯·蓬热（Francis Ponge,1899-1988）：法国当代诗人、评论家。

小说的女作家。

啊，正好，我们也想见见她！

真的吗？她真的很了不起。我从来没见过她，但她就我的一本书给我写过一封很友好的信。

您会去读评论吗？

我尽量不读。但是人们会谈到，所以我最终还是会去读一读。我不是所有的评论都读，因为我觉得评论里也没什么有用的信息。当人们赞扬你时，你会变得很自负，然后觉得："嗯，我确实做得不错。"当人们批评你时，你会觉得他们糟蹋了你的创作。我偶尔会翻一翻评论，但我试着尽量不要看。确实大部分我都没有看过。我真的觉得没什么用。我身上有一部分是不愿意去理性地思考我的作品的。我不想停下来去告诉自己："现在我该这么干或者那么干了。"这会抹杀掉写作所有的魅力。

您曾经因为某则评论而完全改变您的创作吗？

我的编辑觉得《塞雷纳》应该更长一些，我听取了她的意见，加了一个很重要的人物进去，这对我帮助很大。但是有时候我不会同意，直到目前为止我还是很幸运的，因为一般都是编辑听我的。

您在结束一本书之后会有什么感觉呢？

写完一本小说之后我会觉得很开心、很放松。有时我会想我再也不写小说了。我说过三次这种话，我身边的人们都觉得受够了，不想再听我说了。但是这项工作真的很辛苦，让人很疲惫。对我来说问题就在于，我不是那种能一天只写作两三个小时，然后其他时间都不再管它的人。我会一直不停地想着它，梦见它，甚至半夜里还会起床思考它,整整三年里都这样。别人跟我说他们可以分辨出来什么时候我完成了一部作品,因为我看起来就像得到了解脱一样,看我的样子就知道了。

您完全沉浸在您的创作中了。您会跟您周围的人谈论您的作品吗?

不会,我会把它装在脑子里。我现在在写的这部小说就是这样,目前刚到可以跟别人谈论的时候。但是第一年,我的编辑和经纪人都不知道我在干些什么。我不会告诉他们,因为不想别人给我提问题。

您觉得您可以停止写作吗?

我觉得我不行。也许老了就不写了?不写作的日子里,我觉得……不过这个问题问得很好。当我结束一本小说的创作的时候,接下来几个星期我都很茫然,因为我已经习惯沉浸在作品里了。我不知道要把我的精力花在哪里,感觉自己像行尸走肉一样。于是我就会开始写一些新东西。

我希望我们能谈谈迷信。您的书里展现了很多关于迷信的东西,其中有些现在也还在发生。

我是在那种氛围下长大的,这使得……

——嘿,洛朗,这是英文系主任。

——噢,你在接受采访呢?我就随便讲一下我们的事。

——太好了!我正想跟你说,罗恩,这个学生,你应该教过他的,他叫史蒂芬·金,他刚接到回复,你猜是什么?他被哥伦比亚大学录取了!

——哦,太棒了!

——好了,见到您真是太好了,待会儿见,罗恩!

我们刚说到迷信。

是的,这很常见,尤其是在我年长的亲戚身上,他们相信巫师。如果在水源里有一只蝾螈,他们会让它安安静静地待着,因为它是水的守护神。我喜欢这些迷信的地方在于,迷信与自然界紧密相连。在蜘蛛网上,人们可以看出一个字母的形状,然后根据这个预测未来。我在这本新书里写到很多这方面的东西。我喜欢的是,迷信使得这个世界如此奇妙、神秘、具有魔力。作为一名作家,我很幸运能在这样的地方长大。我曾经做过一些调查研究,发现这些信仰可以追溯到英国。看它们是怎样被移民们带到美国,又是怎样在这里生根,是很有意思的事情。这个世界有一部分是不能够被解释的,我喜欢这种想法。这也是我为什么对濒临灭绝的动物十分着迷,有一些物种人们以为已经消失了,但实际上并没有。

卡罗来纳的鹦鹉!因为不想跟同类分开,它就任由人们冲它开枪,这是您在《山涧》中写的。

对,就是这样,可能它们也是一部分。我希望这个世界是神秘、奇妙的。我也相信它是这样的,无比神秘。人们常常对奇迹视而不见。我是这样教育我的两个孩子的:我们在大自然里待很长时间,我会带他们出去捕鱼。我认为这点非常重要。一些新的研究已经表明了孩子们在大自然中长大是多么重要。在奥地利,有一项研究表明,在室内待得更久的孩子容易得近视,常在室外的孩子们,可以换着法子用眼睛去看更广阔的地方,观察各种不同的颜色……

我一直对一个问题很感兴趣，就是为了创作，您是需要更多独处空间还是需要外界的推动呢？不过我想我已经猜到答案了……

嗯，我需要独处，我很内向。融入这个世界让人觉得很累。当我去参加什么盛典之类的，一整天下来我会觉得特别空虚，所有的精力都被消耗光了。我真的很内向。在讲了十个小时话之后，我可能明天一天都不会再张嘴了。我在那边山顶上一个人住。我妻子住在卡罗来纳南边。我们主要是周末见面。我完全是一个人生活，这点对于一个作家而言非常好。但我有时候也会有点担心，因为我太习惯孤独了……

那么教书对于您而言不会很困难吗？

上完一天的课之后我会觉得很累。但是我喜欢我的班级，喜欢我教的课，我的学生都很认真、很早慧，而且逼自己出门也是好的。对我而言最糟糕的事情莫过于有一份可以让我一整天都一个人待着写作的工作。这不利于身体健康。

您自己曾经上过写作课吗？

没有，但是我教写作课。

您对您的学生有些什么建议呢？

噢，您知道是什么的：尽可能地多读书。我告诉他们，通过阅读，只有通过阅读，他们学到的东西要比我告诉他们关于风格或其他内容要得多。我希望我能够给他们展示一些东西。我喜欢做的事就是，选一个作家的一篇文章，然后跟他们说："看看这个作家是怎么做的。"我们学了詹姆斯·乔伊斯、爱丽丝·门罗、契诃夫。我们通过阅读来环游世界……

> 您知道您为什么写作吗？您的动力是什么？

我不知道。当我小的时候我就一直梦想着写作。您呢？您知道是为什么吗？我不知道，我就是这样做了。我所知道的是，如果我不这样做的话，我会觉得不幸福。写作是我生命的一部分，没有什么别的可以像它一样让我觉得满足了。写作会给我带来快乐，有时候是种很艰难的快乐，是一种让人绝望的快乐。但总归是种快乐嘛。

> 您曾经怀疑过您的志向吗？

有过很强烈的怀疑。我经历的最恐怖的事情就是，大概三十岁的时候，我意识到我可能在浪费所有的时间和精力去做一件我并不擅长的事情。这种想法很吓人。不过在那时候，我也在告诉自己，不管发生什么，我都想看看我能不能做到。我决定要试一试，看这辈子剩下的时间是否继续写作。如果失败，肯定会让人沮丧，但至少我尝试过了。这是我性格里的一个主要部分，坚持对于做一件事是非常重要的。而且我后来觉得，对于一个作家而言，刚开始没有获得成功，其实更好。对我来说，最糟糕的事情莫过于二十七岁的时候就完成了一本书，并且因此吸引了全世界的注意力。然后你就会被迫分心去干别的事情，会成为一个时髦的作家，去参加一些文学晚会和会演，去电台接受采访，还有上电视什么的。这会让你远离真正重要的事情。你也会处于一种很大的压力之下，想要尽快写出一本新书，够厚、更好、更畅销……也因为我觉得一个刚起步的作家或许并没有那么好，我很高兴自己的前两本书没被出版，因为我现在会因为它们而觉得不好意思。

> 您的水平提升了吗？

我不知道，当我三十岁左右写完《一脚迈进伊甸园》、几个短篇和一些诗歌时,我对自己的成果都很满意。我不是说它们写得有多么好,只是我自己在面对它们的时候觉得很满足。我尽了最大的努力,并引以为豪。但我要花很长时间才会对自己的作品满意,而且也不是一直都满意。有些时候我看着自己正在写的书,我觉得它永远永远都行不通。每本书我都曾经有过这样的感觉,像《塞雷纳》《山涧》等。

您最喜欢的作品是哪部?

我想是《塞雷纳》。这是我最富有野心的一本书。我想要刻画出一个这样的人物:他不相信过去,随时准备好摧毁一切,觉得这片土地是如此广阔,以至于什么都不再重要。这是一种非常美国化的想法。这种信念、这种个人主义让你觉得对于任何跟你无关的事情你都没有义务。美国已经没有了中产阶级,贫富差距越来越大,中间已经没有了过渡带。我们变得跟第三世界的国家一样。这是从八十年代开始的,工会丧失了权力,里根总统为减少它们的数量投入了大量精力。在十年前股市崩盘之后,情况变得更糟糕了。很多工厂的工人一夜之间就失业了,而且再也找不到工作了。就是从那时候贫富差距开始拉大的。我写这些人的故事是因为在我们国家,好像没有别人担心这个了。现在情况很坏,毒品和绝望充斥着社会,这是一个很糟糕的时代。我对于这个国家很担心,前所未有的担心。我曾经对奥巴马执政寄予厚望,但是他什么也没干。大公司向他交了很多钱,但他并没有为改善这种状况而做些什么。在肯塔基州东边的一些地方,水龙头的水都不能喝,那水是灰色的。我去过那里,亲眼所见。需要从外地运水过来,因为水龙头里有煤炭渣。美国有那么多财富,然而它全集中在某些人的手里。这里有很多的亿万富翁,如果我没有孩子,我会想对自己说:"让一切都见鬼去吧。"但当你有了孩子,你知道他们会在这里长大之后,你就会为这种状况开始担心。(他看了一下他的手表。)我的课快要开始了,如果您能跟我的学生谈一谈您这次的旅行经历的话,我会觉得很荣幸。

大约有十五个二十来岁左右的学生围坐在拼在一起的矩形长桌旁。教室氛围很轻松。我们在桌子的一端坐下来。在我做自我介绍之前,罗恩·拉什先点了名,然后告诉他的同事,一位教出版学的老师。这位老师希望这些写作创新班的同学们能够把他们的短篇小说拿给他的学生改写。拉什的话讲完后,教室陷入了一种令人不太舒服的寂静之中。"当然了,这些短篇小说会以匿名的方式交给他们。如果你们不愿意的话,直接跟我说。不过我觉得这对你们是件好事,这样你们就知道发表作品的时候不得不接受一些什么了。"

要把自己的文学创作拿给别人读给学生们带来了不小的尴尬,这也使得他们对我十分热情。罗恩·拉什向他们介绍了一下我,我也给他们讲述了我的这趟旅程。他们不认识劳拉·卡塞斯克,也不认识詹姆斯·弗雷,但他们还是对于我们见过理查德·福特这件事激动不已,尽管没人读过他的书。因为《火线重案组》的缘故,他们也认识乔治·佩勒卡诺斯。他们向我提了一些很天真的问题,比方说"法国的公寓都什么样?"(这是一个女生问的,因为她正在创作一部以巴黎为背景的短篇小说。)我们谈到了短篇小说的市场在法国基本上不存在,而在这里,短篇小说还是有市场的,可以让很多写作者一试身手。出版商在杂志上读到他感兴趣的短篇小说后就会签一份两本书的合同:要想发短篇小说,可以,不过后面得给我一部长篇。一个女生马上指出了我的遗漏之处:"你们还有《巴黎评论》[1]（*Paris Review*）啊，一直都是发表短篇的！"罗恩解释说这本很著名的文学期刊完完全全是美国的，跟它的名字的所指相反，它的杂志社就在纽约。夜幕降临，天已经黑了。班上的同学们开始讨论今天要读的书，但是在我离开之前，他们建议我去大烟雾山露营。罗恩·拉什送我到电梯旁："出了学校门后右转，您就能看到我说的那个世界了。您会看到棕熊、驯鹿、猞猁，当然了，过去也有过鹦鹉。"

---

[1] 美国著名文学杂志。

Joseph Boyden 约瑟夫·波登

新奥尔良，路易斯安那州

醒来的时候，外面冷得呵气成冰，尽管我们穿着厚厚的滑雪毛绒衣睡的，仍然没怎么睡好。火烧得不旺，我们孤零零的。我们决定朝温暖一些的地方去，就在出发的时候，惊扰到了一群野鸡，而非鹦鹉。整整三天，我们一直在往南行进，只是在住一些印度人开的宾馆或者毫无特色的汉普顿酒店的时候停下来，房间里空调开得很足，能闻到烟味，隔一会儿就有汽车大灯照在墙上。白天的时候，相同的指示牌一个接一个掠过我们身旁：丹尼斯、华夫亭、达乐公司、沃尔玛……当我们到达佛罗里达州的时候，夕阳刚落到一片荒凉的丛林里。我们在奥克洛科尼河旁边的桥脚下找了一块地露营，经历了一个不得不停在南部车库，吃油炸大虾的阶段。有一些别的露营车也已经停在这里，它们配备了木质的小露台，周围簇拥着很多盆花。抽烟的老妇人用嘶哑的声音招呼着孩子们，一起看着他们。随后，我们沿着佛罗里达州的西部行驶，穿梭在一堆来这儿避冬的魁北克人的汽车和手上有蓝色刺青的乡巴佬的小卡车中间。在坦帕的入口收费站那里，柜员穿着棕榈花纹的衬衫，上面写着"Yeehaw Junction"[1]，我知道这两个词怎么发音，因为我读过吉姆·哈里森[2]的《朱丽普》(*Julip*)这本书。路边摆着一些烧烤架，还有一些卖熟花生的牌子。暴风雨之后的天空一碧如洗，奶牛在棕榈树下安详地吃着草。下一个访谈是在新奥尔良，经过了亚拉巴马州、密西西比州之后，我们终于到了路易斯安那州。和我们约好访谈的是约瑟夫·波登，这是一个满载荣誉的加拿大作家，多伦多图书馆里摆放着很多他几周前

---

[1] 叶霍加克逊，美国佛罗里达州的一个镇。
[2] 吉姆·哈里森（Jim Harrison，1937-2016）：美国"硬汉派"作家。

刚出版的第三部小说。约瑟夫·波登写的是加拿大西部的印第安人、克里人[1]和欧及布威族[2]人。所有人都跟我谈论他,玛格丽特·阿特伍德、克雷格·戴维森、迪奈·门格斯图……他会和他的妻子阿曼达一起接待我们,后者刚写了一部发生在新奥尔良的很棒的小说《巴比伦轰响》[3](*En attendant Babylone*)。最终他一个人接受了访谈,搞得有点仓促,因为他第二天要出发去加拿大,而且晚上还有几个朋友来家里聚会……

我们一刻也没有停止前进,从没有在同一个地方过两夜。就像喝醉了一般,或者是可能有点像得了精神病,我们总想走得更远一些。当我们到达一片湖旁边时,总会觉得另外一条河比较诱人。这种狂热驱使我们在一个灰蒙蒙的八月雨天里,一次性穿越了加拿大的科克伦,它在安大略的北部,那儿有一些主要由木头搭建起来的房子,一点也不好看,台阶被加高了,或许是为了防备干草和滑雪摩托车修理行房顶积的三四米摇摇欲坠的雪,到了夏天,修理行就变身渔具商店。整座城市看起来很偏僻,局促又遥远。蚊子使得这里的黄昏让人难以忍受。我们把车停在车站公园,登上了"北极熊"号列车,因为我们喜欢这个名字。满是印第安人的车厢里,我们是仅有的白人。一些个子魁梧、蓄着黑色长发的男人们,一些圆滚滚的孩子们,还有一些女人们被印着传统图案的毛绒外套裹得严严实实。而我们则都全部背着旅行包。颠簸的车厢里弥漫着一种昏昏沉沉的气息,很快大家都睡了。餐厅的天花板是玻璃的,当火车路

---

[1] 克里人是加拿大操阿尔冈昆语的印第安人诸部族之一,曾占据大片土地,东起哈得逊河及詹姆斯湾,西达亚伯达省及大奴湖。
[2] 欧及布威族,又称奥吉布瓦族,是北美的原住民族之一。
[3] 英文书名为 *Babylon Rolling*。

过一片昏暗而野性的森林奔向詹姆斯湾[1]的时候,孩子们全都涌了过去,这里靠近哈得逊湾[2],横跨着满是石子的河流的大桥锈迹斑驳。我们相信在森林深处藏着一些驯鹿和棕熊,或许还有一些孤独的、黄眼睛的老狼,就像波登的新书《天生有牙》[3](*Là-haut vers le Nord*)里描述的那样,这本书我们还没看过。这里的风景是为了下雪而存在的,冬天是这儿的常态。然后我们沿着貌似是通往穆索尼的唯一的一条路开始走,这条路十分泥泞,我们的裤子上很快溅满了泥点。当这里的人们带着一种安静的隐忍大步流星地走着的时候,我们就像笨拙的青蛙一样跳来跳去。一些牙齿掉光、醉醺醺的印第安老人在超市前乞讨。在路的尽头,我们看到了穆斯河,宽广而泥泞,河岸边有一些陡坡,几只独木舟在陡坡下面安静地等待着。人们全都挤在一起,我们的女儿在救生衣上躺着睡着了,没有人叫我们穿上它们。这条曲线魅惑的独木舟,在穿过这条冬天能行驶卡车的大河之后,直达穆斯法克特里。这是路的尽头,铁路和水路都不见了。然后就必须靠步行了,我们开始深一脚浅一脚地朝森林深处步行。在禁猎区的后院里有一些圆锥形的帐篷,在村子的广场上正在准备一个节日,还有一些为了被领养已做好一切准备的流浪狗,在雨里、泥里,没有什么是美丽的、简单的、显而易见的。一种苦涩、冰冷、欲拒还迎的美。在《三天之路》[4](*Le Chemin des âmes*)里,妮斯卡,一个印第安老妇

---

[1] 加拿大魁北克省与安大略省北部之间的浅海湾,为哈得逊湾向南延伸的部分。
[2] 哈得逊湾位于北冰洋边缘海,伸入加拿大东北部内陆的大海湾。
[3] 英文书名为 *Born With A Tooth*。
[4] 英文书名为 *Three Day Road*。

人这样描绘她的国家:"我听见狐狸和雪貂在追逐老鼠,还有雪鸮飞行时拍打翅膀的声音,然后,很快,来了一只大野兽,也许是一只猞猁,在用它的黄眼睛窥探森林。我躺在那里,看着天空,然后是河流,像一条黑线蜿蜒流向北方,明天,我们就到家了。"

您可以说几句话,让我试一下设备能不能用吗?

你好,我是约瑟夫,今天是周一……能用吗?

行,是好的。

您的设备真不错。我也应该买一个。

是的,即使没有麦克风也能够正常使用,因为我以为阿曼达会在这儿,我就没带麦克风。不过机器运行得不错。好啦,我们时间很紧,我想跟您谈的第一件事就是您固定的地理视域。您知道,我们去年刚去了穆索尼。

真的吗?

是的,就在我读您的小说之前。您和这些在您的作品中占据了重要地位的地区有什么联系呢?

我是在多伦多长大的加拿大人。加拿大土地广袤,是个很大的国家。想要从地理上给加拿大做个概括是不可能的。我很了解安大略,当我还年轻的时候,我从未停止旅行,一直在往北方跑。

但是一年里有一大部分时间生活在新奥尔良对我来说也很重要。我喜欢这种心理上的距离感，我也很需要它，它让我能够好好写写我的国家。加拿大太嘈杂了。

您说的"嘈杂"是什么意思？

我只是认为描写一个你生活的国家有时会比较困难。需要一段距离去更好地发现它，需要一段回望的空间，而我在新奥尔良就能拥有这些。我来自一个大家庭，我热爱家里的每一个人，但是当你被亲朋好友的喧哗包围的时候……在加拿大，我是一个成功的作家，但是在新奥尔良，我只是约瑟夫。您知道的，我喜欢这种感觉。我喜欢保持这种距离，我希望能被当作普通人看待。我是1992年来这里的，在这里读艺术创作硕士的时候上了写作课，我决心抛下一切去努力成为一个作家。在二十来岁移居这里之前我从来没有尝试过写小说，我想要成为作家，那么我就要认真地对待这件事了，所以我非常需要搬到一个我可以从零开始的地方。

您和穆斯法克特里以及穆索尼的关联是什么呢？

这是安大略省最北边的两个地区。我很早就知道它们的名字了，但是一直没去过。后来我姐姐玛丽带我去看了这两个地方。我被那里偏远的风景和居民深深地吸引住了。就像爱上新奥尔良一样，我也立马爱上了穆索尼。它们是完全不同的地区，但是同样可以找到人类的温暖和美丽。我在穆索尼生活了一阵子，后来也经常去。最近这半个月我就去了两次……那里是我生命中的一部分。

您在那里工作过吗？

我之前在那里做过两年老师。我在加拿大北方学院教书，给印第安的学生们上传媒课。[蒂明斯大学在穆索尼有一个校区。]

可以谈谈您的大家庭吗？

我们家有十一个孩子。我有七个姐姐、一个哥哥和两个弟弟。我们的性格完全不同，但是我们之间多数都很亲近，大概就是一个大家庭里能够做到最亲近的那种程度。我父亲是医生，母亲是老师。我父亲曾参加过"二战"，他是英国军队里最负盛名的医生。但作为一名战斗英雄，他从来不讲他在战争中的经历。我母亲要年轻得多，他们相遇之后就相爱了，然后就一起组建了一个大家庭。

您是什么时候决定开始成为一名作家的？

我从来没有真正地决定过，是写作选择了我。我曾经一直想成为一名老师，然后我会写一些散文、故事什么的。在很长时间里，我都不知道我到底行不行，实际上这种感觉一直持续到我的第一本书出版。于是，我告诉自己："噢，我做到了，那就继续吧。"

能和我谈谈您第一次出版作品的情况吗？

那是一些短篇小说。

那时您多大？

是二十八岁到三十一岁的时候。作为作家我属于晚成的。大部分作家都是从一开始就写小说。我之前没试过这个，我就是写过一些诗和散文什么的。当我还是学生的时候，我发表过一些诗歌，但那时我还不是一个公开发表作品的作家。快三十岁的时候，我开始写一些短篇小说，在美国杂志上发表了几则故事。

为什么是在这里呢，而不是在加拿大？

我当时正在这里读大学，于是就把作品寄给了一家美国杂志社。但是刚开始是一家很小的加拿大出版社对我的故事感兴趣。他们问我有没有已经写好的短篇小说集，我撒了个谎，我说有。他们是真的想要出版一本书，于是就让我把整本集子寄过去，其实我什么也没有。于是我就开始一个接一个地给他们寄故事。过了几个月，他们知道了我是一边跟他们谈一边写的。那家出版社叫作鸬鹚出版社（Cormorants Books），编辑简·格蒂斯（Jane Geddes）是个很了不起的女人，她对我十分信任。

写连载故事很难吗？还是很简单？

写起来不难，真正难的，是去经历一些你将要把它写出来的东西。在詹姆斯湾生活是个很不错的经验，但同时也十分艰苦。我的教学任务很重，我和我妻子生活在不同的地方，因为阿曼达有她自己的职业，她是杂技表演艺术家。当我在那里的时候，她生活在加拿大的南部。她不是那种适宜于生活在这么靠北的穆索尼的人，不过，大部分人都不是这种人。所以我积攒了很多经验，然后把它们改编到我的小说中去。

您在等待出版您第一本小说的同时也工作吗？

啊，是的。从我八岁起，我就一直在工作。我的第一份活儿是送报纸。然后我在一家加油站加油，我做过服务生、酒吧招待，有几个夏天，我还在一家公墓做过掘墓人，这是一份短工。我一直在工作，因为我想要去探索这个世界，而唯一的方法就是去挣钱然后上路。我一直在路上，一直在旅行。

您认为是这些事情滋养了您的小说吗？

当然了，我认为，你在生活中所做的一切，不管是什么经验，都会潜移默化地体现在你的工作中，不管你是厨师、作家还是机械师……都无所谓。你的生活经验——我希望，至少在我身上是灵验的——会在你的艺术中重现。

> 那么您的生活是您小说的素材吗？

我的个人生活不是。我不会在书里写我自己。我从来都不是我哪部作品的主人公。我知道很多作家会写一些精心修饰过的自传，但我恰恰相反。可以说我是尽可能远离这种做法。我在学习生活。要想成为作家，需要大量经历，需要去亲身体验，需要最基本的燃料。而对于我的第一本书和之后的作品而言，燃料就是我的这些经验。我和阿曼达1998年来新奥尔良定居，我的短篇小说有一部分是在这里写的，另外一部分是在北方写的。我在1999年完成了我的短篇小说集，一直到2001年才出版。但当我完成这部小说集后，我觉得我需要写一些别的东西，于是我就开始了《三天之路》，这本书我大概写了四年半，是在新奥尔良创作的。

> 您是怎样创作《三天之路》的？这本书里有很多需要提前做深入调查的内容，不是吗？

我读了很多书。首先，我遵循了西方历史小说创作的传统方法。我通过阅读来深入到故事中去。这是一种西方的视角。然后是印第安的视角：聆听和分辨故事。于是我听了很多故事。不过不是从"一战"的老兵那里听来的，现在他们都已经去世了。不管怎么说，这本书讲的不仅仅是战争，小说超越了这个。"一战"实际上只是为故事提供了背景，那个故事是从《圣经》中该隐和亚伯[1]身上汲取灵感而创作的。尽管我一直到小说完成才真正意

---

[1] 该隐和亚伯都是亚当和夏娃的儿子，哥哥该隐出于嫉妒杀死了弟弟，出自《圣经》。

识到这一点。[该书讲述了一对叫作泽维尔（Xavier）和伊利亚（Elijah）的兄弟为了投身战场而离开他们的小村庄，最后兵戎相见的故事。]但也是关于温迪戈[1]（Windigo）的故事，它来自印第安人的传说……所有这些，都是我应当告诉读者的。

比方说打猎，这是您在书中经常提到的，是您的亲身体验还只是您耳濡目染？

我自己会去打猎。如果我写哪个方面的东西的话，我一般都会自己亲身尝试一下。当然了，我不会因为我正在写战争就去朝哪个人开一枪，但是在某种程度上，我会去体验一下，这十分重要。作家要是想写关于某个人将要去打猎的事，那就应该先自己去尝试一番。当然要尝试的这种事应当在力所能及的范围之内。如果想要写某个在纽约做模特的年轻女孩，就应当想办法深入到这个圈子里去看看、去经历。[安妮的姐姐在《穿过黑云杉》[2]（*Les Saisons de la solitude*）中在纽约成为模特之后失踪了。]很多想要成为作家的人都应当从亲身经历开始。在写作之前需要体验……

您在写到妮斯卡这个角色的时候感到困难吗？她是泽维尔的老阿姨，她脑子已经不灵清了，还决定去救她外甥。

不，我笔下的女性人物对我来说是最简单的。对于妮斯卡而言，把她告诉我的东西写下来就可以了，而我写得还不够快……

---

[1] 一种食人的怪物，源于印第安人的传说。被认为是被一种恶灵逐渐附身后的人类最终变化成的具有人类或怪物特征的食人怪物，它们在面临危险的情况下同类相食，并且传说似乎已经强调把这种做法列为禁忌。
[2] 英文书名为 *Through Black Spruce*。

运气真好啊……您身上的印第安部分是什么呢？您有印第安血统吗？

完全正确。

您是在这种口语传统中长大的吗？

不，我是在非常白人化的环境中，也就是天主教的爱尔兰人口语传统中长大的。我母亲有印第安血统。随着慢慢长大，几个哥哥姐姐还有我都开始琢磨"我们从哪里来"这个问题。我母亲对此只字不提，她对于她身世这部分的历史完全不感兴趣，我外婆也是。直到今天我还很想知道为什么她们会排斥这些。她的态度几乎是在否认，而事实上，她们就是在否认。但这种血统就是我们继承的一部分。

她是克里人吗？

不，她是欧及布威族人。克里人和欧及布威族人是表亲。都是阿尔贡金语族的。印第安语言消亡得非常快，但我发现，最近在克里人和欧及布威族人中，印第安语又有复苏的迹象。

您的新书《奥伦达》[1]（*Dans le grand cercle du monde*）和您前两本书里讲的是同一个家族吗？

或多或少吧，但这并不是三部曲中的为了要补充《天生有牙》和《穿过黑云杉》的第三本，有加拿大记者称它为三部曲中的"精神先驱"，我很喜欢这个定义，实际上，我打算写一个由五本书构成的系列丛书，目前我已经写了三本了。当五本书都写好的时候，读者们就会知道这个系列是怎么组织的了，那时候拼图就完成了。

---

[1] 英文书名为 *The Orenda*。

您是从什么时候开始构思这个整体计划的呢？

是在写的时候。刚开始，我就知道《奥伦达》和我前两部小说是同一个系列的。很早之前，在我刚结束《三天之路》的时候，甚至可以说是在这本书完成之前，我就意识到这个故事还没有结束。写三部曲的计划大大激励了我，故事不会在这里停下，是可以继续下去的。这个五部曲的系列小说将是我对北美印第安人生活的一个概览。

我们稍微往回说一点。您是从什么时候起决定要成为一个作家的？您是否受到了周围人的鼓励？

我父亲在我八岁的时候就去世了，他丢下我母亲一个人。她不得不重新开始全职教学，还要抚养十一个孩子。而且我们也很难管，很野，很爱捣乱，不守规则，一直很叛逆，不过我觉得我们是在以一种积极的方式叛逆。我们在反叛北美街区的专制的生活方式。

您读书多吗？

是的，我读得很多，几乎是狼吞虎咽。不过我现在没有以前读得多了。

为什么呢？

时间啊！也因为我觉得现在市场上的书很多内容都十分贫瘠，这让我很烦。我不应该这样说，我这么说说明我读得还不够多。不过当我拿到一本书的时候，如果这本书不能从前面几页就吸引我的话，我就不读了。我现在确实变成这样了。我相信很多人都是一样的，我希望某些东西能够紧紧吸引我。

您在儿童时期都读些什么书呢？

什么都读。我把《大英百科全书》从头到尾地读了一遍。逮着什么就读什么。我家有很多书，有一个很大的书架，我把它都翻遍了。但我觉得现在，作为一个作家，我应该有选择地去阅读。实际上，我现在读得最多的是我学生们的作品。我在不列颠哥伦比亚大学教艺术创作硕士，还在新墨西哥的美国印第安艺术学院上课，我之所以教书是因为我想教书，我喜欢这种和学生的联系，喜欢这种让自己去思考写作的感觉。所以我现在在读的，基本上都是他们的作品，这也把我的阅读时间给填满了。

您可以跟我说说您在课堂上做的事情吗？

这是一门写作课，我知道，对于法国人来说很奇怪，但是这确实是一个写作工厂。每个学生都要在为期四个月的学期里创作出三个故事，每周每人要读两个别人的故事，我们一起讨论、评判、分析，也会谈论创作技巧。我知道法国人会觉得教一个人如何成为作家是很奇怪的事，但是对于我来说，这就像音乐学院一样。我们不能教一个人怎样成为一个音乐家，但是我们可以教他读谱、作曲，还有其他的音乐创作方面的东西。写作也一样。我喜欢这样，我不是为了钱才去教书的。

您不需要工作挣钱，靠作家的版权就够您生活了吗？

对，我很幸运可以全身心投入到写作中去。

您会给您的学生提些什么建议呢？

视角。你选择的视角。不应当成为一个讲述人物故事的作家，而应当去成为这个人物。我有些学生是那种会在讲述人物故事的时候掺入作者声音的人，但其实读者对于你这个"作者的声音"毫不在乎，读者想要的是你的人物。要生动地展现出这个人物所经历的事情，要创造出一些跟你无关的事情。谁超越了你，他的声音也就超越了你。这就是为什么我在故事里一直坚持强调视角的重要性。你选择了什么视角,并且把你"作者的声音"放在什么位置上都是很重要的。作者的声音应当离得足够远,乃至让人们感受不到作者的存在。人们只会感受到这个人物的生活。这样才是真正好的小说。我很喜欢我的学生,但是我不理解为什么现在会有这种在作品中作者把自己当牵线木偶的趋势出现,这种自我主义是为了什么呢?为了让别人对你这个作者感兴趣?我对于作者的这种自我主义很反感。

您最初的几本书一出版就获得了成功吗?

我的短篇小说集卖得不太好,但是长篇小说很不错。我的第一本长篇小说在法国、加拿大、德国,还有别的国家都很畅销。在美国卖得也很好,这使得我的书可以继续出版。在这里,这个行当很艰难,如果你有一本书卖得不好,你就会有一些要命的麻烦事,出版社就不会再出版你的书了。

您感受到这种压力了吗?

没有。(语气十分坚定。)我从来没有感受到过。或者说感觉这种压力离我比较远。但当我坐下来构思我笔下的人物时,一切就都消失了。我不再担心了。您知道的,不管从事什么职业,所有人都会因为他的工作而感到压力。我现在所感受到的,就是不能弃我的读者于不顾。也许下一本书会有些不同,但我知道《奥伦达》是个很宏大的故事,我想要讲述它。我也希望人们会读它。就是这样。

您在写作的时候会考虑到读者吗?

也许会在我脑海里的某个小角落吧,但是一般而言不会。我要听我的人物跟我说话。我脑海里有个"荒谬探测仪",当我的人物朝着一个他不需要去的地方走去的时候,我的探测仪就会迅速启动,我就会变得十分小心。归根结底,我认为还是我书中的人物和地区的力量太强大了,所以我不需要担心读者什么的。

您认为作为作家您肩负着某种使命吗?

某种使命,嗯,我认为是这样,讲一个好故事,这是首要的。一个好故事,而不仅仅是动听的叙述,必须有分量,而这分量与我的立场有关系。我在加拿大作为作家的工作,就是以一种全新的方式,让别的加拿大人理解这里的原住民的生活,这就是为什么我的人物如此重要,当他们变得栩栩如生的时候,我的目的就达到了。

目前来说印第安人在加拿大的情况怎么样?

这是个很大的问题,我不能仅用只言片语来回答您。但是大体上来说,如果我们想要寻求和平,或者即使只是某种形式上的和平的话,加拿大都应当尽力弥补它在探寻原住民历史上的不足。

您一般从什么开始讲述您的故事呢?

这个不确定,一直在变,我从来都不知道。我从来没有太关注创作的过程,我只是让它自然而然地发生。我不喜欢追问我的人物和想法的来源,我让故事以自发的方式运作。当我试着逼自己以某种方式去写作的时候,从来都行不通。于是我就随它去了。当我有了一个好人物的时候,他会以一种我能听见的声音跟我说话,我只用把它呈现在纸上就可以了。好人物会讲述一些好故事,我就是这样写作的。

您是怎样工作的?

这取决于我在哪个阶段。现在我为我写的这部长篇小说旅行，做很多访谈，也为我的小说做一些别的工作，我妻子和我现在就在为一部电视连续剧工作。

那是关于什么的？

嗯，是在安大略省的北边……一个类似于穆索尼但不是穆索尼的地方，讲的是一个家庭的故事。所以，其实这取决于我的文学生活正处在哪个阶段，当我完成了一部长篇小说的时候，接下来的两年里，我会有很多机会去做宣传，我会在世界各地旅行。这棒极了。

您喜欢这样吗？

对，我特别喜欢。但这也很累人。

所以您不会立马开始创作一部新小说。

不会，我需要时间间隔。但是这次，在上一本小说写完后，我没有中断所有的创作工作，而是直接投身到了电视剧创作中去，这样很好，我需要再次把油加满。我不是一个速度很快的作家，我想您看到了我每部作品的问世都间隔了几年。但是一旦我开始写一本书了，我早上起床后做的第一件事就是到附近的咖啡馆写上几个小时，然后我会回家处理日常事务。下午或者晚上我会回到咖啡馆再写上几个小时，我会分成两个时段来写作。当一切都进展顺利，我一天可以写出两三页，这时候我就会很开心。但有时候，就只是半页，有时候是十二页……最常见的情况，是写得比较少。对我来说，真正要紧的是质量而不是数量。

您是那种一周七天都工作的人吗？

差不多是的。当我在做我喜欢的事情的时候，或者我认为进展得很顺利的时候，我是不会给自己放一天假休息的。我会在睡觉、吃饭、呼吸、躺下和起床的时候都想着它……

　　我有一个问题是想要问你们俩的：作为一对作家夫妻意味着什么？

我们和其他的作家夫妻不一样。实际上，我们有很多对作家夫妻朋友，像米歇尔·温特尔[1]和他夫人，尼诺·里奇[2]和他妻子艾丽卡·德·瓦斯康塞洛斯[3]，玛格丽特·阿特伍德和格雷姆·吉伯森[4]……我们和他们不一样的地方就在于，我们俩可以面对面地在同一张桌子上写作，我们会相互促进。我们很喜欢面对面坐着一起创作。有时候会有点让人难以相信，因为我总是想要打断阿曼达去跟她说些什么，谈几页内容什么的，她会跟我说："等等，等等，我正写到关键的地方呢。"但是我们还是会面对面坐着不停地出主意。我们不是那种会向对方保密自己的工作内容的作家，我们分享日常的每一件事。

　　她是您的第一个读者吗？

是，绝对是。

　　那您会考虑她的评价和意见吗？

只会考虑其中的99%……（他在访谈中第一次笑了。）

　　您写一本书大概要多久？

我第一本书写了四年半，第二本大概三年吧。最近的这本

---

[1] 米歇尔·温特尔（Michael Winter，1965— ）：加拿大作家。
[2] 尼诺·里奇（Nino Ricci，1959— ）：加拿大小说家。
[3] 艾丽卡·德·瓦斯康塞洛斯（Erika de Vasconcelos，1965— ）：加拿大小说家。
[4] 格雷姆·吉伯森（Graeme Gibson，1934—2019）：加拿大作家。

也是。

包括做相关研究的阶段吗?

在我开始写作之前,我不会坐几年冷板凳去做研究。我会齐头并进,如果您懂我的意思的话。我一边写作,一边慢慢地找我需要的东西。实际上,对于一个小说家而言做研究的秘密就是找到那些方面的专家,然后给他们发邮件或者是打电话告诉他们你需要他们。没有人跟我说不,即使是在我还是个无名小卒的时候。我觉得这是最好的做研究的方法,跟人联系,碰碰运气。因为我知道那些专家教授都特别忙,所以我一直很注意,尽可能少地去打扰他们。不过我和我联系过的一些人成了很好的朋友。我告诉他们:"我怀着敬意向您致信,作为一名作者,我想好好地调整一下这方面的内容,我需要您的帮助,因为您是这方面的专家,所以有幸能和您交谈的机会对我将十分重要。如果您十分忙碌而脱不开身的话,我也完全能够理解。"这是一个关乎礼貌的问题,要表现出这样的态度:为了某个确切的信息,我们确实需要他们的智慧。事实上,既然对方十分客气,谁会不乐意看到别人向自己求教? 一切都是礼貌问题。

您不打算写写新奥尔良吗?

不,在某种程度上来说,我认为这是我妻子的领域。您读过《巴比伦轰响》吗? 〔我确实读过,而且我非常想见见这本书的作者。故事发生在离波登家不远的街区,也就是中城区那里的欧启德大街,讲述了这个正在变化着的街区的四户人家的命运。是在卡特里娜飓风来临之前……〕这是一部非常不错的小说。也许有一天我会写这个城市,那么我就要去新奥尔良的街道上走一走,但是当我开始写小说的时候,我就被这城市完全吸引住了,这也是我选择在这里定居的原因。我曾经打算写写新奥尔良,但是我很快就意识到了这有多么困难。当你对一个城市完全满意的时候,你是写不出东西来的。这是一个非常特别的城市。很多人只知道新奥尔良的法语区,他们以为那就是新奥尔良,但完全不是这么回事。这是一个很难去描绘的地方。

那您觉得写加拿大会容易一些吗?

那是我的家,我的心之所在,所以是的。我可以发自肺腑地去写,我常常想起加拿大。尽管我很喜欢新奥尔良,但是加拿大的灵魂是如此丰沛,以至于我不能脱离它的影响,我完全是遵从内心的指引来写作。

现在天已经很黑了,我几乎看不清那个绿色的大书架,他点亮了灯,那些书看起来就像是从阴影里走出来的一样。

您会阅读评论吗?

我很想说不,但其实我会读。所有的评论我都读。我很想要成为那种能够忽略这些评论的作家,但是我做不到。我会去读评论,当它们很糟糕的时候我就会很生气,相反情况下我就会很开心。我应当小心点,不要这么大声说,但是我真的运气很好,《奥伦达》在加拿大获得了99%的好评,五月份这本书在美国出版,现在也开始慢慢受到好评了。所以到目前为止,一切都还不错。《三天之路》也获得了很多好评。《穿过黑云杉》给我带来了最多的读者,同时也是招来最多差评的一本书,尤其是在美国。不过有人评论也算不错了。在美国想有几篇评论文章真的很难,如果有一篇就应该感到欣慰了,不管它写得是好是坏。

您从这些恶评中吸取了什么教训吗?您同意他们的观点吗?

不不不，完全不。拜托了好吗！（他笑。）在美国，我记得对《穿过黑云杉》批得最厉害的一篇文章发表在《华盛顿邮报》上，他们说了一些好话，但是从整体上而言，他们指出了小说中的反美情绪。这很奇怪，很讽刺，甚至很让人生气，因此导致了我这本书确实在美国卖得很差。

您觉得加拿大和美国的出版业有什么不同吗？

差别很大。加拿大人仍然对文学感兴趣，现在CBC正在播出一个叫作《加拿大说》的广播节目。加拿大的CBC和英国的BBC[1]差不多，它每年让全国的读者投票选出在某个主题上写得最好的一本书，《奥伦达》入围了，就是这周，看看评奖的情况也蛮有意思的。[最终是他赢了，在其他入围者中有玛格丽特·阿特伍德。]总之，加拿大人对我们的文学作品很感兴趣，比美国人要感兴趣多了。美国是个很大的市场，但看看那些畅销书。

什么书畅销？

写吸血鬼的。文学都没什么养分了。当然了，对于严肃文学感兴趣的美国群体还是存在的，但是越来越少了。在加拿大，不管是就愿意读严肃文学的群体来说，还是就人们所读的书的数量来说，都要更好一些。

回到我们刚说的，作为作家你属于晚成的吧。

我在二十岁之前没有写过什么故事。我没有那个勇气，我体验的东西还不够多。我没准备好，也不想逼着自己去干些什么。

您是从什么时候开始觉得准备好了的？

---

[1] 英国广播公司，British Broadcasting Company 的缩写。

当我开始写印第安群体，这个世界的一部分的时候。当我意识到我找到了自己的声音，我已经积累了足够多的经验的时候。二十六岁时，我已经有了很多大多数人都不会在他们的生活中所拥有的生活经验。于是我告诉自己："好了，我只需要将它们写出来就可以了。我可以无所畏惧地一直进行到底。"写作是会让人害怕的。

为什么？

因为你可能花几小时、几天，甚至是积年累月地在写一些永远不会有人读的东西。

您曾经怀疑过您的志向吗？

当然了，谁没有过呢？要是能碰到哪个从来没怀疑过自己志向的人的话，我会很吃惊。当我还是个无名小卒，没有人认识我时，我努力写作的时候会问自己：谁会读这本书呢？我告诉自己说没有人会在乎它。我想过要放弃，但我很快又回到写作上来。现在还是这样，我还是会有很多疑虑，很深的疑虑。我会问自己为什么我要这么做，问自己到底值不值得。

您曾经在写哪本书的时候遭遇过失败？

只有一次，是在读大学的时候。这也是我为什么要慢慢来。您看到了我不会每年都出书，我做不到。当我写作的时候，我需要全情投入，要不然就什么都完不成。我运气很好，几乎我写的所有东西都被出版了，但这也是我选择写作题材时十分小心的结果。

您在选好一本书的题材的时候，是什么感觉呢？

我的内心会告诉我，我的五脏六腑都会告诉我。如果我某个早晨为我的故事很激动地醒来,并且已经准备好投身到其中的话,我知道这就是该开始的时候了,我知道我开始步入正轨了。

您是怎样修改您的文本的呢?

在寄给不管什么人之前,我首先会和我的妻子阿曼达一起看。我只会寄一份完全写好的手稿,绝不会有什么还没收尾。我不会在作品还没成为我想要的样子之前把它寄出去。所以我会和阿曼达一起工作,就像我们也为她的书一起工作那样。然后我会把它寄给法兰斯·格菲(Francis Geffard)[他是阿尔班·米歇尔出版社的编辑],是他发现了《天生有牙》,我的短篇小说集。他是继我和阿曼达之后第一个读到我第一部长篇小说的人。因此我会把我的手稿寄给他,我也会寄给妮可·温史坦利(Nicole Winstanley),她是我的经纪人,也是加拿大企鹅出版社的主席,还会寄给我的美国编辑。刚开始的时候,我也会寄给我的英国编辑,但现在我换人了,也就没有寄了。我还会把它寄给三个我十分信任的编辑。目前为止,很幸运,他们都所见略同,这是个好现象,没什么分歧。

您改得多吗?

不是很多。我曾经和加里·费斯克强(Gary Fisketjon),一起为了《奥伦达》而工作,他是克诺夫出版集团非常著名的编辑,也是科马克·麦卡锡[1]和杰·麦克伦尼[2]的编辑。那是我第一次一字一句地去修改作品。工作量非常大。

您喜欢这样吗?

---

[1] 科马克·麦卡锡(Cormac McCarthy, 1933-):美国小说家和剧作家。
[2] 杰·麦克伦尼(Jay McInerney, 1955-):美国作家。

不。(他坦率地笑了。)一点也不。我认为这让我的大脑变得迟钝了。我喜欢创作，我在写作时对于声音和文字都很敏感，但是拿着放大镜去看一份乱涂乱画的手稿，这真不是我擅长的活。不过他教会了我不少东西！可以这样想，在四十来年里，我确实知道我在做什么，但是他给我展示了作品里很多别的东西，像重复啦、口头禅啦。他对于故事情节没什么好说的，故事已经定型了。主要是文字的风格，要一字一句地去修改。我们意识到有同一个单词被用了八遍。我们做了调整，但跟另外一个句子又重复了，所以还得再改……简直太不可思议了。我之前从来没有过这种体验。我可以给您看我的手稿，每一页，我说的是每一页，都被他的绿色墨水给覆盖了。当我们以作家的身份想到这个的时候，觉得"真是见鬼啊"，这太可怕了。但是同时，这样又给你长了见识。我想要提升我的写作水平，想要尽可能做得更好一些。我希望人们在很长时间里都能看到我的书，也希望人们尽可能地读得久一些。因为您知道的，这不是为了我，而是为了我的加拿大印第安族群。

您是他们的代表吗？

我是他们众多声音中的一个。噢，天哪！我不会把自己看作北美印第安之声，千万别这么写。我是众多的印第安声音中的一个。印第安作家们才刚刚为人所认识，写作是个非常艰苦的领域。

您对此感到有一种责任吗？

在加拿大我有这种感觉，但我还是坚持我只是很多声音中的一个。我甚至不是一个地地道道的印第安人，只有一部分血统。

这有很大区别吗？

嗯，有吧，如果真要深究的话。但是我会让我自己尽量不受干扰。在我最近这本书出版的时候，周围有很多议论，有一些印第安人，不多，但是有一部分，也许是对我受到了如此大的关注有点不太开心。枪打出头鸟，如果您懂我的意思的话。嗯，我还得处理这些。这是第一次发生这样的事情，这也是第一次，我因为这本书，而感受到了来自印第安群体的压力。他们第一次对我表示不满，因为我抨击了我们历史中的一个很敏感的部分。但我认为这是我最好的小说，远远超过其他的。我在写这本书的时候就已经知道了，因为在我每一次往前推进，当我问自己接下来要发生什么的时候，一切就都已经到位了，好像拼图的每一部分都自动拼起来一样。我告诉自己说："天哪，这真是太不可思议了。"

您认为您自己是加拿大作家还是印第安作家？

加拿大作家，但也不止这个，尤其是对于这部小说来说更是这样。我不想被归为加拿大作家。我在小说里谈论的那个年代，加拿大还不是一个国家，美国也不是。这是一部关于被欧洲人称为"新大陆"的土地的小说。这是关于现代北美诞生的一个故事。被美国人归为加拿大作家总是让我很生气，因为美国人对加拿大满不在乎。他们不愿意去读加拿大，更不愿意思考它。因此我不想被这样归类。我是一个北美作家。

在屋子的拐角处，玻璃的另一边，我们听到声音越来越大。

"是这里吗？3210？"

"是我的家人来了。"

"真的吗？"

他笑着起身打开房门。外面开始下雨了，孩子们湿漉漉的，像风一样卷进房间，开始互相介绍。

"嗨,我是约瑟夫,很高兴见到你们。"

"真的?你好呀,约瑟夫。"

波登看到路的另一边有一个家庭正在去往庆典游行的路上,他喊道:"嘿,你打扮成什么了?"一个小男孩很果断地,用手做成扩音喇叭状,放在嘴巴旁边回答道:"我是卢克·天行者[1]!"在波登拿地图给我们指哪里会有今晚和明天不能错过的表演的时候,孩子们追着一只腼腆的吉娃娃上楼了。我们喝了牛奶和酒,雨一直在下,然后我们冲到夜色里,没顾得上会被雨打湿,拍了一群装扮成《行尸走肉》(*Walking dead*)里的角色的女孩的照片。

---

[1]《星球大战》系列电影的重要角色之一。

John Biguenet 约翰·毕盖奈

新奥尔良,路易斯安那州

狂欢节后的第二天,整座城市都在沉睡。圣约翰河湾的一个街区却有点特别,人们坐在台阶上把脸伸向腼腆的阳光,当我们经过时,他们跟我们打招呼。访谈的前一夜,约翰·毕盖奈给我们发来了他最近在《葛兰塔》(Granta)杂志官网上发表的一个短篇小说,讲述了一个受沙尘暴而非洪水所迫背井离乡的家族的故事。我很期待我们将要谈到的卡特里娜(Katrina)[1]和洪灾,但我还不知道这件事对于他以及其他本地居民而言,有多大的分量。约翰·毕盖奈在离中央公园不远的一家小酒吧,他个子很高,身子微微倾向面前的咖啡,声音温和而稳重,眼神清澈。我们从他的小说《牡蛎》(Oyster)开始谈起,这本书的故事背景发生在五十年代的路易斯安那州南部,是一出关于由一些牡蛎养殖者构成的小团体的悲剧。那是一个植被茂盛、神秘乃至有点像中世纪的路易斯安那州,是流动的珠宝盒上的一块浑然天成的宝石。是理查德·福特跟我们提到这本书,为了确保我们一定会去读,他甚至在他的书架上搜寻了好久,最终找出来一本《牡蛎》给我们。

法国把这本书的名字译成《湾口的秘密》(*Le Secret de bayou*)。

相对于《牡蛎》,您喜欢法国的这个译名吗?我觉得

---

[1] 2005年五级飓风,在密西西比河登陆时为极大的三级飓风,给路易斯安那州、密西西比州,以及阿拉巴马州带来灾难性的破坏。

还是《牡蛎》比较质朴。

我不知道,但是这本书卖得很好,所以我想着应该也还行吧……(他笑。)

> 我读的是英文版的,我觉得对译者而言,要高度还原这本书的人物语言风格应该很难。我感觉您真的是找到了当地和时代的活生生的语言。有很多像双重否定、动词省略之类的语言特色,这产生了一种乐感,仿佛能听出口音。我真的觉得特别不错。

关于书的接受,最让我感动的一件事是:一些年纪很大,能回想起来五十年代的当地的老人,告诉我说我抓住了这种口语特点,音调是对的。那么您的书也要在拉封出版社出版了吗?

> 是的,您会说法语吗?

Un peu[1],我的曾祖母会说法语。我家来自贝藏松。他们是1760年来新奥尔良的,人们叫我曾祖母"老祖宗"。

> 噢,就像《牡蛎》里面的苔蕾丝一样!

但是在我父亲上学那会儿,孩子们要是说法语的话,是会受到惩罚的。就像爱尔兰人不许说盖耳语一样,法语也被扫地出门了。这是一个叫作"路易斯安那州美国化"的政治策略,是路易斯安那州政府在三四十年代以及五十年代提出来的。在洪灾之前,每家房子前都有标志牌写着:"在家请和您的孩子说法语。"但是太迟了。当我的祖父还在世的时候,总是叫游客们"美国佬"。每个夏天,他都会说:"那些美国佬来了。"路易斯安那州人有一种

---

[1] 法语,意为一点儿。

强烈的情感,他们认为这里是一个孤岛。当我还是孩子的时候,戴高乐将军来到新奥尔良,同年肯尼迪总统也来了,为了欢迎后者,学校放了半天假;但为了欢迎前者,学校放了三天假!另一个例子:洪灾之后的第一个狂欢节,人们举着牌子上街游行,上面写着:"希拉克,带我们走吧!"过去法国人比现在的美国人对我们要大方得多。吉尧姆是摄影师吗?

  是的,报刊摄影师。通常他都拍国际新闻,有时候会去一些冲突地区。最近他拍人像……也拍我们的旅程。

这里虽然不是什么都好,但还是很不错的。作家的生活不会太动荡。

  啊,我觉得这个因人而异吧。

对我而言,最兴奋的也就是灌杯黑咖啡!您知道德加[1]以前在这住过半年吗?他的子孙后代都住在城里。他最著名的作品,有一部分就是在新奥尔良画的。但那时候他正在慢慢失明,这里的光线对于他来说太强了,所以他只能回法国。

  您是在这里出生的吗?

是的。我父亲这边都是路易斯安那州的法国人,所以我也算是半个法国人。我父亲是水手,有一次他停在纽约的港口的时候遇见了我母亲,那时候她住在布鲁克林,父亲把她带到了新奥尔良。我的外公外婆是来自意大利的。我在纽约大概有一百多个意大利表亲。小时候,夏天我都待在纽约。我是在这里,让特利长大的,挨着庞洽湖的一个城区,庞洽湖实际上就像一个海湾:湖

---

[1] 埃德加·德加(Edgar Degas,1834—1917):法国印象派重要画家。

面有一千五百平方公里！小时候，湖里面还有鲨鱼，现在好像又能看见了，但是鲨鱼对于污染极其敏感，它们的消失是湖泊污染的一个首要的征兆。十五年来，城市一直在致力于清理湖泊，现在开始有点成效了，甚至连海牛都重新出现了！2005年的洪灾过去后，到处都是盐水，它比淡水造成的损失更大。

洪灾期间您在这儿吗？

洪水的前夜我们去了达拉斯，我哥哥住那儿。我们本打算两天之后回来的。我们对飓风就像北方人对暴雪一样熟悉。卡特里娜已经换了风向朝北边去了，本来飓风就要避开新奥尔良了，但是它到了密西西比河和路易斯安那州的边界之间，开始在密西西比河上空呈顺时针方向盘旋。它减弱了一点，风力降到时速一百四十八公里，属于一级飓风，相对于飓风的五个等级来说是比较弱的。在墨西哥湾的时候是五级飓风，到了海岸边减弱到了三级，由于风向的转换和来自东边的缘故，它带来的直接损失相对很小。但是当飓风过去之后，就开始决堤，这才导致了整个城市的洪水泛滥。这场灾难的原因不是天灾，而是人祸。在密西西比州的自然灾害是一场真正的浩劫，但在新奥尔良，这场灾难主要是人为导致。在密西西比州那边，从墨西哥湾奔腾而来的潮水十分汹涌，可以一下子掀起十米高的水墙，潮水不是涨了就退去的那种，而是一次又一次地冲击，最终摧毁了密西西比州。对我们而言，在决堤之前都还好。飓风在周一上午八点半左右到达新奥尔良，第二天我们家就全在水里了，夜里的时候，厨房的脏水有一米五深。当我们家这边被淹了的时候，飓风已经到了田纳西州了。

您创作了三部关于这个主题的戏剧。

是的，有很多人是周一晚上回来的，想着既然飓风已经过去了，应该没事了吧。然后凌晨三点半的时候在比他们床还要高的水里醒来了。在我那个区，十分钟之内就涨到了两米半。很多现代房屋都只有两米半高，人们只有几分钟来做决定。很多人都在自己家被淹死了。我们那时候在达拉斯，正准备回来呢，然后周二就有传闻说整座城都被淹了。我们刚开始不相信——没什么道理嘛，飓风都过去了。我哥哥坚持要我们再待一阵子，等确认了没事再走。夜里我们知道可怕的事情确实发生了。造成了这场惨剧的是……哎，您对这个感兴趣吗？

十分感兴趣。

造成了这场惨剧的是城外的抽水渠只有六米深。建造水渠的工程师们本来应当用十八米的不锈钢，也就是再深两倍的水渠来储水的。在有些地方，只有一米半用的是不锈钢，剩下的全是泥夯的。因此当水开始上涨时，泥就化了，水渠都裂开了。这么做完全是出于经济原因。这套系统是美国军队的设计师们设计的，即使在资金短缺的情况下，他们也坚持要完成工程，所以他们用泥土代替了不锈钢。由于墨西哥湾的水过来，庞洽湖已经涨满了，水渠也满了，然后全涌到了城里。我母亲的屋子三周后还淹着呢。政府在惨剧发生后的四天内，也就是周五之前都没有提供援助。后来派来了一些士兵，他们对整座城实行了有序的分区，挨家挨户地找尸体。他们给每一户查看过的人家打上黄色的叉。我母亲家墙上的水渍显示水淹到了二楼的窗户，他们坐着船过来在窗帘边画了个叉。

你们是什么时候回城的？

政府颁布了戒严令，组织了人员疏散，军队驻守在所有的入城口。我哥哥在达拉斯的家里全是难民。我女儿那时候刚在纽约找到了第一份工作，于是我们决定去和她会合。我们在路上的时候，一家伦敦的杂志联系我的经纪人跟我要篇稿子，经纪人在一家汽车旅馆找到了我，我在那里写了文章。我到纽约的时候，《纽约时报》也跟我要一篇稿子。他们告诉我的经纪人说希望我能够成为他们的特派专栏作家——《纽约时报》史上头一次。但是这样的话我就必须得回新奥尔良了。我们花了五周时间才终于进了城。我们本来打算十月第一周回城，但是被全副武装的军队给赶走了。我们终于在戒严令结束的时候混了进去。不过仍然实行宵禁，天黑的时候所有人都得在家待着。我们已经没有房子了，就只能在一家避难所睡觉。这种情况持续了一个月，在这期间我为《纽约时报》写了十五篇稿子，拍了一些视频，给人们展示这座城里真实发生的事情。那时候我和我妻子还有我刚上研究生的儿子住在一起，还有他的几只猫……我真的对猫很反感！那时候我妻子是一家小学的校长，她的学校全被淹了，水里面都是农药、油漆、沼气和汽油。即使那会儿洪水退了，国家也要求学校重新开学，我妻子仍然宣称学校当前状况不适合开学。她和回来的老师们把土地全部清理了一遍，重新种了草，学校晚了一个月开学，但她们学校属于首批开学的。在那个时代，最特别也让人印象最深的一件事就是，是女人们着手重建了城市。男人们好像绝种了。也许在某些情况下，男人们被抛弃家庭的负罪感给摧毁了？女人，是她们干了该干的事。

这是您发给我的短篇小说里的谈到的事。

对，我希望写一本跟洪水完全无关的小说，为了更加确定，我把这个故事安排在沙漠中，而且也是这样拍摄的。(他笑。)但是确实，《沙子》(*Sand*)这部小说讲述的是我在这里见证的事情：

女人们的动作更迅速。

在新奥尔良也有您在作品中描写的"团结精神"发生变化吗:刚开始,同一场灾难的受害者们都很团结,然后这种团结会被无情地打破?

是的,这种团结会消解。刚开始会有一种快感,我觉得这是肾上腺素作祟。这场灾难规模之大是始料未及的,所以人们就会有一种兴奋、新奇,乃至惊叹之感。但是当人们知道了这种情况不会只持续一个月,或是一年,而是会持续二十年左右,疲惫感就占了上风,麻烦也随之开始了。我们不能上班也不能取钱,因为银行都泡在水里,电脑都坏了,一直到九月份我们都没办法取出一分钱。那时候,我们只有去红十字会,他们会给我们一些现金。一直到银行能够重新修复他们的数据之前,我们都一无所有。像那些没有朋友也没有家庭可以投靠救急的人,情况真的很糟糕。保险简直是一场噩梦。不断有房屋爆炸,因为管道都已经被脏水腐蚀了,当有新的水流进来的时候,水管就会爆掉,非亲眼所见很难想象。一切都很难以置信。

我读到说实际上保险公司并没有赔偿市民们。

保险公司一步步地跟市民做斗争。在经历了长达一年的鏖战之后,我拿回来了一部分——不是所有的,就只有一部分而已。对于我的房子,一共来了九拨专家考察团。第九次考察前夜,我去了CNN[1],参加一档很出名的节目。第二天,一个保险代理人来跟我说一切都要重新开始考察,我跟他说:"您可能昨天晚上已经在CNN见过我了,导演问我还有没有关于其他方面题材的想

---

[1] 美国有线电视新闻网,Cable News Network 的缩写。

法，我刚想起来一个非常不错的，您能告诉我您的名字怎么拼写吗？"于是他签了支票。但是如果我没有上电视……我妻子和我运气真的都很好，在一切都完蛋了之后，我们还能重新开始工作，而且重建我们的家园，虽然这花了我们一年的时间，但是很多人都没能再回到这里。

> 整座城看上去空荡荡的。

不错，确实是这样。大洪水之前，城里有五十万居民，现在只有三十五万了，十五万人再没有回来过，有些人现在在巴吞鲁日离这儿不太远。但很多人去了别的州，像休斯敦、亚特兰大等，而且再也不回来了。

> 城市会发生很大的变化。

已经变了。我认识的那个城市已经不复存在。从某种意义上说，这座新城更好一些，教育体制更完善。之前的体制已经完全腐败了，很多教育部代表都因为受贿而坐了牢，大洪水时期的新奥尔良市长雷·纳金（Ray Nagin），刚承认犯了二十多项国家罪行，马上要入狱了。之前所有的系统都大换血了，所以在洪水之后，事情稍微改善了那么一丁点儿。但从另一方面来说，还有成千上万的房屋废墟在坍塌。很多人在洪水之后去世了，他们死于绝望，主要是一些老年人。大概有一千五百人是被淹死或者是被困在阁楼上脱水而死，还有几百人是事后因为难以接受一夜之间倾家荡产的打击而死。心脏病、抢劫、癌症横行，那是个十分艰难的时期，现在也仍然是这样。那天我有个教授朋友说到这件事时仍然痛哭失声，即使已经过去八年了。如果您和新奥尔良人谈论这件事，您会看到他们都眼泛泪光。（因为他的眼睛太蓝了，所以我不知道他有没有哭，但是毫无疑问，他十分动情。他继续讲下去。）

我写的第三部关于洪水的戏剧是这个春天上映的，中场休息的时候，我发现观众们因为受到的震撼太大，以至于上半场结束后都不愿意回到演出厅里去，尽管已经打铃了，他们就一直坐在前厅，没办法下决心回演出厅。这部剧叫作《模子》(Mold)，讲述的是一对为了逃离洪水，在得克萨斯州住了一年的年轻夫妻的故事。他们回到新奥尔良想看看能否重建年轻男人父母的房屋，这对父母在洪水中因被困在阁楼上而去世了。他们没有拿到任何保险赔偿，但是男人无论如何还是想要重新修葺这里的房子，而年轻的女主角则想回到得克萨斯继续他们已经开始了的新生活，这对夫妻因此而分手，随着剧情的发展，人们会发现她已经怀孕了。第一部剧叫作《上涨的水》(Rising Water)，发生在飓风刚过的那个周一晚上，深夜两点，一对五十来岁的夫妻的家里。上半场，是在夜里，他们被淹没到床垫的水给弄醒了，女人跑到阁楼上避难，而在这期间，男人想要挽救他们生活中的一些纪念品，像相册啊什么的，但是水位一直在上升，他只能上阁楼和他妻子会合，水还在涨，于是他们只能往屋顶上爬，不幸的是，这个因为嗜好甜食而外号叫作"糖先生"的男人太胖了，而没办法从天窗爬出来，他妻子一个人爬上去了，他只能探出头去。然后就是下半场了：妻子一个人站在屋顶上，丈夫的头卡在天窗里，身子陷在一堆纪念品之中，而水位一直在上涨。这个故事探讨的主题就是淹没这对夫妻的是三十年来共同生活的记忆：孩子们的玩具、照片、一起度过第一个狂欢节的纪念品。没办法抛弃这些、失去这些。只有孤身一人的妻子能够抛下一切投身未来。上半场是关于回忆，下半场是关于未来的。问题就在于，要知道这是世界末日还是另一个新世界的开始。随着剧情的发展，事情变得越来越明显：这个男人逃不掉了。

第二部剧：《猎人房子》(Shotgun)，发生在两个月之后。您应该已经看到了,在一栋和"猎人房子"一模一样的房子里,所有那些小房子是一字排开的,这是新奥尔良风格最典型的一种建筑。有个笑话说如果对着第一家的前门开一枪,子弹能从最后一家的后门飞出去。在《猎人房子》里,就讲到了两个挨着的房子,一模一样。它们是完全对称的,我用这个意象来暗喻城市中的种族融合。这部剧讲的是一对因为洪水失去家园的父子的故事,而且这场洪水让父亲失去了他的妻子,儿子失去了他的母亲。在洪水过去之后的四个月里,他们在阿尔及尔街区——城里没有被洪水淹没的一部分找了一间"猎人房子",一直住到圣诞节。这间"猎人房子"的另一部分住着一家黑人,他们的女儿和那家儿子的年纪一般大。这两个年轻人坠入爱河。有一次,儿子对盛怒的父亲说道:"看吧,世界变了,现在,白人和黑人可以住在同一个屋檐下了。"父亲回答道:"是啊,但他们之间隔着墙啊!"通过这个故事,我讲述的是在洪水之后发生的事情:突然之间,种族之间的紧张关系变得微不足道,所有人都是同一场灾难的受害者,因而变得十分团结。然后纳金,也就是当时的市长,因为想重新当选,在快要落选的时候,同时也是马丁·路德·金日[1],发表了一个演讲,他说:"白人们试图努力阻止黑人们回到新奥尔良。"于是种族之间的关系变得非常紧张,他也以五千票重新当选了。当我还是个孩子的时候,种族隔离被取缔,城市中黑人和白人开始融合,那是一个充满暴力的时期,市长的演讲让我回想起了那个时代。

您那时候多大?

---

[1] 一月的第三个星期一,黑人领袖马丁·路德·金的生日,唯一一个纪念美国黑人的联邦假日。

大概十一二岁的样子吧。

您对这件事有特别深刻的记忆吗？

不错，我今天上午还为一家杂志就这个时期写了一篇文章。我记得有一次，是在我上的那家天主教学校（因为整座城市都信奉天主教，所以很多学校也是天主教的），也就是大卫学校。一个上预科班的、很年轻的美国非洲混血儿来上学，他是第一个黑人学生，我那时候上初一，教区的神父后来又开车把他带走了，车上有一个耶稣十字架像，我们班很多孩子的母亲都朝着那个十字架吐唾沫，她们对黑人来上学是如此愤怒！就是这样，当然了，那时候还有很多比这要暴力得多的事情发生，不过就在一家学校里，在一个孩子眼中，这已经有很大的冲击力了。2006年1月21日，在市长的演讲之后，当时的情势也像我小时候那样紧张，因为这正好赶上了人们意识到拿不到任何保险赔偿的时刻。政府解决不了任何问题，人们完完全全是孤立的。显然，那个时候是布什当政，国会都是共和党派，白宫发言人说到这件事的时候，认为新奥尔良可以从地图上抹去……布什的母亲来到一家避难营，看望了一些老年人，人们之前给了他们一床被子、一把牙刷，老太太说："好了，现在你们的日子终于要好过一些了。"他们就只有这些，一床被子、一把牙刷。于是人们明白了，只能靠自己解决问题了。在这种情况下，一个政客很容易就能鼓动一个社团去反对另一个社团。

现在这座城市怎么样了？

好多了。现在的市长米奇·兰德鲁（Mitch Landrieu）先生，是种族隔离结束时期的市长的儿子，尽管他是白人，还是得到了所有党派的尊重。在罪恶滔天的纳金之后上任的这位市长，可以说已经尽了最大的努力了。他改善了不少事情。上个夏天,我住的那条街的路灯终于在洪水之后第一次亮了起来,黑暗的七年!情况有所改善了,但是还需要十年到十五年才能恢复到2005年的状况。

您写下这些剧本是为了见证这些事吗?

在洪水之后,很快,我就开始写了第一部。刚开始我和我的同行一样,写的都是一些纪实文字。应该去见证这场灾难,应该还原真相,澄清事实,和工程师们、州政府还有保险公司的谎言做斗争。比方说,工程师们一直借口说堤坝没有倒塌,说水是从堤坝顶部漫过去的,我可以告诉您,因为堤坝就建在我家那边:确实决堤了,是我亲眼所见。于是我们就放下虚构小说,变成全日制的记者,但是一个月后,当我在一家咖啡馆工作的时候——那时候我们还无家可归——我看到路的另一边有一栋小房子,我开始问自己,如果我和我妻子那天晚上没有离开,会发生什么?于是,我内心的作家意识开始苏醒了。大洪水前一年,我有一部戏剧在南方代表剧院上映,于是我打电话给那个艺术经理跟他谈了我的想法,也就是那个关于一对夫妻被困在满屋子的纪念品中的故事,他告诉我说:"继续写,我们会排您的戏。"于是我写了一个计划,并把它寄给了国家新戏剧网络协会〔这个协会由众多剧院一起创建于1998年,面向整个美国,以资金、场地、稿费等不同方式资助鼓励戏剧创作〕。他们有一个年度评委会,竞争很激烈,我的剧本被保留了,这也使得我拿到了一小笔钱,那时候为了这部剧我花了很多心血。洪水过去十八个月之后,它终于被搬上了舞台。剧院里来了大量观众,整整几个月,剧场都座无虚席,创造了前所未有的票房纪录。但是值得一提的是,这部剧上映的时候发生了一些事:第一晚演出结束散场的时候,观众们都站起来鼓掌,演员们也谢了幕。只是,掌声结束后,观众们并没有离开，而是又坐下了，没有人离开。剧场经理最终走上舞台："你们想谈谈你们刚刚看到的戏吗？"人们开始回顾剧情，但是很快，他们就开始讲述自己的经历，他们在洪水中遇到的事情。讲了整整一个小时，讲他们是怎样被困，老祖母是怎样被淹死的……令人难以想象的力量。而这种倾诉在演出的每一个晚上都发生了。很多人没有去看心理医生，但他们需要倾诉。真的很难以置信。

圣诞节的时候，整座城市都是空的，大约只有10%的人回来了，就像一座鬼城，而且那时候几乎没有一个女人。周六的一个晚上，我妻子和我走在法国区的路上，然后我一回头发现：十个男人正跟着我们！于是我停下脚步转身面对他们，他们告诉我说："我们无意冒犯您，只是一周以来我们都没有见过女人了。"的确，他们很多天都没有见过一个女人！于是他们就跟在我们后面，只是为了看看她而已。那是一个非常特别的时期，所有人都全副武装，除了我。（他笑了。）形势十分紧张，我随身带着《纽约时报》的一封委托信，来证明应当对我——《纽约时报》的特派员表示尊敬和殷勤。在军队面前，我需要一次又一次地拿出这封信，因为他们觉得我问的问题太多。

这是您第一次为纪实作品工作吗？

或多或少吧，我写了很多散文，但是我的工作本质上是写诗（我是文学诗歌硕士出身），主要是写短篇小说。还写一些广播剧，大多是在德国广播播出，使我受到最多关注的是我的短篇小说集：《酷刑的学徒》(*The Torturer's Apprentice*)。我总是很喜欢去想象那些比我有趣的人的生活状况和经历。

但是为什么，对于您受到卡特里娜飓风影响而创作的故事而言，您是创作了戏剧而不是一部长篇或是短篇小

说呢？

一本书被出版社接受之后，需要一年的时间才能发表出来。我希望能够更快一些，希望美国人知道在我们这里发生了些什么。在洪水发生之后的十八个月，第一部戏剧上映。这让我吸引了很多人的注意，很多人开始对我的写作感兴趣，因为我的这出戏剧取得了巨大成功。在一次观众都是戏剧业内人士的专场（国家新戏秀 le National Showcase of New Plays）之后，有人跟我说如果我能够在戏剧中添一点在某种意义上比贝克特更荒诞的元素，也许能取得世界性的成功。但是在回纽约的飞机上，我告诉自己我要做的正好相反：我要加强本土特色。这将是新奥尔良的故事，由新奥尔良人演，在新奥尔良上演。如果这会让这部戏只能在一个剧院演几个星期，那也在所不惜，因为这就是我要做的，我想讲述的——谈论这座城市。在飞机上，我修改了人物的名字，对整部剧做了大量的润色。我确实相信，通过开辟这种本土特色，这种地理视域，我能够企及普世价值。现在，这出戏剧已经在整个美国上演了不止三十次，已经有二万五千到三万人次观看。但我现在也在写一部长篇小说。

是关于同样的主题的吗？

是关于卡特里娜过后的那一年。这部小说名叫 *Anywhere on Earth but Here*（《除了这里，哪里都行》）在卡特里娜过后的两年里，最让人震惊的是，我认识的十余对夫妇都离婚了，我们本以为他们一定会白头偕老。我用水晶的隐喻来解释这件事：你有一块纯度很高的水晶，但它有一条肉眼不可见的微乎其微的裂缝，只要你一用力，它就碎了。就是这么回事。

所以这又是一个新的爱情故事吗？

这是关于一对年轻夫妻的,他们婚后六个月,在洪水之后回来,打算重建家园,但是一年后,妻子跟丈夫说:"在地球的别的任何地方,我都可以是你的妻子,但在这里不行。"他到底是跟着妻子离开,还是在新奥尔良扎根太深而舍不得离开那个地方?

您也是在新奥尔良扎根太深而离不开这里吗?

关于这个问题,我改了一百次主意了!我很想说我可以生活在别的地方,但是我真的可以吗?我的家一直都在这里,我妻子为这座城市工作,我儿子也在这里……这座城市对我来说有着很强的吸引力,我们有自己的烹饪方式、说话方式,还有属于我们自己的音乐。这里的文化是十分孤立的,这也成就了一个富有凝聚力和强烈身份认同的团体。

那么,对于《牡蛎》来说,您为什么又是以长篇小说的形式创作呢?

完全是因为,在美国,当出版社给了你一份短篇小说集的合同的时候,后面总会附一部长篇小说的合同。合同总是两本书一签。但是我对于长篇小说的形式也很感兴趣,较短篇而言,长篇给我想要讲述的故事添了更多分量。我写得很快。头一千个词花了我六个月的时间。[美国人习惯以字数来计算,我们习惯用字符来算,一千个词大约是六千个字符。]但是剩下的六万字,我在六周之内就完成了。一旦清楚我意欲何为,我的写作就变得十分简单了。

您是从什么开始呢?您已经构思好了吗?

我想写一些十分美国化的东西,将内心的感情更多地表现出来。我打算写一部关于五十年代的小社区,那时候美国刚经历从

"土地私有"到"联邦共和国"的阶段,那时候联邦政府十分强大,通过类比,能够帮助我们理解现在生活的这个时代。通过追溯过去的变迁,我们能够更清楚地看看现在。1957年,艾森豪威尔派联邦政府军队到小石头城以保障黑人学生顺利入学,这件事是这场变迁的一个关键点。联邦政府这样做表明他们比州政府更加强大。州政府不能无视联邦法令,这是民法。于是我想到,并且开始对一个只能靠广播传递信息的小城感兴趣,在那里,一些石油公司在沼泽地里修管道,破坏了整个生态系统,不过照亮了我们生活的这个世界。

那么,您是从一个历史时刻开始讲述的?

是的,我认为这样能够帮助人们更好地理解一些事情,比方说关于对奥巴马想在整个国家重建医疗体系的政策的抵制。这是联邦政府和州政府之间对峙的继续。以我个人经验而言,我看到过一些州政府的法令是为了维持种族隔离和对同性恋的歧视……这种矛盾比以前任何时候都要复杂,不仅仅涉及分权的问题,还有整个国家意志的问题。美国的评论没有提到我小说中的这个方面,反倒是英国的评论很清楚地提到了。比方说《经济学人》(*The Economist*),很快就看出这部小说的所指了,在欧洲,法国的评论也提到说我借鉴了左拉[1]。

您的女主角叫作苔蕾丝……

我认为这样已经很明显了,但是这里没有任何人领会到这一点,当然了,我的编辑很快就看出来了,但是在这本书在欧洲出

---

[1] 爱弥尔·左拉(Émile Zola, 1840-1902):法国自然主义小说家和理论家,自然主义文学流派创始人与领袖。

版之前，没有任何文章提到过这一点。

但是为什么故事的发生地点是在普拉克明县呢？

因为没有任何小说的故事地点是在这里。所以我就很自由，可以任意发挥。但也是因为这里是 wetlands，是路易斯安那州的湿地。它们将要消失了。这种水和土之间的对抗，在一片快要消失的风景里，我认为这是一个绝佳的隐喻，寓意着那些古老的团体将要分裂消散从而为国家文化让路。以同样的方式，我也展示了新教是怎样借助于无线电从而在这片天主教土地上传播开来。所有的这些因为发生在"湿地"，所以显得有了更多的意义，在湿地，一切都在不断改变，没有什么，包括时间和土地都是不固定的。

您笔下的这片景色和自然风光都被描述得美不胜收，细节也被刻画得淋漓尽致、令人憧憬，您在描述这片土地的时候是出自个人经历还是通过查阅资料？

就像我刚跟您说过的那样，我的父亲是水手，在我出生之后，我母亲就想把他拴在陆地上，于是他成了一个木匠，然后他自己造了一艘船……（他笑。）我们每周末都会去沼泽地钓鱼，我对于水和航海很了解。

啊，所以那是个人经历喽！

我不知道您是否还记得小男孩第一次钓鱼的那一幕，他紧紧抓着他的第一条小鳄鱼，然后看着它在船头挣扎，他的父亲告诉他："它正在向它妈妈求助，但它妈妈什么也帮不了它。"这是我父亲曾经对我说过的话……

您的父亲是霍尔斯的原型吗？这是一个十分复杂的

人物。[霍尔斯很粗鲁，是实用主义者，但又诡计多端，尽管他在书的刚开头就去世了，但是他影响了整本书的情节发展。]

不，不完全是这样，我要告诉您的是：读完这本书之后，我妻子拒绝再读一遍，她告诉我，因为她怕自己会爱上霍尔斯，我的书是反对帕提让家的，这是一个古老的家庭，他们将要被以霍尔斯家庭所代表的现代化所取代，霍尔斯的家庭象征着"新富人"的资源和力量，他们不惜一切获得财富，不管从什么人、什么东西身上，他们都要攫取利益。这本书是家庭与家庭、传统与现代的对立。霍尔斯身处这场变革的风口浪尖。但是，在下一代身上，读者会看到苔蕾丝·帕提让站在霍尔斯的孩子们的对立面，力量颠倒过来了。现在是苔蕾丝代表了现代性。

是的，您谈到很多妇女状况：包办婚姻、家务分配，等等。

我想要展现出四代妇女的生存状况，曾祖母想要卖掉她的孙女，因为她认为那是她的财产。苔蕾丝的祖母是第一代尝试解放精神的代表，去了加利福尼亚，对于她母亲的地位十分不满，但是有一样东西摧毁了她：她不能摆脱抛弃自己孩子的负罪感。然后是苔蕾丝的母亲，再然后是苔蕾丝，第四代女性。她的父亲抱怨说：她穿裤子，说脏话，跟男人睡觉，还在船上工作。就像一个男人一样，他这么说她。但是苔蕾丝不会让任何东西，包括强加在她身上的性别限制，来阻挡她捍卫她的家庭。整本书其实是基于一个细节的：她没有意识到一个男人总是把钥匙放在同一个口袋里，这样才不会把它弄丢。

您从家族故事中翻出来的还有其他哪些细节？

我提到了我的祖母——老祖宗,还有大虾的烹调法。

  啊,看起来真的很不错!

您也可以试一下!我伦敦的编辑告诉我说:"这本书里两样不能相信的东西就是政治和食物。"我回答他说:"这两样可不是我编造的。"我把这个详细的菜谱加了进去……

  在您提到的那些大众传统里,我很喜欢的一个细节就是曾祖母用从全家人旧衣服上剪下的碎布头缝成鸭绒被,其中甚至有一件是一位参与了南北战争的先人的单排扣制服!

您知道吗,因为这个细节,我可惹了不少麻烦。具体来说,这件制服其实是属于美国南部邦联派的,有一天,在阿肯色州的阅读会上,六个南北战争的专家站起来挑刺说,他们认为这位祖父不可能参加我在书中提到的两场战争。幸运的是,我做了一些调查,于是我给他们展示了由于人物岁数的关系,参加两场战争是可能的。但这几个专家特意跑到阿肯色州就是为了质疑我的!

  您做了调查!

啊,是的,这本书里的所有内容都是真实的。像水的含盐量啊什么的,都是真的。我跟一些生物学家还有一些牡蛎养殖专家谈过这些。

  那关于人物表达的方式呢?他们的句子结构都很特别。

这个啊,因为我一直在这里生活、钓鱼、回忆我祖父母的说话方式,所以我知道。我花了很长时间去聆听。

您是怎样决定成为一名作家的？

这又是一个故事了，您想要听一听吗？

当然！

刚开始的时候，我觉得我会成为一名画家，我家里特别穷，甚至没有一本书。所以我只能去图书馆。我十岁那年夏天，看到一个通告说：如果你读了四十本书，而且给每本书都写上一份阅读报告，你就能获得一张皮革书签。于是我就读了四十本书，当时那些阅读报告可以是一幅画或是一个段落。我画了三十九幅图，最后一本书我写了一个小段落，那是一本关于保罗·列维尔[1]的传记。然后会有一个最佳阅读报告大赛，我父母接到了一通电话说我赢得了比赛，我觉得棒极了，现在全世界都会知道我是一个多么有才华的艺术家了！但是很快证实说我是因为那个小段落才获奖的，我觉得特别丢人，把眼泪都要哭干了，十岁呀……"大人们真蠢，他们什么都不懂！居然会喜欢那个垃圾段落，而不是我美丽的画！"好了，然后当地报纸刊登了一篇小文章，有人就问我父母，我愿不愿意成为他们的童书评论员，我就去干了，我就是这样开始写作的。我父母很自豪，但是我没什么印象了。中学的时候，我是篮球队队长，我感兴趣的就这两件事：女孩和运动。有一天上课的时候我觉得很无聊，于是我就写了一首诗，老师以为我在跟另外一个同学传小纸条，于是他就把我带到行政处接受惩罚，但在那儿他们读了我的诗，然后决定把它寄去参加一场诗歌比赛，然后我又赢了，我觉得太丢人了，于是我就花了十美元去收买当时学校日报的主编，叫他

---

[1] 保罗·列维尔（Paul Revere，1734-1818）：美国籍银匠、早期实业家，也是美国独立战争时期的一名爱国者。

不要提到篮球队队长居然赢了一场诗歌比赛！然而，也正是因为这个，我拿到了上大学的奖学金，为了挣钱，我为电影写评论，然后《哈珀斯》(*Harper's*)[1]挑了其中一篇发表在它当年面向全美的最佳评论集上，于是我拿到五百美元，当时我和我未来的妻子用这笔钱去了一趟墨西哥，回来的时候，我得知因为这个我又得到了一笔读研的奖金。所以，在某种程度上来说，生活一直在驱使着我写作，一直到我停止反抗为止。

您是怎样工作的呢？您需要有规律地去写作吗？

以前是的，但是现在，只要有时间，我随时可以开始写。如果有片刻闲暇，我就写。我以前的习惯是：报纸，一杯黑咖啡，然后是写作。现在，就只是咖啡和写作。当我醒得很早的时候，我就会在家里写，一直等到咖啡馆开门。

您不需要一些特定的场所、特定的条件吗？

不需要。如果您今天迟到了，我就会拿出我的纸和笔。

所以您是习惯手写？

我会在小本子上手写，也会在电脑上写，在任何东西上我都能写，我也会同时写很多东西：短篇小说、戏剧、文章、长篇小说……

您是怎样区分这一切的呢？

一般是借助音乐。每当我开始写作的时候，我会听一段我觉得和我的文本有关的音乐，我会一直听到把它写完，当我开始放

---

[1] 美国著名杂志。

这段音乐的时候,它就能将我带到文本创作的氛围中去。

跟《牡蛎》有关的音乐是什么?

阿卡迪亚音乐。在大洪水中,我丢了这张光盘,还有很多其他东西。音乐使我可以从一个文本过渡到另一个,但音乐也不是必需的,我也可以在宾馆、机场、咖啡馆等地方写作。我出门旅行的次数很多,因为我得参加很多排演,因此很多时间我都是一个人在路上。我在哪里都能工作。像那些好钢笔啦、特别的本子啦,我都不需要,我随时随地就能写作。

您有经纪人吗?

我有五个,一个负责在美国发表虚构小说,一个负责在英国和英联邦[1]的发表,一个负责翻译,一个负责电影改编权,另外一个负责戏剧。

难以置信。您真的需要这么多吗?

我告诉学生们,成为一名作家,也就是成立一家属于自己的小公司,一般而言,这还是一家跨国小公司。比方说这周,我的短篇小说在一家英国杂志《葛兰塔》上发表了,所以我在凌晨三点收到了一堆来自伦敦的邮件,因为那边正好是九点。成为一名国际知名作家意味着大量的关注,您应该知道的。

我?好吧,我的书还没有被翻译到国外,所以我不知道这方面的问题……

那是因为您还很年轻。

---

[1] 一个国际组织,由五十三个主权国家(包括属地)所组成,成员大多为前英国殖民地或者保护国。

也许吧。我想您没有遇到过写作的瓶颈吧？

没有，至少现在没有。

　　那也就是说您以前碰到过？

确实有可能碰到过。写作在我心目中的地位，仅次于我的家庭。您知道，当人老了，就会变简单了，当我还年轻的时候，我精力充沛到有时候都很难强迫自己坐下来！但是说真的，年纪大了，就简单多了。（他笑。）

　　了解这个也不错……您告诉过我您也教书，您从教学中得到了些什么呢？

我在一门英语文学课程中教创意写作，包括诗歌、小说和戏剧。我下学期要教的是广播剧，一门借助音频的写作艺术。我也和一些艺术家一起合教艺术史，我对这个非常感兴趣。在洪水之前，我也教信息课，我对于人工智能和自然语言处理很感兴趣，但是在洪水之后就不可能教这门课了，因为我的一个同事离开了新奥尔良。我大部分课都和写作有关，我每个夏天都在巴黎的美国学校教课。法国的《图书周刊》（*Livres Hebdo*）曾经派了一个记者来看我是怎么上课的，因为他们很怀疑我能不能做到。后来他们得出结论是，我的课就像一场沙龙：一些人在一起谈论阅读心得。在创作室里，一些同学提前读另外一些同学的作文，然后一起讨论，举个例子，我们也以同样的方式来读陀思妥耶夫斯基。所以这是一场阅读分享会，要学习像一位作家那样阅读，也就是说要大量阅读，然后训练自己的能力。

　　这不太符合现在法国人的想法。

我父亲曾经是细木工匠，我记得我去过他的车间，看了他所有的工具，包括锯木屑……他尤其坚持技巧的重要性，他说如果想要以木匠自居，那就必须具备能够建一栋房子，包括里面所有家具的能力。如果做不到的话，就不要说自己是木匠。我把这种哲学运用到了写作的艺术上。我想要尽可能地掌握更多的写作形式，我就是这样成长起来的。我最近写的戏剧叫作《扫帚》(*Broomstick*)，这是一个老女巫的忏悔录，用的是抑扬格五音步，如果我没学过怎样押韵，我就写不出来这部剧，因为主角是女巫，所以我觉得这种说话的方式比较适合她，至少在英语里是这样的，儿歌都是押好韵，算好字数的。这种对不同写作方式的掌握给了我很大的自由。在这些写作创意园里，我坚持写作技巧是一个故事的基础，在这周的上一堂课里，我举了罗伯特·潘·沃伦[1]的例子，他写了《国王的人马》[2] (*Fou du roi*)（一个发生在新奥尔良的故事），他说："没有冲突，就没有故事。"如果您教一个学生所有的关于"冲突"的定义，也就是说冲突不一定是一个坏人和一个好人的对立，也有可能是一场三角恋，比方说，你就可以给他们举一个冲突不会一直持续下去的例子，冲突可以朝化解的方向发展。故事应当将人物置于一种不平衡之中，然后将他们带领向另外一个方向。如果一个故事没有这种不平衡，这种原始的冲突……当然了，有各种各样的故事，但是它很可能就不是个好故事了。故事必须蕴含冲突。

然后约翰去买了一期新奥尔良的报纸，并且给我们勾出他觉得有意思的爵士音乐会，他建议我们去听一场 fais-dodo

---

[1] 罗伯特·佩恩·沃伦（Robert Penn Warren，1905-1989）：美国第一任桂冠诗人。美国当代文坛上一位少见的全能作家。
[2] 英文书名为 *All the King's Men*。

[在路易斯安那州周六晚上举行的家庭晚会],讲的是一个叫弗朗索瓦·布奈尔(Fransois Busnel)的人的故事。他扔了一只小鸡给一群鳄鱼,然后很轻松地说:"好了,跟我讲讲湾口的希腊悲剧吧。"然后我们就出去拍照片,在大街上,当我们经过时,所有人都在门口跟我们打招呼。然而,在阳光下,当一辆开着车窗、把音乐开到最大声的黑人青年驱车经过时,情势陡然变紧张了。卡特里娜之夜到底还是留下了一些痕迹。

Ernest J. Gaines 厄内斯特·盖恩斯

奥斯卡,路易斯安那州

费尔斯湖并不完全是条支流,更像是密西西比河流经后留下的湖泊,沿岸散布着一些渔民的棚屋,几条废弃的木船。路的另一边,伫立着盖恩斯家那栋现代新式的房子,大门上镶着一个铁打的G,客厅里的壁炉上方挂着一幅巨大的画,我猜画的是他的孙辈们。他的妻子狄安娜出来迎接我,我们坐在厨房的玻璃窗旁边,厨房面朝着一个背倚湖泊的花园。狄安娜和他是1988年在一次书展上认识的:盖恩斯是她最喜欢的作家,她来找他为《老人会》(*Colère en Louisiane*)[1]签名,这本书是给她儿子的,他很快会在中学读这本书。厄内斯特的椅子旁放着他的助步车。他面前的桌上摆着一顶贝雷帽,他正准备戴上它拍照片。他笑容明亮、眼神深邃。

我的家人都在田里干活,砍甘蔗或者玉米秆子什么的。当我到了七八岁,年龄足够大的时候,大人们就让我去收棉花。那时候所有的孩子都在田里干活。您看到那个小教堂了吗?(他指着一个坐落在花园尽头、用白色木头搭建的小教堂),每年大概有五个半月或者六个月吧,没有活可干的时候,我就去那里上学。

冬天吗?

对,大概在十月到三月吧,我们会去上课。

---

[1] 英文书名为 *A Gathering of Old Men*。

狄安娜过来和我们一起坐下,并加入到我们的聊天中。

狄安娜:我能加入你们吗?

当然了。

狄安娜:亲爱的,你应该说说是谁建了这所学校。

学校是住在这里的人建的,也就是住在种植园里的人。

狄安娜:不是政府建的。

对对对,不是政府建的。

狄安娜:我就是要说明这一点。

我们在教堂里上课,这里没有专门给非裔美国黑人的孩子上的学校。

所以是您父母,您的家族创办了这所学校吗?

不光是我父母,而是住在这一块儿的人合办的。

要是没有这所学校,您是不是就上不了学了?

嗯。在别的种植园也有一些差不多的学校,我们倒是可以去,但是得走不少路。好在我们这里有一所学校。每年都会有老师过来待个不到半年吧,专门教我们。

老师也是非裔美国黑人吗?

当然了。要是个女老师的话，她就住在我祖母家，我祖母那时候是雇主家里的厨师长；要是个男老师的话，他就住我叔叔们家，离这一带稍微有点远。所以我每年会在这所小教堂上半年左右学。

您那时候是个好学生吗？

中等吧。

> 狄安娜：你那时候很有创造力，你写了一些小戏剧。（她笑。）这一块儿的人还都来看呢，他还扯了一块床单当幕布。

真的吗？多大年纪？

是真的，我确实这么干过。我那时候是作者、制片人、演员、导演……（他开怀大笑。）

这片种植园大概住了多少人？

一百人左右吧。

> 狄安娜：包括孩子们，种植园里所有的黑人。

您的家族在这里待了很久了吗？

到我有五代人了。

也就是说可以追溯到奴隶制时代？

是的，我有一个太祖母曾经是这里的奴隶。他们不是我认识的哪个人的奴隶，因为种植园主换人了，但她曾经是这一片庄园的奴隶。上了六年学之后，我去了新路的一家天主教的小学校上学。那就是我在书里提到的地方。大部分时候我都是搭顺风车去上学，因为没有公交。我们的郡长和一个女种植园主结婚了，他有时候会载我到法庭门口，我再从那里走到学校去。我总是迟到，因为郡长办公室在城里，而我的学校离那儿大约有一公里半的路程。但是第一节课都是教理课，因为我不是天主教徒，所以其实也没错过什么太要紧的东西……我是浸礼会教的，但那儿是除了小学以外唯一一所学校了——当然，是指对于黑人孩子来说。我在那里上了三年学，然后我的父母把我带到了加利福尼亚，他们是在战争期间离开了这里出去找工作的。因为在种植园这边基本上没什么工作机会，或者说，有活儿干，但是没钱……他们把我还有我弟弟妹妹丢给我一个姑母带了几年，因为我是长子，所以他们先把我接过去了，那是在1948年，然后再把我弟弟妹妹接过去的，那一年我十五岁。

> 狄安娜：是他姑姑把他抚养长大的，她叫奥古斯汀娜·杰弗逊，他总是提到她。他们家只有五个孩子是在这里出生的，其他的都出生在加利福尼亚。

七个是在这里出生的，五个是在加利福尼亚。我是十二个孩子中的老大。

您去了加利福尼亚的哪里呢？

旧金山。

> 狄安娜：不是的，不是马上就去的。

对对。（他开心地笑了。）刚开始是在瓦列霍，一个很小的海运港口。我在那里读了中学,然后上了两年大学,那时候,如果你是加利福尼亚居民的话,大学的前两年就是免费的。除了我一个姨妈以外,我是我们家第一个上大学的,或者可以说我是我们家第一个男大学生吧。然后到了1953年的时候,我参了军,在军队待了两年。退伍之后,因为军人安置法案的缘故,我可以重返校园,而且只要去上他们的课,每个月就可以领到一百一十美元。所以我去上了一些英国文学课和一些创意写作课。

啊,您那时候就打算成为作家了!

是的,我一直都想成为作家。

您是什么时候决定的呢?

在写这些小戏剧的时候。还有,我也帮种植园里一些老人写信,因为他们从来没上过学。

狄安娜:他们是文盲。

我帮他们写信,还有读信。

狄安娜:他十六岁的时候就写了第一本书!

真的吗?

嗯,算是吧。至少我认为那是一本书,不过就我一个人这么想。

狄安娜:他胆子挺大,还寄给了纽约的一家出版社。十六岁哎,我觉得真是不可思议啊!

我那时候十七岁了。

狄安娜：那还是很厉害呀！

您是怎么知道要寄给谁的？

我去了一家小商店，翻了翻一份关于出版社的报纸，然后我挑了一家寄过去了。

然后呢？

他们把我的稿子退回来了。于是我就把它烧了。我觉得这份稿子不够好，所以我就烧了。但是十年后，当我在斯坦福的时候，一个文学批评家来看我们，并且告诉我们说，单靠短篇小说是赚不了钱的，除非已经先发表了一部长篇小说。我能想起来的唯一一部长篇小说就是我十年前烧掉的那一本，于是我把它又捡了起来，不过修改了不少内容。那是一个在加利福尼亚生活的年轻男人的故事，十年之后，他又重回了那里……这本书也就是后来的《凯瑟琳·卡米尔》(*Catherine Carmier*)。俄国作家对我的影响很大，尤其是屠格涅夫。我曾尝试着模仿他在《父与子》中的写作风格。在那之前我已经写了一些短篇小说，其中有几篇在第一期《旧金山州立大学学报》上发表了。那是 1956 年。

您是怎样庆祝这件事的呢？您觉得自豪吗？

当然了！班上同学都是白人，就我一个是有色人种。非裔美籍黑人学生们在上了很多英文课之后，一般都不再愿意走这条路了。我呢，我选择了学习英语，是因为我想成为作家，所以我也就成了班上唯一一个非白人。突然之间，有杂志发表了我的作品，还署上了我的名字！当然自豪了！在学校里，所有人都跟我说：

"嗨！厄尔尼[1]！"（他呵呵笑了，而他妻子则哈哈大笑。）

狄安娜：你那时候是个名人！你没告诉她你在这里长大的时候，这里一家图书馆都没有。

根本就没有书。

那您读什么？

什么都没有，就只读课本。

狄安娜：但是到了加利福尼亚之后，你发现了不少图书馆。

到了加利福尼亚，我确实看到了很多图书馆，就在瓦尔霍。我之前都不知道世界上会有这么多书！这么多可以自由借阅的书！我拿起一本书，看看封面，读几页又放下来。我开始对长篇和短篇小说感兴趣，我注意到了十九世纪的一些俄国作家，比如屠格涅夫、契诃夫、陀思妥耶夫斯基等。

您是自己在图书馆找到他们的书的还是有人给您推荐的？

自己在图书馆找的。

狄安娜：说说你为什么先选择了他们的书。

我之所以选择他们的书，是因为在他们的标题或者封面里，

---

[1] 对厄内斯特的昵称。

提到了一些跟乡村生活有关的东西，诸如农民、树木、河流等。那些穷人们。就是那些被我抛弃在身后而又令我十分想念的人们。然后我去了斯坦福，因为我在旧金山的一家杂志上发表了三部小说，所以得到了奖学金，那三本小说应该是：《海龟》(*The Turtles*)、《穿双排扣西装的男孩》(*Boy in the Double-breasted Suit*)，还有一部我想应该是《一袋土豆》(*A Sack of Potatoes*)。第一本小说发表后，一个经纪人联系上了我。她来自纽约，正准备在加利福尼亚定居。她读了我的小说，很喜欢我的故事，然后她通过我的老师告诉我让我把自己写的东西寄给她。她就是多萝西亚·奥本海默（Dorothea Oppenheimer）。从1956年到1987年，她做了我三十一年的经纪人，一直到她去世。

您当时是怎么计划的？您觉得您可以靠写作为生吗？

这是个好问题。我的老师们告诉我说很少有作家能够靠写作生活，白人作家都很少，更别提黑人作家了。他们建议我学点能找到工作的东西，比方说人文科学什么的，这样就可以在中学教书。我嘴上说着："嗯嗯，好的。"但其实心里一点也不想干。我上大学的时候领的是政府奖学金，1957年毕业的时候，我告诉自己："你有十年时间去证明你可以写作。"如果我做不到的话，我就去试试别的。我那时候很自私，把一切都花在了写作上，仅仅做一些兼职来保证我那少得可怜的需求，像房租啦、食物啦等。

您说的"自私"是指什么？

当你只对你的写作感兴趣的时候，那就是自私。我很想说我曾经帮助过我的弟弟妹妹们，想说帮助过我的妈妈。但是实际上我那时连一份生日礼物都没有送给过他们，因为我没有钱。我觉得惭愧吗？是的。但是我告诉自己："我要成为作家，我要成为作家。"我把一切都奉献给写作了,我不会建议谁也这么做,但还是有人会这样做。

您那时候做什么兼职?

我在一家印刷厂里,专门给标题排版。

狄安娜:那还是在电脑排版之前。

对,就像在十九世纪一样!(他笑。)除了这个,我还在邮局和保险公司干过活,像送信员啊什么的,诸如此类的差事。

您的家庭对您的选择是怎么看的?

我继父觉得我疯了,因为我把所有的时间都花在读书和写作上面。幸运的是,虽然我帮不上他们什么,他们自己还是能勉勉强强过下去的。我有几个弟弟妹妹也过得不错,能帮其他兄弟姐妹们一把。所以我就自己待着,按照我自己的方式继续写下去。我每天要花八到十二个小时写作。我总是先手写,然后在电脑上输入,现在也还是这样。

那时候您的日程是怎样安排的?

我只在下午打些零工,这样我上午就可以自由安排写作了。我早上起得很早,这样就可以花挺长时间在旧金山散步,一直走到公园,然后我就回来,洗个淋浴,吃一餐简便的早餐,然后坐在厨房的桌子前开始写作。

您需要通过散步来提神吗?

对,我大约是早上六点钟起床,然后到九点钟开始写作。我的小桌子离炉灶很近:我的房东不开暖气!可旧金山冬天多冷啊！我的朋友们知道他们在上午九点到下午三点之间不应该来打扰我，我会跟他们说："三小时之后我再跟你说。"在九点之前也不能打扰我，因为我在散心。不过我大部分时间都一个人待着。

您那几年是在写哪部作品？

第一本书就是1964年出版的《凯瑟琳·卡米尔》。这本书没有受到报刊界太多的关注。

这本书出版的时候，您已经大学毕业七年了？

是的，然后是1967年出版的《爱与尘》（*D'amour et de poussière*）[1]，这本书受到的关注稍微多点，而它也恰逢我给自己定下的十年之约。

《凯瑟琳·卡米尔》的出版还不够让您相信自己就是个作家吗？

我啊，我自己是相信的。但就我一个人相信！（他笑得停不下来。）我把它又重读了一遍。您知道吗，我都能看出来这些俄国作家的著作译本对我的坏影响有多大！啊，我再也没有犯过这种错误了。这些作家的糟糕译本在我的书中简直随处可见。唉！但是我觉得在取得进步之前需要经过这种阶段。我第一次真正取得成功的作品是《简·皮特曼小姐自传》（*L'Autobiographie de Miss Jane Pittman*）[2]。

您是怎样写作这本书的呢？

刚开始的时候，我把它命名为《简·皮特曼小姐小传》。我想

---

[1] 英文书名为 *Of Love and Dust*。
[2] 英文书名为 *The Autobiography of Miss Jane Pittman*。

从多个视角来讲述，就像我在《老人会》中做的那样。朝这个方向努力了一年之后，我才意识到这样行不通。我打电话给我纽约的编辑说我需要从简小姐自己的视角重新开始写。两年后，我完成了这本书。

您的灵感是从哪里来的呢？

早些年的时候，我写了《血缘》（*Par la petite porte*）[1]，那是一本短篇小说集，我在最后一篇短篇里提到一群男人在讨论一个想要和侄女一起去北方的老妇人，因为这里的民权运动中充斥着太多的暴力和游行。但是在写完这本书之后，我就一直不停地想着这个老妇人，我问自己，她是谁？她的过去是什么样的？为了找到答案，我得追溯到奴隶时代，我想从那里开始。然后我遇到了一个诗人，他也是南方大学的教授，阿尔文·奥伯特（Alvin Aubert）。我和他一直聊啊聊。我告诉他我想写一个关于一个奴隶为了民权而抗争的故事，跨越一个世纪。我告诉他我需要在这里长大的人有可能经历过的十二件国家大事：像奴隶制啦、大萧条啦等。然后还要十二个和路易斯安那州相关的事件：大洪水、黑人隔离法、疯人院……还有其他的十二个跟这个教区有关的事件，然后是和种植园有关的十二个事件。就像一些很大的，向内辐射的同心圆那样。我这么做是希望这位简小姐能够经历所有的这些事。我读了一些历史书，然后去拜访了种植园里的一些老人，就是我出生的那个种植园，他们可以给我提供一些信息。一位老人跟我谈到了我祖父母的祖父母。他告诉了我很多细节，就像女人们怎样在河里洗衣服啦、他们的工作啦，还有郡长怎么残忍啦，

---

[1] 英文书名为 *Bloodline*。

等等。在开始写作之前，我收集了所有的这些回忆，然后读了很多东西。实际上，我甚至还读了《安妮日记》(*Le Journal d'Anne Frank*)，以便能看一看生活在这种悲惨环境下的年轻姑娘是怎么想的。我还读了很多和奴隶相关的文本，尤其是女奴。我一直读到我能够找到人物的声音为止。此外，就在前不久，我还收到了一包信……

> 狄安娜：亲爱的，我把它们放在你的书桌上了。

这些信是密歇根的学生寄过来的，他们刚看完《简·皮特曼小姐自传》这部电影。虽然他们之前没读过这本书，但他们马上会去读的。学生们写信告诉我他们不知道曾经发生过如此多的暴行。这是我听到的最多的话，不管是白人学生还是黑人学生，他们都会说："我们不知道。"

> 所以这是一本"作家介入"的书吗？您之所以写这本书，是希望能让别人了解这些事吗？

我只是想写一本新书，没打算教育任何人。当然首要的是，我自己教育了自己，因为我在准备这本小说的时候学到了很多东西。

> 我们可以谈谈您在这本小说中用到的方言写作吗？

我是从我的童年和关于奴隶的文本中汲取到这些的，还有我在种植园度过的那些年里，所有人都这么说话。就像我刚才跟您说过的，那里的老人们都没有上过学，他们就是这样表达的。但我在书中用到的方言是我的阅读和回忆的结合，我写这本书的时候，这里的很多人都还活着呢。

> 这翻译起来可要了命了。

> 狄安娜：我记得曾经和这本书的法语译者谈过这件事，她因为这本书的译本还拿了奖。她告诉我说她用了马提尼克岛[1]的方言，因为那里的文化和种植园也很相似。比方说，用"居住地"代替"种植园"等，马提尼克岛的人也是这样说的。

您参加过争取民权的运动吗？

没有，我没有很积极地投身过这种运动，但是在我的作品里，我谈到了很多这方面的内容。我没有亲自参加，但是我的写作里到处都体现出来了。在《简·皮特曼……》

> 还有《儿子的名字》[2]（*Le Nom du fils*）里都写到了，在路德·金[3]被刺杀之后，出现了很多动乱。

对，在我的短篇小说里也体现出来了，有个年轻人说道："我觉得风是粉色的，草是黑色的。"其实这是一种反抗我们所生活的世界的表达方式。激进分子是这样的。我呢，我不是那种会挥着大旗去挑衅的人，但是其实所有人都在反抗。在《简·皮特曼小姐自传》里，有一个关于一位教师被谋杀的故事，这个人物原型就葬在这里，在河流附近，离这儿只有几公里。

> 狄安娜：他之所以被杀害是因为他给黑人孩子们办了一家学校，那是1903年。

---

[1] 法国海外省。
[2] 英文书名为 *My Father's House*。
[3] 马丁·路德·金（Martin Luther King, 1929-1968）：非裔美国人，牧师、社会活动家、民权主义者，美国民权运动领袖，1968年3月，马丁·路德·金前往孟菲斯市，领导工人罢工后被人刺杀身亡，年仅三十九岁。

所有的这些事都在写作中重现了,我的行动,是在我的书桌前完成的。

狄安娜:这是一种持续了很久的行动。

那么您认为作为一名作家,您肩负着什么任务吗?

一个作家应当按照他的想法去写作。作家在取得成功之前,没人会认识他。(他呵呵笑着,被自己的想法给逗乐了。)当他在为写作忍受孤独、饱受煎熬时,没有人认识他,没有人在乎他。而一旦他崭露头角,所有人都开始对他该做什么有想法了:"你应该写这个,或者那个。"是的,但是五年前,当我在为了成为一个作家艰苦奋斗时,好像没有人知道我应该做什么,没有人给我提意见。在旧金山的时候,有黑豹运动[1],我去参加了几次游行,但我不是那种积极分子。在六十年代和七十年代初的时候,人们没办法置身事外,到处都有这种游行,各种言论,性解放等。我就在那里逛逛,看看,然后回来写作。除了这片土地,我写不了别的东西,不过我曾经尝试过。因为我几乎一生都在旧金山生活,所以我试着把故事地点就放在这里,像爱情故事啊什么的,我还试着写过军队、鬼故事之类的。我跟别人说这些鬼故事被我写得太真实了,弄得我自己很害怕,所以我就不写了。不过其实不是这样的。简单来说,是因为我觉得除了路易斯安那州的故事,没有什么别的故事值得写。在我的职业生涯之中,我写的发生在旧金山的故事当中只有一部短篇小说是成功的,即《基督走在市场街上》(*Christ Walk*

---

[1] 美国六十年代黑人组成的一个政党,赞同黑人国家主义,反资本、反帝国、反法西斯、反种族主义。

down Market Street），我觉得那是我最喜欢的书……

真的吗？

（他笑。）其实，它不是一个完整的故事，我印象中根本就没有写完，刚开始我甚至都没打算发表，但就是这样，人们总是偏爱不完美的孩子。这部短篇讲的是有人在很糟糕的地方寻找上帝的故事，更有可能在酒吧而不是教堂。

对于您来说，宗教很重要吗？

您说的宗教指的是什么？（他紧紧盯住我，我结结巴巴地说不出话来，于是他哈哈大笑。）啊，现在换到我说了："您说的……指的是什么？"（随后他又重新恢复严肃。）

我相信上帝。是的，我相信上帝的存在。如果没有上帝的话，我今天就不可能在这儿了。我总是在旧金山闲逛到夜深时分。有人跟我说："你这样下去，要么被抢，要么被杀。"但是我必须要不停地走啊走。我知道上帝是存在的。虽然我曾在浸礼会受洗，但我并不属于哪个特别的宗教。不过随着时间的推移，我把教堂换成了书店……然而我还是相信上帝，我认为人可以栽种一朵玫瑰，但是是上帝赋予了它美丽。种下玫瑰，已经是人能为它做的所有的事情了。

《刑前一课》[1]（*Dites-leur que je suis un homme*）在美国取得了巨大的成功，这改变了您的生活吗？

这给我带来了安全感，我可以得到很多之前没有的东西，但是这没有改变我的生活，我总是很顽固、很自私。

---

[1] 英文书名为 *A Lesson Before Dying*。

狄安娜：它让我们在法国待了一年，就是 1996 年的时候。

我在雷恩大学教书。

您教书教得多吗？

这里教一学期，那里教一学期。我从来没有把自己看成一名教师。我一直在大学教那些想要写作的学生们。从 1983 年到 2003 年的二十年里，我都在拉法耶特学院教书。

您喜欢这样吗？

有一阵子是喜欢的。另外，有一个我以前的学生上周刚来看过我，他叫怀利·卡什（Wiley Cash），他刚发表了他的第二部长篇小说。

狄安娜：小说上了《纽约时代周刊》的畅销书排行榜。

您会去读评论吗？

会读一些。当这些评论糟糕透顶的时候，我的经纪人就不让我读，所有的拒稿信她都不告诉我。她只会跟我说："回到你的工作中去。"这里的老人们让我去了加利福尼亚，但是他们也在我的包里放了一块很大很重的木头，他们把它放在我的肩膀上，说道："你可以离开我们，但你应当肩负这个重担。"所以每当我写完一个新故事，我都会和我的经纪人多萝西亚说："这是一块碎木屑。"

您经常和她一起工作吗？

是的，我给她所有我觉得值得给她看的作品。我从来没有寻求过写作上的帮助，但是这也阻止不了她总是会拿红笔修改我的作品，她改得很多。

您会采纳她的意见吗？

啊，我们会争吵！我跟她说："你什么都不知道！你根本不会写书！"她回答我说："你以为呢！你以为呢！"然后我会跟她道歉，因为我知道她常常是有道理的。她受过很好的教育，在常春藤名校瓦萨尔学院读过书。我在纽约也有一些其他的很了不起的编辑，他们也会给我一些很好的意见。

您曾经参加过文学活动吗？

（他摇了摇头）。在旧金山的时候，一些书店总是会举办文学晚会和读书会等诸如此类的东西……那时候我会去参加，但现在不了。那个时代，也就是六十年代，所有人都很愤怒，人们总是会写一些和大城市有关的东西，而我写的主要是路易斯安那的乡村，所以没人在乎。当我写《简·皮特曼小姐自传》的时候，人们告诉我说："盖恩斯，这是一个革命的时代，没人会去读一个农村老女人的故事。"人们想要读黑色权力，州的种族主义……不过呢，我还是要写。我是作家，所以我必须写些什么。我写那些生活在那里的人们。（他指了指窗外。）您看那里，小教堂后面，小路尽头有一块墓地，他们都在那里，我所有的亲朋好友们。这块墓地是我妻子和我在维护的。

您觉得这是您亏欠他们的吗？

不，但我只能写这个。我只能写我自己的个人经历。没有人的写作可以从虚无开始。而我觉得这是我所有能写的了。关于他们，这些人们。也许在某种程度上来说，我确实亏欠了他们，因为我运用了他们作为素材来展现这个世界。不过我希望我运用他们是为了一个更好的世界。我觉得我唯一应该为他们做的事情，就是尽我所能地写好它。抚养我长大的姑母，就葬在那里。我相信只要我干得好，她就会开心的。在为民权而斗争的那段岁月里，我见证了如此多的暴行，乔治·华莱士（George Wallace）[一个支持种族隔离的政客]、挥向黑人孩子们的棍子、专咬黑人的狗、喷火枪、电刑……于是我告诉我自己，只要我能够写出一个好段落、一篇好文章，我就是在和这些做斗争，我也会赢得这场战争。

> 狄安娜：她想说的难道不是我们应当维护那块墓地吗？因为那是块私人墓地，疏于管理，很可能会被一片甘蔗田掩盖。不管怎么说，我觉得我们应该好好维护这些坟墓，毕竟这一带的人都在那里安息呢。

我想说的是亏欠感会是写作的动力。作为某个群体的发声者给您带来了压力吗？

您的意思是？政治权利发声者？作为一名作家，我既不想布道也不想教育任何人，我想要做的，就是创作一些有血有肉的人物，他们会帮助我完善自己的性格，如果也能帮助到读者，那就更好了。

我们谈谈故事的构建吧，您会提前写计划吗？

我会写一份，然后我就忘了。就像写一篇日记一样，我会开始写一篇，然后好几天我都不写，就是这样……我也挺后悔的。我有些想法，也想记住它们，但我没有写下来。有时候，我会写下一个我想要用的名字什么的。但我从来都找不到我记下来的那张纸，因为我的书桌实在是太乱了！写一本书，就像进行一次火车旅行一样。我们坐火车去纽约，我们知道目的地，也知道将会有乘客上车或者下车。但我们不知道他们将会穿什么衣服，会坐在哪里，会吃些什么……我们不知道任何细节。但是我们就是要去纽约。最终，有时候我们可能会在费城下车，那么我们应该怎么办呢？重新上路去纽约还是就留在费城？有时候我会决定留在费城，有时候我会重新写，为了到纽约。我相信重写。初稿算不上写作。学生们可能不爱听这个，但我是一直不停地在重写，这对我是行之有效的。

您写一部长篇小说大概要多久？

《儿子的名字》我写了七年，但是《爱与尘》我只花了七个月。

您有哪本书的自传色彩比其他的作品要更浓一些？

没有。我不觉得。我写的都是一些和自身相关的事情，就只有这些。

为什么您要买下您出生的这片土地呢？

狄安娜：我们只买了六英亩。种植园很大，大概有一百多英亩，我们只买了其中的六英亩。

但这难道不是美国梦的一小部分吗？买下八岁时拾土豆的那块土地？

他们相视一笑，没有回答。这次采访也到此结束了。盖恩斯夫妻俩邀请我们共进了一盘绝佳的秋葵，还有一碗佐以米饭的鱼蟹汤。然后狄安娜提议我们一起去参观一下小教堂。这间教堂以前在居民区那一块，后来在他们的花园里重建起来，是一间很简单的木头房子，漆成了白色，里面的灯落满了灰尘。我试着去想象那些小孩子们正伏在他们的作业本前,窗外传来准备收割的工具的碰撞声的情景。随后狄安娜带我们去了墓地,厄内斯特行动不便,所以没有陪我们一起去。我们经过了一片很老的种植园,那里仍然生活着最后的种植园主的后代们。这片种植园很大很破,以前的楼梯已经不见了,看起来快要坍塌。从路上看,它在一片热带植物的掩映下若隐若现。种植园的后面正对着一些已被齐根砍掉的甘蔗田。狄安娜带着轻蔑的神情说,不知道这些人是怎么落到这步田地的。走了一段路后,狄安娜指着一间倒塌的木棚说:那是这一带居民区最后一个还活着的人住的地方。用凹凸不平的铁皮包起来的房子沿着路建成一排,后面是一座小花园,里面种着一棵山胡桃树,然后是一大片麦田,而那一片森林也正在侵占这一块土地,很快,这些就都会消失不见了。

我们离开了路易斯安那州,来到了得克萨斯州。在南边,我又想起了詹姆斯·李·伯克[1]的《十字军东侵》[2](*L'emblème du Croisé*):戴卫·罗比夏克斯(Dave Robicheaux)和他的哥哥吉米(Jimmie)在一支油田勘测队工作,放假的时候,他们去加尔维斯顿岛钓鱼。书的第一页写得极为精妙:"这是一个时代的结束,这个时代被历史学家们称为美国式天真的最后十年。在我们的记忆中,留下的会是声音和图像,而非历史事件——粉色的凯迪拉克、露天电影、打扮时尚的街头小混混、摇滚乐、唱片机里的汉克和莱福特、香艳的布吉舞、下午的棒球,还有路边的小饭馆、配备水星牌马达的低车身减重高速赛

---

[1] 詹姆斯·李·伯克(James Lee Burke,1936-):美国著名侦探小说家。
[2] 英文书名为 *Crusader's Cross*。

车——福特1932发出的震耳欲聋的轰鸣声、棕榈树的根茎、淡紫色的天空和汹涌的波涛,就像是那些专向青春致敬的电影镜头一样。这个季节对于我们来说是永恒的。"

我们沿着海岸线前进,就像在亚拉巴马州一样,黑人和白人的海滩相邻却不相混。然后我们前进到了得克萨斯州内陆,一些风滚草(tumble weeds)出现在路边,它们在沙漠里随风滚动,找寻水源汲取养分。风景变了,山顶看起来像是被削平了,土地变成了红色,赭石色、黄色,干巴巴的。几片翡翠色的湖泊或是冰冷的河流静静地点缀着峡谷底部。我们遇到了一群羚羊,几匹野马,所有人都戴着帽子。几只沉重的老式油泵矗立在麦田里,牛仔用绳索套住牛儿,再把它们赶到牛栏里。周六的晚上,我们看到了同样的动作,而这次是在角斗场上,一位美丽的金发女郎贴身骑着一匹灰色斑点的小马飞驰过场,手中高高挥舞着美国国旗,然后国歌响起,所有人都起身,将手放在胸前或是敬礼,以向老兵致敬。还有一些来自俄克拉荷马州乡下的小伙子们来碰碰运气,细弱的小腿上裹着牛仔靴的小姑娘们经过角斗场时,满怀崇敬地紧紧牵着她们父亲的手。夜里,我们找了处地方跳了一段广场舞。

我们还在向西边走。山上有几株仙人掌,我们看到了一具完整的熊的骸骨。路边也有一些被车撞到的牛的骨架。天空中盘旋着几只秃鹫,标志牌上也开始出现纳瓦霍[1]文字,于是我们也开始憧憬神奇的山峰。东尼·席勒曼[2]前几年去世了,很遗憾不能见到他了。在圣菲好像住着《权力的游戏》(*Game*

---

[1] 纳瓦霍族是美国西南部的一支原住民族,为北美洲地区现存最大的美洲原住民族群。
[2] 东尼·席勒曼(Tony Hillerman,1925-2008):美国著名推理小说家。

of Thrones)的作者。在毗邻铁路那一带的一家咖啡店里,我们的一个孩子去当地俱乐部下了几盘象棋,也就是在那里,我们目睹了一个读书会的诞生。三个女人第一次聚会,她们大约六十岁。第一个女人看起来过去像是嬉皮士,头发花白,穿着宽大的罩衣,脚踏平底鞋。她提前到场,颇负谋略地选了很久她的座位。第二个女人打破了厅里严肃的气氛,带着怀疑和贪婪的眼神仔细打量着顾客们。第三个女人迟到了,她看起来很富有,打扮得很好,俏皮自如,更风趣也更雍容华贵。有那么一会儿,她抢了主角的风头。第一本促使她们聚集在一起的书是《更快乐10%》(*10% Happier*),当时心灵鸡汤类的一本畅销书。她们相互介绍,谈论着她们爱读的部分,为读书会的名字争论了很久。

Dennis Lehane 丹尼斯·勒翰

桑塔莫妮卡,加利福尼亚州

当车子在开，孩子们在睡觉或是嬉戏的时候，我一直在读书，为将在西海岸进行的访谈做准备。这些访谈一直在不断地改时间、取消或是更换地点。我们要见的第一个作家是丹尼斯·勒翰，我们本以为一定会在波士顿见到他，他的作品都是围绕这座城市展开的。勒翰的助手帮我们约了下午在他办公室的一场访谈，并告知我们访谈时间不可超过一小时。当我们到达的时候，迎接我们的是一条非常热情的法国斗牛犬。

我之前很想在……波士顿见您。

理解理解，非常抱歉！

算了……我想谈谈您的小说，您的家乡在您的作品中扮演了非常重要的角色。目前为止，所有的小说都是在波士顿展开的。除了最近出版的这一本《活在夜里》[1]（*Ils vivent la nuit*）只有一部分是在波士顿：它的故事从波士顿开始，在佛罗里达结束。

我总是想写波士顿，即便一开始我没想到会只写波士顿。当我开始写作的时候，我选择短篇小说里故事发生的地点比较随意，到处都有一点。但是我注意到当我谈及我长大的那个世界时，读者们反响热烈，非常不一样。我很高兴能够创造诸如此类的作

---

[1] 英文书名为 *Live by Night*。

品——不需要深思熟虑——就是谈论一个随着我们、国家和世界的变化而逐渐缩小的世界：工人阶级的世界。我沿着这条路开拓得越久，我就越明白我在这条路上是最开心的。但是我下一本书的地点不在波士顿了。

它在哪里发生？

从头到尾都在佛罗里达和古巴。

这是《活在夜里》的续集吗？

不错，这个故事从《命定日》[1]（Un pays à l'aube）开始，实际上，《命定日》是一个关于旅行的文本，表达了想要离开某个地方和原生家庭的欲望，这个故事将在我接下来的书里结束。而我不相信（实际上我是不想）我将会写一本不是发生在波士顿的书。我不知道这么做的理由，作为一名小说家，只有在波士顿我才会有宾至如归的感觉。我上课的时候会告诉学生："在你们的内心里有一种属于你自己的声音，有些书会给你们回家的感觉，这远比知道这些书合不合你胃口重要得多。你们应当学习的就是这类书，因为他们是属于你们自己的声音。你们应当回应的就是这种声音。"您知道吗，加西亚·马尔克斯[2]应该是我最喜欢的作家，但是在读他的书的时候，我从来没有那种宾至如归的感觉。反倒是我在读理查德·普莱斯[3]、胡博特·赛尔柏[4]或者是埃尔莫·伦

---

[1] 英文书名为 The Given Day。
[2] 加西亚·马尔克斯（Gabriel García Márquez, 1927-2014）：哥伦比亚作家、记者和社会活动家，拉丁美洲魔幻现实主义文学的代表人物，二十世纪最有影响力的作家之一，1982年诺贝尔文学奖得主。
[3] 理查德·普莱斯（Richard Price, 1949- ）：美国小说家、编剧家。
[4] 胡博特·赛尔柏（Hubert Selby Jr., 1928-2004）：美国作家。

纳德[1]的时候,会有这种感觉。

> 这些书有什么共同点?都是关于一座城市的吗?

一些城市小说。我不在乎人们把我划为哪类作家——只要是有助于卖书,我无所谓他们给我贴什么标签——但是说到底,我是一位城市小说家。我写的都是城市。这是我最喜欢的主题,城市使我着迷。我写生活在这里的人们,写普罗大众。在这个世界里,我一直感觉很好,我清清楚楚地知道我在干什么。这样非常不错。

> 那么,对于上一本刚出版的书,其中有一部分情节是发生在佛罗里达的优博城,您是怎样做到这么丝丝入扣地感受这座城市的呢?

有几年我曾经在佛罗里达生活过一阵子,优博城是唯一一所让我觉得有点像在家的感觉的城市,每当我到了优博城,都会长舒一口气。

> 真的吗?为什么呢?

那是一个移民区,就像我在这本书里讲的一样,这座城市是由从周围城市来的居民们建造的,古巴人、意大利人、美籍黑人。是他们在1910年至二十世纪三十年代创造了优博城。那里的建筑都很古老,还有很多陈旧的工厂。然而佛罗里达的大部分地方都是新的。如果有一栋十年前的建筑,他们会把它推平,然后在那里重盖一栋新楼。我来自波士顿这种移民和工业老城,到了优博

---

[1] 埃尔莫·伦纳德(Detroit d'Elmore Leonard,1925-2013):美国小说家、编剧家。

城会觉得自己身处在熟悉的土地上。所以，当我知道了禁酒时期美国的朗姆酒都是从这里进来的时候，我就知道自己会把这个城市当写作素材的。

《命定日》的主要人物都是《活在夜里》的主人公的父亲或者哥哥，当您在写《命定日》的时候，您就已经想好了吗？

没有，我知道的就是，我走近了美国历史上我最喜欢的十年，但我也只是走近了而已，我知道我最终会到达的。

为什么禁酒时期是您最喜欢的时期呢？

多美好的十年啊！一直到1929年经济崩溃之前，生活都是无比性感、危险、有趣而自由的！整个地区都不服从法律！妓女们走在大街上，教堂的神父在一旁，所有人都是法外之徒，所有人都想喝酒。这也迅速地给女人们带来了极大的自由，一切都是前所未有的；同时也萌发了爵士舞，这个还不错；也滋生了黑手党。要是没有禁酒令的话，黑手党是不可能组织起来的。它还在全国掀起了一场又一场非常了不起的文学运动。人们会去地下酒吧（speakeasies）抽烟，聊他们做的事。上帝呀，那是多么辉煌的时代啊！衣服都棒极了，车子也是。我愿意用一生去写发生在二十年代的事情。很奇怪，很多定位在这个时代的盗匪片票房都不错，而关于禁酒时期的黑色小说总是遭遇败北。我不知道是为什么，从表面看的话，可能是因为太简单了吧。所有的素材都已经准备好了，只要去用就可以了……我看过关于那个时期的一两本好书，不多。不过E.L.多克托罗的《义胆风云》（*Billy Bathgate*）还是很不错的。

您的这类书销量好吗？

嗯,还不错。我那些写过去的书总是没有我写当代的书卖得好,不过也还行,没给我带来什么麻烦。

回到波士顿的话题。您是在哪里长大的?

在多切斯特。

您谈到过这个地方的,是在……

帕特里克和安琪。是在《帕特里克/安琪私探》[1](*Kenzie et Gennaro*)系列中出现的地方。以及《神秘河》(*Mystic River*)中的东白金汉郡,还有在另外一本叫作《危险藏匿》(*The Drop*)的,将在八月份出版的那本书中也会出现这个地方。这个虚构的地点实际上是波士顿多个地方的组合,我选了四个街区并把它们糅合成一个。东白金汉郡其实并不存在。就像登浦西一样,理查德·普莱斯的故事情节就是在那里展开的,但其实登浦西这个城市并不存在。它有点像帕特森,有点像泽西市,跟它们像但都有些不同,也不是完全的帕特森和新泽西,当我写《神秘河》的时候,我想创造出一个完完全全属于我的世界。

您是从什么开始决定成为作家的呢?

十七岁的时候。

怎么有这个念头的呢?

在其他方面我实在是糟糕透顶。

那您那时候是怎么做的呢?

---

[1] 英文系列丛书名为 *The Kenzie-Gennaro novels*。

我放弃了大学的学业。

什么专业？

我刚开始学的是新闻学，不过学得不好，所以我就不学了，重新开始了文学课，然后又放弃了。这两次尝试纯粹是出于安全感的考虑。我选择这些专业是因为我没那个胆量去上文学写作课。

您不敢吗？

是的，一直到我的第三次尝试，一直到我意识到自己在其他方面真的不行为止。我告诉我父母我想要去上文学写作课的时候，他们说："行啊，为什么不呢？显而易见，你只擅长这个啊，不过这次你得一直读到毕业，因为你没什么钱了。"就这样，我决定完全投身于写作中，一直坚持到底，给自己一次成功的机会。就算是失败了，我好歹也尝试过了。

您书读得多吗？

是的，很多。

从小就是？

小时候读的书可能比后来读得更多。除了从研究生的时候起需要阅读，大量阅读，不过我想说我在八岁到二十岁的时候是在疯狂地读书。

您喜欢哪些作家？

一些大家都喜欢的：菲茨杰拉德、狄更斯、大仲马……然后到了十五岁的时候，我发现了埃尔莫·伦纳德，这给我带来了巨大的震撼。我在十四岁的时候读了理查德·普莱斯的第一本小说,一切都变了。从那以后,我就知道我要做什么了。就是这一类的写作在召唤着我。因此,我读了詹姆斯·托·法雷尔[1]、胡伯特·塞尔柏再然后是埃尔莫·伦纳德的长篇小说,随后我发现了短篇小说:雷蒙德·卡佛、安德烈·杜布斯[2]、爱丽丝·门罗、契诃夫。在侦探小说的世界中,有詹姆斯·艾尔罗伊[3]、詹姆斯·克拉姆利[4]、詹姆斯·李·伯克。我喜欢这些人。在祖父辈的作家之中,我读过钱德勒[5]之流的作品,说实话,虽然这让人觉得有点丢脸,但是我确实一点也不喜欢他们。他们的作品不会跟我说话,我觉得他们太老了。汉密特[6]还凑合,我还挺喜欢的,比较幽默。但是钱德勒,我总觉得不太对我的胃口。我对于黑色小说的喜爱是一直到艾尔罗伊对这个领域进行了革新之后才开始的,尤其是他的《洛杉矶四部曲》[7](*Quatuor de Los Angeles*),还有詹姆斯·李·伯克。

如果一切顺利的话,我们会去拜访伯克。

啊,啊,真是太棒了!请代我向他问好!然后还有詹姆斯·克拉姆利的这本书:《最后一吻》[8](*Le Dernier Baiser*),就是这些书促使我走上了黑色小说的创作道路。

---

[1] 詹姆斯·托·法雷尔(James T. Farrell, 1904—1979):美国小说家。
[2] 安德烈·杜布斯(Andre Jules Dubus, 1936—1999):美国短篇小说家。
[3] 詹姆斯·艾尔罗伊(James Ellroy, 1948—):美国著名犯罪小说家。
[4] 詹姆斯·克拉姆利(James Arthur Crumley, 1939—2008):美国犯罪小说家。
[5] 雷蒙·钱德勒(Raymond Thornton Chandler, 1888—1959):推理小说作家。
[6] 达许·汉密特(Samuel Dashiell Hammett, 1894—1961):开创"冷硬派"推理小说和短篇小说的美国作家。
[7] 英文丛书名为 *The L.A. Quartet*。
[8] 英文书名为 *The Last Good Kiss*。

您在大学的时候就已经开始写作了吗？

是的，不过那都是一些比较前卫的、私下传阅的小说。

意思是？

（他的嘴角边露出一丝微笑。）我上大学那会儿喜欢装酷，抽烟，爱引用萨特的句子……然后我写了一部惊悚小说，我读完了研究生，思考着一件事：人们没有谈到文学和虚构文学之间的区别。文学，就是文学，所有人都知道它是什么，不需要展开来说。虚构文学，则只是一种类型。在那个年纪，我开始变得特别失望，看破了这类虚构文学。那时我们有很多人，也就是九十年代，从各个方面得出了同一个的结论："有些书就只是讲一个幡然醒悟的雅皮士在康涅狄格的厨房里谈着他对自己不理想的婚姻的不满，这类书实在是没什么意思，人们根本不在乎这个。"这种否定触动了来自全国的素不相识的作家们。这也定义了九十年代黑色小说领域的特色。很多本来想要从事严肃文学的作家都转型了，大家都说："文学没有我的一席之地，因为我不想写一个老教授睡了他一个学生、然后为这个良心受了十来年折磨这些破事。"于是我转向了被科马克·麦卡锡称为"对于过往事件的虚构"的写作方向。换句话说，我意识到我没有哪本书是写小事情的，没有写出一本亨利·詹姆斯[1]风格的书。过去我想写的一些与生死有关的事，或者是触及社会题材的。我看伯克在他的作品中都写些什么。对于我来说，没有人的文风比伯克更美。确实有一些文笔不错的作家，但是没人能够达到他的高度。我跟自己说："要是我也能写得

---

[1] 亨利·詹姆斯（Henry James, 1843-1916）：美国小说家、文学批评家、剧作家和散文家、心理分析小说的开创者之一。

这么好，能把它运用到某个戴夫·罗比丘克斯的冒险经历上，那么一切皆有可能。""也许我可以用我在文学中学到的手法去写作，把它运用到这个所谓的体裁中，将它做到极致，看看能不能打破壁垒。"我被自己的这种想法迷住了，也许在我去世之前，人们不再谈论侦探小说，而只谈论……总之我想说的是，如何去定义《洛杉矶四部曲》呢？很明显这不是一部侦探小说。

您怎样称呼它呢？

没什么称呼，不过是一本书嘛。本来它就只是一本书而已。当作家们在晚会上相遇时，他们不会自我介绍说："你好，我是一位文学作家。"他们只会说："你好，我是作家。"法国人对黑色小说很感兴趣，我在法国的时候，感觉自己就像一位摇滚明星一样……

那么，当您决定回学校再尝试一下创意写作专业的时候……

这次我清楚地知道我要干什么。在我们那种环境中，当作家并不被认为是一种职业选择。

哪种环境？

多切斯特是一个工人街区，当你在那里长大的时候，你的朋友们是不会成为作家的，最好的情况也就是在邮局找份工作，或者成为电工、木匠、警察、消防员等。

您的父母是做什么工作的？

我父亲是海豹部队的队长，我母亲在中学的一家咖啡馆工作。我猜他们曾经希望我能够成为律师，要不然就是希望我能在电力公司或电话公司谋份好差事，那他们就安心了。

他们读书多吗？

我母亲读得多，我父亲什么都不读。他甚至从来都没有读过我的书。

真的吗？

是的，而我一点也不觉得有什么问题。他的态度是："在你开始写作之前我就不读书，为什么我现在要去读书呢？"不过他还是会看看报纸的。然后他跟我说："你和我其他的孩子没什么不一样，我也不会去看你哥哥在厕所干活啊。"（我有个哥哥是管道工。）您知道吗？当我跟别人说起这个的时候，他们都会带着悲伤的神情说道："天哪！"不不不，其实这样很好，没有任何问题，我父亲有时候也会信口开河："对对对，我读了你刚写的那本，确实不错。"（他捧腹大笑。）他看我每一部电影都会睡着，嗯，才看几分钟就睡着了。

但您母亲读书啊，当您还是个孩子的时候，她会鼓励您读书吗？

当我还很年轻的时候，我想是在初一吧，我有个老师跟她说我很爱读书，而且我在阅读上很优秀。于是我母亲为我做了我们那个环境中能做的事：带我去图书馆办了张卡。于是我就经常去那里读书，我母亲非常支持我。我父亲也是，虽然他的方式比较奇怪。他觉得他改变不了我，其实他并不理解我，他不会给我签张支票，但是他跟我说，原话大体上是这样的："你要知道，有一天你会穷得要死，那时候你不准找我要钱，现在你爱干吗干吗去吧。"

当您从大学毕业后发生了什么？

我读完研究生之后，我的第一本书已经被一家出版社接受了。

您那时候多大年纪？

二十五岁。不，也许年纪更大一点，实际上，这本书出版的时候我已经二十八岁了。我所有的朋友都在当老师，但是我拒绝了，当人们被迫去教书时，那就是一种蹂躏了，是很可怕的。这样以后就再也不会写作了。很多作家都犯了这种错误，以为他们可以找一份教师的工作，然后可以在假期，或者是夜晚写作。没有夜晚！老师必须写文章，读文章，设计习题，调整课程，要是有四到五个班的话，会有一百六十名左右学生，而他们赚的钱也只够勉强生活。这是一种特别可怕的生活方式。在我读研的时候，我教过两年书，之后我就决定再也不要这样了。

您不喜欢教书吗？

不，我特别喜欢。但我不希望被迫从事教书。要是你被迫接受了学校给你安排的随便什么职位，他们会付你应得的钱，然后逼着你去发文章，才能够得到一份为期十年的工作，这么长的时间里你都不能写书。教书不是一份每周工作四十小时的活儿，要花更多的时间。我的书被一家出版社接受了，尽管不值一提，但还是给了我信心，我跟自己说："我要离开这儿了，回家了，祝你们好运吧。"我的朋友们都去了这所或者那所大学，只有我回家了。我找了一份服务的差事，帮人停车。我特别喜欢这份差事。我工作八个小时，这就够了。即使我划坏了您的奔驰，我也不会生自己的气，回家之后我就什么都忘了。简直完美。工作八个小时，然后拿一大袋子小费——我赚的钱是那些当老师的小伙伴们的两倍。

真的吗？

是的，要全力以赴。一个月内我瘦了十三公斤，因为我一直在跑。跑起来才有车,有车才有小费。"钥匙,给我钥匙。"跑、跑、跑……然后我就回家,吃晚饭,从半夜一直工作到凌晨三四点,睡觉、起床、干活、回家、重新开始这样……非常好。直到我第二本书出版之前,我签了一份合同,这样我就能辞掉我的工作了——没人可以那样坚持下来,但我就那样拮据地过来了。合同提供给我一笔相当于我干一年司机挣的钱——我当时已经成了司机了。我放弃了我的工作,祈祷着这样能过得下去,我告诉自己我得倾尽所有了,在接下来的两三年里,我确实是倾尽所有。我指望能靠这份合同省下不少时间,也确实省了不少时间,一直到我终于取得了成功。不是一个特别大的成功,但是能够承担得起我买一栋房了,还有一条狗。对于我来说,这就是成功的标准,那时候我出版了《再见,宝贝再见》(*Gone Baby Gone*)。在那之前,我都生活在一个可怜的小房间里,还有两个室友……但我没有债务,也没有人要我养活。我交过几个女朋友,但都不是太认真。我完全是自给自足的。不过我记得有一次还是我一个做服务员的女朋友帮我付了房租,那时候手头很紧。

《再见,宝贝再见》是一下子就取得了成功吗?

没有,但是它已经超出了出版社的最佳预期。出版社跟我说:"现在我们来谈谈真正的合同吧。"从那时候起,我就可以对自己说我要有自己的床了。您明白我的意思吗?那是我人生的转折点。

至于第一本书,您是怎样找到经纪人和出版社的呢?

经纪人是一个当老师的朋友帮忙找的,因为他经常干这种事。我让他读一读《战前酒》的手稿,他跟我说:"真是糟糕透了……"——我还记得这个(他忍住笑)——"真是糟糕透了……

但是从结构上来说,骨架还不错,为什么不重新写一遍呢?可以找个经纪人谈谈。"然后我就这样做了。

是您一个人重写的吗?

对,是我一个人重新修改的。

是什么糟糕透了呢?

文字,确实很差劲。我写得太快了。第一稿我只写了三个星期,就和大爆炸一样,我不是为文体风格写作的,后来出版的结构没怎么变,但是文字改进了不少。

重写花了您多长时间?

我说不好,因为接下来的三年里我都在重新写,从1990年到1993年。我读了研究生,把它放在一边,有一阵子完全忘了它。但是当我朋友把我的手稿寄给经纪人的九个月之后,经纪人联系了我。当你还是无名小卒,没有发表过任何作品的时候,事情总是进展得很慢。出版社把你的稿子丢在一堆稿子上面。我的经纪人到处投寄我的稿子,但所有的出版社回答都是一样的,有条件的拒稿。对于我作者的身份还有与经纪人的关系来说,这或许已经是我能碰上的最好的情况。我在迈阿密读研,每个月只有三百美元,挣扎在贫困线上,已经穷到家了。而且因为我是全日制研究生,所以我不能去找别的工作。我在大学的费用都是有保障的,但仅此而已。我身无分文!这时候,我的经纪人给我打电话说:"某某人想要把这本书直接出版成口袋书。"——我不是很想要直接出版成口袋书,但还是尝试了一下,但她又加了一句:"只要你把女主人公挨打这件事改掉。"我回答说:"没门儿!"

但是为什么他们想要这样改呢?

这让他们觉得不舒服，他们很难相信一个如此强大的女人会挨她丈夫的打。

但这就是安琪这个人物有趣的地方。

那些人不喜欢矛盾。我还清楚地记得我坐在那儿。我在我迈阿密的房间里，心想："我不会比现在更穷了，不可能了，我已经一无所有了，他们从我这儿什么都拿不走了，这也就意味着他们没什么好讨价还价的了。"所以，我告诉我的经纪人："你愿意站在我这一边吗，因为这个过程可能会很艰辛漫长……"她回答我说："我百分百站在你这边，那些人太蠢了。"这种事后来又发生了五次，每一次都是同样的理由。有一些直接拒绝我的，我更喜欢这样的回应。然后是我的编辑，她现在还是我的编辑。读了这本书，告诉我说她希望我能够改掉一些东西，我很害怕，但其实没什么。那时候，这份手稿在我们之间来来回回了两年。

她希望您改动什么？

大体上来说，是帕特里克过去有一个像达斯·维德[1]一样的父亲，这是在小说开头提到的，但是随着故事的发展，我就不管这个主题了，第三场是围绕帕特里克和安琪的爱情故事展开的，他们是否相爱呢？我的编辑跟我说："别管它，读者们不在乎这个。"她发现了这本书真正的主题，就是这个男人与他曾遭遇过的暴力相对抗的轨迹。我意识到是这样的。我二十四岁的时候写了初稿，后来我年纪大一些了，理解了帕特里克和他父亲的暴力相对抗的重要性，别人施加给他的暴力，以及他自己的暴力。我

---

[1] 达斯·维德（Darth Vader）是星球大战 ep1-3 的男主角，ep4-6 的重要反派角色，黑暗武士的典型形象。

重写了一遍，把这个版本寄给了我的编辑，她采用了这个版本。

  这是个好故事，当您觉得别人给您的建议不正确时，您会坚持自己的想法，相反的话，您则会听从他人的意见。

  是的，要保持开放的心态。重写对我而言没有问题，听从别人的意见和反映也不会让我觉得难堪，尤其是当这是为了美学的缘故而不是商业原因时。我从来没有和我的出版社因为商业原因而有什么龃龉，我希望能一直保持下去。"要是你这么做的话，书会卖得更好……"出版社从没有这样跟我说过。还有一些建议是只要动动脑子就可以不用理会的，就像："我不太能相信一个如此强大的女人会挨打。""好吧，那你曾经遇到过一个挨打的女人么？她们中的大多数都很难对付，在家里她们是受气包，但是在外面她们不会让自己被任何人算计。"好建议和坏建议之间的区别就在这里。我对此直觉很准。您知道的，我不能每年出一本小说的原因之一就在于，要是我对于作品本该走的方向做了一些蠢事，要是我迷路了，作品让我明白的方式就是把我榨干。我就再也不能写作了，或者我还会写，但是我会觉得莫名的厌恶。我在写第三部关于考夫林（Coughlin）家族传奇时曾经遇到过这种事，这本书会在明年出版。您将读到的结尾不是这本书的第四版或者第五版的原稿。我最终意识到，这本书之所以不对头，是因为我之前是用一个谎言来结束的。那就失真了，所以我把结尾完完全全重写了一遍。

  您是怎样意识到问题的？

  仅仅是因为我讨厌这本书，而且没有人对此真的热衷，却说不出来为什么。我曾和一个小说家交谈过，您认识他吗？蒂姆·奥布莱恩，我们伟大的作家之一，他最负盛名的书是《士兵的重负》[1]（*À propos de courage*），在我看来，他达到了马尔克斯的水平，我遇到了他，他告诉我他是我的书迷，真是太不可思议了。当时正好举办一场讲座，所以我们一起讨论了一个周末。有一刻，他告诉我说："您的作品中，我最欣赏的地方在于，书中有一种别人不能编造出来的真实性，您的书写得很真实。"我向他表示了感谢，回家几个小时之后，我突然明白了，我的书的问题在于它是假的，它就是个谎言！谢谢你蒂姆！问题确实就是这个，我找不到更好的解释了：你可能在很多艺术作品中感受到过，不管是一本书，或者是一部电影，你说不出来为什么不喜欢它们，你只是觉得它很假。它可能编得很好、演得很好，写得也很好，但是到了最后，你觉得那是个谎言。这就是我那本书的问题。我写过一些好书，也写过糟糕的书，但是我认为我从来没有写过一本很假的书，我也希望事实就是这样。

在您的作品中，您最喜欢的是哪本书？

我会在《神秘河》和《命定日》之间纠结一会儿。在被翻拍过的书中，我喜欢《再见，宝贝再见》。然后是这本书《危险藏匿》，关于它有个有趣的故事。2002年的时候，我放弃了一本书，我心都碎了，因为这本书的文字是我写过的最好的了。但是我没写完，有些东西不妥。过了五六年吧，有人让我写一部短篇小说，于是我捡起来了这本书的前几章，写成了一部短篇小说，已经出版了，并且取得了巨大的成功，还入选了文选集，叫作《动物救援》（*Animal Rescue*）。在这之后，有人让我写一部电影剧本，我写了，然后它被拍成了一部电影，他们给它换了名字，就是《危险藏匿》。

---

[1] 英文书名为 *The Things They Carried*。

其间，它的地点被从波士顿转移到了布鲁克林。然后我的编辑给我打电话说："这部电影反响很好，你愿意把它改编成一部长篇小说吗？我知道这样有点奇怪……"我有很多素材：我的前几章，短篇小说，电影剧本的几个版本。我全部都捡起来了，把地点安放到了东白金汉郡，然后我重新写了一遍。十二年里，这部失败的长篇小说被改成了短篇小说、剧本、电影，再从电影改编成小说……奇妙的是，为了配合电影的上映，这本书也将被出版成我的第一本口袋书。这可能是我最好的一本书，而这本口袋书也不会受到报纸的任何关注！嗯，这就是今天我感到分外自豪的一本书，也许在五年后，我还是会这样告诉您，这是我最喜欢的作品。

您有一个固定的写作时间表吗？

现在我有孩子了，是有时间表的。我每天上午写作。我大概七点到办公室，至少写到十一点。十一点到十二点之间我会稍微歇一会儿。这段时间我一般用来写邮件，打电话，处理日常事务。一般来说，我最少需要一个小时来处理这些事。

您用电脑写作吗？

我以前习惯手写。但是我现在主要还是用电脑写，一小部分手写。因为我总是同时有几个计划在推进，所以不能仅仅手写。

您同时处理几件事情？

不，是一件接一件。我把一件件事情的时间都卡好……但是还是会顾不过来……听着，这几个月来，我都忙疯了，因为我在为电视写一部剧本，重新写我那家庭三部曲的最后一册，改编欧迪亚[1]

---

[1] 雅克·欧迪亚（Jacques Audiard, 1952-　）：法国导演，编剧。

的《预言者》[1]（*Prophète*），还要重写从电影《危险藏匿》改编的这本小说，此外，我还在重新改写查维斯·麦基（Travis McGee）的故事的一个版本。您知道吗？我要把它改编成电影。

啊，很棒啊！

对，预计会在八月投入拍摄，这个电影剧本还有一些工作得做。然后我会回到《预言者》上来。

编写剧本吸引您的是哪一点呢？

这是一个智力的挑战，我不会那么感性了，就好像是一块拼图。书要更难一些。

您觉得是这样吗？

那绝对是的。如果我是个伟大的编剧的话，那么我看待这些事的角度可能会不一样。我做得不错，但我称不上伟大，我不是艾伦·索金[2]，或者诸如此类的大师。我只是做得不错而已……

您是不错……

是的。有些人能把剧本写成一门艺术。当您看某些电影的时候……比方说特里·温特[3]。他是我的一个朋友，他写了《华尔街之狼》[4]（*Le Loup de Wall Street*）。这是一位达到天才水平的编剧。

那么对您而言，是建构的快乐促使您投身剧本创作吗？

---

[1] 英文电影名为 *A Prophet*。
[2] 艾伦·本杰明·索金（Aaron Benjamin Sorkin，1961— ）：美国知名编剧。
[3] 特里·温特（Terry Winter，1960— ）：美国作家，编剧。
[4] 英文电影名为 *The Wolf of Wall Street*。

是的，我喜欢这个。我喜欢能让我不那么感情用事的东西。写书的代价很大，需要一种完全不同的投入，这种投入让我和我的家庭都疏远了……

当您投身于一部长篇小说的创作的时候，它就会完全萦绕在您心头对吗？

不完全是。因为我妻子不答应。要是我妻子允许我这样，孩子们也能接受我忽视他们的话，我就会这么做。但是他们不同意。我看了韦斯·安德森[1]最近的一部电影，您知道吗？《布达佩斯大饭店》(*The Grand Budapest Hotel*)，我觉得这部电影的每一分钟都是天才之作。最终荧幕上的这一版比第一版内容要深刻得多，真的很厉害。我听说——我不知道是真是假——韦斯·安德森除了电影之外，没有自己的生活。他总想着电影、画面、剧本。对于这个人来说，生活里除了这些就没别的了。这是做出一部如此成功的电影的代价。我还没有准备好付出这样的代价。

那对于您的小说而言，您是怎样架构的呢？

我知道一些小窍门。简单说，假设构建一个故事情节有26个步骤，我们把它们命名为A到Z，我需要知道A，这样才能开启故事；还有M，这样能掌控部分情节；最后是X，一件在故事结尾发生的事情。就是这些。其他的会随着我的推进慢慢明晰。如果我写了提纲，它们反而会妨碍我、束缚我，让我写得很慢。我最终还是会抛弃它们，偏离既定的方向。我不是刻意推荐我自己的做法，但对我来说，这确实是唯一行之有效的方法。相信我，要是我能每年写出一本书，我会高兴死的，我的出版社也会很

---

[1] 韦斯·安德森（Wes Anderson, 1969- ）：美国电影导演，编剧。

开心。

但是一开始您是很多产的呀,《帕特里克/安琪私探》系列是一本接一本连着出的。

不是的,人们这样说说罢了,但是实际上,第一本出版之前,我已经写好很久了,当它被出版社接受的时候,我已经快写完第二本了。第三本是飞快地写好了一个轮廓。所以第一本书出版的时候我已经有三本书了。然后是《再见,宝贝再见》,这本书花了我写前几本小说的所有时间总和,也就是两年半。当我把它拿给出版社的时候,我的出版社们几乎都叫我飞快地再写一本书。那是唯一一部我在一年之内写出来的书。我不喜欢这本书。我不喜欢这种错过了许多机会的方式。要是我当时在那本书上多花了一点时间就好了!从构思到执行,我的进度都很慢。在这方面,我和我的同行们不一样,这是我的局限所在,而我也改变不了这个。我不再尝试着和这件事做斗争了,我不相信我能够每年出一本书了,我做不到。

您是从什么时候知道一部小说准备好了,您要开始这部小说了呢?

当我觉得兴奋的时候。我找不到更好的描述了。我只是觉得:"啊,这个我很喜欢。"有时候是一个画面,对于《命定日》而言,是一组画面。我曾经做过关于波士顿大罢工的一些研究,无意中看见了对于灯塔山骑兵队的评论,我对自己说:"这不合理啊,1919年不可能有骑兵队啊。"然后我脑海中就有了一幅关于当时的画面,哈佛足球队全副武装拿着枪,他们被派到百老汇大桥上,朝人群射击。因为我就是在这座桥附近长大的,所以我没法把这个画面从我脑海中抹去。然后我就得找合适的人物了,这个比较难。我习惯从人物开始,《危险藏匿》就是一个绝佳的例子。我觉得自己总是为孤独而着迷,这在我的书中随处可见。我想写一本书,它的主人公是一个忍受着巨大痛苦的孤独男人,从故事一开始,他就被完全封闭在自己内心中了,他的外貌让人很厌恶——但是当他们为这个角色找了一个很帅的演员的时候,我就得重新看待这一点了……我想象我的人物是在圣诞节,那是每年自杀事件最频发的时期,然后一件事改变了他的生活:他在垃圾桶里发现了一条狗。我就是从这里开始的:一个孤独的男人救了一条狗。我发现埃尔莫·伦纳德也是以这样的方式创作的。至于《活在夜里》,我是先在脑海中想好了地点,就只有这个。我知道会从波士顿开始,然后地点会转移到坦帕和优博城,最后在古巴结束。除了这将是关于一个强盗的出生和成长以外,其他的我一无所知。这本书我写得比其他书都快,总共只花了半年。很疯狂。接下来的一本书我花了三年时间,因为做了四次重大的改动……我永远都不知道,每本书都不一样。

您会把您的文本最先给谁看?

我的妻子,然后是我的出版社。

您对您爱人有些什么样的期待呢?

她的反应,我妻子不是……她是眼镜商,没有学过艺术,也不读福克纳。她的反应就是一般读者的反应。她会跟我说一些像这样的话:"这不可能,没有哪个女人会这么想。"嗯,很好,我就记下来。我也了解她的弱点:她希望一切都很美好。她会跟我说:"嗯,我不知道,不咋地……""别以为你不想睡她就没有人想睡!"(他哈哈大笑。)我们会有一些诸如此类的对话,但她是个非常不错的读者。我也会让我的朋友们读,一些比较有鉴赏力的朋友。我大学以来最好的朋友就完全有可能对我说:"你还在用这些老套路,你得跳出惯有的思维。"

您对报刊是什么态度?

我曾经在大学里参加过一些写作坊,这门课程有一项内容是需要和同学们一起坐在教室里,听他们评论你的作品。你最好很快就变得坚强,这也会帮助你明白应当尊重某人的意见,或是对它毫不在乎,明白自己阅读的方式,明白谁是傻瓜……我光从行文的文风就可以判断一篇评论的价值。当我开始读一篇文章,读完一段之后,如果我觉得"愚蠢",那么即使这篇评论是高度赞扬,我也只会对它留下"愚蠢"的印象。我不在乎。唯一让我觉得烦的,而且现在也越来越常见的一件事就是:很明显他们没有读过你的书。这是不可原谅的。他们装出专家的样子忽悠人,但其实他们根本不读书。这让我很抓狂。我在一份国家级大报上读过一篇大夸《活在夜里》的评论,简直匪夷所思。它谈到乔在迈阿密的时期。但地点并不在迈阿密,我在这本书中根本没提到迈阿密,而是坦帕,从那儿到迈阿密有四小时的车程!他根本就没读过这本书,只看了封底的介绍,他看到有一部分故事发生在佛罗里达,就自以为"佛罗里达=迈阿密",仅凭封底文字就说这是一本好书,这让我很恼火,但是没办法。杂志不请专业评论家而是让文学爱好者或普通读者来点评。我要是想知道普通读者对我的哪本书有什么看法,我去酒吧坐坐和人们聊聊不就行了?当我读报纸的时候,我希望能看到一些受过教育、有文化、有水平的人的评论。我希望评论音乐的人学过音乐理论,就是这样……我们失去了这种氛围。真正的评论,您知道,也是文学,这很难,要求很高。我想您在法国应该没有经历过同样的困境,但是在美国是这样的,几乎没有哪家小报纸还有文学评论或影评了,甚至那些大报纸上也没有了。这真的很令人沮丧。

> 您对于这个时代还有哪些别的担忧？您谈到了很多种族歧视，社会问题……

实际上，我对于美国的担忧是比较宏观的。我们会感到空间的匮乏。贫富差距正在以不可逆转的方式加剧，问题都起源于此。如果说我的作品中有一个主导的主题的话，那就是：随着全球化的发展，有产者和无产者之间战争加剧、范围变广，交通发达了，资源减少了。事情变得越来越暴力，而且还会恶化。这是我对于美国和世界的担忧。我也认为统治阶级的目的在于使得穷人们越来越蠢，而且他们已经非常成功地做到了。他们每天都在让这个国家的文化停滞不前。他们把电视变成了愚民工具，而它原本或许可以成为人类历史上最神奇的信息传播和教育工具。之后他们对互联网也干了同样的事情。在我们这个时代，令人很沮丧的就是，我们不再有那种氛围了。所有人都有权发表自己的意见？很好，但是我也可以不尊重这些意见。人们丧失了这样表达的能力："你说的都是些蠢话！你最好闭嘴，让那些大人物去好好讨论吧。"互联网使我们变得平等？并没有！我最近为《波士顿环球报》（*Boston Globe*）写了一篇社论，把这种现象称作"反乌托邦平等主义"，我在超市随便遇到的人都认为自己对气候变暖的看法和环境科学博士的观点一样中肯，这让我很害怕，这种智力相对论比其他任何东西都让我害怕。

> 童年遭遇的暴行是您前几本小说中的主题，它从哪里来的呢？我读到说您曾经是儿童方面的社工。

是的，我做了三年。您知道的。一直到《神秘河》我才有那种知道该怎么做的感觉，每本书都在教我怎样写作。《神秘河》的主题从来没有被真正地阐释过，这个字眼从来没有被提及过，但是其实它涉及的是求生的能力。逃过汽车一劫的两个男孩永远都无法摆脱心结，这以一种更平和也更深刻的方式影响了那名警察。这个人物的外貌特征和我很像，我给他添加了很多属于我的元素。我是在一个非常贫穷且充满暴力的工人街区长大的，但是我们那条街和我家都很美。我很多朋友都是来自破碎或者虐待的家庭。而我是在一个特别传统的家庭里长大的，我的父母都是移民，所以他们的价值观都十分守旧。当进了家门之后，不会觉得自己是在七十年代的波士顿，而是在四十年代的爱尔兰。那是属于他们的家，他们不在乎我们喜不喜欢。就是这样，没有别的。他们抚养我们，保护我们，给我们传递价值观和道德观，他们不会成为我们最好的朋友，当我们在爱情中受伤时不会安慰我们，他们认为那不是他们的工作。那时，这让我很恼火，我觉得："真吓人，我的朋友可以和他的父母们一起抽烟，可以想什么时候回家就什么时候回家。而我呢，爸爸总是在背后盯着我！"但是最终，哪种教育方式有成效呢？我离开了那个街区，而我的朋友们没有一个成功的。他们当中有人进了监狱，有的在康复中心接受治疗，其他人在一种平静的绝望中浑浑噩噩度日。注意，其实他们是一些很有天赋的人，但是他们活得很艰辛。有一天我和一个朋友，我想那应该是2004年，我们在酒吧里和那个街区的几个朋友待在一起，她问我："是什么造成了我们之间的区别？"父母，这是唯一的答案。

《神秘河》中的人物有点边缘化，他发现他的配角们所拥有的机会比他要少。没有别的原因，而只是：他们的机会更少。其实他们本来并不相上下。我最讨厌的一件事就是，有些人只不过是因为在生活中拥有更多的机会，他们就自认为高人一等，我极其讨厌这种心态。

而我很清楚地知道我只是比别人机会更多而已。我还是个孩子的时候，很羡慕那些无所畏惧的男孩们，他们打架的时候就像狗一样，很强壮、很结实，女孩们都喜欢这样的。他们有天赋、有不幸、有愤怒。他们可以置身于狂怒的状态之中，而我却不能。长大一点之后，我明白了是因为在他们身上发生的事情是如此恐怖，恐惧和愤怒在他们的血液里跳动。当我开始从事教育者的工作时，这就有了更多的意义，我痴迷于此。我在工作中见到了一些酗酒的孩子，那真是非常非常可怕的一种荒废。生活尚未开始就已经结束。此外，这也一直让我十分愤怒。

我在这个领域可能只会是保守派。我认为那些恋童癖者应当终身监禁，永远别放他们出去。我们应该建一个像法属圭亚那样的监狱，把他们关在那儿，用直升机给他们扔点吃的，绝不让他们回到社会中来。不管他们是初犯，还是教士什么的，都不重要，把他们扔到洞里去。这样可以避免我们社会中的很多问题。暴力会减少，疯狂和愤怒也会减少。因为那些孩子之后走不出他们的阴影，永远走不出来。如果你没有被你的父亲或是你母亲的男朋友强奸过的话，你是不能理解这种愤怒的。绝不可能。在为这些孩子工作的时候，我很想在这个问题上深究下去，在这上面引起大众的关注。但是在《神秘河》以后，我对自己说："你已经说了所有想说的关于儿童凌虐的话了，现在结束了，你应该去关注别的事情了。"而且在这个主题上我也写不下去了，很长时间里都是我的一种强迫症，但现在结束了。在一段时间里，由于不停地回到同一个问题上来，你最终会成为这个问题的一部分，或者为了一己之私来利用这个问题。

我们沿着海岸线边一条蜿蜒的小路离开了洛杉矶，汽车道在我们身后交错，我们觉得自己是太平洋边唯一的存在。我们到了圣巴巴拉,几天后,那里有个年轻人,是《饥饿游戏》(Hunger Games)的一个导演的儿子,朝六七个人开枪,打死了他们,然后自杀。那一带全是植被,很多红色的花儿爬满了栅栏。

T. C. Boyle T.C. 波义耳

圣巴巴拉,加利福尼亚州

T.C. 波义耳住在一栋由弗兰克·劳埃德·赖特[1]建于1909年的房子里。这栋房屋坐落在幽暗的森林中,俯瞰一个繁茂的花园。在我看来,它简直就和样板房一样干净、空旷、完美。这项工程是在退休归隐之后默默完成的,和我们在其他地方随处可见的别墅截然不同。我不禁思索着这样的地方会对居住者的性格带来多大的影响。虽然阳光并没有照到露台,但T.C. 波义耳在访谈中仍一直戴着黑色雷朋太阳镜。他在桌上放了葡萄、面包,还有一盘奶酪。他的声音奇妙悦耳。我们首先从奥尔巴尼和威廉·肯尼迪谈起。

嗯,我很高兴您今天能到这里,因为我不会推迟上山的行程的,我六七月都将在山上。

您要去哪里?

我在巨杉林里有一栋房子。它朝东北方向,坐落在中央山谷,毗邻波特维尔,离这儿有四小时的路程,最后一小时是要一直攀爬高约两千多米的大山。自从我来了加利福尼亚之后,我总是会去那儿。因为作为一个在纽约州长大的孩子,我不太喜欢这里(他指了指露台下面的繁茂花园),总觉得这些有点陌生,我还是喜欢去看高山区的森林。

---

[1] 弗兰克·劳埃德·赖特(Frank Lloyd Wright, 1867–1959):美国建筑设计师。

确切地说,您是在哪里长大的?

是在沿哈德逊河,距曼哈顿北部五十英里左右的皮克斯基尔这座城市是由一个早先叫作扬·皮克的荷兰开发商建造的。荷兰语中的"kill"指的是"流水"的意思,我记得,三年前他们曾为亨利·哈德逊[1]到达此地四百周年举行了庆祝仪式,我重新回到了皮克斯基尔,在剧院里做了一场表演,感觉很不错。

是关于《世界尽头》[2](Au bout du monde)的那场表演吗?

是的,不错。

您是在什么样的家庭长大的呢?

一个普通家庭。我是我们家第一个上大学的,我父亲曾经是校车司机,母亲是学校的秘书,在某种程度上来说,这让我没办法不勤勤勉勉。实在是逃不了课……(他笑。)我一直在公立学校接受很好的教育,包括大学。我本科是在纽约州立大学波茨坦学院读的,硕士是在爱荷华大学。学的是创意写作,一直读到博士。纽约州的教育机构就只有这些。但是我最后在洛杉矶的私立大学教书。

小时候您读书读得多吗?

不,不是很多。那时候我对于写作和文学一无所知。我是一点点了解写作的。十七岁进入大学之前,我很少读书。到了大学,我才有了智力上的飞跃,人们把书籍当作CD一样递给你,也是在那里我才发现了文学和创意写作。

---

[1] 亨利·哈德逊(Henry Hudson,1565-1611?):英国探险家与航海家。
[2] 英文书名为 *The World's End*。

>选择创意写作时，您在脑中已经有了计划还是顺其自然进行的？

更多是顺其自然。是一点点积累水到渠成的，这也是为什么我一直都坚决捍卫注重熏陶的人文科学教育。这会让你知道你想做的到底是什么。您可能已经知道了，我曾经在波茨坦学院注册过，因为我对音乐学院很感兴趣，我想成为音乐家，但是我试唱的时候失败了。于是我选择了历史作为主修专业，第二年我开始同时修英语和历史的课程。第三年的时候，我发现了创意写作工厂，要是没有这一连串的调整，我现在可能在卖保险。（他笑。）

>您是从什么时候开始决定当作家的？您的家庭对此怎么看？

您知道的，我差点就没能本科毕业，但我最终还是做到了。二十一岁的时候，我去了我父母工作的中学教英语。对于他们来说，这简直是天上掉馅饼的好事。他们认为当老师就是最大的成功。我拿到了一个为期十年的岗位，而且可以成为正式工，但我辞职了，因为我想去读研究生。我父母十分震惊："你为什么要这样做？"他们无法理解。他们生了一个有教养但不愿意受任何限制的怪物，对于他们来说，我能成为中学教师已经是一件很不错的事情了，他们从没指望更多。

>然后呢？在爱荷华大学？

我拿到了十九世纪英国文学的博士学位。本科的时候我不是很优秀，因为我不怎么去上课。我也会读书，学点东西，但都不是该学的内容，所以我对于古典文学基本上一无所知。学校对我来说就是一座监狱。我是歪打正着接近文学的。这就好比是：现在您十九岁，开始喜欢一支摇滚乐队，您可能从来没有听说过披头士，或者是对摇滚乐的古老传统一无所知，只听最近几年的音乐。我就是这样接触文学的。研究生的时候，我决定去上创意写作坊的课，也就是说除了我的专业的博士学位之外，又读了两年艺术创作硕士。从那些用无厘头征服我的黑色喜剧作家开始，还有我一直喜欢的弗兰纳里·奥康纳，我开始回过头去读所有的十九世纪小说，我深深地沉浸在文学之中，与从前相比，深度和广度都增加了。总的来说，我花了五年时间去完成我的双重计划（博士学位和纯艺术硕士学位）。爱荷华大学对我而言真是太棒了。

能跟我说说创意写作坊是怎样的吗？

那些课不是很好，因为没有人知道该怎么上。如何遣词造句、怎样评判一部短篇小说、怎样镇住我们这群都很自我的小机灵鬼……我觉得今天的任何一位老师，就像我这样的，在引导学生方面，都要做得好一些。这对于本科学生来说非常重要。读研的时候就不一样了，像爱荷华这样的大学，和茱莉亚音乐学院（la Juilliard Academy en musique）差不多，竞争十分激烈，当你入学了之后，你已经会演奏乐器了，你将跟着一位导师学习，但是总的说来，你要做的事情都要你自己独立完成。在爱荷华大学，你得写一本书出来看看你是不是当作家的料，有些人写得很好，有些人不行。我就做得很好，因为我已经长大了，成熟了。我知道自己想要做的是什么。当时我是个非常优秀的学生，在班级里名列前茅，从来不逃课。分数很高，所有的科目都拿A，那就是我想做的，所以我很勤奋。

以前有知名作家教过您吗？

第一年的时候,万斯·布杰利[1]是我的老师,还有他以前的学生约翰·艾文,以及约翰·契弗[2],他给我们上的课是他这辈子上的唯一一节课。他真的很出色,一直醉酒,很消沉,也很不幸。他完全不知道该怎么教书,但是也还行吧,他可是约翰·契弗啊,他读了我的作品,也比较喜欢。对于这种高水平的作家,我们只需要他看看我们的作品,鼓励鼓励我们:"小伙子,干得不错啊,继续下去吧。"

您喜欢他的作品吗?

现在我十分尊重他的作品,但那时候并不。那是一个体验为主的时代,我需要一些新的、不同的作家,就像君特·格拉斯[3]、马尔克斯、米格尔·安赫尔·阿斯图里亚斯[4]、胡里奥·科塔萨尔[5]……所有这些有着和我一样的黑色幽默的作家们。约翰·契弗的故事太过现实,所以我没那么感兴趣。但是过了几年,他发表了一部短篇小说集,我全部读了,之后我又重读了好几遍,因为我意识到他是一个什么样的文学巨匠。也是在那时候,我成了雷蒙德·卡佛的朋友,他常常在城里闲逛。雷蒙德写了一些非常不一样的故事,它们和我一直到现在依然很喜欢的作品都截然不同。

---

[1] 万斯·布杰利(Vance Nye Bourjaily,1922-2010):美国小说家、剧作家以及记者。
[2] 约翰·契弗(John Cheever,1912-1982):美国现代重要的小说家。
[3] 君特·格拉斯(Günter Grass,1927-2015):德国作家。
[4] 米格尔·安赫尔·阿斯图里亚斯(Miguel Ángel Asturias,1899-1974):危地马拉小说家、诗人。
[5] 胡里奥·科塔萨尔(Julio Cortázar,1914-1984):阿根廷作家、学者,拉丁美洲文学的代表人物之一。

他那时多大?

大约三十五岁吧。

您是怎么碰到他的?

他是这座城市的作家之一,就是这样。他也在大学里教过一个学期。我去看了他,跟他说:"你好,雷蒙德。"他回应我说"你好",我们谈论到了杂志、出版社,他什么都知道,真的很优秀。就是在这些人的影响下,还有厄普代克[1]等,我发现了写作可以有很多种不同的方法。我开始对人物感兴趣,之前我从来没在这上面下过功夫。我以前在语言、理念、写作大纲这些方面更用心。渐渐地,我可以构思出一些更完整的故事,各种各样的故事。这也是为什么我如此高产的原因之一。我刚出版了我作品全集的第二部。这两部中有一千七百页的短篇小说,涵盖了许多故事……这是因为我不局限于某种特别的类型。我写作的故事可以是任何类型的。比方说,我刚完成了一部小说《不速之客》(*The Harder They Come*),明年春天它将在格拉塞出版社(Grasset)出版。其中有黑色幽默,但是大体上来说,更多的是现实主义。它涉及美国暴力的根源。这部小说我已经交稿了,在开始新的长篇小说之前,我要写一些短篇小说。我又回到了那个一直想要实现的想法中:要写一些有点魔幻的小说。第一篇已经在3月17日的那一期《纽约客》(*New Yorker*)发表了,名字叫作《重温盒》(*The Relive Box*),您可能已经读过了。还有另外一篇我很喜欢的,很短,我在公众场合读过很多遍,名叫《五磅重的墨西哥卷饼》(*The Five-*

---

[1] 约翰·厄普代克(John Updike, 1932-2009):美国长篇小说、短篇小说作家、诗人。

Round Burrito）。在书中我给死者曼纽尔·罗哈斯（Manuel Rojas）写了传略，他生活在拉斯维加斯，开了一家小咖啡馆。他的遗产或功绩就是制作出了五磅重的墨西哥卷饼。您知道什么是墨西哥卷饼吧？您应当在这里尝一尝加利福尼亚的墨西哥卷饼，非常大，没人能真的吃掉一整块。我写了这个故事，并且对此非常自豪。因为第一次有外星人来地球是因为被墨西哥卷饼所吸引！（他笑疯了。）

这是第一次写科幻小说吗？

不是真正意义上的科幻小说，您知道的。尽管这部小说还没有出版，但是我所有的书迷都已经仔细剖析过这本书了。因为我的一场朗读秀被录了下来，在网上能搜到。一个月前我就已经在宾夕法尼亚大学看到它了。这是一种很奇怪的预出版现象。一页尚未成文，大家就都已经知道了。

您喜欢朗读会吗？

非常热爱。

残存的想当音乐家的梦想？类似摇滚明星？

不错。我喜欢当演员的感觉，喜欢告诉人们为什么我们喜欢故事。是的，我们有学院、大学和评论机制，但是这对于知道什么是故事和了解人们为什么喜欢并没有什么帮助。人们喜欢是因为它们直击心灵、直击灵魂。我喜欢通过惊喜来吸引读者。您坐在一个漆黑的剧院里，买了票，没有也不会有什么评论性的开场白，只有我出现了，我给你讲一些笑话，读一则故事，试图让你重温第一次听母亲或老师讲故事的感觉。是的，有可能只读一页纸，或者是以表演的形式。我喜欢这样做。您知道的，我有一支摇滚乐队。我喜欢上舞台，上电视。从另外一方面来说，只有在巡演的时候我会这样。除了这些时刻，您是看不到我的，因为我都在我的小房间里忙着我的写作。

> 小时候您母亲会给您读故事吗？即使您自己当时读的书并不太多？

我母亲教我识字，我小时候特别活跃。要是在今天，我可能会被诊断为注意力缺失／多动症。我几乎坐不住。四岁半的时候我上学了，但是是我母亲教会了我识字。

> 那她本人呢？爱读书吗？

爱。故事就是拥有这种引人入胜的魔力。我不知道在法国是否也是这样，但是在美国有不少读书节，作者们会在公众场合读一些文本。"美国短篇小说精选"（Selected Shorts）是第一个也是最著名的读书盛会，一般在纽约的交响乐剧场举办。（我很高兴地说我只知道这个。一到纽约我们就去听了。那场是向爱丽丝·门罗致敬。玛格丽特·阿特伍德，因为暴风雪被堵在了多伦多，她通过大屏幕来和爱丽丝·门罗讨论，后者十分活泼，就像一个年轻的姑娘一样，她坐在大英哥伦比亚那一方。因为没怎么明白摄像头是在电脑上，她倾着身子去听问题，她这么稍稍一动，结果整个厅里的人都惊讶地看到了她的头顶。对话十分有趣，随后是百老汇的一个年轻女作家的短篇小说朗诵。）在我们这儿，圣巴巴拉也有"故事会"，这些年来我都十分活跃。此外，很快会办一个波义耳之夜。我喜欢阅读，也喜欢听人朗读作品。

> 您的下一本书不是喜剧。

对，这是肯定的。会有一个人物让您忍俊不禁，因为他反传统、反专制。但这是一本很阴暗的书，甚至可以说是一部恐怖小说。人们相互开枪射击。

> 您的上两本书，《大屠杀之后》[1]（*Après le carnage*），还有尤其是《圣米格尔》（*San Miguel*）都已经不是喜剧了。

上一本书，《圣米格尔》，是我第一次尝试创作一种既不讽刺也不搞笑的长篇叙事。它也是完完全全以女人的视角来写的，故事环境从头到尾都十分封闭，因为它就发生在圣米格尔小岛上，就在对面。我不想离开小岛。我本可以把一部分故事放在旧金山，但是我不想。我想要有一种被禁锢住的感觉。

> 我想谈谈您经常选择的这些被孤立的地方，小岛、小社团……

这是一些会随着你的职业发展而变化的东西。可以回头看看你喜好的主题，也就是你偏爱的东西。我喜欢那些自闭的、孤立的人物。可以是一处地方，也可以是一个小群体，就像在《红色恐怖下》[2]（*Le Cercle des initiés*）中那样……一个剧作家可以操控一方小舞台，这可能就是我所做的事情。作为一名小说家，我还可以站在舞台边，设计和赋予舞台一些内容。但是我确实喜欢精简到只剩社团几个骨干的想法。我正在着手采风的这部小说，具体内容我不打算告诉您，也是谈论这个主题的，把它推到了极致。它讲的是八个被困在某个地方的人们的故事。

> 为什么您不打算谈谈这部作品呢？

因为我还没有确定要写这个，我只有一些初步的想法。

---

[1] 英文书名为 *When the Killing's Done*。
[2] 英文书名为 *The Inner Circle*。

那么，您是在什么时候知道您已经构思好一部小说了呢？

别忘了我既写短篇也写长篇。目前，我刚写完几个魔幻短篇小说。我到处旅行，最近几个月我做了很多事，打算为这个新想法开始做一些研究。我做笔记，看看是否可行。在经历了一个很长的诸如此类的阶段之后，我开始感受到一些东西，然后我将它们转化成纸上的文字，看看它们将会把我带到哪里。这是不能提前预测的部分。我喜欢直接走到公众面前，用热情感染他们，就像我关于阅读跟您提到的那样，写作也是这样。我是一位艺术家，我想要创造。我不是一个文人，我不想去开讲座、写随笔……我只想要创作，想要知道接下来会发生什么。我从来没有妥协过，从不会带着截止日期去写作，或者是为了钱而写作。每个故事都是有魔力的。我不知道它们来自何处，我只想看看它们将会去往何处。就像在《五磅重的墨西哥卷饼》中的外星人那样！谁能料到这些外星人会来呢！（他笑。）

但是刚开始的时候，您拥有什么呢？一个想法？一个画面？

对于短篇来说，我什么也没有，就是这样写的。但显然对于长篇来说就不一样了。我会在几个月内做很多的调研，有时候我会亲自去看看那个地方。

啊，您会亲自去故事发生的地方啊。

是的。就拿《女人们》[1]（*Les Femmes*）这本书来说吧，它是

---

〔1〕 英文书名为 *The Women*。

关于弗兰克·劳埃德·赖特的,显而易见,我写他是因为我住在这所房子里。我做了大量的调研,有一百多本书都是写他的。这是一个非常有名的建筑师。我希望这些事实都是正确的,我也相信是这样。

您也会去和那里的人们见见面吗?

是的。我一直在奔波,会和他们讨论,不过也会有一定的限度。我不是记者,也没有做记者的经验,我不喜欢这种写作,这也不是我想干的事情。我想要创造。我需要一些基础素材来激发想象力,然后才能创造。当然了,当你的书在朝着一个你没有意料到的方向发展时,你可以重新开始你的调研。有时候我得看看故事的发生地和发生源。比方说,当我在写《大屠杀之后》时,我去了圣克鲁斯,也就是对面的一座小岛。至于《圣米格尔》,我只在那里待了一天一夜,就是这样,您在圣巴巴拉待多久?

我也不太知道,三天之后,我们将和简·斯迈利有个访谈,她也向您问好。

简现在在哪儿?

离大瑟尔很近。

好,如果您在那儿待一天以上的话,一定要做件很棒的事情:划船去圣克鲁斯的小岛上待一天。孩子们会很喜欢的。每年这个时候海面都还比较平静,大概要花一个多小时,会看到鲸鱼和海豚。

我们今天早上看到了,就在沙滩旁边,有一群沿着海岸游。

棒极了!不管怎么说,你们会喜欢的。这里什么时候都有鲸鱼，它们就在那儿。(他指了指花园外面的海。)

> 我想知道您是否是一位主张文学介入的作家，除了您经常谈到的生态，您也会触及一些社会问题，比方说美国的移民问题。

是的，但是我想我已经跟您的同行们：法国、英国、德国等媒体都解释过了。我不认为自己是一位政治作家，我想要是您读了我的书，您就会知道我的信仰是什么了。虚构小说是作家和读者之间的互动，强迫别人接受自己的观点是种糟糕的艺术，应当让读者自己去发现。这就是艺术的微妙之处和它的本质所在。每个读者都会用不同的方式去解读。所以我不想表明立场或去对书做出阐释。当然了，您会看到很多题材都很吸引我，尤其是环境问题。我一直在以各种各样的方式写这个问题。就像关于《大屠杀之后》的所提到的种类入侵和道德问题。所有这些都会引出科学和宗教的交汇，让我们知道在这里要干什么。我写的就是这些问题，不过是以我自己的方式，种族主义我也不止一次提到过：我想挖掘这个主题，引发人们的议论，就像在《美国》(*América*)中那样，但是我不想引导他们。我认为这样不好。所以，我确实对我的主题和信仰十分投入，但是我不想被定义为政治作家，因为我是一名艺术家。我认为，艺术和政治是不能相融的。很多人不同意这种观点，但我就是这么觉得的。

> 作为一名写作教授，您对您的学生会有什么样的建议呢？

目前我已经不教书了，是全职作家。但我教书的时候，除了让他们深度阅读以外，不会给学生很多建议。要去找到那些主人公，不是为了模仿他们，但要理解他们是怎样行事的。人是在写作和读书的时候才学会写作的。就是这些。

他们读伙伴们的作品,并且当堂讨论,这样好吗?有人告诉我说这有时会让人很痛苦。

嗯,他们的自尊心实在是太脆弱了。像所有作家一样,他们有点疯狂,或者说至少有点错乱吧。

您也会有精神错乱的感觉吗?

是的,不错。所以他们需要一个仪式上的主持人,这就是我在课堂上的角色。每学期,每个学生都要创作三部作品,其中有两部会被打印出来并且当堂阅读。讨论会开始前一个星期上交作品,并在课堂上以不予评论的方式进行解读(文本作者在讨论会中不发言)。这样做的好处就是:对于新手作家而言,他可以把我们当成实验室的小白鼠一样,来检验作品的效果。我一直坚持告诉他们,同学和老师的意见并不重要。不管是你喜欢的人、轻视的人,甚至是你女朋友的意见,其实都不怎么重要。唯一重要的是你的感觉,就是你自己。所以,即使是全世界都认为你的结局不太明朗,那么你也可以好好思考一下,看看是否真是如此。或这样想:"管你们呢,你们都是些蠢货,我才是主角!"没有什么可以给予的意见,因为其实是没有规则的。我们都是个体,在七十亿人中,具体人数我也不太清楚,没有完完全全相同的个体,没有人是另外一个你。每个人都可以用他的方式来践行他的艺术,这样好吗?我不知道。不是由我来评判的。我只能帮忙润色、修正、提意见,但这个意见也不会比其他任何人的意见更有价值。

您有很多学生成为公开发表作品的作家了吗?

噢,非常多。有很多人成名了。比方说出版了《虎之妻》(*The*

Tiger's Wife)的蒂娅·奥布莱特[1]，那是她的第一部小说。还有另外一个男生，那是在朋克时代，他就是个朋克。他真的很想成为作家，在我的一个班上听课。他不太擅长自动写作，因为他的语法不太好。一定要力求完美，不能拿这个当儿戏。因为关系到他的前程。他十分努力，三年级的时候，他想要加入到我的提高班里来，选拔是根据手稿来定的，我没有留下他。他闯进我的办公室开始哭泣，一个朋克啊，一个很努力的小伙子，抹着眼泪。下个学期的时候，他又再次申请了，成了候选名单上的第一名，有人放弃了，所以他替补上来修了我的课。学期末的时候，他成了最优秀的学生之一。在下个学期的时候，他成了最优秀的学生。我的角色，就是这样：严格要求，促使学生们变得成熟，完成自我提升。在这个年纪，他们能在很短的时间内达到飞跃式的进步，当然了，我会指引他们走向文学。我告诉他们："我读了你的故事，你认识某某人吗？你应该读读这个，你会喜欢的。"在课堂上，我们既读学生的作品也读当代作家的作品。每个学期我们都会读很多书，并且以讨论学生作品同样的方式对这些书进行讨论和解读。

这个朋克，他后来怎么样了？

我没有再听说过关于他的消息了……我不知道，有时候他们不会完全投入，会朝着别的方向发展，我也失去了他们的联系。

全心投入是最关键的一点吗？

是的，我认为还需要有点执拗和下点狠心。您可能已经知道了，我从来不为电影工业写作。我甚至从没有这个打算。因为我

---

[1] 蒂娅·奥布莱特（Téa Obreht，1985- ）：美国女作家。

没办法和别人共事，和别人达成共识。从来都不行。我是一个我行我素的人。我交给出版社的作品，差不多就是终稿。我是一个完美主义者。

您完全不和您的出版社一起修改吗？

当然会，不过很少，非常少。

您的第一个读者是谁呢？

我读给我的妻子卡伦（Karen）听。我每天都大声读给她听。不是为了听取她的评论或者是批判，而是为了听听作品的节奏怎样，这对我来说非常重要。有时候，这就像是一场表演，即使是只为了一个人的表演。当我们大声朗读时，看待这部作品的方式和在电脑上浏览是不同的。所以她是第一个读者。然后我会把它寄给乔治·博尔夏特（George Borchardt），自从我出道以来，他就是我的经纪人，他也是这个世界上最了不起的人。他会给一些评论，但是总体上来说很少。有时候，对于某件事他会有非常强烈的意见，我会听他的。最后，我会把手稿寄给出版社，我们会稍稍讨论一下，但是总体而言，我不是那种会和出版社一起合作、需要帮助的作家，我交的就是成品。

您写一部小说大约需要多久？

视情况而定。人们跟我说："您实在是太高产了，每年都出一本书。"我总是开玩笑地回答："是的，因为人一般死之前比死之后要更高产一些，所以我加快了速度……"说实话，我觉得我现在比年轻的时候写得更快一些。《水音乐》（Water Music）和《世界尽头》，这两部每本都花了我三年的时间。但是如今，一本同样复杂，或者是需要大量研究的书，像《女人们》这本，我可以在十四个月内写完。不过确实，这些研究的一部分内容就是生活在这座房屋里，并防止它倒塌。

为什么您的速度变得更快了呢？您找到了方法？您比以前能更快地知道要写什么了？您加大了工作量？

我不知道。这对于所有人都是一样的：有时候一切都很顺利，有时候不行。但是当人被狂热所支配着的时候，真的很好。去年的时候我写了我的新小说，这本书只给了我十个月的写作时间，因为我想在去德国参加作品巡展之前完成。现在这部作品本可以出版了，但是我在五年内出版了五本书，为了给所有人一个喘息的时间，出版社决定在一年后出版这本书。

您是怎样安排您的写作时间的？

这要取决于我为什么而写作。最近几天我开始了我新的长篇小说的研究，但是我也想写最后一本短篇小说，我今天开始动笔了。写了几页，我还不知道它们够不够好，要不要继续写下去，但是我想是可以的。再说吧。在这种情况下，我会每天都工作，一直到我完成作品，然后我会重新开始调研，一直到完成。

您总是一件接一件地干活吗？

是的，不错。我从来不会同时干两件事情。我很刻板。我想写短篇小说，那么我就写短篇；我决定写长篇了，那么我就写长篇。

您很快就能知道作品将会是长篇还是短篇吗？

是的。我会特定地选择好是写短篇还是长篇。我从来没有过把一篇短篇写成了长篇或者是把长篇写成了短篇的经历。这种事从来没发生在我身上过,除了《野孩子》[1](*L'Enfant sauvage*)。一开始,这是戴纳·哈尔特(Dana Halter)在《说吧说吧》(*Talk Talk*)中写的一部长篇小说,我和我的经纪人都觉得,这个故事的风格与众不同,把情节拉慢了许多。我们看着她在书中写这个故事,把野孩子和他的语言习得以及聋哑主题联系起来。不过后来我把这个故事从长篇里节选出来了,将它写成 *Nouvella*,一个中篇小说,并发表了。

您会给自己规定写作量吗?

我每天上午十点到十一点开始工作,下午两三点结束。理想状态下,我喜欢写完某个场景,或是某个章节。但也不是强制的。有时候,我会在第二天回到前面的内容来。我从——我很肯定所有人都这样——重读前几天的作品开始新的工作。当无意识占上风的时候,你能会感到有如神助。

我们也回到前面的话题:您第一次是如何成功地把作品出版出来的?

在爱荷华大学的时候,我专门写短篇小说。我那时非常忙碌,因为还要为拿到博士学位做准备。五年内,我必须在杂志上发表三十来篇短篇小说。我在第一本短篇小说集《人类起源》(*The Descent of Man*)中保留了十七篇,这本集子是在没有经纪人的情况下发表的。在我拿到博士学位之后不久,乔治·博尔夏特向我自荐要做我的经纪人,是我们共同的朋友介绍我们认识的。

这本小说的发表是您生活中的一个剧变,还是更像

---

[1] 英文书名为 *Wild Child & Other Stories*。

上了轨道后的一个推进?

更像是后者。

那么我们回到第一部短篇小说的发表吧,它改变了一切?

是的。没什么人给我提建议。我那时候身处人生中非常黑暗的时期,我大概二十多岁,大量地吸毒,在纽约,疯了一样试着用一切可能的办法来毁灭自己。不过还有一点,我和那些一起晃荡的伙伴们相反,我读书,并且自认为是一个作家。我开始写一些故事并向外投寄,我运气很好,几个月后有一篇被《北美评论》(*North American Review*)接受了,我告诉自己:"嗯,这还让人挺满意的……我做的事情还是值得的嘛。"随后我把我的简历寄给了爱荷华大学的创意写作坊,感谢上帝,我被录取了,我就去上学了,就是这样。

这拯救了您的一生。

没错。这把我拴在一个我不需要花什么钱的地方。我没有申请其他任何地方,我什么都不了解,真是个奇迹。

您在这个圈子里已经待了一段时间,您对于出版业的发展怎么看?

我们这些小说家不管发生什么,都在做我们该做的事情。有人常常将我们和卡夫卡笔下的饥饿艺术家相比较。饥饿艺术家当众绝食,人们看他坐在笼子里不吃饭,夜里监视着他,以确保他不会作弊或者是偷偷吃东西。刚开始,艺术家取得了巨大的成功,不过慢慢地,公众就会厌倦,把注意力放在别的消遣上。但是尽管没有人知道,饥饿艺术家还是在坚持绝食。今天的作家就有点类似。由于人们对电子的迷恋，我们分到的蛋糕就更少得可怜。此外，我在短篇小说《重温盒》中也提到了这一点。我希望文学一直存在，我也会不断进行文学创作，因为这就是我的生命。对于电子游戏，我认为很遗憾的一件事就是，机器在极大程度上操控了我们的生活，就像在《终结者》（*Terminator*）中那样。所有人都被它深深吸引。我努力试图不要成为这样的人。是的，我在电脑上写作，我通过电子邮件来处理事务。在1999年，我就成了第一批拥有个人网站的作家，我也写博客。但是我试着让这一切都在可控的范围之内。我不会随时回复信息或者邮件。我每天看一次我的邮箱，当我在外旅行的时候，我一次也不看。我在山上的房子里没有网络。我认为时不时地摆脱网络很重要。我不是那种会拿着iPad在海滩上慢跑的人。我想要与自然保持联系，带着那种在孩童时期才有的美妙滋味感受它、观察它，在其中生活。因此我对断网的必要性十分重视。我不喜欢二十四小时不间断播放新闻的方式，人们总是担心会错过什么东西。那么如果我们一直联网，我们会错过什么呢？您看，那边，这两只鸟正在驱逐一只隼远离它们的窝，这就是如果我们正在电脑面前会错过的东西，社会变得越来越封闭，不再有公共舞台。我很开心能够生活在这个小村庄里，不需要驾车，可以走路到沙滩、银行和饭店。这越来越难得了。我认识所有人，跟所有人打招呼。这是在城市里不可能拥有的生活。在城里，我们谁也不认识，很少出门，一切都是通过电子的方式来到我们身边。这也减少了我们与自然的原始联系。

您在山上待很久吗？

我每年在那里待六个月，不是连续的。但是您知道的，人要是离开房子一周后，回来的时候就只能看到一层灰！（他哈哈大笑，而我又想起来他曾经提到，在某场讲座上一位荷兰的家庭主妇在他面前打瞌睡。）

跟我说说您是怎样得到这栋房子的？

我们是这栋房子建成之后的第四任所有者。前两任都各持有四十年。我前面一任所有者买下了房屋内所有的不动产，简易翻修了一下，然后又卖了出去，那是在九十年代初的经济大萧条时代。这个地区，就像你知道的那样，有很多电影人、巨星、富人住在这里。很多人想买下它，但是实际上，只要有可能的话，没人愿意将它保持原样，因为这是一座需要保护的房屋。这不是他们想要的。他们想要拆墙、扩建厨房、将它变成一座富丽堂皇的宫殿。因此所有的交易都泡汤了。而我们正在找一栋老房子。是我妻子找到了这栋房子，我已经放弃它了，因为没看到任何好的地方，而且我又正忙着写《美国》。我们生活在拉斯维加斯，我妻子去看了这栋房子，给我打电话，在电话中她哭着说她是那么想要这栋房子。很明显，我当时要是不同意，我们今天估计早就离婚了……第二天上午，我就来到了这里，提交了申请。

是的，您知道该怎么做。您妻子是做什么的？

她是家庭主妇。我们有三个孩子，他们现在都已经长大了，离开了家。我女儿现在旅居在那里，她和男朋友一起在拉斯维加斯生活，他们一起做电影，在回音公园那里有一套小公寓，但是她经常来这里。因此我们买下了附近的一栋房子。我经常能看到她。我的大儿子在纽约生活，他刚刚结婚，是个信息工程师，就是他在读高中的时候创建了我的个人网站。我的小女儿在旧金山学医。

您写《美国》的想法是从何而来的？

嗯，我是在纽约长大的。我们学校使用的语言是美洲西班牙语，我们学习这门语言，也学习它的文化。当我刚搬来的时候，为这里对拉丁美洲移民强烈的种族歧视感到震惊。我想在这方面探索一番，看看到底是怎么回事。其实这是整个社会都存在的现象，不仅仅在美国如此。这本书之所以取得成功的原因之一就在于：它提到了工业社会与非工业社会、富人与穷人之间的对抗。当这本书在1995年出版的时候，我去了一趟欧洲。意大利出现了阿尔巴尼亚危机，一些阿尔巴尼亚人尝试来意大利未果，法国正受前殖民地问题的困扰，诸如此类。这与种族制有关，但是这本书里也隐含着我对环境的担忧。我们是自然的产物，只有有限的资源，这意味着什么？举个例子，丛林狼会去有资源的地方，就像所有的动物那样。我们都是动物，当无论如何要跨越边界的时候，这就涉及边界的价值问题。对于所有人来说，我们都有一样的天性：不管我们属于哪个部落，我们都是同一物种。

那么您对于今天的美国有哪些切实的担忧呢？

噢，天哪，那可太多了。但是这些担忧是关乎全人类的。很明显，不管在哪个环境学家眼中，我们都毫无希望。我认为在当今时代，做一个小说家很难。达尔文和科学取代了宗教。生活不再有目标。此外，我在大学里读的第一批作家都是存在主义者。活着有什么意义呢？对于前人和之前的文化而言，他们还有上帝。我们濒临灭绝边缘，全球变暖、环境恶化、人口过量、其他物种的灭绝，我们已经摧毁了我们赖以生存发展的生态系统。要怎样去谈论这些问题而不陷入悲观消沉？如果人类生活没有目标，为什么要刷牙呢？更糟糕的是，我们身后无人继承，一切都早就被冲进抽水马桶。这就是为什么如今做一个小说家很难的原因所在。

您是在一个十分重视宗教的家庭长大的吗？

我母亲是天主教徒。我们不是十分相信宗教，只是在周日和圣诞节去做弥撒。一直到我十一二岁的时候，我告诉母亲在我看来这些都毫无意义。与此同时，我是在一个有很多犹太人的社团中长大的，那里有很多自由的思想者，还有一些像我之前那样的小流氓。这就是我宗教之旅的终结。很遗憾。

为什么很遗憾？

我想去相信一些什么东西。我希望自己有信仰，我把我的信仰都寄托在自然和文学上了。

您认为文学可以改变世界吗？

再说一遍，我不认为文学有什么政治功能。我觉得文学可以给你带来欢乐和感动，它可以改变你的思想和观点。无数人在读了《美国》之后来看我，并且告诉我说这本书改变了他们的生活。但这不是我的目标和意图所在，这也不是文学该扮演的角色。文学应当反映我们到底是谁，我们是怎样的。如果它给读者带来了动力，那很好，但文学并不是万灵药。

不过您还是相信文学。

我相信艺术，此外我也相信科学。我们的科学思维、好奇心、知识、太空探索，所有的这一切都十分奇妙。不过还有，有什么比几千万年前，群居在大自然中，经历了生存繁衍后再过个二十年左右悲惨地死去更为奇妙吗？我不知道。（他笑。）这就是为什么野孩子非常吸引我的原因。社会赋予了我们语言。但是语言学家已经证实获得语言需要时间，就像进入青春期和性特征的发展都需要时间一样。语言习得期大约是在两岁半到五岁之间。

如果错过了这个阶段,那么就再也不能获得语言了。维克多就是这样,其他一些被剥夺了这个阶段或是被关在壁橱里的小孩子也一样。我对此十分感兴趣。在某种程度上而言,野孩子在大自然中有理想的生活。他没有语言,不信任他自己的种族。他被人发现和他被迫接受的文明都是他毁灭的因素。他是一个高贵的野人吗?或者说高贵的野人也不过是野人,一种动物而已?然而,与其成为动物,在这里谈论动物是不是更好呢?在大自然中,我很喜欢的一件事就是——很难向那些没有在自然中生活过的人解释,这种人越来越多,因为可以去的大自然越来越少——那种奇迹般的感觉,那并非圣迹,而只是生活的魔力。我想要身处森林之中,走向瀑布,在那里读书,什么也不去想。我不需要通过了解树木或者是植物的名字去感知自然,我只需要本着空灵和开放的精神去和它们攀谈即可。这是一件很多人永远都无法领会的很特别的事情。

在您写过的这些书中,您最喜欢哪一本?

我一直都说是《水音乐》,因为它是我的处女作。

那是哪本书给您带来了成功呢?

《世界尽头》。那是我的第五本书,直到这本书,我才知道在维京有广告公司……这本书拿到了笔会/福克纳奖,非常不错。

这给您的职业生涯带来了很大的转变吗?

我想是的。通过前四本书,我获得了一些关注,但是这本书给我带来了更多的读者。

在那之前,您是不得不教书,但是在那之后,您还是在继续教书。

是的,早在二十多年前,因为经济上宽裕了,我本可以停止教学工作。但这是我想做的事情之一。重申一遍,我不想写什么论文,不想为期刊和电影写作。但是我想教书、想阅读、希望能为人们做文学朗诵,以便能保存下这些鲜活的书籍,我想要跟人分享我喜欢的书。而且很多学生都非常有才华,真是棒极了。我曾经是他们中的一员,而现在我成了我自己,他们也可以成为我,就是这样继续下去。文化也因此得以保留和传承。

您曾经遭遇过文学危机吗?

嗯,开什么玩笑呢,我每时每刻都在经历!(他笑。)需要不断斗争。不过我觉得我脑海中的写作方法和类型还是很多的——我可以写任何题材的任何故事——这对我很有帮助。当然了,也有一些空白的阶段。最艰辛的事情就写小说的情境。你灵感迸发,开始创作了,那么现在你需要确定你在做什么,为什么要做这个,你要朝着哪个方向工作……这些总是很难。

怎样克服这些困难呢?

我就是简单地继续写,一遍又一遍,一直到我能找到出口为止。《圣米格尔》写得十分艰难,因为我第一次尝试用一种传统的方式写作。有趣的是我的第一部小说《水音乐》,这本书是典型的后现代主义风格,讲述了一个小滑头带着讽刺的眼光看一部历史小说,并用自己的方式演绎它。然而《圣米格尔》是一次严肃的尝试,这本历史小说没有讽刺的意味。这仅仅是因为我想知道我能不能够做到。我从来没有这样做过,而我总在尝试着做不同的事情。对于我而言,这是一个艺术家应当做的事:"不断地超越局限。"不像其他那些写吸血鬼故事的作家,他们找到一个套路,就一直按照这个套路来写。当然了,他们会变得很受欢迎,因为这对于公众来说很容易接受。而我,我只想做一些真正有益但是完全意料不到的事情。

您觉得在恐怖小说和黑色小说之类的作品中没有创意和创新?

当然有,是我一概而论了。但是警匪小说常常会成为关于一个侦探的系列,比方说夏洛克·福尔摩斯,最终呢,这只会变成一本极其厚重的长篇小说。我喜欢它们,但是我更偏爱每次能将你带上不同的旅程的艺术家们。就像丹尼斯·约翰斯顿(Dennis Johnston)那样,他是我最喜欢的作家之一。他的书涉猎很广但相当不错,我就是喜欢这样的。或者是唐·德里罗[1]。

您知道您为什么写作吗?

这是一种强迫症。

您真的这么认为吗?

是的。我写作是因为我是一个艺术家,而我也被驱使着通过我的书籍去探索这个世界。除非是写小说,否则我就不能够真正地深度思考。当我没有积极投入到一个写作计划中时,我会感觉不太好。当然了,并不总是这样,有时我会去做调研,有时候我在巡展,这时候我什么也不写。但是我真的需要写作,只有这样我才能感觉很好。有些作家在他们的调研中迷失了,而我一直铭记着艺术作品出自这些调研结果这一点。而风险就是有可能因为过多堆砌调研所得,从而使得作品创作十分贫瘠。

---

[1] 唐·德里罗(Don Delillo,1936-):美国当代最优秀的小说家之一。

您会去读评论吗？

只读好的。

这样啊？为什么呢？

那些不好的评论能给我带来什么呢？它们也不过是一些个人写的罢了——然后我们也不会再有评论了。谁愿意给一本书写评论呢？薪酬极其微薄。我不再写评论了，太辛苦了而且很费时间。要是薪酬合理，每篇评论能给五百美元，那就会有一些知道该怎么做的聪明人了，但是现在还是不太景气。所以有什么要紧呢！有时候在我看来，这种工作并没有什么意义。最好的评论——我拥有的，是法国评论，它们好像比一般的美国评论要挖掘得更深一些——是一些解释性的评论，它们突出了不同作品之间的联系。能够与读者有灵魂交流这种想法使人着迷，但是这种机会非常罕见。评论只会为一本书去吸引公众的注意力。这值得称道，但它既不是为了教导任何人，也不是为了深度挖掘作品。而连这样的评论我们都只能在某些期刊上看到了。不是在新书推广季，所有人都不以为意。唯一剩下的还不错的评论，是《纽约时报》的文学评论。

当您完成一本书后是什么感觉？

噢，大概是狂喜吧。没有什么比这更好的了。在我的个人网站上，有一篇将这种感觉与注射了一剂海洛因后的感觉相比较的文章。

您吸海洛因？

是的。很快你就会有一种强烈的失落感，唯一能够治愈的方法就是再来一次。这是一个恶性循环。对艺术创造的执念是一种瘾。我觉得对于一个艺术家来说，丧失了创造的能力是很可怕的。

好多美国作家都是因此而自杀的。

真的吗?

比方说大卫·福斯特·华莱士、海明威、约翰·贝里曼[1]等。天哪,这样的人真的很多!为艺术献身……美国一直有这种传统。我认为如果你的一生都是围着写作转的话,要是有一天你不能写作了,那跟死了也差不多。真的很可怕。不过要是你是一个摇滚明星的话,你可以在布达佩斯的舞台上一遍又一遍地唱你都唱烂了的歌曲。(他大笑。)

您不能停止写作?

不能。

要是您感觉自己已经在重复了呢?

这是一个理论性的问题——也是一个噩梦。一直到现在都还好。谁知道接下来会发生什么呢。今天真的很热。一般说来,我喜欢下雨,但今天天气还比较舒适。今天上午我醒来的时候感觉空气热烘烘的,这让我想起了我的童年。我是在一个绿树成荫的郊区长大的,比起在城市里,郊区总让我觉得更自在一些。您知道这里,我们没有什么水了,如今是加利福尼亚的旱季。这里的居民被迫减少了30%的用水,如果你的用水量超过了去年的70%,他们就会找上门来,要是你再这么干一次的话,他们会切断你的水源,就是这么简单。

具体说来,是浇花用水还是洗澡用水?

---

[1] 约翰·贝里曼(John Berriman, 1914-1972):美国诗人,二十世纪美国自白派诗歌奠基人之一。

两个都算。加利福尼亚一个州的经济就可以排到全球按国家算的第七位。不过农业对经济的贡献只有3%（然而葡萄、西红柿，还有大部分美国蔬菜都是在这里种植的），但是农业用水占了加利福尼亚州的80%，他们正在重新考虑这一点。这些风景将会消失了。您看，我已经尽可能地试着在我的花园中种植一些本土植物，比方说这些几乎不需要水的松树。这里本该栽些橡树的。但这栋房子是1909年建的，所以大部分树都不是本土的，有很多外来品种，尤其是这棵来自亚洲的长势很好的黑洋槐树。很好看。但要是不种本土植物的话，我们就没有生活用水了。我种了很多苦苣菜，帝王蝶们吃这个，还在它的叶子上产卵。有天我还看到了许多胖乎乎的毛毛虫……我试着帮点忙。我在花园里弄了一小块沼泽。我常在那里读书，我也喜欢伺候花草。要是来真的的话，我会砍了这里所有的树，重新栽上一些本土的品种。但这是不可能的，您往北边去的时候，您会看到加利福尼亚将要变成什么样子。大片黄色的草场上远远地只有一棵橡树。剩下的一切，所有这些，都是一个多世纪前栽种的，都需要人工浇水。

> 波义耳的女儿来找我们的时候，孩子们在找沼泽，已经绕花园跑了一圈。他们全家今晚会一起去剧院，而我们也要重新开始一路向北的旅程。太阳落山，余晖洒在一大片恣意蔓延、人工培育、绚烂的花海上，极其美丽。

Jane Smiley　　简·斯迈利

卡梅尔谷，加利福尼亚州

去往卡梅尔谷的沿海的路上，一些海豹和海狮正在海岸线附近晒太阳。地面有点坡度，点缀着一家家有机超市和星巴克，衣冠楚楚的人们正在星巴克里面专注地盯着面前的电脑。

稍远处，有一条朝着山梁蜿蜒而去的路，路边坐落着简·斯迈利那栋同样也建在坡上的大玻璃房，其中大部分工程是她的包工头丈夫完成的。一群兴奋的狗从一扇门或另一扇门里不断进进出出，像是在滑稽剧剧场一样。

那么，汤姆·波义耳最近怎么样？您知道吗，我曾经还偷过班级书架上他的短篇小说，因为他的作品在当时就已经写得很出色了。

你们是大学同学吗？他不是比您年长吗？

是的，您注意到了？（她朝我挤了挤眼睛。）他是在高级班，对我们来说，他有点像个明星。

您是怎么进入爱荷华大学的？

我得跟您说说我是怎么申请成功的，因为真的比较特别！我和我的男朋友，其实那时候已经是我丈夫了（我很早就结婚了，这也是个很有趣的故事，我下次再跟您说），我们本科同时毕业，他的专业是中世纪历史，而我是文学。他是个不折不扣的马克思主义者！我告诉您他的毕业论文的题目是"矮子丕平夺权证实权力固有的暴力本质"。他整个课程都在研究这个！当时工作不好找，因此我们决定去欧洲游一圈。我们那趟旅行棒极了！整整一年我们都是搭顺风车，一共只花了四百美元左右！那时候搭顺风车很容易，人们都很友好，有时候他们还会带我们去吃午饭，为了跟我们这些美国人攀谈攀谈。我们去了英国，然后是法国、希腊、巴尔干半岛上部分国家、德国，还有丹麦。我丈夫对宗教建筑十分了解，所以就像带了一个私人导游出来旅行一样。另外，他个子特别高，有一米八五，很有威慑力，所以我们几乎没碰上什么麻烦，除了有次在意大利，有个人想趁他睡着偷他的鞋子！当我们回到美国的时候，我们决定去读研，我们申请了两所学校：弗吉尼亚大学和爱荷华大学。两个学校都录取了他，却没有学校录取我。我们选了爱荷华大学，因为他来自怀俄明州，他也十分想念家乡，他喜欢那里的山林和气候……爱荷华大学就在怀俄明的八十三号高速公路旁，所以我们选了这所。他开始上他的课，而我在一家长毛绒熊手工制作厂找到了一份工作。那是个很小的手工作坊，就在厂长家的地下室。

但您还不是爱荷华大学的学生。

还没有。历史系那时总有开不完的聚会，我每次都会陪我丈夫一起，我仍保持着希望……一次晚会上，有人告诉我说一个文学系教授也在那里，啊啊！我走到他跟前，互相认识了，我在他面前各种忽悠，好歹说服他让我去旁听他的课。一整个学期，我都不是学校的正式学生，而且开始得比别人晚好几个月，但这总比没去好。我很快就赶上来了，因为我特别勤奋、认真。一月的时候我又重新交了申请，这次我被文学系接受了，但不是创意写作，虽然这才是我一直想做的。好吧，好歹我还是被大学录取了。我尽可能地上所有能上的课：哥特语、中世纪英语、古斯堪的纳维亚语、盖尔语……真的很难懂。那时候，盖尔语词典还没有编到字母 H 呢！但是我十分热爱北欧文学和古英语……它和现代英语完全是两码事。我很喜欢那些古老的历史和故事，我改编古代文学的兴趣就是从那时候开始的。

《李尔王》[1]（*Le Roi Lear*）改成了《一千英亩》[2]（*L'Exploitation*）。

……冰岛传奇故事改成了《格陵兰人之夜》[3]（*La Nuit des Groenlandais*），《十日谈》[4]（*Le Decameron*）改成了《山中十日》[5]（*Dix Jours dans les collines de Hollywood*）。的确如此。第二年我开始上创意写作课，就是这样！

您不管那些长毛绒熊了？

对呀！

您是从什么时候开始有写作计划的？

我真的很想写作。就是因为这个，我才在本科的时候尽可能地上了那么多的创意写作课！我是在中学结束的时候开始对文学感兴趣的。您知道的，我觉得在中学，大家都太过关注自我，很难看得更远一些，所以这个时期的写作都很少能比较深刻。但是到了大学，大家就能用比较开放的心态对待别人了，得看到别人、听别人说话、和别人相处！很明显，这种关注是写作的首要条件

---

[1] 英文书名为 *King Lear*。
[2] 英文书名为 *A Thousand Acres*。
[3] 英文书名为 *The Greenlanders*。
[4] 英文书名为 *The Decameron*。
[5] 英文书名为 *Ten Days in the Hills*。

之一。

您在爱荷华大学有著名的老师吗？

没有，哈哈，完全没有。

至少总有些比较有趣的老师吧？

没有。爱荷华大学是四十年代末建立的。每年招收二十五个新学生，课程持续两年。但我觉得那时候的老师们不太知道该怎么教创意写作课。那里没有一个很有名的老师教过我，没有雷蒙德·卡佛，也没有约翰·欧文。伦纳德·迈克尔斯[1]曾是我的老师（只有一个月！）我记得他给我的唯一的一个建议。他做我老师的那一年里，一切真是乱七八糟，我刚和我的第一任丈夫离婚，但我还保留着他的姓：威斯通。当伦纳德·迈克尔斯知道我没出嫁前的姓是斯迈利的时候，他建议我重新用回这个姓，因为"更好记"。我在那里待了那么些年，这是我能想起来的老师给的唯一的建议！确实，老师们不知道他们该干什么。似乎男人们的主要任务就是尽可能多地和女学生们睡觉。此外，他们的教学法就是在我们中间选一个人，不管这么做是对是错，让他出类拔萃，以此来激发我们的好胜心；或者可能是因为他们对他的作品更有感觉吧，我不知道。就这些，因为我不是那种明星学生。您知道的，就像在赛马场上，除了一匹头马以外，还得有别的马群，得把赛场塞满。（她笑。）我们还有个作家老师，是写纪实文学的，在《生活杂志》（*Life Magazine*）上发表作品。她对虚构小说一无所知。她人很不错，我们最后成了很好的朋友。但是我从她身上什么也没学到。那几年没教会我什么，至少我从老师身上没学到什么。

---

[1] 伦纳德·迈克尔斯（Leonard Michaels，1933-2003）：美国短篇小说家。

但是对我来说这不重要。我从来都不太在乎"二战"时期的作家，也就是我们的上一代，我不会去寻求他们的表扬，我很不喜欢他们的书。这不是我擅长的，他们怎么想我，我也无所谓。真正对我来说重要的，是我的朋友们的观点。我们班上有很多杰出的作家，我希望能让他们喜欢，他们的意见对我来说比较重要。

不过您还是很辛苦地去学习课程。

是的。此外，1999年的时候，国会通过了信息自由法案，我们可以随意看任何和我们相关的信息。当然了，我们都急着去看我们的录取材料。我发现那里没有任何关于我第一次申请的痕迹。什么也没有。我寄出申请材料的时候是在克里特岛，那是2月1日，申请截止日期是15日。3月1日的时候，我收到了拒信。在我看来，这对于当时来说实在是太快了，尤其是还要考虑寄信需要花费的时间。但我那时没有多想。现在当我发现没有任何关于首次申请的记录时，我不知道自己该做何感想。我不是说我有可能被录取了，或者是我应该被录取，但是不管怎么说，还是很奇怪的。

所以您没有遇见什么良师？

没有。后来关于这个我写了一篇随笔《导师、缪斯和恶魔》(*Mentors, Muse and Monsters*)。整个学校的氛围都乱糟糟的——那是七十年代——而我们超级遵守纪律，超级勤奋，不过我们对于彼此之间的看法尤其感兴趣。在晚自习室，我们成立了学习小组，一起读我们写的作品。

你们对待彼此的作品会很严格吗？有些作家跟我说学生们之间的竞争很激烈，对于文章被拿出来剖析的作者来说，班上同学的反应可能会让人很难受。

不会。有些老师倒是想要把我们推上这条路，他们用拳头砸桌子，以此来表现自己很有批判力度，但我们之间不这样。确实，我们会相互评判，但是以积极的方式，我们相互帮助。这是很锻炼人的。特别是我还记得，有次阅读讲座，是一位大人物主讲的一场很严肃的会议，我不记得到底是谁了。大人物在办公室里，面对整个班级读一则故事，如今我只记得那是个悲剧，而我刚写完一则小喜剧，我觉得很有趣，很希望我的闺密丽贝卡（Rebecca）也读一读。我偷偷在桌子底下把故事递给她，她也悄悄地翻开来读。当那个大人物正准备开始评论文章时，他停顿了一下，就在这时丽贝卡爆发出一阵大笑！在一片寂静当中！所有人都齐刷刷转过头去看她，觉得这样的冒犯很丢脸。

太可怕了！

好玩吗？毕竟是我赢了！（她笑。）

您说那时候创意写作教学还在摸索期，那么您觉得现在有所改善了吗？

有人跟我说有改善，有人说过。

您教书吗？

我断断续续地教吧。要是一切顺利的话，我明年要重新开始教书了。

您是怎么上课的呢？

以我在教学中得出的经验，对于学生们的作品，我更多的是组织分析性和阐释性的阅读，而不是批判性阅读。可以分析一篇文本的细节，而不谈论它的内在价值问题。这就是我让我的学生们在课堂上干的事。

您喜欢教学中的哪一点呢？

大体说来，我喜欢看到学生们放飞自我，个性得到充分发挥。不过我也喜欢听他们的声音。每种声音都是独特的。我不是说每种声音都是好听的，但它们都是独一无二的，我喜欢听它们响起。也会有一些惊喜，有些你从未抱什么指望的学生表现出你从未预料到的才华。就是这些惊喜、这些时刻，还有这些正在显现的个性让我喜欢。

您可以跟我谈谈您第一次发表作品的情况吗？

我拿到了富布赖特（Fulbright）奖学金，可以去冰岛待一年。在去之前，我寄了几篇短篇小说到几家小杂志社，就在要出发的时候，我收到一封用稿函。我不记得是哪家杂志社了，甚至是哪篇小说我都不记得了，我只知道我特别兴奋，到处跑着大声说："我要发表作品啦！我要发表作品啦！"

确实是举足轻重的一步。您是怎么庆祝的呢？

主要就是到处跑到处宣扬："我要发表作品啦！我要发表作品啦！"我不是很擅长庆祝之类的。

您在爱荷华待了多久？

八年，大学生涯结束后，我搬到了埃姆斯，那里有一些很不错的托儿所，这对于一个想要有自己职业的女人来说非常宝贵。城里有三所大学，其中一所是技术学校，还有一所是美术学校。我得到了一个教英文的职位。样样条件都具备，我可以在做母亲和老师的同时还能尝试写写文章。

您很早就开始读书，并读很多吗？

我的孩子们很早就开始读书了，从幼儿园就开始了。而我不是，我想我是像所有其他人一样读书识字的。我喜欢书，也读很多书，但是那些经典的儿童文学丛书，像劳拉·李·霍普[1]的《双胞胎鲍勃西》(*Bobbsey Twins*)，或者卡罗琳·基恩[2]的《南茜·朱尔》(*Nancy Drew*)都没有让我很热衷。在初二、初三之前我没有读过严肃的文学作品，我一直坚定地相信让孩子读他们想读的书这个观点，我会告诉您为什么。当我在冰岛的时候，我有个同学，她是苏格兰人，在很小的时候就读了很多经典名著，比方说奥登[3]。不过呢，我们一起待的那一年，她就只读一些爱情小说了，而我呢，我开始读奥登了。（她笑。）

您的家庭支持您的写作计划吗？

支持。我母亲是本地报纸的编辑，我们住在密西西比州的圣路易斯，她工作量很大，很少在家。我的整个童年看到的她都穿着精致，早上出去，晚上回来，总是很忙，常常出差。她一直想成为记者，所以对于她来说，我想要写作是很自然的事。

您父亲呢？

他对此毫无影响。

好吧。OK，谈谈您第一部小说发表的情况吧。

我的闺密丽贝卡最终决定在出版社工作。她在克诺夫出版

---

[1] 劳拉·李·霍普（Laura Lee Hope）是 Stratemeyer 作家联合会的化名，该组织旗下的十几位知名作家都曾使用 Laura Lee Hope 的笔名，创作了多个儿童系列小说。
[2] 卡罗琳·基恩（Carolyn Keene）是几位美国作家的联合笔名，创作了多系列的儿童侦探小说。
[3] W.H. 奥登（Wystan Hugh Auden, 1907-1973）：英国现代诗坛名家，后居美国。

社找到了一份工作，然后她的老板去另外一家出版社了，她也跟过去了。当我写完了我的第一篇小说《巴恩·布林德》(*Barn Blind*)，那是我怀着第一个孩子的时候写的，我把它寄给了几位编辑，当然其中就有丽贝卡。其他两家出版社做了当时很常见但现在由于经费限制不再做的事情：他们请我去一家特别好的餐厅吃午饭，以便看看他们将要和什么样的人合作……丽贝卡是一个新手编辑，没有钱这么做，但是她请我喝了一杯！不管怎么说，我知道如果她想要的话，我会给她的。她从老板那里得到了接收我的书的权力，然后我就和她一起合作了。我们一起为我的前两部小说合作，接下来那本是《天堂门》[1](*Jusqu'au lendemain*)。那时候，我决定写四种不同叙述形式的书：一部史诗、一部悲剧、一部喜剧，还有一本爱情小说。但是我觉得我在情节问题上把握得还不够好，所以我决定写一本恐怖小说来训练自己。我读了很多本这类小说，我曾经是阿加莎·克里斯蒂的铁杆粉丝。于是我写了《复制键》[2](*Un appartement à New York*)，但是那时，我的出版社一点都不喜欢这本书，我的朋友也没获准买我的版权，我觉得那是我生命中最灰暗的一天！我告诉自己说一切都完蛋了，我永远也不再写作了，我什么都没有了。您知道吗，一个已经发表过作品的作家的新书被人拒绝了！真的很可怕，不过我的经纪人把我的手稿拿去给别人看，最终我获得了克诺夫出版社的首肯。

那样更好，不是吗？

确实更好，因为在那时，甚至是到现在，克诺夫都是最好的出版社。

---

[1] 英文书名为 *At Paradise Gate*。
[2] 英文书名为 *Duplicate Keys*。

您的前几本小说获得了成功吗？

好吧，您知道的，有四五篇评论吧，没有更多了，都是写小文章……不过实际上，我认为悄悄地、慢慢地发力对于一个作家来说是很重要的，这能让你去体验一些东西，比方说我和我的恐怖小说。要是很快就身处聚光灯之下，那就很难有自由了。安东尼·特罗洛普[1]是我最喜欢的作家之一，他的职业生涯就开始得十分缓慢，那大概是在1850年。他的前三本小说都是关于爱尔兰的，而那时在英国，没人愿意去读跟爱尔兰有关的东西。您会跟我说他该好好想想了！（她笑。）不管怎么样，这使得他以自己的方式变得丰富和成熟。

哪本书给您带来了成功？是《一千英亩》吗？

《一千英亩》给我带来了经济上的成功，然而是《悲伤的时代》[2]（*Chagrins*）这本书让大众注意到我的。我带着这本书上了《纽约时报》的封面，那是我自传性最强的一本书，尽管我其实对自传体写作丝毫不感兴趣。那时的我看起来很像是日后会成为专写内心戏的那种女作家。您明白我的意思吗？夫妻、离婚、女人等等等等。因此，对于所有人来说，我下一本书写的是中世纪北欧殖民地的史诗传奇真是让人措手不及呢！他们都惊呆了！

您觉得跟公众反着来很好玩吗？

是的，很好玩。不过没有和报刊反着来那么好玩。读者们读他们想读的书，比方说有人喜欢《悲伤的时代》，也有人喜欢《格陵兰人之夜》，但是报刊业从来都不喜欢那种不按常理出牌的人。

---

[1] 安东尼·特罗洛普（Anthony Trollope, 1815–1882）：英国作家。
[2] 英文书名为 *The Age of Grief*。

不过这并不是我的动力,我只是事后觉得很开心。这是一个很久以前就有的计划了,我总是想要开拓不同的形式、不同的类型,从新的困难中寻觅新的可能性,是好奇心一直在引导着我。正是因为这个,我没什么兴趣去写我自己的生活。您知道,我前阵子参加了一个关于普鲁斯特的节目,我的想法是他死得这么早实在太可惜了。普鲁斯特不能宣告自己的同性恋倾向,宁愿表现得像一个攻击者,希望人们把他视作萨德[1]队伍中的一员,而不是一个同性恋。我忍不住想一个七十岁的普鲁斯特的文字会是什么样子,当然了,在节目中,我是唯一一个持此观点的。对其他人而言,他的作品太过完美,以至于想想它们有可能是别的样子简直是犯罪!但是对我来说,这使我很感兴趣。一般说来,我很喜欢那些创作到达成熟期的作家,我喜欢左拉、狄更斯、特罗洛普。我刚写完的三部曲,讲的是一个大家庭的四代人,说实话是五代人的故事。故事在爱荷华开始,然后随我的人物的成长、外出、迁居逐渐展开。很明显这是一部成熟的作品,和我九十年代写的那些大不相同。我们在改变,我们写的东西也在改变。每本书都会反映出作者一生中的某个特定时刻,即使这本书不是自传性的,而这也是我们不能改变的。

我们回到情节的构建上来吧,既然您对《复制键》这本书的情节编排很感兴趣,那么您是怎样编排的呢?

有三个朋友帮了我,我让他们读了我的前几章。我问他们觉得谁会是凶手。其中一个机灵点的,发现了凶手是谁。于是我重写了一遍,使凶手变得更难找一些。因为这个,我学到了很多。

---

[1] 萨德侯爵(Marquis de Sade,1740-1814):法国作家、哲学家,其作品多描写性变态。

就好像一幅拼图一样，我学会了转移读者的注意力，带着他们朝着某条路或者另外一条路走。最后我有点写不下去，但我再次意识到这是一幅拼图，所以我最终还是成功地完成了。

我们谈谈《一千英亩》这本书吧。您的灵感是从哪里来的？

那是七十至八十年代美国乡村的《李尔王》。当我跟我的经纪人说我想以姐妹们的角度重写《李尔王》，并将这个故事置于一家农场时，她跟我说："天哪，没人会想要去读什么跟农场有关的东西！"这确实不是一个很流行的主题……"我根本不在乎。"这就是我的回答。这是一件我真的很想去做的事情。另外，后来的事情表明恰恰相反，读者们很愿意听听关于农场的故事，而且这也是很有道理的。这是一切之源。我们应当对我们所消费的产品的起源感兴趣。我不知道法国人是否都对农场感兴趣，但有人是感兴趣的，这样很好。这是生活的源头，也是社会建立的基础。在研究社会生产机制时，人们能够更好地理解这个社会。农业，就是人类。我很认真地研究了《李尔王》、莎士比亚的生活，以及那些给莎士比亚带来灵感的书。而我也决定在书中加入乱伦者的角色，因为我不相信那位父亲能够简单地用"像这样"来概括。同时，我选择的讲述故事的人是姐姐，她的人物特征太过平淡，以至于必须得给出一个解释，需要大力地将她同她的个人故事、个人情感分开。在读那些启发了莎士比亚的古老神话时，我发现乱伦在某些地方出现过，于是我好像获得了许可一样把它添加到我的文章中。我需要一些基础素材来实施这种改变，需要让它变得合理，否则的话就是违背规则了。

但这规则是您自己制定的。

是的，但游戏就是这样。我曾听过一个莎士比亚专家的讲座。他说莎翁在写《李尔王》的时候父亲刚刚患上老年痴呆症，这对于他周围的人来说是很痛苦的。我得出了一个结论，虽然这个专家没有明说，也就是三姐妹代表着莎士比亚对他父亲矛盾的情感，从考狄利娅的理想、宽容的温柔开始，到高纳李尔和里根的报复性的愤怒。在《李尔王》之后，莎士比亚写了《冬天的故事》[1]（*Le Conte d'hiver*），这本谈到的更多。但是作者在写完一部作品之后，就只能由读者按照他们自己的方式支配了。我常常想着莎士比亚要是知道人们更重视《李尔王》而不是《冬天的故事》会怎么想。他会不会双手捧着脑袋，惊呆了，喃喃说道："上帝啊，这些家伙什么都不懂，这不是我最好的戏剧啊！"（她笑。）

您的小说中最重要的部分是什么？

我想我会说是人物。

您会写提纲吗？您从一开始就知道您要朝着哪个方向写吗？

视情况而定，这完全取决于要写什么书。

您会跟着您的人物去看看他们走向哪里吗？

会的，但我想说我更多的是看看他们怎么走。我常常知道人物将要去哪里，但不一定知道他们怎么去；或者说我知道他们怎么去，但不知道他们去的时候想些什么。需要不断地挖掘、挖掘、挖掘，最终得出小说本身。

地点对您而言重要吗？您是怎样选择故事发生地点

---

[1] 英文书名为 *A Tale of Winter*。

的呢?

写《一千英亩》前,我驱车穿越了爱荷华。那是三月份,一切都结着冰,大片平原上的耕田和农场一望无际……这种偏僻而辽阔的景象一下子就吸引了我,也就是土地的神秘感。我心想:"啊,是的,就是应该在这里发生。"对于《山中十日》,因为这本书是从《十日谈》中得到灵感的,其中有一点,要是把它放在现在的情境中会很荒唐可笑,也就是说佛罗伦萨是一个充满欺诈和色情的地方,然而那不勒斯却拥有生活的真正温情,在我看来,这活脱就像纽约看洛杉矶一样。所以显而易见,我会把这本书的背景放在洛杉矶。我去了盖蒂博物馆,我在阳台上看着山谷,这时候我告诉自己故事就应当在这里发生,我确信这一点。《格陵兰人之夜》的灵感来自我在冰岛待的那一年。我遇见了一位年轻人,他告诉我说格陵兰的水特别冷,人要是掉进去几乎一下子就会冻死。这则逸事给我的印象很深,这本书也开始有了眉目。还有《莉迪·牛顿大冒险》[1](*Les Aventures de Lidie Newton*),这本书的地点是在"血腥的堪萨斯",时间是南北战争之前,谈到了奴隶制问题,是一本新的流浪小说。即使事件过去了那么久,人们可能也能够意识到,这些不同的文化是在什么程度上怎样并存的。那里的风景、建筑、人们的生活方式都有明显的反映。这趟旅程对于这本书的诞生是至关重要的。所以确实,地点对于我来说非常重要,我需要选定地点之后才能开始创作。

您是怎么知道这么多农业知识的呢?

(她哈哈大笑。)我研究过,读了书。我看了很多这方面的书,

---

[1] 英文书名为 *The All-True Travels and Adventures of Lidie Newton*。

我还和人们以及农民们交谈。他们喜欢说，只需要听他们说就行了。有一个我很喜欢的纪实小说作家，名叫约翰·安格斯·麦克菲[1]，他曾经说过，他作为记者的技巧就是玩弄那些傻瓜。他会提第一个很天真的问题，然后提第二个差不多但不完全一样的，以此类推，每次他得到的信息都会比上次要多一点。他还说在把那些人搞疯掉之前，他知道该在什么时候收手。这给我的研究带来了很大的启发，我也运用了这种方法。

您写一本书要花多长时间？

那要看，完全要看是什么书。《私人生活》[2]（*Une vie à part*）这本书，我不知道您是否读过，但是这本书花了我很长时间，我真的挣扎了好久。

为什么呢？

嗯，首先是因为要做一些调研，尤其是其中一个人物所从事的是物理学，这是一门我一无所知的科学。我学不完所有我觉得应当知道的东西。然后还需要以某种方式融合所有的这些知识，将其消于无形，因为读者才不愿意上一节物理课呢！（她露出大大的笑容。）学了就忘！这就是原因。其次我还要抓住玛格丽特的视角，是她在讲故事，然而在我看来，玛格丽特已经和她自己的情感完全分离开，那么，就很难是她让这一切发生，这是叙述者的失误。我还花了很长时间去构建玛格丽特靠在哥哥的肩膀上，旁观一场绞刑，目光与受刑者相遇的场景。这是一个十分关键的场景，但是实在来得太迟了些。就是这样，我写得很艰难，大概

---

[1] 约翰·安格斯·麦克菲（John Angus McPhee，1931— ）：美国作家。
[2] 英文书名为 *The Private Life*。

写了六七个版本。

这花了您多长时间?

至少三年。

当您结束一本书的时候是什么感觉?

噢,您知道的……没什么感觉,就是像这样。说到底,我得再说一次,这要视情况而定。在写完《私人生活》之后,确实,因为写得这么艰难,所以我感觉松了一口气。相反,对于《马的天堂》[1](*Le Paradis des cheveux*)来说,这是我最喜欢的书之一,写得很轻松,我在写作的过程中获得了很多的乐趣,所以在结束的时候我有点难过。当有一本这样的书出现在你面前时,它就好像是专为你准备的,好像是外界赐予你的,那真的是太棒了。

这很让人兴奋吗?

是的,是很大的乐趣。《格陵兰人之夜》就是这样写出来的,也很轻松。部分原因是因为我所使用的语言。因为这是一部对古老传说的译本的模仿之作,所以会有一种很特别的风格,我真的觉得自己跳上了一列火车,一路驰骋到了结尾! 我就在那里,披着我的熊皮,写着我的中世纪故事! 但是最后,因为所有人都死了,这让人有点难过,所以我还是比较伤心的……

您是怎么安排写作时间的?

我上午写作,每周工作五天,有时候工作六天。我得承认一点,我不觉得这对我有什么困扰:我会数字数。一般说来,我喜

---

[1] 英文书名为 *Horse Heaven*。

欢每次写一千字左右。有时候我会写两千字，但是不会更多了。来吧，我带您看一下。

我跟着她到了她的书房，在开放式厨房和卧室之间的客厅外有一个露台，掩映在树木中。她的书房有点幽暗，一张靠墙的桌子上堆满了书。房间的一角摆放着一把陈旧的木椅和一张斜面书桌，上面放着电脑。书桌背对着唯一的一扇窗户，窗的高度有点奇怪。在她工作间的左边，简用力地打开一扇百叶窗对开木门，露出嵌在里面的深深的壁橱。

"这呀，这是糖果柜，您要来一点吗？"架子上堆满了糖果。她让我参观屋子的其他地方。"这是我们的艺术收藏，当然了，都是些便宜货。家具不能用钱衡量，因为大部分都是我丈夫自己做的，钱都花在画上了。"墙上还挂了很多照片，不是那种炫耀的而是只有家人才感兴趣的照片。一些有点发黑、变色的照片，拍的是阳光下的假日，有几张有点逆光，一些不认识的婴儿，一些正在欢笑的人。她给我看一种致卡特里娜飓风受难者的祭台，上面有关于墨西哥亡灵的描述；还有一些布什的小人像；还有在生殖部位被扎了针的 A.L. 约翰斯顿（A.L Johnston），看起来就好像巫术娃娃一样；一幅弗里达·卡罗[1]的自画像；一本从《格陵兰人之夜》获得灵感的书；还有一些她当艺术家的儿子用蜡雕成的阴茎……我们结束了这次参观，回到了厨房。

谁是您的第一个读者？

---

[1] 弗里达·卡罗（Frida Kahlo，1907-1954）：墨西哥知名女画家。

我丈夫，我每天都读给他听。

真的吗？每天？您不会等到作品完成吗？

不会。每天早上，在开工之前，我都要重新读一遍我前一天完成的作品，于是我就会读给他听。他不是一个爱读书的人，但是他喜欢别人读给他听。有时候，他会跟我说："我不理解这件或者那件事。"这就会让我知道我哪里应该重写。我要是愿意的话，还可以加一些情色场景进去……（她哈哈大笑。）

您曾经经历过写作危机吗？

1994年的时候，我把全部的热情都奉献给马了（她当时养马），我只会不停地想着这个，没法继续写作了。但是最后，我摔断了腿，爬不上马了，除了写作没别的可干了，于是写作危机过去了。不过跟我说说吧，时间就要到了，我很想知道您去过哪里，见过哪些人。（我开始向她列举我们拜访过的作家。）但您采访的女人不够多！这样不行！

要知道，我在女人那里受到的拒绝比来自男人的更多。我甚至得出了一个理论就是，女人比男人淡泊名利。显然，这样一概而论有点傻。

吉尧姆来了，他们一起去花园拍照。简的丈夫过来找他的相机记录这场景。"简今天非常漂亮。"

David Vann　大卫·范恩

旧金山，加利福尼亚州

接下来的这场访谈可遇不可求,因为我们是于两次旅行的间隙在伦敦见到大卫·范恩的,在这里采访比去他以前住过的阿拉斯加更方便,但氛围没有那么好。大卫·范恩,一直在随性地流浪着,从今往后就游走在新西兰、欧洲和土耳其之间。在这场访谈结束的时候,他向我们提出了半年后的旧金山之约,但我们错过了。在重新赶路之前,我们在城里闲逛了一会儿。

这是九月的一天,在西肯辛顿的一家酒吧。虽然这家酒吧是他选的,但他之前却从未来过,在决定要一杯酒之前,他一直犹豫着要不要点一份巧克力冰激凌。

在喝酒这一点上,我和其他人口味不太一样。大部分人喜欢苏格兰威士忌,其次是爱尔兰威士忌,再次是美国的波旁威士忌,最后是朗姆酒和墨西哥龙舌兰。而我呢,恰恰完全相反。龙舌兰才是酒中之王,我非常喜欢。其次是朗姆酒和波旁威士忌。

我从十几岁以后就没喝过龙舌兰了。

真的吗?不过我也喜欢朗姆酒。它要更加柔和一些,能尝到其中甘蔗的味道。这杯尤其柔和,因为它还是带香味的。您要尝点吗?我一般不怎么喝调制的朗姆酒,但我蛮好奇的。

我尝了一点,时间是下午四点,我跟他说了一下我们的计划,身后的屋子里传来打台球的"哐当哐当"的声音。

谈谈美国，是的，我对我的祖国感情很深。此外，五月份的时候我遇到了一些麻烦，那时我正在法国做为期一个月的巡展。在几场采访中谈到美国时，我说得有点过，我非常消极，以至于法国报刊都为美国辩护起来了！——我觉得这个非常可笑。不过当时我可能确实有点太夸张了。有些人跟我说："尽量小点声吧。"我确实想过离开美国，永不回去。但现在我打算回去是因为我们很想念家人和朋友们。我们打算每年夏天在那儿待两个月，在西雅图附近航行，这也是为什么我在那里准备了一艘船的原因，这样我就能在圣胡安附近玩帆船了，那里非常美，和加拿大沿海一样。它就在美国国境线附近。我回去只是因为我们有朋友和家庭，而风景也和阿拉斯加有点像，所以我还挺想念某些风景的。我会在家待一小段时间，但我觉得，我永远不会再回去美国生活或者工作了，一辈子都不会了。

您是什么时候离开的呢？

是在三年前，我最后一次在那里教书的时候。那是我在美国的最后一份工作。所以至今大概有三年了。2011年春天，因为要参加一本新书的推广，所以我回去待了两个月。然后八月的时候我又回去领了个奖，他们要求布鲁克林书展颁奖的时候我一定要在。所以我在那里待了二十四小时，那是一年半里我待的所有时间，二十四小时。美国有很多我不喜欢的东西。我一直害怕谈论它们，害怕自己说得太多。总而言之，这是一个充斥着很多弥天大谎的国家。而美国人相信这些关于自身的谎言。其中最大的一个谎言，就是美国军队是好的，还有美国在保卫世界和平。我完全不这么认为。我觉得从我们参与的越南战争起，除了科索沃，或者可能还有黎巴嫩这些极少数的个例之外，大部分冲突都是糟糕透顶的，而且美国从中什么也没得到。这个国家太愚蠢了。我们投入了大批军事力量,却没有给世界带来一点好结果,没有让世界变得更加安定,也没有维护好自己的安全。他们给我们唯一带来的,就是失败。比如伊拉克战争,就是最好的或是最坏的例子。"9·11"事件中死了三千人,于是美国花了三万三千亿美元去报复。这是人类历史上最血淋淋的代价。在我看来,我们所做的这些,让我们成了全世界最愚蠢的国家。我们花了成千上万亿美元,然后呢?成千上万亿美元打水漂了,我们也破产了。我没有其他美国人的那种对"9·11"的敬畏之情,我觉得"9·11"是个完美的袭击,它让我们开始走向自我毁灭,也许这本来就是他们寻求的目标。而美国人民就像瞎子一样向前冲。所以这是头号谎言:军队是好的,他们在维护世界和平。

您打算写本关于这方面的书吗?

我写过一篇关于校园枪击案的随笔,在这篇文章中我谈到了这些,批判了军队,尽管我没有直接提到"9·11"事件。我的关于枪击案的书名叫《地球上的最后一天》(Last Day on Earth),是关于史蒂文·卡兹麦尔扎克(Steven Kazmierczak)枪杀案[1]的,刚开始,这只是为《时尚先生》[2](Esquire)写的一篇长文,后来我把它改成了书。在这本书里我深入剖析了美国人的思维方式:他们总爱把校园枪击以及大规模犯罪的原因归咎于精神病作怪。他们从不考虑自身的问题,从不认为自己有什么责任。他们认为这和美国社会没有任何关系,枪击案只是一些精神病、不正常的人的所作

---

[1] 2008年2月14日,曾就读北伊利诺伊大学(NIU)社会学研究所的史蒂文·卡兹麦尔扎克,持霰弹枪和三把手枪站在大教室的讲台上扫射,造成五人死亡和十五人受伤,凶手当场饮弹自尽。
[2] 美国著名时尚杂志。

所为。我的书谈到这个凶手一生中导致他犯罪的很多原因，这场惨案本来是可以避免的。他本可以在最后一刻选择不这么做。我指出，最后让他开枪的就是美国的这些弥天大谎。校园枪击案凶手的样子很容易描述，非常非常容易。但我们不愿意这么做，因为我们不愿意去抨击是什么让他们沦为杀人凶手。首先，如果说他们年纪都有点大，那是因为他们都是老兵。我写的那个凶手就是这样，因为军队会教你去冷血无情地杀人。他们从小通常都是在捕猎文化中长大的，我就是这样。在我父亲用一把44马格南左轮手枪自杀后，我家里人居然想了这么个好主意：把他所有的武器都给了我！所以我有了一把用来猎捕棕熊的300马格南步枪，一把像西部片中的33步枪，还有12格弹夹的猎枪……我瞄准邻居，对着路灯开枪，我真的很走运，没有打伤过一个人。那是很容易打伤别人的。刚开始，我不想写关于学校枪击的事情，而想写写这些年轻的白人公民是多么轻而易举地就能获得武器，还有这有多可怕。不管哪个郊区的十三岁小伙子，都能搞到武器。但是我的出版商跟我谈到了这次枪击，并且跟我说："啊，这男的跟你好像啊！一个疯子，还是个全副武装的好学生！"我谢谢他在听说一个大开杀戒的凶手时会想到我……我之前从来没打算写这方面的东西。不过为了完成这本书，我获准看四十一万五千页的警察报告，还对那所中学的学生们做了三个月的调查访谈。

您是怎么获准看这些报告的？

之前没人得到过许可，《纽约时报》和《芝加哥论坛报》（*Chicago Tribune*）都没人获准。这四十一万五千页的报告没有公开。我做了那些FBI警探的工作：读了卡兹麦尔扎克读过的所有书，看了他看过的所有电影，分析他的看法，我明白了他为什么会有这样的举动。我还采访了他班上的同学，但是我对他的过去要追溯得更远一些。警察们只盘问了他过去五年来经常接触的人们,然而在过去的五年里,他完全可以重新塑造自己的形象,使自己看起来不像一个杀人犯。在他最近的周围人眼中,没人能理解他的行为。但是我见到了一些他少年时期认识的人,而他们并不感到惊讶。那时候他就已经有一些值得引起注意的行为了。

他在青春期的时候受到过骚扰?我记得在美国,人们常常谈到这个。

实际上,骚扰只是我发现的这些谎言的一部分。这是美国人用来解释枪击案的谎言之一。然而,校园霸凌和这些枪击案没有任何关系。大部分枪击案凶手都不是中学生,也不是大学生。他们回到校园只是为了实施枪击。美国人在谈到这些枪击案的时候,总说他们是些妖魔鬼怪,说他们生来就是这样。就像在这部电影和这本书《我们应该谈谈凯文》[1](*Il faut qu'on parle de Kevin*)中一样,这个孩子生来就是个魔鬼。此外,在电影中,凶杀是通过弓箭实施暴行的,而非枪械。因为美国人想要去一厢情愿地相信武器不是麻烦所在。他们想要继续相信他们都是好人。在枪击之后,大家相互拥抱,紧紧握手,相互安慰:"我们是善良的民族。"然后他们会谈论为了那位为救他非常关爱的孩子们而献身的英雄……戴夫·卡伦(Dave Cullen)有本书叫作《科伦拜》(*Columbine*),写的都是美国人关于枪击所想要听到的话。那真是一本很垃圾的书,自以为会带来一些信息,但实际上什么也没有。他的论点是完全错误的,他花了很长时间谈论英雄主义,这就是美国人想要听到的一切。他们想要听别人说他们永远都是英雄,

---

[1] 英文书名为 *We need to talk about Kevin*,作者是莱昂内尔·施赖弗(Lionel Shriver)。

凶手们并没有折射出任何社会问题。但我觉得凶手们把一切都告诉了我们：他曾经是位军人，就像其他所有的校园枪击案凶手那样，有精神病史，而我们的精神健康治疗系统已经完全分崩离析了。他去的治疗机构并没有帮到他，只是塞给他一份剂量不对的混合药物，这让他长胖到一百三十公斤，这让他更加地被排斥了。此外，他还有了一些之前所没有的症状。治疗机构给他带来了新的精神疾病！这是一个脆弱不堪的医疗体系，它过分依赖药物。从政治角度来看，罪魁祸首是极端右翼自由主义者，这是帮助我们理解的一个关键点，所有的凶手都是这个党派的。而美国要面对的所有内在威胁都来自右翼。很长时间以来，我们都在害怕俄罗斯，害怕共产主义和社会主义，我们总想着威胁来自左翼。但是几十年以来至今，威胁都出自右翼。这才是我们应该畏惧的，我们的施暴者，屠杀和校园凶手都源于此：大集团对中产阶级的欺凌，用它们那些烂股票和破产的伎俩。华尔街是右派。所有的凶手都相信极端自由主义政治哲学。这种学说认为个人或者小集体可以对抗整个社会。尼采是他们推崇的思想家，他们反上帝主义，宣称人可以超越伦理和道德，可以凌驾于现行社会的所有道德和社会法则之上。你可以成为超人，只做对你、对你的家庭或者你的小团体有好处的事情。这种思想在美国电影中很常见，它一直沉浸在这种幻想之中：一个人被迫带着一堆枪对抗遇到的坏人。这是西部幻想的残余，总想着一个人能为他所相信的正义挺身而出，可以自己一个人保卫他的家庭。但是通过数据可以表明的真相是：家里有武器并不能让家变得更安全。这就是美国的另一个谎言了。武器是不会让家变得更安全的。数据表明，事实甚至恰恰相反。他们留着这些武器是为了在发生意外威胁时防身，而他们往往就因这些武器而送命。要么是自杀，要么是擦枪走火，要么是家庭纷争。这就是武器会招致的结果。家里没有武器比有武器更安全。然而在美国，私人持有武器数量达到三亿。要说我很不喜欢美国的一点，就是对武器的缺乏管控，以及美国步枪协会的巨大权力，他们就是一个枪械集团。在他们身上，我们可以看到政府近乎偏执地想把我们变成奴隶。这种信念甚至是这个集团的基础，这种精神状态也标志着一个社会的衰败。如果你需要通过持枪来保卫你的家庭，那么也就意味着秩序和法律已经荡然无存。政府不能够保证你的安全。这些人自诩爱国，想要保卫美国，同时，他们也觉得是美国想要把他们变成奴隶，所以他们必须持枪自卫。这真的很疯狂。这完全是精神病的结果，而这同时也是美国政治环境中最强大的力量。在科罗拉多州，他们开除了三个民主党员，因为这三个人支持枪械管制。然而在科罗拉多，他们有那么多的枪支！这三个人只是建议限制子弹数量，加强对买主过往的调查，就只有这些，并不是要求极端的控制。三个政客因此而丢掉了饭碗。然而这种极度愚蠢却是美国政治的主要力量！美国不会自我批评，甚至不会为这些事进行一场简单的会谈。美国有五样东西是神圣的：军队、宗教、个人、公司、金钱。我们不能批判这五者中的任何一个，它们都是不可侵犯的。是什么带领着我们崇拜这些东西呢？是像美国步枪协会这样的主导政治力量。公众辩论是个巨大的谎言，成千上万的美国人相信这个谎言。总统选举中，我们看不到一场理性的对谈。他们在谈些什么？为什么他们不谈谈美国应当面对的真正的麻烦呢？这就是我离开的原因，因为连谈一谈这个都不行。国家已经毁了，因为它丧失了自我批评的能力。

但您不是唯一一个这么想的，您可以在美国本土说这些？

当然，还有其他人也是这样想的。但是他们不能这样说，因为别人很快就会把这称作左派的阴谋，或者他们立即就会把这份报纸说成是左翼的。一件很糟糕的事情就是媒体是被右翼操控的。他们属于那些采取极端保守立场的人们。《纽约时报》有点倾向于批判武器和军队。以前，我要更加注意措辞一些，比方说我从来没说过我讨厌美国。但是我做的关于枪击的研究让我知道得更多了，我看到了我们国家所有的丑恶。在我的每一场电台访谈中，只要我一开始批判军队，就会有人凶狠地攻击我。即使是在像波士顿这样的地方，我也不能在电台中批判军队。他们不允许你这么做。他们会开始大喊大叫，你一句话也插不进去。即便我说的确实是真的。通过我的研究，我发现凶手都是先被军队打回原籍；军队就这样把他们打发了，没有通知任何人他对自己和别人都很危险，他们曾经把他关在四周都设有软垫的病房！这就是他们做的事情，一而再再而三，每天都在做的事情。《纽约时报》上的一篇文章说有一百二十万老兵有精神问题，需要接受治疗，但是他们并没有得到治疗。因为大部分人都来自偏远的乡村，而精神康复治疗机构只有大城市才会有。这些亟须接受精神治疗的老兵都十分符合校园枪击凶手的特征。这些凶手们通常是男人，这是另外一件人们在美国永远不会说的事情，就是所有的暴力都来自男人。要是真的想借助武器让世界变得更加安全的话，那么应该把武器交给女人。这是唯一能使得武器不那么危险的方法，这也能终结性别上的不平等。

总而言之，一直都是男人们组成军队，有精神病史，在政治上走极右路线，有虐待身体的倾向：他们会做一些给身体带来痛苦的事情，像划痕、文身……我知道现在大家都有文身，但是文身的确会给你带来"躯体无关紧要"的想法。这在部分程度上意味着痛苦和羞辱，而这也是那些凶手们的部分精神状态。他们最终会觉得社会关系不重要，身体不重要。他们不会对自己开枪射击的那些人抱有任何同理心，因为对于他们来说，这和在恐怖电影中看到的血流成河的场面没什么不同。

如今美国的施虐行为在大量增加。比方说那个凶手喜欢看《电锯惊魂》(Saw)系列电影，于是我看了前三四部，有一部中，有个人假装是个治疗师，实际上是个性虐待狂，他以折磨别人为乐。我写了一些悲剧，有时候有人会跟我说，我的书非常暴力，非常阴暗。但是实际上并非如此。这是悲剧，一种可以追溯到二十五个世纪前的戏剧传统。其中所发生的一切都会和情感、心理有联系，人物的坏行为会导致坏结果。比方说，在《尘土》[1](Impurs)中，几乎没有暴力。我的人物轧碎了手指，然后过了不久他母亲死了，并没有枪击和血肉横飞的场面。比任何一档电视节目中的暴力都要少。这是一本非常不暴力的书，尽管它很震撼。人们说它恐怖是因为他们不理解恐怖，对于真正的恐怖来说，暴力和心理是完全分离的，所以他们会看别人受折磨并以此为乐，这和纳粹的所作所为是一样的。在悲剧中，人物身上发生的事情对我们非常重要，会影响我们，让我们产生认同。我们的情感得到宣泄，仿佛我们自己也经历了什么。这种感受被认为是强烈的，戏剧是强烈的。恐怖是戏剧的替代品，它不强烈，却会带来血流成河和暴力泛滥，这是电视通常所做的事情，为了去掩饰他们没有戏剧那样的震撼力的事实。

您想知道我不喜欢美国的其他原因吗？是55%的美国人一年都不会读一本书。这是最近的调查结果。一本都不读！当然了，其中男人比女人多。我们被一种企业文化操控了，语言和思想都消失了。这是一种只会运用陈词滥调的文化，一种不聪明的文化。

---

[1] 英文书名为 Dirt。

我曾在 books.com 工作过一年，那些领导真是蠢得不可思议，真的令人难以置信。在一家上市公司里，只有两个人能阅读和理解合同，我是其中之一。其他人都不能阅读和理解他们所读的东西。我简直找不到词来形容他们到底有多蠢。那可是一些能赚几百万、对几百人负责的人。在这些领导当中，有一个是全美最大船只制造厂的副总，他有上千名员工，然而这人连机灵都算不上。为了让他理解个什么东西，就得把它们都转化成 *bullet points*（简化的要点），他甚至都不能主持一场会谈，更不用说好好读一篇文本了，但他却负责一切。

一切都要回到社会互动上来，企业文化主导社会风气。就好像在军队或一个体育团队中，枪打出头鸟，所以人们不愿意跟别人不一样。这就会导致人们抛弃自己的个性，压抑自己的想法，以便能获得机会并避免掉进陷阱。这种运转模式是不明智的。我在硅谷发现了这一点，我见到了很多领导人，我期待他们都是聪明人，我想能够取得成功、赚大钱的人应该都是工作努力、十分聪明的人。但在美国的商业世界中并非如此，有些人确实聪明，我很肯定谷歌的创始人就是一个特别优秀的人，确实存在很多天才，但是大多数公司里都不是这样。

突然间，我很怕我在这场访谈中显得跟一个笨蛋一样。要知道，我说我很清楚自己看起来像什么样子。我说那些人不太聪明，或者是我讨厌像美国这种由个体一起创造的大集体，显然我不该这样一概而论，这时候我看起来确实像个蠢货。问题是，语言达不到那个高度，我已经尽力找一些恰当的词汇来表达我关于很多事情的震惊了，在发现我工作单位的领导团队那么缺乏智慧时，我真的很震惊。当公司里三分之二的人被赶走的时候，我看到了它的恶果。我们没有成功，所有这些人，五十来个吧，非常努力地工作，最后丢了他们的工作。要是被解雇的不是这些纳税人,我不会对这个体制这么愤怒,当然最终还是没有结果。但是当我看到了交易所的状况,看到安隆事件[1],以及一而再再而三地看到统治我们国家的政客的丑闻……美国的另外一个大谎言就是大企业是来帮助我们的。实际上,它们与所有人为敌。它们玩弄了全世界。它们只为十来个大股东和领导服务,和其他所有人为敌,其中包括他们自己的职员、竞争对手、政府、客户、人民、他们的城市以及法律。他们只为一小群人服务,这一小群人把所有的财富都握在手中,对于其他迷失了方向的人的命运毫不关心。我不认为美国人知道这一点。

那您这本揭露了美国谎言的书卖得好吗?

不好,一点也不好,差不多一千三百册,是我的最低纪录。几乎没有一篇评论。美国不想知道,他们永远都不想知道。没人能获准看这类无删节版的警署文件。我甚至有凶手见过的那些妓女的驾照!尽管这些都是被美国法律严格保密的。好吧,但是美国人不想这些信息。不过我还是想要补充一下,我有很多家人朋友在美国,我知道文化产业还是很不错的,有许多我很喜欢的作家和音乐家。这是个很大的群体。不应该像我这样一概而论。我们的大学制度也很完善,大学里有很多聪明人。美国还有很多我喜欢的团体,其中就包括纽约的图书业。但是人们还是宁可去轻信一些难以想象的鬼话。是沮丧让我的言语变得如此极端,他们走得太远了,以至于最终只剩下了沮丧。有一个支持持械的小集团摆出一副要驱逐我的架势,他们写过一篇博客:《我唾弃你,

---

[1] 安隆拥有约两万一千名雇员,曾是世界上最大的电力、天然气以及电信公司之一,然而却在几周内破产,拥有持续多年精心策划乃至制度化、系统化的财务造假丑闻。"安隆"已经成为公司欺诈以及堕落的象征。

诅咒你。》他们像攻击魔鬼一样攻击我,就在网上!他们说我不是美国人,不爱国……当我抨击军队的时候,我就会被骂不爱国。右翼就是这样消除异己的。由于我们对恐怖主义近乎偏执的恐惧和对安全的狂热追求,他们才获得了权力。这就是我离开的原因。我不喜欢右派的政治,我不喜欢我们文化中的暴力,我不喜欢关于武器持有的法律,我们不仅没有变得更好,反而变得更糟。我们前所未有地热爱我们的军队,然而他们却在前所未有地犯大量的战争罪。对不起,我觉得我不应该再谈论政治了,这不是我的专长,我的观点有点过于简单化了,表达得也过于极端、过于一概而论了。但这些确实是我从实地调查以及亲身经历中得出的,我没有对事实弄虚作假,但是我的结论有点夸张。

父亲去世后您得到的武器都怎么处置的呢?

我需要钱,所以我就把它们卖给了一些收藏家。这些武器不会再被使用了,但它们也不会被销毁,这是让它们不被使用的最好办法。不会再被用来捕猎,也不会被用来自卫了,而且这也给我带来了我那时特别需要的钱。没毁掉它们让我感觉不太好,但同时我又想保留关于我父亲的记忆。很奇怪,我的情感非常矛盾。当一个亲近的人自杀之后,你完完全全失去了他,什么也没留下,没有任何跟他有关的碎片。这些武器代表着我们共同打猎的记忆,我想要永远保存着,与此同时,我又很恨它们,想要摆脱它们。卖给收藏家就是我的解决之道。

您不再打猎了吗?

不了。自从十三岁以后,我就不再杀生了,也就是我父亲去世的那一年。自从我第一个周末猎杀过大型动物,比如鹿之后,我就再也没有开过杀戒了。十一岁的时候,我杀死了两只鹿,这件事一直纠缠着我，我再也没有这样干过。我会瞄准它们，但不会再开枪了。这样的噩梦总是萦绕着我：我朝着一只正在倒下的鹿射击，我父亲匆匆忙忙地跑过去拉它，但是那里什么也没有，鹿根本不存在。我不是一个好猎人。

您是从什么时候决定写作的？

我一直都想写作，这可以追溯到我开始记事起。当我还是个孩子的时候，我会讲一些小松鼠的故事，即使那时我还不识字。我母亲会把这些故事写下来，她和祖母都会鼓励我。我来自一个猎人家庭，大家一直讲故事，一些古老的渔猎故事。这是我最初的记忆，我们每周至少会打猎或者捕鱼三四次。实际上，几乎每天我们都会杀生。我们得谈论这些事，并从中提炼出故事。我就是在这种文化中长大的，先是在阿拉斯加，然后是在加利福尼亚，这很正常。每年我都会写一些渔猎故事，当作圣诞礼物献给我的父母。故事通常发生在阿拉斯加北部，讲的是我怎样差点溺死在一条河里或是摔死在一座山上……我当时大概五岁的样子，所以我最初是一个写冒险故事的作家！这或许会讨我的法国盖尔梅思特出版社（Gallmeister）的欢心。我有二十五个外国出版商，它的确是最好的。它是第一个看好我的作品的人。我喜欢它的 *business model*（商业模式）。它只关心书商，一切都是围着他们转。它认为他们是法国文学的关键。如果失去了他们，那就失去了一切。它每个月只出一本书，所以书商们可以跟出版社预订，这样在内部就不会有什么纠纷或者是竞争。它的丛书有很高的辨识度，所以大家都知道有什么样的预期。书和书并不相像，但是你知道的，当你买了一本关于美国西部的书之后，你就会格外留心那里描绘的风景。*Nature writing*（自然写作）这个词在美国的寓意完全不同。从英国的浪漫主义诗人到美国的先验论，这都是一种由敏感来定义的东西。他们的敏感可以总结为对回归伊甸园的向往。这就涉及一种既定的原初的纯真,涉及我们的想象和自然的联系。我觉得这些都是废话。我在新西兰生活的时候,面朝大海,我会划帆船,高山徒步旅行;在土耳其旅行的时候,我喜欢在博斯普鲁斯(Bosphore)海峡[1]航行。我一辈子都是围着自然转的,自然给了我第二次生命。但我不相信那些关于自然的浪漫的废话。自然什么都不是,它是中性的,是我们赋予它形态。风景意味着无意识。当我写作的时候,我会集中注意力在风景上,人物和故事也由此而生。单纯的风景没有任何寓意,但是通过描绘人物的观点和他们的经验,理由和形态也就应运而生。这就是无意识,也是写作中让我兴奋的地方,我是带着无意识写作的,没有提纲也没有预先构思。每天我都不知道我的笔下将会发生什么故事。直到最后五十页我才理解自己的书。也是在这时,我才会开始看清一切是怎么整合的。

您是怎么开始一本书的呢?

最常见的情况是我会开始写另外一本书,写两页然后写不下去了,之后我就会回到我真正要写的这本书上来。我不信任那些构思。我认为对于一个作家来说,有一个主题是最糟糕的事情。这对于一个欧洲作家来说很奇怪,不是吗?因为欧洲的书籍一般都以一个主题为基础。但是每个作家都不一样,我不想对别的作家该怎么做指手画脚。我的书给我带来的最大的震撼就是,我发现在无意识状态下比有意识状态下有更多的方向。发现这件事让人很震惊。我的书的结构都令人很难以置信,结构很稳固,但实

---

[1] 博斯普鲁斯海峡又称伊斯坦布尔海峡,是沟通黑海和马尔马拉海的一条狭窄水道。

际上没有提纲。正是因为我没有刻意地去建构，它们反而比我想要的更为稳固。我第一次意识到写作是一种无意识现象的时候，是在《苏宽岛》(*Sukkwan Island*)中男孩自杀，情节意外发生反转的时候。这不是我原本的意图，原本应该以另一种方式结束。但是当它发生了之后，我看了有可能造成这种反转的原因，发现一切又都变得有可能了……这使得我可以写出一些之前写不了的东西。在那之前一直有一个思路在引导我。人们教过我的关于写作的一切都是错的。人们曾跟我说写作的99%是修订和润色，然而我发表的就是初稿。有人告诉我说需要知道作品会朝着哪里发展，需要构建好情节、主题、思想，然而当我开始的时候我什么也不知道。我甚至不知道我要不要写另外一本书，然后我就开始写了。每天，我都想着完蛋了，写不下去了，整合不起来了。但是突然之间，在最后几页，我会看到整本书的轮廓出来了。这一般发生在写作的最后一个月或者是最后一个半月，这种感觉十分强烈，就是这种："以上帝之名，一切都有了意义！"

您写一本书要多久？

五个半月到七个半月之间。这么长的时间足以完成了。然后我会给editing（编辑）看，就这样。我不会再增加或删减一个场景，也不会移动它们。我甚至一个段落都不会加。我只在两本书里加过一个解释性的段落。对于《尘土》而言，我的编辑跟我说有些东西不是特别清楚。但是对于九月份将会在法国出版的《山羊山》(*Goat Mountain*)而言，我什么也没改。要是按照我的意见的话，前两本书里我也什么都不会加的。我接下来的两本小说，是在《山羊山》之后完成的，我的经纪人没有对它们做任何评论。他们正准备售书。我没有把这两本书给任何人读，没人看过我的手稿，连我妻子都没看过。在我寄给我的经纪人之前，她什么也看不到。那时候就已经结束了，这样就已经可以出版了。

您每天会工作多久？

只在上午工作一个半小时。我花四十五分钟重新读前面的二十页，就会进入状态，会在我的故事和不同的地点之间来来回回地穿梭，然后在剩下的四十五分钟我会写新的内容。对于我的前三本小说，我会每天写五百字新内容，现在是三百字。我每周七天都像这样工作。这很重要，要是你总是休假的话，就不会有什么无意识了。进入无意识状态只能在很短的时间段内，就像做梦一样，只能在几小时内勉强还能回想起来，隔一天就什么都不记得了，好像什么都没发生过。如果你不是每天上午都坐在桌前的话，那就什么也不会发生。当我在巡展的时候，我也会保持这种习惯。我不会在上午出行，不会在上午参加任何活动，我很固执，我不愿意浪费任何一个写作的上午，没门儿。写作是我的头等大事，这是我唯一真正在乎的事情。每天都这么做。说实话，我对于一天里其他时间要干什么一点也不在乎，只要我上午能写作，我就会感觉很好。我很乐意参加那些盛会，参加一堆活动，接受采访，只要我上午能写作，其他时间干什么都行。不是非要上午特定几点钟，就是我醒后半个小时吧，吃点谷物类食品，看看邮件，然后我就开始写作，我从不会和任何人一起吃早餐，要是我在写作之前出去了，那就写不成了，在写作之前，不能有任何其他事情。

那一直都不会超过一个半小时吗？

之前是两小时，一直到写《山羊山》之后才改变。之前是五百字，现在是一个半小时三百字。我最近写完的一本小说，讲的是一个十二岁的小女孩在西雅图水族馆遇到一位老人，实际上这位老人是她的祖父。这是我第一本不是悲剧的书，是一本关于宽恕的书。

这也是第一本不带自传色彩的书吗？

我刚完成的两本书跟我的家庭和生活都没有什么关系。我完成《山羊山》的那一天，我就知道这个主题结束了，我不会再写任何跟我家庭有关的事情了，我甚至想过不再写作了。那么我这一生就这样结束了？接下来要干什么呢？这时候，我的经纪人在忙着卖我写完的书，他想知道这些书应该按什么顺序推出。尽管《水族馆》（*Aquarium*）是后写的，但我认为它应该先出，因为它要更好卖一些。这不是我一开始的打算，但是就这样吧，随它去了。我决定不再试着去操控什么事情了，就让随便哪个出版商在随便哪个国家、随便什么时候出书吧。

您曾经试着操控这一切吗？

是的，我曾试着这样做过，但现在不了。我意识到他们会用尽所有办法去做他们决定要做的事。而且我过去也做过几个糟糕的决定。总的来说，他们可能要比我更了解市场。我应该让他们放手去做。比方说曾经有一次，我的法国出版商打算在秋天出版一本关于我父亲的短篇小说集。我拒绝了，想着应该等到《山羊山》出版之后。其实我是担心这两本不同的书之间会有一点小小的重叠，会对新书不好。但是实际上，他们可能更有道理，那在法国是个好时机，因为正值《苏宽岛》出版口袋书。一开始，这十五篇关于我父亲的短篇小说和《苏宽岛》属于同一本集子——《一个自杀者的传说》（*Legend of a Suicide*），《苏宽岛》是其中最长的一篇。但是在法国，盖尔梅斯特把这本集子单独出了，那时候我本来应该让他出其他小说的。

您在法国很受欢迎。

是的，法国媒体非常了不起，既大度又睿智。和法国记者谈我的作品，我学到了很多。这是在世界上其他任何地方都不会发生的事情。我也确实在法国待了很久，它改变了我作为作家的生活。在法国，我每年只要教十周的书就好了，以前，我一整年都要教书。这样我就可以大部分时间都待在我新西兰的家里，每年写一本书。

您的生活是怎么安排的？

我从12月到次年6月生活在新西兰，整整半年。我把这个国家看作是我的家园，我妻子和我在那里有一栋房子。在那里我们才有在家的感觉。因为我们没有孩子，所以出去旅行很方便。去年，一整个春天和夏天刚开始的时候我都在环游法国。但是一般情况下，我们会在新西兰一直待到6月。夏天我们会划船。我上午写作，就像我刚跟您说过的那样。其他时间，我就读书，给一些杂志写点文学评论或者是文章。我妻子三四年前就不再工作了，那时候一切都上了轨道且运转得很好，她曾经是幼儿园老师。现在，她会到处参加一些艺术工作坊，弹尤克里里，读很多的书，参观博物馆……我觉得她这样生活比较开心。她的父母都是菲律宾人，但她是在旧金山长大的。9月，我会忙我新书的推广。从10月1日到12月8日，我会回伦敦教书。我在华威大学有一份终身教授的职务，学校在伦敦北边，坐火车要一个小时。我教虚构小说和随笔的创意写作。因为我也写过三本随笔集，一本是关于枪击的，另外的是两本回忆录。我一共写了十本书。目前在美国只出版了六本。在法国出版了三本，还有七本待出版。出版商需要时间，因为这些书要是同时出版的话，那么是没有人会给它们写评论或论文的。每本书至少要间隔十八个月，而我又一直在继续写作……在法国,很有可能我死了之后还在继续出书,出版永远也赶不上我写书的速度。在伦敦,每年秋天我都会出一本书,至少这五年都是如此,不管怎么说,这是事先说好的。我喜欢伦敦,喜欢欧洲。巴黎是最美丽的城市,我真的特别喜欢巴黎。我觉得在巴黎散步是一件超级浪漫、美妙的事情,就像一个观光客一样,不是吗?我知道大部分的巴黎人都在尖酸刻薄地抱怨他们的生活,并跟我说在巴黎生活有多么糟糕。但是在我看来,能生活在巴黎简直美好至极!我不像其他的美国人那样不学别的语言。大学的时候,我每天都会研究古英语写的《贝奥伍尔夫》[1](*Beowulf*),我甚至还翻译了它!这完全不像现代英语,更像冰岛语,属于日耳曼语系。我学过几年德语,甚至还用德语写了几篇短篇小说。我还学过拉丁语,有一阵子,我能够完成英翻拉和拉翻英。我确实花了很多时间学习语言,我还会说一点点西班牙语,但是我从没学过法语。对于我的写作,"死的"语言总是更有裨益,我的语言学习计划中不包括还在使用的"活的"语言。所以我总是像个傻瓜一样,不会说当地语言。

您的第一部长篇小说是如何出版的?

我有六个经纪人,其中没有一个人能出版我的手稿。他们甚至都没有把它寄给出版社。那就是《一个自杀者的传说》,其中包括《苏宽岛》和别的五个故事。我有个经纪人,是世界上最伟大的两个经纪人之一:阿曼达·宾基·于潘(Amanda Binky Urban),即使是她,也害怕把它寄出去。她觉得我不应该从这个开始,而应该从一部长篇小说或是一本随笔集开始。她真的很想要一个故

---

[1] 英国史诗。

事，而我呢，写了一个半自传的故事，但她却想要另外一个。《真实海难》[1]（*A Mile Down*）讲述的是一个真实的海难故事，它很快将会在澳大利亚出版，然而九年前它就已经在美国出版了，我正在对它做些许修订。我不会去修改虚构小说，但是纪实作品总该好好完善一下。后者永远不会是无意识作品，它不会抓住我，它更多的是精准地规划好，因为我们不能去编造人物和事件，所以创作的自由度就减少了。应该会有比我更好一点的纪实作家，能够在这些限制之内找到创作的自由。我认为我的三本随笔写得还是很不错的，它们是一些震撼人心的故事，很有趣，关于枪击那本甚至有点恐怖。但是它们不是以同样的方式使我感兴趣的。我可以一直修订它们，可以一直修订到只剩十页纸为止。可以删减、再删减。那些场景不像在虚构小说中那么必不可少。在我的长篇小说中，不可能增加或者删减一个场景，因为如果这么做的话，其他的场景就不能顺利开展了。如果作家遵守戏剧传统的话，那么每个场景都应当引出下一个场景。我不能修订作品就是出于这个原因：它们是不可能被修订的。

在书完成之后，您的人物还会继续伴随着您吗？

是的，总是会伴随着我。主要是因为我会在二十多个国家巡回，每年都会有书展和新书推广，所以一整年我都要谈一些不同的书。我刚从罗马尼亚回来，在那里我谈的是《一个自杀者的传说》，这还没有结束，它很快会在韩国出版，我三十岁的时候写完这本书，现在我都四十七岁了……快二十年了，我有可能在任何时刻被要求谈论任何书，所以我或多或少地得去温习它们。但是

---

[1] 英文书名为 *The True Story of a Disastous Career at Sea*。

我喜欢谈论它们，所有书都会让我谈到自己。它们就像是我的孩子，或诸如此类的东西，它们从不会长大，我也乐此不疲地谈论它们。所有的书对我而言仍然都保持着神秘。我现在仍能从《苏宽岛》中学到东西，比方说通过在法国的讨论，我才意识到这本书的宗教层面。于是我知道了《创世记》对我的影响。另外，宗教曾经是我的专业，但我没有意识到它在我书中有多重要。在《尘土》中有新纪元，《山羊山》中有三位一体，最近的两本中有前基督教和泛神论，《水族馆》中没有上帝，但它的主题是宽恕，实际上是和在基督教环境中的成长有关联的。

您的人物都是建立在真实的人物基础上的，所以您把某个人物取名为盖龙（Galon）是为了纪念一个中学同学吗？

对，那是我唯一的朋友，在我的书里我把他刻画成了一个小怪物！善有善报，恶有恶报……在我父亲自杀后的三年里，从十三岁到十六岁，我跟所有人都说他死于癌症，因为我真的觉得很羞耻。我有双重生活，一种隐秘的生活。不管跟谁，我都不说真心话和真正重要的事情。我的所有社会关系都是假的，我无法摆脱武器，我悄悄地把它们伸向人们，瞄准人们，以此来替代我本应接受的心理治疗。盖龙是第一个我很信任并跟他说出真相的人，是第一个足够大度，能让我开诚布公的人。于是我跟他说了我父亲死亡的真相，他是死于自杀而不是癌症。盖龙把我带到一个戏剧研讨班，在为了加入他们而必须经历的试演中，我得向这个群体的所有人说这个故事，这是一次彻底的解放，一场真正的宣泄。那时候我觉得我的父亲很脏，而他的行为也弄脏了我，觉得耻辱得要命。盖龙改变了我的生活，从那以后，一切都变好了，实际上，一切都在不断地改善。他比任何人带给我的帮助都要多。于是我在我的书中创造了这个小怪物……（他笑。）我们一直是朋友，他想把我的小说改编成一本漫画。

有一个法国连环画作家为《苏宽岛》的漫画版写了梗概，将会在下个秋天出版。我也请他给《尘土》配文字，盖龙将会给这本书画插图，他是一个了不起的艺术家，他喜欢这本书，觉得它很有趣，他也知道其中的人物更多的是像我而不是像他。那是我的家庭，是我家的故事，跟他家一点关系没有。那个人物有和盖龙同样的饮食问题，有他的举止和外貌，但所有的家庭问题其实都是我的。盖龙是个很瘦的人，瘦得好像一年没吃过饭，像是经常得某种不知名的善饥症一样……他很奇怪。有时候我想着，所有的胖子都会指责为什么他会是这样……但他确实有饮食问题，在中学的时候，我们买了一大桶冰激凌，用刀切开，一人一半。我们暴饮暴食，硬塞下很多吃的。然后当他对他的人生将要干什么感到焦虑的时候，他就会杵在那里，问自己诸如此类的问题："我要不要喝这杯橙汁？"我把这个写在了我的书中，这种危机感没有诱因，更像是在进入成年世界前的巨大焦虑。

友谊对您的生活而言很重要吗？

我有一堆很好的同性恋朋友，尤其是在大学的时候。我喜欢我们这种智力上的相近，但是我从来没有被他们的外表吸引过。情感上和心理上，我都和我认识的男同性恋朋友们很亲近，我们相处得很好。一切都很好，但是我不想吻他们，我从来没有亲过一个男人，我没有这种欲望。不过我和大学的朋友们一起去过一次同性恋酒吧。在斯坦福的时候，我和一堆素食者合住，我经常和女同性恋们出去闲逛。她们很热情，我们打扑克、抽烟、一起看《花花公子》(*Playboy*)，她们带我去过旧金山的一家同性恋酒吧。我曾经和一个很帅很强壮的肌肉男一起跳舞，他把他的手放在我的腰上，我还能回忆起那种绝妙的感觉：某个更强大的人将取得主导权。这真的是一种很不错的感觉。但是我不想吻他。我没有感受到这种吸引力。要是女人们的话,您知道的,我愿意吻上百个女人……我不是歧视……我喜欢所有类型的女人……但是从心理上、情感上,我还是有一些东西和男同性恋共通的。在经历了和我家的男人们的关系给我带来的失望之后,男同性恋给我带来了惊喜和愉悦。我父亲出走后和自杀前,我都有一种被抛弃感……

您家庭的暴力循环……

……来自男人们。一直都是男人,不只在我家是这样,到处都是,一直都是。我父母双方的家庭都有精神不正常、有自杀和暴力倾向的男人。我父亲在和其他人相处时并不暴力,他从来没有打过谁,也不会打我们。他是个很好的人,人们都很欣赏他。他本来挺有趣的,但他最终的行为实在太暴力了。他总是觉得自己一无是处,对自己的看法非常糟糕,认为自己的存在是个错误。他总是试着成为另外一个人,要信教,要虔诚,要做个好儿子、好丈夫(尽管他早已不再爱我母亲,也不想再和她生活在一起),他们早已分开,他也不怎么来看我们,这点让他很有负罪感。我的外公来自德国,对我来自冰岛的外婆非常粗暴。他俩都是移民,都很孤独,得不到哪个群体的支持。这种境况加剧了他们生活中的摩擦。愤怒、沮丧,还有"二战"之后他面临的反德情绪——他的口音很重——让他在社会中受够了气,而他又把气撒在我外婆身上。

"生活在沙漠之中,远离他人、回归自然和大西部"的这种想法是美国文化的一部分吗?

对,关于这个我也写过一个段落,就是关于一个家庭坚持要与人隔绝的这种事,这只可能在美国发生。有些人在去世之后的几个星期，甚至几个月才被人发现。

《尘土》里就没有别的人物，那个家庭是完全孤独的。

这有两个原因，第一个原因是我的家庭非常孤独。我祖母去世的时候身边没有朋友。她唯一认识的一群人就是丹尼斯的员工，她每天都去那里吃一顿非常恶心的特色快餐，她自己每天也会做感恩节大餐。我觉得这种把每天都当作感恩节的吃饭方式很能揭示一些东西。我们很少去看望她，她只能用食物填补孤独，食物代替了家庭。这真让人心碎，真的很难过，她身边什么人也没有。这是我的家庭，但这也是美国。这是一种非常典型的美国式孤独。人们总是在搬家，越来越穷。劳工阶层（working class）扩大了，这些人没法选择生活和工作地点，他们只能去可以找到工作的地方。他们必须迁徙、搬家，接受分离。我们的不动产市场机制让这些人不能卖掉他们的房子。所以就有人在路上花四个小时去工作，也有人在路上花四个小时来工作。人们在荒唐地跑来跑去，因为他们卖不掉自己的房子。不过另一个关于人物缺失的原因要关乎戏剧理论的。在希腊悲剧中，要去掉世界的其他部分，这样才能把注意力集中到两人和他们的关系上来，给他们施加压力，直至爆发。因为这个戏剧理论的原因，我将一切的地点都放在小岛上，甚至是沙漠中，以排除整个世界的干扰。我认为我们只需要这样。所以我刚刚写完的故事中只有五个人物，它也不是悲剧。《尘土》中也只有五个人物，《山羊山》中仅有四个，而且故事发生在一座山上，时间只有两天半，这是最集中的。这样就够了。两千五百年的悲剧传统没有别的要求了。实际上，我觉得那些伟大的小说都很奇怪，我不知道它们伟大在哪里。

哪些伟大的小说？

比方说弗兰岑[1]的，关于美国的，或者是汤姆·沃尔夫[2]的，这种美国传统长篇小说。但是他们想要干什么呢？一点也不震撼，没有任何意义。好吧，但是我要说明的一点就是：这是我作为读者的喜好，仅仅是我作为读者的喜好而已。不是什么有价值的评论，只是一些我喜欢或不喜欢的东西。我不喜欢那些关于美国社会或者乡村的长篇小说，它们让我没有共鸣。我刚读了克莱尔·沃特金斯[3]的《战斗》(Battleborn)，它真的很不错，还有保罗·哈丁[4]的《修补匠》(Tinkers)。我喜欢的作家都比我至少年长一代，科马克·麦卡锡、安妮·普鲁[5]（她是个真正的文体大家），还有玛里琳·鲁宾逊[6]。我从当代这些六十五岁到八十岁之间的作家身上学到了很多东西，和我同龄或者比我还要年轻的作家对我影响不大，尽管其中有些作家很优秀。我五月份会在旧金山修补我的船，你们应该来，那时候很适合拍照，修好了之后，我们可以一直开到西雅图。我可以带您和您的家人在海湾边转一转……

我们最终没有在海湾边乘船兜风。我们在伦敦的毛毛细雨中分别了。这时候，美国看起来很远……

---

[1] 乔纳森·弗兰岑（Jonathan Franzen, 1959- ）：美国著名小说家、随笔作家。
[2] 汤姆·沃尔夫（Tom Wolfe, 1931- ）：美国记者、作家，新新闻主义的鼻祖。
[3] 克莱尔·沃特金斯（Claire Vaye Watkins 1984- ）：美国作家、教师。
[4] 保罗·哈丁（Paul Harding, 1967- ）：美国音乐家、作家。
[5] 安妮·普鲁（Annie Proulx, 1935- ）：美国作家。
[6] 玛里琳·鲁宾逊（Marilynne Robinson, 1943- ）：美国小说家、随笔作家，作品有《管家》《基列家书》《家园》等。

Patrick de Witt 帕特里克·德威特

波特兰，俄勒冈州

我们离开了旧金山，继续一路向北。天气凉爽，绿树成荫。我们在红木森林里过了几夜。这些树干像哥特教堂一样直入云天。我们孤零零地在刚生下幼崽的海狮们低声的喧闹中睡去，醒后便去看成群结队往北方溯流而上的鲸鱼。

过了几天，我们到了波特兰城中帕特里克的家附近。街道上有几间七零八落、快要散架的小屋子，人行道坑坑洼洼。我们看到很多人在吸可卡因，其中不乏打扮前卫的女孩子们。帕特里克·德威特住在其中一栋房子的一楼，那是一排明亮、空旷而宁静的房屋。他曾要求我们在他不需要陪他儿子的时候见面。我们的对话刚开始是在厨房进行的，那里飘散着肉桂咖啡的香味。随后我们在客厅继续。他跟我说他最近遇到了克雷格·戴维森（Craig Davidson）——是他去年夏天让我发现了《姐妹兄弟》这本书——在爱尔兰的柯克电影节上。

据我所知，您刚完成了一部新的长篇小说？

实际上没有，我一直在试着结束它。我本来应该在去年12月交稿的，但我想我可能得到今年12月才能完成了。晚交了一年。不过也不要紧，不会有人为这个跟我生气的。我从来不会想着截止日期去写作，总是按照我自己的节奏和需要来。

这本书您最少得花多长时间？

我已经写了两年，所以总的来说，如果我能完成的话，一共要三年。我相信我能完成。这本书写得很慢，确实很难，我也不知道为什么。

您前两本小说花了多久？

我的第一本小说《洗礼》(*Ablutions*)写得非常快，大概花了一年时间。实际上八个月左右我就写出了一份很粗糙的初稿。我以为这就是正常标准，想着："太好了，写本书也要不了多久嘛。"然后第二本书花了我两年时间。每天，每周有六七天吧，我都在艰苦地工作，工作强度很大。而这本书将要花的时间更多，也许是我速度变慢了或者是我变懒了？

您在波特兰住了多久了？

我在这儿已经待了三年了，两年前我去了巴黎的方济各会(Les Rēcollets)[1]。我们在那里住了四个月，本来想待得更久点，不过我和我妻子遇到了点麻烦，所以我们比预想的要回来得更早一些。现在我住在这里，她离这儿只有几分钟的路……总的来说，我在波特兰住了五年了。在这之前，我住在华盛顿州的一个叫作班布里奇的小岛上。再往前，我在洛杉矶待了……很久。

您是在那里写了您的第一本小说。

我在洛杉矶写的，然后在班布里奇岛润色的。

您是在那里出生的吗？

不是，我出生在温哥华的一个小岛上，在班布里奇岛以北几公里的地方，很近。我半辈子都待在南加利福尼亚，那里非常

---

[1] 或译法兰西斯会、佛兰西斯会，是一个跟随圣方济亚西西教导及灵修方式的修会，天主教托钵修会派别之一。

热,也很荒凉。但是我更喜欢西北太平洋气候,像温哥华、西雅图、波特兰这种。我也喜欢这里稍微慢一点的节奏,生活品质更高一些……

您在洛杉矶做什么?

打点零工。《洗礼》讲的就是我在一家酒吧洗了六年杯子的经历。

是在后厨,不是做服务生?

最后他们让我去端酒,但他们觉得我做得不怎么样。我不喜欢和顾客有太多的互动。这就是这本书所讲述的:我对顾客的厌恶。那是在好莱坞的桑塔莫妮卡,一家很有趣的酒吧,也是一个对于作家而言非常迷人的地方。因为那是好莱坞,所以时不时会有名人进来喝一杯。不过更多的时候,你看到的是一些自甘堕落的人,一些流浪汉。那一块儿有很多人妖卖淫和大量的可卡因。您看,这是刘易斯(Lewis)的一张照片(他给我看了一张男人的照片,一张用拍立得拍出来的小照片用磁铁固定在冰箱上)。他现在已经死了,死于心脏病发作。他曾是篮球队的荣耀,后来因为可卡因而成了瘾君子。他总是晚上过来说要帮我们洗车,就为了挣几美元。他是在我离开那座城市后去世的。不过有人跟我说,就在他干活的那家小店门口,他开始感觉不舒服,他们把他赶走了,因为他是个身强力壮却无家可归的黑人。他死在人行道上,没人帮助他。他是个好人。所以就是这样,那里什么人都有,什么都有可能发生。那儿能给作家提供很好的素材,但我还是很高兴我离开了。

您决定离开加拿大去洛杉矶是什么时候?

实际上,我从来没有决定过。我父亲来自安大略,他在一个叫作伊利堡的小城长大，十七岁的时候读了《在路上》，这让他意识到自己生活的城市特别小，还什么也没有。他是一个少年犯，玩曲棍球，偷汽车，但是他对生活有更多的期待。当他读到这本书的时候，他知道了自己想要什么。他搬到洛杉矶，这是从伊利堡的一个巨大跳跃了。他打算在社区大学注册，不过他主要是想开拓一下眼界。这是他第一次来洛杉矶，收获了许多美好的体验——那是六十年代——他在这里定居。洛杉矶确实是个激动人心的好地方。不幸的是，越南战争时他被要求入伍，所以他离开了美国。周五他收到征兵的信，下周一他就回安大略了。

他是加拿大人，也可以入伍吗？

他有双重国籍，他当时就有了吗？我不记得了。不过总而言之，他是可以入伍的。他要是没有离开，就不会遇见我妈妈了，也不会有我了。但是他很想念洛杉矶，我是在加拿大出生的，两岁的时候，父母把哥哥和我带到了洛杉矶。七岁的时候，我们又回了加拿大。但是十岁的时候，我们又离开了。在我的整个童年里，我们都一直搬来搬去。我觉得我父亲是在试着找到他十八九岁的时候第一次认识洛杉矶的感觉，那时候洛杉矶还是个非常棒、非常自由的地方。但是他没找到。

经常换学校会很痛苦吗？

是的，但我记不大清楚了。我小时候比较腼腆。这是一种每个孩子都要克服的创伤。这不是我可以用来指责父母的东西。

您父亲是做什么的？

他是木匠。

那您的母亲呢？

大部分时间里,我母亲只是……总之我不该说"只是":她养大了我和我两个哥哥,这就已经是一份全职工作了。现在她有更多的时间,她对摄影很感兴趣。不过她以前一直到处工作,我记得有一阵子她做过秘书,还做过法院的速记员。

然后您独自一人回到了洛杉矶。

是的,是的,不好意思,我跑题了。我觉得我已经习惯了来回奔波,它已经融入了我的血液。单是我自己一个人,就已经在洛杉矶和西北太平洋或者是加拿大搬了不止七次家了。从十二三岁起,我父亲就给了我一些大人读的小说,一些垮掉派小说之类的书,十七岁的时候,我非常认真且如饥似渴地读了这些书,我知道了我将来想要成为一名小说家。但是我对于这个领域毫不了解,我完全不知道有大学课程,像艺术创作硕士什么的。

您过去是个好学生吗?

不是特别好。我觉得不是因为我不够聪明,而是因为我对学习不感兴趣。我很懒,同时我也不尊重老师,或者说不太尊重吧。我把他们看作一些对生活妥协的人,是一些不喜欢他们的工作,也不喜欢我们的人。我不是要指责他们,我们当中有些人确实非常糟糕。在英文课上,当我们要选一些书写读后感时,大部分人都慢吞吞地选了几本书,而我却选了一些颠覆性的小说,像先锋文学什么的。这发生在一个十六岁的少年身上,足以引起语文老师的关注,问上一句吧。这原本会让我和他建立某种联系,但其实没有。我记得有一次,我拿了一本理查德·布劳提根[1]的《霍克

---

[1] 理查德·布劳提根(Richard Brautigan,1935-1984):现代美国小说家和诗人,曾参加垮掉派的活动。

蓝怪物》[1]（*Le Monstre des Hawkline*），我等着引起老师的注意，其实这对我也不是说有多么重要，但是我真的很有英文天分，而且布劳提根也是我最熟悉的一个作家。我记得老师跟我说："哦，是本好书。"仅此而已。同一年，或者是第二年，辅导员问我以后想干什么。那是我第一次跟人说我想当作家，我只有十六岁。她看了我的分数，大部分都是 C 或者 D，她问我爸爸是干什么的，然后她说我最好还是跟着他一起干建筑。我真的不是为了要寻求鼓励，实际上我也没得到什么鼓励。但我真的很喜欢读书，书的世界非常吸引我，我从心底里知道这就是我一生要做的事。要是我不能成为作家，那还有很多种能为书籍工作的机会：可以做出版，做校对……我一直都知道，我将会把一生都奉献给书。所以我在那个年纪就开始写一些诗歌和短篇小说了。

您曾经告诉过您父亲您想要成为作家吗？

嗯，实际上他也有过想要进军文学的愿望。

他尝试过吗？

是的。当我们生活在洛杉矶的时候，他写了一些剧本和几出戏。但那时候所有人都在写。他在几本杂志上发表了几部短篇小说。但是有一阵子他非常沮丧，因为他试了很多次却没有成功，所以他不再抱有幻想，放弃了这条路。当我想要成为作家的时候我跟他说了，他给了我一条很好的建议。他让我放手去干，努力写作。因为他没接受过大学教育，所以他都没想过会有创意写作课。不过这对我没有影响，因为我读了很多作家讲述自己经历的书。比方说凯鲁亚克。我的愿望，我近乎天真的信仰就是：要想

---

[1] 英文书名为 *The Hawkline Monster*。

成为作家,就必须大量读书,这是学习的道路,但同时也得有丰富的生活阅历。所以我离开了中学,离开了当时我和父母一起居住的南加利福尼亚,去了温哥华。我在那里做工人,有时会失业,靠社会救助生活。这种状态一直持续了两年,我非常孤独。最后一个阶段,我去了洛杉矶,那时我失去了所有的朋友,一个人也不认识。从十八岁到二十岁,我都是一个人生活,这段时间非常漫长也很辛苦,但是对我很有好处,因为我的阅读和写作变得更加认真,也更加重要了。

您在工作的时候还能顾得上这些?

是的,当一个人没有任何社会义务要尽的时候,就有更多空闲的时间。当我上班的时候,晚上和周末都会奉献给文学。有很长一段时间我都没有工作,社会救济正好用来负担房租,吃饭的话就去食物银行[1]。我没有什么很大的需求。也就是在那时候,我知道了要是我想完成什么事情,我就得按照这种方式来工作,尽可能地每天都保持高强度和注意力集中。我每周去一两次图书馆,借一大堆书。我读书比较随性,什么都看看。两年结束后,我对自己应该读什么,在书中应该找些什么有了更清楚的认识。这对写作也会有启发。那两年非常孤独,我再也不想重新经历一遍了,但是它在我成为作家的道路上扮演了很重要的角色,让我准备好如何成为作家。

再跟我谈谈这些书都告诉了您些什么。

---

[1] 即食品银行。主要为经济有困难的人提供暂时膳食帮助,鼓励他们自力更生,食物来源主要由团体及私人捐助,过去有银行、连锁快餐店、酒店、超市及食品供应商响应,捐赠熟食、干粮及餐券,或以特惠价出售食品。

这个一直都很难概括。比方说珍·布尔斯[1]的《两个严肃的女人》[2]（*Deux dames sérieuses*），我读了很多遍，我对这本书有一种很纯粹的感觉，但是当我试着把感想写下来的时候，我又做不到了，确实写不出来。我觉得作为读者最吸引我的就是：无法看透作者的动机。有些事情有意义，但你却不知道为什么有意义。有些情感可以被描绘，却无法被定义。不过这些书倒也不一定都这么暧昧晦涩。但是诸如《两个严肃的女人》一类的书，我一直对其中一些非专业性的东西很感兴趣。每次重温，我都会感受到一些不同的东西。我没法很好地描述。我喜欢的书本身都有一些不可捉摸的地方。比方说我就不喜欢关于越南战争故事的书。我喜欢那些间接描绘的艺术作品，喜欢比较开放的、神秘的作品。不会是某个特定的流派或者某个特定的作家。岁月荏苒，我现在可以读开头几页就知道这本书会不会用这种方式与我交流了。我一直在寻找这种语调和声音。这和人际关系是一样的。在我交往的朋友当中，有些人的表达方式总会给我一种想要知道更多的欲望。一般来说，是因为他们不会去全盘地肯定。我记得我有个朋友，他说话时总是同时带有肯定和疑问，他是怎么做到的？我不知道。他会表达一个观点，但是总是会用轻微的疑问语气来结尾。毫无疑问，他是我最有魅力的朋友，我花了很多时间向他提问，向他求证细节。这就是我在艺术上、在音乐上的追求。我不知道我为什么会喜欢这些东西。究其根源很深，我喜欢的书有一种共同的辨识度。

能说说它们的名字吗？

---

[1] 珍·布尔斯（Jane Bowles, 1917–1973）：美国作家、剧作家。
[2] 英文书名为 *Two Serious Ladies*。

他很激动地站起来，立马就知道了该走向哪里。他的书都被摆成一排，他把吉尔伯特·索伦蒂诺[1]的《钢》(Steelwork)和纳西欧(Nescio)的《阿姆斯特丹故事》(Amsterdam Stories)拿给我……他继续道：

比方说，我喜欢托马斯·伯恩哈德[2]的《骚乱》(Perturbation)，也喜欢博胡米尔·赫拉巴尔[3]的《我曾侍候过英国国王》[4](Moi qui ai servi le roi d'Angleterre)，我还特别喜欢伊塔洛·卡尔维诺[5]，尤其是他的《寒冬夜行人》[6](Si par une nuit d'hiver un voyageur)。这本书对我现在的写作启发很大。要是开始给您列书单，我就没完没了了。看这本，这是个超好的例子。罗伯特·瓦尔泽[7]的《本杰明学院》[8](L'Institut Benjamenta)这是一本我找了一辈子却不自知的书，但是我不知道它有没有被译成法语。这本书中有一些不可思议、难以理解的东西。我不知道他为什么这么做，也模仿不了。他要表达的东西只有他自己能说，然而我们读者却能从其中得出一些属于自己的东西。

所以您花了两年时间独自写作和阅读。

---

[1] 吉尔伯特·索伦蒂诺(Gilbert Sorrentino, 1929-2006)：美国小说家、短篇故事家、诗人、文学评论家、教师、编辑。
[2] 托马斯·伯恩哈德(Thomas Bernhard, 1931-1989)：奥地利小说家、剧作家、诗人。
[3] 博胡米尔·赫拉巴尔(Bohumil Hrabal, 1914-1997)：捷克作家。
[4] 英文书名为 I Served the King of England。
[5] 伊塔洛·卡尔维诺(Italo Calvino, 1923-1985)：意大利新闻工作者、短篇小说家、作家。
[6] 英文书名为 If on a winter's night a traveler。
[7] 罗伯特·瓦尔泽(Robert Walser, 1878-1956)：瑞士作家。
[8] 英文书名为 Jakob von Gunten。

我想这是一件人们常常忽略的事情，当一个人准备成为作家的时候，或者是还没准备好的时候：他得度过一段独处的时光。我那时觉得自己可以做到，而且时间也已证明我确实做到了，但是非常辛苦。作家应该是孤独的。现在，孤独成了我生活的一部分。但是那两年真的很不容易。我把自己和人群隔开（我那时十八岁，正是一个喜欢群体生活的年纪）去阅读、写作。孤独需要训练。

您那时把自己的作品拿给别人看吗？

我父亲跟我说了该怎么把作品寄给杂志社。我有一本很厚的文学杂志年鉴，上面写了他们需要的作品类型。一旦我看到一家有可能对我作品感兴趣的杂志社，即使很远，我也会把作品寄过去。所以我寄了很多短篇小说和诗歌。他们会给我回一封拒稿信。刚开始，只是一些复印件，甚至没有签名，就是把拒稿信模板寄过来。但是单单收到回应，想着我的作品旅行了一趟这件事——那是网络出现之前，需要把手稿邮寄出去——就会让我觉得我和某人之间有了对话。其实不是这样的（他微笑），不过这种想法在好些年里一直支撑着我。很长一段时间里我的作品都非常糟糕，但我自己不知道。我一点一点有了提升，那些拒稿信也变得稍微热情一些了。有时候，会有"好作品"或者是"几乎是"这种字眼出现，我收到了很多"几乎是"，这种情况持续了好几年。后来我离开温哥华，又回到洛杉矶。

您把作品给您的父亲和朋友们看吗？

我给我父亲看了，没给朋友们看。他们过去不是，现在也不是这个圈子里的人。自从我开始发表作品以后，我的社交圈子扩大了，现在我认识了一些作家，但是我大部分朋友都不是文人。所以他们是不会感兴趣的，这对我来说也是一件很私人的事情。

您是从哪里获得继续下去的力量的呢？

这跟力量没什么关系，我喜欢这样，喜欢写作，这已经成为我身份的一部分了。我是个一直在阅读和写作的人。在我离开温哥华之后的几年，我的生活变得乱七八糟。我遇到一些个人问题，开始酗酒。我破罐子破摔，这也干扰到了我的工作。但我一直都在写作。我从没有对自己说过："唉，不行了，停下来吧。"我记得最后，大概是在三十岁吧，我开始消沉了。我觉得我的作品已经够好了，可以发表了。我觉得那些拒绝我的杂志社有时发表的作品还不如我写的。我不知道这是不是真的，随着时间的推移，现在倒是可以重新想想这件事。在我三十、三十一岁左右写出第一本小说之前，我不觉得自己写过什么真正有价值的东西。在这之后，我有了一个经纪人，事情开始朝着对我有利的方向发展了。但是从十七岁到三十岁这段艰难岁月，对我来说还是必不可少的。

您在《洗礼》之前写的作品，都是一些短篇小说或者诗歌吗？没有长篇小说？

不是，我尝试写过三四次长篇小说。都是写了五十页左右之后，我就对故事完全失去兴趣了，或者是意识到写的不是长篇小说，我在自欺欺人。

您是怎么意识到的呢？

嗯，我觉得很明显啊。另外这样的事情我后来也遇到过。我写了一本小说，主人公要去巴黎，这也是我和妻儿一起去巴黎的原因。这个人物也去了纽约，所以我也去了纽约，我认认真真地下功夫研究这座城市，然后是巴黎。我问自己：我的人物将住在哪里？他要去哪里？他要做什么？我试着了解这座城市，就是为了让作品有一定的现实性。尽管我很喜欢在巴黎的生活，但是我不喜欢写这本小说。我觉得无聊。当作者感到无聊的时候，这本书也会让读者觉得无聊。至少我是这么认为的。然后我就放弃了这本书，这让我如释重负。我现在写的这本书和长篇小说的篇幅差不多，大概有八九万字。我不是说它已经写完了，但是篇幅很重要。在写到这里之前，有好几次我都很沮丧，很怀疑我所做的事情的价值，但这是一种不同的感觉。有时候我觉得我情节进展得不够快，但这和觉得这本书枯燥无味不一样，这种感觉更像是面对自己有问题的孩子。我的书没什么逻辑，很难掌控，但这样也很好。前几次，就像关于巴黎那本书的一些尝试之后，我非常绝望。我看着我的作品，觉得它们都很糟糕，看起来毫无价值。要是你日复一日地经历这种感觉，那就真的有问题了，你得把作品放到一边，反正什么时候都可以回到这上面来。我的前几本书野心勃勃，而我只是太年轻了。我不知道我今天是否还能写出当年那样的小说，不知道我是不是那种能写出大部头作品的作家。我觉得我是个有点与众不同的作家。在写到关于酒吧的那本书之前，我犹豫了很久，因为我知道这将涉及酒精的主题，而我不想去抨击这个。

为什么呢？

这经常有人写。我记得我甚至有一种羞耻感。感觉这是一个居高临下的话题，是一个异性恋的白种男人在谈论他的问题，您明白吗？我不想这样。但事实是，这个酒吧非常有钱，发生了很多故事，有的是我听说的，有的我亲身经历过。我认为它们是有价值的，我感觉应该把它们写出来。

这本书完全是自传式的吗?

只在一定程度上是。里面有我,还有我那时的同事,我们很亲近。还有很多虚构的,以及其他人的故事。我不想写回忆录,我觉得没必要去遵守事实。我只是想创造出一个巨大的世界,其中所有的故事都纠缠在一起,最终成为一个故事。

这本书的写作本身是一次十分艰苦的磨炼,但与此同时,我写得很快。写这本书需要保持一种坚定的态度。要是你自己都不知道自己正在写些什么,这很快就会表现出来,读者们也能立马感觉到,这本书会很乏味。我对于酒吧里那些人有很大意见,其中大部分都是负面的。我对自己的看法也很坏。多年来我都在遣词造句,写出准确、简洁的段落。我花了很长时间,但我觉得我现在可以做得还不错了。从技巧上来说,我有能力写书。重点就是题材了。我记得有天我坐在办公桌前,突然觉得我可以写一本关于这家酒吧的书。这很振奋人心,同时,在一定程度上也有点让人发怵。我意识到这将是我的第一部长篇小说。每天写作时,我都在学习艰难的一课。我记得写作时,我常常觉得困惑和迷茫,尽管这本书写得很快。然而我也没多少时间写作,因为我那时还在酒吧干活。我讨厌去上班,我恨那个地方,与此同时,那也是个很好的体验。我在写作中消解了自己的负面情绪。这很治愈,让我在去上班的时候心中少怀一丝愤恨。

那您什么时候写作呢?

我的薪水是用现金支付的,这样很好,因为即使我们是后厨,也可以拿到非常高的小费。我每晚大概能挣一两百美元。那时候对我来说已经很多了。我的房子是合租的,有一辆旧车,还有一台用来写作的电脑,几乎没什么需求。这也是我离不开这份工作的原因之一。那是我第一次对自己的经济状况感到满意。而且我每周只要工作三四晚就行了。当我开始写小说的时候，要是头天晚上喝得不多，我就会早早地起来去写作。要是我头天夜里要上班，或者酒还没醒，我就会等到吃得消的时候再写作。现在也是一样：起床、吃饭、做些能让自己清醒过来的事情，比方说骑骑单车，然后我会坐下来重新读前一天完成的作品，改几个词，在我还没意识到之前，我就已经重新进入状态了。当你每天都为同一件事工作的时候，你就会完全沉浸其中。我现在写的这本书，我就一直惦记着它。任何时候我都可能会有一些灵感，想出一些问题的解决之道，不管是在洗澡，还是在超市……我不休息，一直在工作。这看起来可能让人觉得压抑或是觉得有什么问题，但是我很喜欢沉浸在某个世界里。当我没有长远计划的时候，我会感觉很糟糕。我现在三十九岁了，自从三十岁以来，我就一直都有一个长远计划。我不喜欢两件事的间隙。现在，我的生活就是沉浸在这个或者那个世界里。

这是一种很愉快地感受生活的方式。就像吸毒状态下一样，感觉有点恍惚，世界也变得更加遥远了。不管我在哪里，过节或是看电影、和朋友一起，我都会感觉脑海中藏着一个这样的世界，这会让我备受鼓舞。

那么当您完成一本书之后，是什么样的感觉呢？

当我完成手头这一本之后，我知道我会感觉松了一口气，会很开心，因为这本书真的很难，一旦我听说出版社很高兴——我非常希望如此——我就会有自由的时间了，大概有一周，我会是整座城里最开心的人。我会去喝酒，看看我的朋友，每天晚上玩到很晚。然后再回到写作上来。上一次，我开始觉得有点失落了，我不知道是为什么。我很焦虑，没有安全感。当我不能工作的时候，事情就会变得糟糕。能把精力用于写作对我来说是件好事。

您会有很多的想法吗？您知道您后面要写些什么吗？

嗯，我大概会有四五个想法，尤其是在写戏剧的时候。但是在写一本长篇小说的时候，我会有特别多的想法。灵感总会变成新意。我在学着抗拒这种灵感，首先因为如若不然，就会永远没完没了，同时也因为，这些灵感虽然看起来非常美好、非常闪亮，但是只要坐下来开始写的话，就会发现它们有自己的方式，很难彼此调和。所以只有在坐下来开始写的时候，你才能知道这个想法是好是坏。

能跟我谈谈您第一次出版的情形吗？

最终我有一个短篇小说发表在《小时代周刊》(*The Minus Times*)上了，是南卡罗来纳州的一本独立刊物，主编是一个叫作亨特的男人。他给我发了一封邮件要我的号码，却没说为什么。我给了他号码，他给我打了电话，我简直不能相信会有个编辑给我打电话！他用很亲切的方式接受了这个故事，他对我十分好奇，因为他更愿意发表他了解的人的作品。所以他向我提了一些问题，关于我是做什么的，我是怎么生活的，等等。他真的是一个很有魅力的人。我的短篇小说发表了，我却不知道我在期待什么，但那是一本很特别的杂志，发行量很小，没什么人读，尽管它会发表一些很著名的作家的作品，其中有些人我敬佩了好些年。总而言之，我不知道我在等什么，我想可能是昙花一现吧。我大概在期待着会有什么人来联系我，一个经纪人或别的什么。什么也没有。（他笑。）生活一点也没变，我还是在每天洗杯子。我把那本杂志带到酒吧给我的同事们看，我觉得他们有点担心我，它看起来有点像爱好者杂志[1]（fanzine）。我同事们唯一的问题就是：想知道这篇文章我能挣多少钱。显然，我没有得到稿费，他们惊呆了。这也让我在某天夜里突然意识到其实什么也没改变，真正唯一重要的事情，就是写作本身。写作是最主要的任务，也是满足感的唯一来源。但是最终，这次发表还是以一种大反转的方式给我带来了一些东西，我跟您说说？

好啊。

初次发表之后，亨特（Hunter）接受了我另外一个故事，我很激动。我知道谁将会和我一起出现在下一期杂志上，因为我看过了网站。一天晚上，有人给我介绍了酒吧里的一位叫作D.V.的顾客，这不太常见，所以我问那人是不是D.V. 德万森提斯（D.V. DeVincentis）？他说是的。那是一个成功的编剧，写了很多剧本都被拍成电影了……所以他是一个全职作家，那是我第一次遇到一个作家。那时候，我刚写完《洗礼》，我不知道接下来该干吗。我预感到他能够帮助我。所以我做了个自我介绍，告诉他我们俩的文章都会在下期《小时代周刊》上刊登。他很惊讶，问我："你是作家吗？"我说是的。然后我送了他一箱免费的酒，让他喝得酩酊大醉，没收他的钱。我们一起喝酒，聊得很开心，但是最后我跟他说："我写了一本关于这家酒吧的书，我觉得还可以，您愿不愿意读一读呢？拜托了！"在洛杉矶，总会不停地有人找编剧读自己的手稿，它们一般都非常糟糕，可能只有千分之一还不错。所以他料想我的作品应该也不咋地。他没有试图掩饰这一点。他

---

[1] fanzine 是由 fan（爱好者、粉丝）和 magazine（杂志）的后缀组成的新词，意思就是爱好者杂志、同人杂志，不定期地编印出版，发行量极小。内容一般为连环画、科幻小说、音乐、影评等。

长长地叹了一口气说:"好吧。"他很失望,但是他给了我他的地址。第二天,我就打印了我的作品寄给他。剩下的事我是听说的。他收到了这本书,读了我的信,想起来了:"哦,酒吧的那家伙,噢,天哪!"他看了看信箱几米之外的垃圾桶,他打算扔掉我的稿子,但他决定给我一个机会。他一边读一边往垃圾桶走。从信箱到垃圾桶,我只有这么短的时间来吸引他的注意力。他读了一页,走了一步,又读了第二页,又走了几步。然后他把稿子放在垃圾桶上方,读了十几页。最后他做出了判断,这本书赢了,他觉得他应该读完它。但是他花了很长时间,几个月才读完。因为我没有收到任何消息,所以我很纯粹地认为他应该不感兴趣。直到有一天我收到一封邮件,一封我期待已久的邮件,他告诉我:"我觉得你的作品还不错,看看我能不能帮上忙。"他把这本书给了其他人,这人又把它给了另外一个人,最后这个人成了我的经纪人。发生这一切的时候,我正在班布里奇岛和我父亲一起在建筑工地干活呢。我接到一个叫作皮特(Peter)的人打来的电话,他后来成了我的经纪人,也一直是我的经纪人,他卖出了我的书,一切都走上了正轨。

您接到电话时是什么感受呢?

好吧,有些时刻呢……实际上这是一个非常痛苦的过程。当你长期以来,一直在一种巨大的空洞、隐秘、孤独中工作,最后你终于得知峰回路转了,你不知道该有些什么感受。我记得我收到了一封邮件,告诉我书卖出后,我将会获得多少钱。我从来没有过那么多钱,足以让我不必打工了。我想到这笔钱将给我带来的自由,成为一名全职作家一直都是我的梦想。很多有才华的作家今天都没办法做到这一点。而我收到了这封邮件,它告诉我今后至少一两年我都可以全职写作了,我仍然记得那种好奇的感觉。

要是非说我应该有些什么感受的话,我还真没有。当时我母亲在打理花园,我告诉了她发生了什么。她特别开心,跳着笑着,甚至哭了。我交了好运却什么感觉也没有,我心想:"为什么我没什么感觉呢?为什么我不觉得幸福呢?"生活不是这样的,写作的成功带来的欢欣要小得多。都是些小小的快乐。我解决了一些问题,我知道我已经尽力而为了。或许没人注意到这一点,一个句子写得不太好,一种微妙的感觉。但我知道我已经尽了最大的努力,而这使我非常自豪。这些细微的满足感积攒得够多之后,就能创造出理想的美好生活。你能在其中深深地感觉到时光静静流逝,而你正做着你要做的事。当然了,我的作品还有很多需要改进的地方,但是我知道我在做自己要做的事情,我很开心。这就是幸福的来源,而不是那些重大的时刻。这让我想到了婚姻。人们总是想要更丰富的体验,希望轰轰烈烈。但我不是这样的,我对那些重大的时刻没有什么很大的反应,对我来说重要的是那些细微的时刻。

所以您辞职了。

是的,我开始写《姐妹兄弟》,但是当我写了快一半的时候,我又没钱了,一分钱都没有了。我很绝望,因为我的写作进行得很顺利,我不想停下来。但是钱都用完了,我必须得回到建筑工地上去了。我准备好工具,打电话问我父亲有没有适合我干的活儿。我无可奈何地拿回了我的工作服。我喜欢木匠活,喜欢动手做些东西,但要是因为被逼无奈的话……在工地上干活的时候,就不会再写作了,六点就要起来——我知道有人凌晨三点起来写几个小时东西,但是我不行——身体很累,晚上也什么都干不了。只有周末可以写作,但这完全不够,周末是写不出长篇小说的。尽管我每天都写作,但我还是感觉很不好。不过那几个月前我曾申请了一笔加拿大政府的创作资助,但我完全忘了这码事。就在我即将重返工地的时候,我收到了一张支票,它拯救了我。我拿着这笔钱写完了这本书,一切都变得好起来了,因为它卖得很好。第一本书吸引了评论界关注,但是没人买,因为它很难懂也很阴暗。第二本书就要好懂多了。

您第二本书的灵感是从哪里来的呢?

您知道,我一直有些小本子,我会在上面记些笔记,有一天我写下了"敏感的牛仔"。我想是因为我和我父亲一起看了部西部片,我注意到从来都没人知道这些牛仔的内心感受。我想了想怎么才能得知这其中一个人物的情感,于是我写了一则对话,是两个并肩骑马的男人在谈论一些琐事。这个小对话写得很生动。我离开班布里奇岛,在波特兰安顿下来,我知道我要尽快开始第二本小说,因为我没钱再拖了。我写了小说的开头,大概有六十页,讲的是一个年轻人对一个加入了邪教的女孩产生了爱情的故事,为了跟她在一起,他一直跟着她。我觉得这个非常好写,但是我的小对话一直萦绕在我的脑海,让我笑个不停。有一天,当我骑单车闲逛时,我到了一家空仓库,我在那里找到一本关于淘金潮的书,名叫《四九人》(*The 49ers*),只要二十五美分。我不知道我为什么要买它,但是我买了。我的对话很含混,对历史时期、这两个男人之间的关系和他们要去的地方都没有说清楚。我读了这本书,知道了美国历史上很多有关这段奇怪时期的东西。我想我可以把这二者融合在一起。这两个骑马的人或许是去旧金山的,他们可能是兄弟,同时也是杀手。从这时候起,一切就都就位了,进行得很快。但是要写西部片,让我像当初写酒吧故事一样有点犹豫……那是一种特殊的类型,而我想写的是虚构文学。我记得当我跟经纪人和编辑说:"我写部西部片怎么样?"他们都说:"为什么你要做跟别人一样的事情呢?"但我还是这么做了。我不知道该怎么给这本书归类,西部片?实验西部片?我没法给它归类。后来我对自己说反正我无所谓。不管它是好是歹,形式都不重要。

> 您是当即就让艾力(Elie)成了叙述者吗?

不,不是从第一个对话就这样的。但我记得有个场景,将要成为查理的那个人跟艾力说了一些伤人的话,不过他自己没受到伤害并且陷入了沉默。就是从这时候起,比起查理,我才对艾力更感兴趣,我知道他是两人中更敏感的那一个。查理是领导者,而艾力会一直听从一个偏激且时常有点残忍的男人的命令。自从艾力表现出了会被几句话伤害的一面之后,我就决定通过他的声音来讲故事。他的形象在我的眼中非常鲜活,这让书变得很好写。借艾力之口,我可以不停地继续写下去。他很健谈也很好奇,是个很好的叙述者。他和查理不一样。要是查理是叙述者的话,这本书大概会短一半,而且会更粗暴、更无聊一些,那这本书就没那么好了。

> 除了读了那本《四九人》以外,您还需要别的什么调查研究吗?

不多。我的书中没有那么多史实。我试过,我去了图书馆,坐在桌子前,借了一大堆关于淘金潮的书,我觉得自己特别认真专注,不过看了那些书之后,我跟自己说:"啊,我不要写这个,多无聊啊!"我回到家自己编了很多故事。不过当我完成手稿之后,我又重新阅读了相关的历史,确认了其中出现的一些日期、手枪的牌子、关于牙刷的历史等,最后这一点给我带来了麻烦。牙刷在那时候是否存在,对我故事的真实性来说非常重要。同时它对艾力来说，也是个非常新奇的大事件。我确认了，也差不多找到了事实，但事实是那会儿牙刷还没出现。我不知道该怎么处理这个问题。这本书中的这个细节对我很重要，我不想失去它。然后我想着："就一次吧，这很有趣的。我可以任性一回，因为这不是一本历史书，而是一本虚构小说。"所以我就保留了，不过朗诵会的时候我一直等着会有人站出来指出错误。这种情况大概出现了五六次吧，要是算算我朗诵会的次数的话，这个数字相对来说还是很少的。一般这种情况发生的时候，都是一个年迈的白人站出来指正。这让我很开心，证明他确实认真读过了。我的书是比较个人的，和历史没什么关系。它也可以是一本虚构科幻小说。背景很重要，它会给读者的脑海中带来一些画面，但是它不是决定性因素。最重要的，是人物之间的关系。

那么，您是怎么对文字润色的呢？

通常，我写完一本书之后，会一而再再而三地校对。我会把它打印出来，用铅笔修改，再打印出来，继续重新开始。直到我不知道还能怎么改进它为止。我找不到什么可以改的了，不知道哪里到底好不好了。这时候，我就会给一些亲近的朋友和经纪人读一读。他们能够判断出哪里不好——因为我的作品当然还会有很多不太好的地方，一些我不知道怎么就忽略了的问题。所以我就会重新工作来解决这些问题，当这些问题都处理好了，就可以交给编辑了。

和第一本书一样还是同一个编辑？

不是，从第一家出版社换到第二家出版社的时候，我换了编辑，目前用的是我现在这家出版社的编辑。出版界一直都很动荡。他们一直在换地方，而你最好得适应这一点，因为他们就是这样办事的。唯一稳定的是我的经纪人。他是合伙人,所以我希望他不会走。但是如果将来他非要走的话,我会和他一起走。我们关系非常好。换出版社很复杂,因为他们是部分付款的,所以你就不那么自由了。不过我是一个随遇而安的人。

您对评论怎么看呢?

我会去读它们。很有意思。你有可能会得到一个绝妙的评论,让你觉得很开心……但也只是在很短的一段时间内。这种感觉很快就会消逝。不过一则糟糕的评论给你的影响则会持续很久。不一定是因为你相信他们所写的东西。我认为恰恰相反,是因为你发现他们写的东西都是错误的。你觉得被不公正地对待了,觉得没有被理解。有时候他们会乱说你的灵感来源。他们会说你受了这个那个的影响,然而实际上你根本没读过这些作家的书。把作家们相互比较这种现象在这里很常见。对于《洗礼》来说,他们总是提到布考斯基[1],这让我感觉很不舒服,因为我从中学起就根本没读过他的书,更谈不上他对我有什么影响了。仅仅是因为这是一个发生在洛杉矶酒吧的故事,这是一种偷懒的做法。要是你写关于斗牛的故事,他们就会说你是海明威的粉丝。出了第二本小说的时候,他们一直拿我和科马克·麦肯锡作比较,实际上我对他一无所知。我很肯定他应该是个天才,但不是我喜欢的类型。我只是读了一点点《路》[2](La Route)和《骏马》[3](De si jolis chevaux),那是上中学的时候父亲给我的。好吧,不管怎么说,

---

[1] 亨利·查理·布考斯基(Henry Charles Bukowski, 1920—1994):美国诗人、小说家、短篇故事家。
[2] 英文书名为 The Road。
[3] 英文书名为 All the Pretty Horses。

我的书和这些一点关系都没有。我觉得当你把作品呈现给大众时，最重要的事就是要完全信任它。当你呈现的是一部自己都觉得不太好的作品时，面对好的评论你会觉得羞愧，而面对坏评论时你会心惊肉跳，因为你觉得人家说的确实是对的。你会想道："蠢货，你为什么要这么对自己呢！"这是唯一一件我竭力避免的事情。要是你发表了一部你自己特别喜欢，也觉得很有价值的作品，即使别人讨厌它，这会很伤人，也很恼人，但你不会觉得羞愧。你可以避免羞愧。我就是在避免这个。我想我不会发表自己都觉得不怎么样的作品。当然了，你的观点会随着时间的流逝而不断改变。无论如何，我会尽量避免发表尚未完成或者还不够好的作品。

当您写作的时候，您会设定最低字数吗？

目前我一直在删减和改动情节，处理我的素材，我尽量使它们更紧凑、更简洁。当然这时候我是不会去数字数的。不过当我刚开始写的时候，我会尽力坚持每天写五百到一千个字左右，这也不多，每天也就一页到一页半而已。但要是你每天都能够这么做的话，就能不断前进了。我现在写的这本小说，我觉得有些部分写得太快了，这让人有点沮丧，因为这就意味着还有好多地方得重写。当我每天写五百字左右的时候，尽管也不完美，甚至可能最终不会出现在书中，但它们至少是对路的。当我重新读的时候，我依然能感受到这些文字中蕴含的力量，对于我来说，越慢越好。

您遇到过大脑短路的情况吗？

不完全算吧。我总是有东西可写。所以，当哪篇文章写不出来的时候，我可以换一篇写。当我卡壳卡太久的话，那就不是大脑短路，而是这个想法不太好。有很多想法本身就很有力量，而其他的没有。我也不知道是为什么。我会去找从一开始就很有力量，而且这力量会不断更新的想法，当我终于找到一个的时候，我就会一直深挖到底。

您对写作课怎么看？您教过写作课吗？

没有，我开过一些讲座，有人建议我授课，但是我不知道……我对教室有点反感，我不想回去，至少不想完全是被逼着回去。我也不喜欢一本又一本地读别人的小说并加以评判。我希望不用教书。不过真的，现在的美国新手作家可以跟着顶级的作家学习，如乔治·山德斯[1]、琳恩·提尔曼[2]这些大家。我觉得这是很好的机会。我不后悔从没上过这些写作课，不过我也想着要是能遇上个我很尊敬的好老师的话，也许能节省不少时间。我在很长一段时间内都犯同样的错误。

什么错误？

我的写作风格总是辞藻华丽，却华而不实。我说得太多，我一直在说，但是实际上什么也没完成，话太多而行动太少。要是我二十岁的时候有人劝我朴实一点，我能省去很多麻烦。我最近和一个巴黎人聊天，她告诉我说在法国是没有写作课的，是真的吗？真是搞笑。这个年轻的小姑娘跟我说："在法国，我们相信写作是没法教的，要么诗神缪斯指引着你，要么就什么也没有。"这种想法真的很落伍！然而她在说这话的时候是那么认真。关于这个我想了很多。我不同意这种观点。我不觉得艺术是个神奇的过程。这是一份工作，需要每天都坐在桌子前。当我写作的时候，

---

[1] 乔治·山德斯（George Saunders，1958— ）：美国作家、短篇故事家。
[2] 琳恩·提尔曼（Lynne Tillman，1947— ）：美国短篇小说家。

我不是一个由激情支配、受缪斯引导的人。我是在解决问题。这和建筑很像,首先得掌握一门手艺,然后日复一日地使用自己的工具,锻炼自己的能力。这不浪漫。在成千上万个像我这样坐在桌前干活的小伙子里,只会出一个兰波[1]。缪斯……日子有好有坏,缪斯是不可靠的,而工作总得完成。不过这个巴黎女孩有些话我还是挺喜欢的。很浪漫,我喜欢听这个。在这里是无法想象的。我觉得自己处在美式思维和法式思维中间。写作,是自己教自己。

吉尧姆进来拍照片,我去和孩子们会合。帕特里克跟吉尧姆一起去看我们的野营车,透过他的眼睛我看到:车里贴着很多我们去过的那些地方的明信片、新奥尔良的面具和项链、一些印第安羊毛毯和棉毯、到处挂着的一堆玩具袋,还有几十本捆好的书,以免车开动的时候掉下来。透过这条波特兰小道上浓密的树荫,我们的小车看起来亲切、凌乱,又突然那么转瞬即逝。

---

[1] 让·尼古拉·阿蒂尔·兰波(Jean Nicolas Arthur Rimbaud,1854-1891):法国著名诗人、早期象征主义诗歌的代表人物、超现实主义诗歌的鼻祖。

James Lee Burke 詹姆斯·李·伯克

密苏拉,蒙大拿州

我们沿着哥伦比亚河前行,两岸秀丽的山上覆盖着茂密的森林。然后我们到了爱达荷州,这里曾是内兹珀斯人的领地。越过铺满金色茅草的圆山丘,我们看见了陡峭险峻的山梁。夜里我们听见了狼嚎。路边时而会出现一个孤零零的农场、漆成血红色的巨大的木制谷仓或是金属筒仓,高耸入飘着朵朵云彩的天空。我们到了蒙大拿。离密苏拉不远的地方,一条土路蜿蜒而上,通往一条树木繁茂的峡谷。这里零零星星地散布着几栋房屋,在路的尽头,我们看到了詹姆斯·李·伯克的家。他戴着帽子、穿着靴子,正在等待我们的到来。他妻子准备了咖啡和巧克力面包,他把这些比作吗啡。

您在这里生活多久了?

我自从1966年起就经常来蒙大拿。这里的生活很美好,生存却不太容易。1989年《忧伤的黑樱桃》(*Black Cherry Blues*),也就是关于戴夫·罗比乔克斯(Dave Robincheaux)系列的第三部小说出版时,我获得了经济自由,从那以后就可以全职写作了。

您是什么时候决定成为作家的呢?

从小学起我就写一些小故事。但是直到十九岁,我第一次在大学的一本杂志上发表了一则故事时,我才开始认真看待这个想法。自那以后,我就再也不想干别的了。

您的家庭鼓励您写作吗?

对,很鼓励。我们家有点特别。我的表哥是安德烈·杜布斯[1]。

真的吗?

您知道大小杜布斯吗?他们俩都是作家。

我知道安德烈·杜布斯三世[2]。

那是儿子。他爸爸是我表哥。我们的生日只隔了四个月,是一起长大的。他儿子也很不错,不过他爸爸可能是我们那个时代最优秀的短篇小说家了。他是作家中的作家。他和雷蒙德·卡佛以及唐纳德·巴塞尔姆[3]这些伟大的作家同时代,但在我看来,他已经超越了他们。简单来说,他不是一个很流行的作家。那时人们都十分迷恋后设小说[4],噢,不!后设小说一点也不好!(他笑。)这就好像是拿断臂维纳斯跟衣帽架作比较一样!像托拜厄斯·沃尔夫,他给安德烈·杜布斯的一本小说集写过序言,还有朗·汉森[5],这些人都承认他很有才华。我们是一起长大的,很爱相互比较。他比我高一届。大学的时候,有次短篇小说比赛他拿了一等奖。第二年,我也参加了这个比赛并拿了优秀奖,我觉得这对我来说已经很不错了。我们年轻的时候非常亲密。

---

[1] 安德烈·杜布斯(André Dubus II,1936-1999):美国著名短篇小说家。
[2] 安德烈·杜布斯三世(Andre Dubus III,1959-):美国短篇小说家、短篇故事家。
[3] 唐纳德·巴塞尔姆(Donald Barthelme,1931-1989):美国短篇小说家、故事家。
[4] 后设小说,又称元小说、超小说,是一种小说类型,透过自我意识的觉醒,刻意凸显书中虚构的错觉。
[5] 朗·汉森(Ron Hansen,1947-):美国短篇小说家、随笔作家、教师。

> 一个家族出了两个伟大的作家，真是不可思议！

不止两个，因为他儿子也是作家。还有我女儿，阿拉法尔·伯克[1]，也是小说家！我父亲本来想成为记者的，他写了一些关于自然历史的文章。不过他是工程师，在大萧条期间，要是你有一份工作，你就得坚持干下去。大萧条是从1929年开始的，美国经济在1932年跌至谷底，然后1938年又再次触底。经济萧条一直持续了十年。我是1936年出生的，就在这十年期间。因为我父亲有一份工作，所以我们不像别人那么倒霉。我出生的时候，美国人口是一亿两千七百万，而其中不止两千万人都失业了。

> 路易斯安那州非常贫穷。

嗯，半对半错吧。人们很穷，但是石油公司不穷。要不是石油公司掠夺了整个路易斯安那州的资源的话，它本可以是人间天堂的。得克萨斯州宪法明令从公有土地获得的财富要重新投入到医疗和教育系统，所以一直以来得克萨斯的学校和医疗系统都非常出色，是南部其他州完全无法企及的。路易斯安那州只是被掠夺了，权贵阶层把它完全破坏了。新泽西、佛罗里达和路易斯安那都充斥着腐败和黑手党。东尼·索波诺（Toni Soprano）[2]倒应该是这个州梦寐以求的领导者，他要是在的话会如鱼得水的。

> 您在书中对克力特·珀塞尔这样说道："路易斯安那州只是危地马拉的北部，当你接受这一点的时候，就能更好地理解了。"

---

[1] 阿拉法尔·伯克（Alafair S. Burke, 1969-　）：美国犯罪小说家、法学教授、法律评论员。
[2] HBO经典剧集《黑道家族》中的黑帮大佬。

这和拿破仑法案完全是同样的体制,都是建立在收买人心和任人唯亲的基础上的,而我们需要慧眼识人。要是你想做什么事,给人打个电话就行了,不用上法庭。这样是不行的。人们也不排队。我家在泰克湾那边,我父亲为输油管道工作,不过很年轻就去世了,死于一场车祸,当时我十八岁。

您受过怎样的文学熏陶?

我读了很多书,但不是学校要求读的那些书。我不知道现在有没有改变,但那时还是蛮可怕的:学校要求我们读乔治·艾略特[1]的《织工马南传》(*Silas Marner*),还有纳撒尼尔·霍桑[2]。天哪,真要命。不过我那时就读了理查德·哈利伯顿[3]的《惊奇书》(*The Book of Marvels*)。您知道吗?他是个了不起的冒险家。然后我还狼吞虎咽地读了哈迪男孩(*Hardy Boys*)系列丛书,是一些给孩子看的警匪小说。对于我接受的教育而言,我收到的最大的礼物是流动图书馆。那是在大萧条和"二战"时期罗斯福首创的项目。为了给失业者们提供工作,他让他们去开载满书籍的卡车。那些车本来是装牛奶或者面包的,每周都会到这一带来。那一天对我们来说是个重要的大日子。孩子们一股脑儿地跑出去抢着看那些书,我们可以这周借下周还。我就是这样发现文学的。然后到了中学我读了很多大人看的杂志,它们和今天成人杂志很不一样。

---

[1] 乔治·艾略特(George Eliot,1819-1880):原名玛丽·安·伊万斯,英国作家,十九世纪英语文学最有影响力的小说家之一。
[2] 纳撒尼尔·霍桑(Nathaniel Hawthorne,1804-1864):美国心理分析小说开创者,也是美国文学史上首位写作短篇小说的作家,被称为美国十九世纪最伟大的浪漫主义小说家。
[3] 理查德·哈利伯顿(Richard Halliburton,1900-1939):美国冒险家、作家和演说家。

那是一些探险猎奇类期刊，我还记得《传奇》(Saga)和《男士杂志》(Male)。(他笑。)莱斯特·海明威[1]，欧内斯特的弟弟，就给这类杂志写文章。上中学时所有人都读莱昂·尤里斯[2]的《战嗥》(Battle Cry)，或者是欧文·舒尔曼[3]的《安波易公爵》(The Amboy Dukes)，那是我读过的关于青少年犯罪的最好的书之一——很奇怪它没有被改编成电影。这些书影响了五六十年代的黑色电影。我在电影院度过了很多日子。一场电影要一角钱，也就是十美分。排片表每周换两三次，到处都有电影院。现在不是这样了，人们通常会有一些情结，而电影也变得十分老套，以至于我都不称之为艺术了。朱尔斯·达辛[4]在这里拍过电影，还有伯格曼[5]和福特[6]。这些我都看过。美国的西部片确实是一种新的存在主义。《原野奇侠》[7](L'Homme des vallées perdues)是最伟大的西部片。其他的西部片都只不过是在模仿它而已。它的编剧是艾尔弗雷德·伯特伦·格思里[8]，克林特·伊斯特伍德[9]的所有西部片都是从它这里得到灵感的。一个无名男子进城了，他代表着死亡，

---

[1] 莱斯特·克拉伦斯·海明威 (Lester Hemingway, 1915-1982)：美国作家。二十世纪最著名的小说家之一欧内斯特·米勒尔·海明威的弟弟。
[2] 莱昂·尤里斯 (Leon Marcus Uris, 1924-2003)：美国作家，尤其以历史虚构小说闻名。
[3] 欧文·舒尔曼 (Irving Shulman, 1913-1995)：美国作家、编剧。
[4] 朱尔斯·达辛 (Jules Dassin, 1911-2008)：美国著名导演、制片人及演员。
[5] 英格玛·伯格曼 (Ernst Ingmar Bergman, 1918-2007)：瑞典著名的电影、电视剧、戏剧三栖的导演。
[6] 约翰·福特 (John Ford, 1894-1973)：美国电影导演。
[7] 英文电影名为 Shane。
[8] 艾尔弗雷德·伯特伦·格思里 (Alfred Bertram Guthrie, 1901-1991)：美国短篇小说家、编剧、历史学家。
[9] 克林特·伊斯特伍德 (Clint Eastwood, 1930-)：美国演员、电影导演和电影制片人。

是第四个骑士，伊斯特伍德的《孤独骑士》^[1]（*Le Cavalier solitaire*）就是这样。尽管我那时候还是个孩子，也知道我看到了非常强大的东西。约翰·福特的《侠骨柔情》^[2]（*La Poursuite infernale*）也是一样，一部由光和影构成的绝佳电影。我认为这是独一无二的。在他之前没人这么干过。光和影是一切的中心。约翰·契弗跟他说过："关键在于光，艺术中的光。"是光和影创造了戏剧。角色也分配得很好。亨利·方达^[3]演的怀亚特·厄普（Wyatt Earp），沃尔特·布伦南^[4]演的克兰顿（Clanton）。不过那完全是部虚构作品，现实中的厄普一家是杀手和强盗，不是什么和蔼可亲的好人。您看过《左手持枪》^[5]（*Le Gaucher*）中的保罗·纽曼^[6]吗？一样的，存在主义英雄。多出色的电影啊！所有的人类历史都在这部电影中体现出来了：一个令人动容的年轻人发现一个像父亲一样的人物被恶势力、一群奸商杀害了……这是一些伟大的故事，因为它们来自中世纪戏剧传统。后者是一切的源头，同样也是我作品的源头。

所以说您的写作主要是受电影的影响吗？

哦，那倒不至于，我也读书，读很多书。作家应该读书。我教了很久的创意写作，有时我发现学生们根本不读书。这就好比你想成为作曲家却完全不听音乐一样。（他哈哈大笑。）这样不合理。

---

[1] 英文电影名为 *Lone Rider*。
[2] 英文电影名为 *My Darling Clementine*。
[3] 亨利·方达（Henry Jaynes Fonda, 1905-1982）：美国著名影视、舞台剧演员。
[4] 沃尔特·布伦南（Walter Andrew Brennan, 1894-1974）：美国演员。
[5] 英文电影名为 *The Left Handed Gun*。
[6] 保罗·纽曼（Paul Newman, 1925-2008）：美国著名金发演员、赛车选手、慈善家。

您喜欢教书吗？

教书对我来说是一份礼物，它能让我挣钱养活自己，同时也能腾出时间写作。这可不容易。目前我很幸运，可以全职写作，但并不总是这样。在疲惫的时候我们可以干很多事情，但无法写作。

除了多读书，您还会给学生们提些什么意见呢？

永远不要放弃。永远。不管发生什么。有时候会有学生过来问我："詹姆斯，你觉得我有才华吗？我应该继续下去吗？"我不会回答。这个问题很糟糕。你要是有才华的话你自己心里清楚。这是上天赋予你的，是一种恩惠。如果你有写作才华，你就做不了别的。除了干这行，否则你都不会觉得幸福的。而其他人喜不喜欢你的作品都不重要。也许这很傲慢，或者是虚荣，但是我从不会因为别人的拒稿而感到烦躁。在我的职业生涯中我被他们拒稿了几百次！（他再次哈哈大笑。）

先跟我说说您第一次出版的情况吧。

很年轻的时候我就写了《半面天堂》[1]（*La Moitié du paradis*），大概是在二十一岁到二十三岁吧。我完成了我的学业，供职于一家石油公司，为输油管道工作。我读本科的时候结婚了，读研的时候就有了第一个孩子。我们那时候多穷啊！所有的学生都很穷，何况我们还有一个孩子！所以我很需要这份石油管道的工作。薪水很不错，同时还能写作。我一直随身带着一个小本子，我习惯手写。我找了一个经纪人，他是从希特勒掌控下的欧洲逃亡过来的。他是犹太人，离开了奥地利，到纽约生活。是一个我认识的

---

[1] 英文书名为 *Half of Paradise*。

曾在林肯大队待过的人把他介绍给我的，这人之前也是他的作家。这个经纪人花了五年时间，终于成功地卖出了我的书。我们遭到了多次拒绝，但他最终成功了。《纽约时报》甚至在头版发了一篇六栏的书评！这真的太棒了！我心想："真不错！你们还有别的什么要给我的吗？"我发表了其他两部小说，它们卖得也都还可以。然后我写了《失而复得的布基》[1]（Le Boogie des rêves perdus），我等着盛况也发生在这部小说身上，然而并没有。所有的出版社都拒绝了它。我最终换了经纪人，这真是个错误的决定啊，因为他真的很不错。我换了人之后后悔了。这种情况持续了十三年，这期间我一直没有出版社，我的书也没有再版，一次也没有。然后我遇到了我现在的经纪人，菲利普·斯必泽（Philip Spitzer），他家来自阿尔萨斯，他开了一家事务所，里面只有他一个光杆司令。他也是地狱厨房[2]那一带的出租车司机，同时还是文学经纪人！他是一个英勇的战士，会去驱赶中央公园的小混混。有一天，他被两个拿着一把.45口径手枪的人袭击，而他还对他们穷追不舍！这就是我的经纪人！是他在九年里一直坚持不懈地寄我的《失而复得的布基》给各个出版社。我收到了一百一十一次拒稿信。

但那是为什么呢？您知道原因吗？

噢！编辑们不喜欢它！他们很粗暴地对待这本书。他们在我的手稿上用钢笔乱涂乱画，还盖满了茶杯或者酒杯印！在我收到的所有拒稿信中，我最喜欢的是纽约一位知名编辑的回复："一直到故事最后，我都很为这两个倒霉蛋难过。"好吧，我想他还是不

---

[1] 英文书名为 The Lost Get-Back Boogie。
[2] 地狱厨房（Hell's Kitchen），正式行政区名为克林顿（Clinton），又俗称为西中城（Midtown West），是美国纽约市曼哈顿岛西岸的一个地区。

喜欢这本书吧。最终我的妻子佩尔对我说："你应该把它寄给路易斯安那的大学出版社。忘掉纽约吧，他们永远不会发表一个有前科的乡村音乐歌手的故事的！"她说得有道理。路易斯安那接受了这本，而且它还被普利策奖提名了。然后我发表了《霓虹雨》[1]（*Légitime Défense*），关于戴夫·罗比乔克斯系列的第一本，也成功了。这本书将我带到了商业道路上。我继续写戴夫·罗比乔克斯系列丛书，第三部出版就能保障我全职从事写作了。我那时已经五十三岁了。

这十三年里，您曾经尝试写过别的书吗？

写过，我有个很大的箱子，里面装满了我收到的拒稿信。我保留着它们并跟自己说，总有一天我会在每封信上签上名字，然后有人来找我买这些信的！不过这个箱子后来找不到了。

您是怎么坚持下来的呢？

那些年里有一阵子我在教书。我也会不断想起那些在海上石油钻井台工作的日子里学到的古老的一课。我们在海上待十天，岸上待五天。在海上我会写一篇短篇小说，然后在岸上的五天里，我会把它寄给某家出版社，虽然他们会扔掉它。然后我就又重新开始，一次又一次。我给自己定了规矩，手稿放在家里的时间不能超过三十六小时。它们必须流通，如果我想要它们被发表的话，就一定要寄出去。尽最大努力写作，至于其他的……但只要我们有才华，只要我们被给予了这种天赋，那就是对我们的恩赐，总有一天它存在的理由会在我们的生活中出现。我很肯定这一点。所以不应该放弃。

---

[1] 英文书名为 *The Neon Rain*。

您在这个艰难的时期收到过哪些不错的意见吗?

人们是不能帮助一个艺术家的。艺术家应当接受这一点:他无法影响作品的命运。他创造了它,但他改变不了别人对这部作品的看法。艺术家所能做的就是继续创作,直至获得回报。如果从来没有获得回报的话,好吧,那么他可能就会变得很绝望很愤怒了。

您经历过这种状态吗?

我想没有吧。确实很艰辛,但是就是这样啊。我能接受。我父亲一直说:"要是所有人都同意某件事,那么它通常是错误的。"这能让人冷静下来。戴夫·罗比乔克斯的父亲说过:"你见过一群人穿过整座城挤着去干什么好事吗?"凡·高从没有卖出过一幅画。要是你一直在做一些从众的事情的话,赶紧放弃吧。人家早就做过了。谁愿意成为一个媚俗的人呢?我跟您说件事,几年前我曾收到过得克萨斯州亨茨维尔一家监狱的一个犯人的来信,他被判了死刑。他告诉我他母亲给了他一本我的小说《西马隆河的玫瑰》[1](*La Rose du Cimarron*)。但是监狱的审查委员会涂黑并且撕掉了好多页,让这本书根本没法读。您能猜到当时的领导人是谁吗?

布什?

这就是那些人对于书的恐惧的写照。这个人都要被执行死刑了!他给我寄了一封审查委员会的报告复印件,上面有两点意见:我的书鼓励藐视权威——藐视?这些人可是在监狱里啊!还有说我鼓励种族隔离。而我所有的书都在宣扬社会平等!当考虑

---

[1] 英文书名为 *Cimarron Rose*。

到这一点的时候，我会想起加缪的《局外人》(*L'Étranger*)。我们社会有种很疯狂的现象，要是面对的是一群要取悦的人，那么我们就创造不出艺术，只能搞出一些别的东西。要是我们是为了钱而写作的话，就永远挣不到钱。要是为了荣誉写作的话，也永远得不到荣誉。一切都很不正常。我不是说钱不好，不管怎么说，有钱总比没钱好。

您过去很穷吗？

对，穷得要死。我和妻子还有孩子们在加利福尼亚和佛罗里达到处讨生活。我们什么脏活累活都干。我妻子做过服务员，还在全美公认最差的学校——洛杉矶手工艺术高中教过书；我做过穷街乐队（Skid Row）的社工、记者、卡车司机，石油这行也干过，还做过森林里的伐木工。为了生存，能做的我都做过。我们住在洛杉矶的小破房子里，或是在阿巴拉契亚山边的一辆旅行挂车里，那是给在森林里工作的员工住的，但真的很简陋。所有的这些都在我的小说中获得了新生命，我也从一个不一样的美国学到了很多东西。那是美国的底层社会。在阿巴拉契亚山边，六十年代的肯塔基州，我们看到很多孩子穿着土豆袋改成的衣服，光脚走在雪地上。新年的第一天，我儿子在学校看到有小孩在抽水马桶里洗手，他们不知道那是什么，因为他们从没见过自来水。我在《朝着欢乐黎明》[1]（*Vers une aube radieuse*）里写到了这些，被十四家出版社拒了，每次都是同样的理由：编辑们不相信。他们说这看起来像是三十年代。他们错了。那就是美国，我们的美国。这些年里，我妻子佩尔和我的孩子们帮了我。改变这个世界的都是说"不"的人，都是不安于现状的人：耶稣、马丁·路德、丹尼尔·贝

---

[1] 英文书名为 *To The Bright and Shining Sun*。

瑞根[1]（神父、诗人和活动家，生于1921年）、伽利略……乔治·奥威尔说过作家们都有一种虚荣心，一种想要改变历史的强迫症。作家是不会休息的，因为他们坚信自己看到了一些必须分享给世人的东西。您知道的，威廉·福克纳在弥留之际说过："如果我没有写下这些书，也会有另一个人替我写的。"您知道莫扎特和撒利尔的故事吗？莫扎特很有天赋也很搞笑。撒利尔非常努力，但他远不及莫扎特。他恨莫扎特，诅咒上帝为什么要给莫扎特这样的才华。一天，他把他新作的曲子拿给莫扎特，而莫扎特居然用脚趾弹奏它！当我们教写作的时候就知道，才华与教育或者其他的什么东西一点关系也没有。不管是服务生还是卡车司机都可以很有才华。因为这种才华是天赐的，是上天指定了你。我这一辈子经常听见一些声音，我从来不会把这个告诉精神病医生，我知道这是精神分裂症。不过所有的艺术家都知道，我们能听到这些声音。我们会在风中听到声音，在电梯中听到有人讲话，我们立马就能知道那会是个好故事。

作家肩负某种使命吗？

让世界变得更好。

文学能改变世界吗？

世界是永远不会改变的，再说它也没有那么糟糕。这还是一片不错的乐土，看看这美景吧！（他指着外面山谷中直指蓝天的一排排杉树林。）我听到有人说他们在这个国家没法生活，不过看看吧，这些溪流和湖泊！我们不能改变世界，但我们可以与世

---

[1] 丹尼尔·约瑟夫·贝瑞根（Daniel Joseph Berrigan, 1921–2016）：美国神父、反战活动家、诗人。

人分享我们的所见所闻，让他人的生活变得更加美好。您知道该撒利亚的尤西比乌[1]吗？他是罗马皇帝君士坦丁（Constantin）时期的作家，他亲眼看见竞技场上的争斗。他写了一本书《教会历史》[2]（*Histoire ecclésiastique*），实际上讲的更多的是古罗马历史。我所感兴趣的，是其中他谈到的君士坦丁、参议院的钩心斗角、在竞技场上受虐的男男女女、第一代基督教徒和东正教的残酷争斗……当你读到这本书的时候，你立马就能辨认出来，你会失声大叫："天哪，这就是我们啊！"什么也没变。人物还是一样，贪污腐败、英雄和小人们……世界没有改变，一点也没有。尼禄[3]（Néron）一直在我们中间。

您毫不犹豫地就把自己归为主张介入的作家吗？

政治是我们写作的一部分，这是不可避免的，因为这是我们生活的扩展。当我们读加缪的时候，我们很清楚他不会是茶话会的一员。煽动群众又是另外一回事了。不过这是戈雅[4]在拿破仑战役后画的马德里居民图吗？或者是毕加索的《格尔尼卡》（Guernica）？这不是一份政治宣言，不是，这只是对人类的恐惧与痛苦的写照。奥威尔是个充满激情的随笔作家，相较他的小说而言，我更喜欢他的随笔。他的随笔都充满很强的政治性，尽

---

[1] 该撒利亚的尤西比乌（Eusèbe de Césarée，约265-339）：护教家、神学家、教会历史学家、作家及教会监督。
[2] 英文书名为 *Church History*。
[3] 尼禄·克劳狄乌斯·凯萨·奥古斯都·日耳曼尼库斯（Nero Claudius Caesar Augustus Germanicus，37-68）：罗马帝国皇帝，54年至68年在位。是罗马帝国朱里亚·克劳狄王朝的最后一任皇帝。
[4] 弗朗西斯科·何塞·德·戈雅·卢西恩特斯（Francisco José de Goya y Lucientes，1746-1828）：西班牙浪漫主义画派画家。

管与政治有关，但它们都非常成功。您曾经读过谢尔比·富特[1]吗？他的四部关于内战的书？他在书中重塑了那个时代，但他成功把握了这场内战中的人类历史。

您经常用您的生活经历作为小说写作素材吗？

有可能，有可能。但通常等我意识到的时候为时已晚。而且我还有一些记忆黑洞，有很多页我都想不起来我曾经写过。就这样，感觉好像是别人写的一样。

您是怎么工作的呢？

我一直都在写作，我早上醒来的第一件事就是写作，夜里也写。我的床边总放着一本小本子，我会记下我的梦，一些句子、对话、名字。但是我一直都只能知道两个场景左右，在完成之前，我从来都不知道这本书会谈到些什么。

您是从什么开始的呢？

一个人物或者一处地点。我知道故事就在那里，我知道，即使我还不知道它到底是什么。我只能看到故事的一个角落。我的新书《徒步异客》(*Wayfarer Stranger*)让我很惊讶，我是从一段童年记忆开始这本书的。我想起那些灰尘，那时我在得克萨斯的祖父家里，一切都是煤炭的颜色。到处都是灰尘，天空没有一丝蓝色。树上没有叶子，只有铺天盖地的灰尘。我记得那时感受到的完完全全的忧伤。我大概四五岁吧。这就是我写下的第一个场景。这本书是从我的表哥威尔顿（Weldon）的生活中得到灵感的，

---

[1] 谢尔比·戴德·富特（Shelby Dade Foote，1916-2005）：美国历史学家、短篇小说家。

他在"二战"期间当过兵。受了三次重伤,也被授了勋。他是很不错的人,我非常喜欢他。这本书谈到了石油公司,没人讲过这个故事!我见证了伟大的美利坚新帝国的诞生。1945年的时候,我们开始走英国和法国曾走过的道路,而我们现在依旧位居霸主地位。我们取代了过去的殖民大国。T.E. 劳伦斯[1]在1940年说过,问题在于石油。确实是这样。一切问题都来源于此。

您对今天的美国很担忧吗?

是的。我们处在十字路口。我们需要改变,我们在摧毁土地。所有的科学家都这么说,除了一些拿了福克斯新闻(Fox News)的钱的人会说反话。1950年的新奥尔良年降水量达二百二十八厘米,夏天的时候,每天下午三点都会下雨。而如今降雨量只有七十八厘米了,就只有这么多。土地变得和陶瓷一样坚硬。石油公司的人坚持说气候没有变化,而他们一直在继续污染我们赖以生存的地球。要是我们不改变的话,我们可能就无法走出困境。我们仍然觉得一切都可以为我们任意支配,不过只要我们重新读一读《圣经》就会知道,诺亚先救的是动物。这条信息很明确。地球是我们的财富,我们应该保护它,而我们实际上却没有这么做。这是疯狂,我找不到别的话来形容。要是可以继续鼓动人们去污染自己呼吸的空气和饮用的水的话,那么人就什么事都做得出来。我们对路易斯安那州极其失望,于是我们卖掉了那里的房子。路易斯安那州的问题太多了!那里的高速公路是整个美国最致命的。

---

[1] 托马斯·爱德华·劳伦斯(Thomas Edward Lawrence,也称"阿拉伯的劳伦斯",Lawrence of Arabia,1888-1935),因在1916年至1918年的阿拉伯大起义中作为英国联络官的角色而出名。1935年他就去世了,此处应该是作者的笔误。

路边有一些卖戴吉利鸡尾酒[1]的服务站，可以在那里停车，甚至不用下车都能花五美元买一杯酒，而这居然是合法的。不少孩子都死于这个原因。这是一种精神错乱，是它让人们都变得无动于衷。我跟一个记者说了这事，我希望能做点什么。这个专栏记者却笑着说："喝酒开车，这是路易斯安那的老传统啊。"然而这一点都不好笑！多少人无辜死去！但是你想要什么呢？"Laissez le bon temps rouler（及时行乐吧）。"（他用阿卡迪亚法语说道。）

您来自阿卡迪亚家庭吗？

我父亲说法语，不过我说得很不好。我们的祖籍是爱尔兰。

您觉得您在写小说的时候，需要充分了解故事所在的那个地方吗？就像蒙大拿或者路易斯安那？

蒙大拿和路易斯安那是一些爱情故事。不过我很为路易斯安那痛心，它不是身陷危难，而是被摧毁了。开发商们砍掉了好几百岁的古木，只为了去实施一些极其短暂的计划。看到这些真的让人很痛苦。工业家们太随心所欲了。一天，一个立法者跟我说："埃克森美孚[2]（Exxon Mobile）公司的旗帜应当插在国会大厦上，因为里面的一切都是他们的，每个人是他们的人。"没有哪一派的政客不是被埃克森美孚公司所操控的，他们全都在为石油工作。作为交换，他们给了那些人戴吉利鸡尾酒服务站、强力球还有彩票，整夜开放的赌场还提供免费酒水。免费！贫富阶级

---

[1] 戴吉利（Daĭquiris）最初是1896年为在酷暑天气下工作的矿山技师们调制的鸡尾酒。该款鸡尾酒由白朗姆酒、莱姆汁和糖水调制而成，在一些国家用石榴糖浆代替砂糖，鸡尾酒有一抹红色。
[2] 埃克森美孚公司是世界最大的非政府石油天然气生产商，总部设在美国得克萨斯州爱文市。

都有渣滓,但游戏规则是不平等的。穷人们从一开始就很穷,社会服务机构的钱都被贪了,所以穷人们一直都非常穷。

为了创作小说中的故事,您会和警察们一起工作吗?

我认识很多路易斯安那的警察,不过我不用找他们搜集资料。我作品里很少涉及大型犯罪,因为我写的不是警匪小说。我写的是一些黑色小说,它们讲的是别的事情。我小说的中心是髑髅地[1](Golgotha),一直都是。我的情节都来自伊丽莎白一世时期或者古希腊戏剧,要么就是借鉴的《圣经》。五十年来我都在"抄袭",我生怕自己会遇上什么麻烦……(他笑。)我相信荣格的话,他说史诗故事存在于集体无意识中。啊,门铃响了!如果是您丈夫的话,那就该让孩子们进来。我们一起去看马。

> 圣菲、米斯都是公马,还有格洛丽亚是他们几周前收养的母马,因为之前的主人虐待它。在听到詹姆斯的呼唤之后,几匹马都跑到马栏边来,孩子们给它们喂了几块苹果。詹姆斯总结道:"生活在蒙大拿,就好像是生活在文艺复兴时期的意大利。艺术家、作家和美景随处可见。"
>
> 这一天是在克拉克福克河边结束的。密苏拉大学的学生们正在那里举办一场爵士音乐会,一些年轻人正在湍急的河流中冲浪,时而挺立在翻滚的浪花上。

---

[1] 又译各各他,耶稣被钉死之地。

Thomas McGuane 托马斯·麦葛尼

麦克劳德,蒙大拿州

利文斯顿。我们在一家很不错的宾馆门前停下。这里的装饰让人不禁想起三十年代。一个巨大的野牛头挂在没有侍者就无法运转的老式电梯门口。有个男人在这里租了块地方庆祝自己第一本书的出版，那是一本关于褐熊的概述。我想着这家宾馆是不是《唯有蓝天》[1]（*Rien que du ciel bleu*）中的弗兰克·科本哈沃（Frank Copenhaver）顶着本地居民的盛怒改建成养鸡场的那家。接待处有人在兜售粉红 T 恤，上面标注着这座城市的名字。黄石公园远处的大廷伯稍欠风情，那里街道宽阔，建筑物皆由红砖砌成。倏忽间，城市戛然而止，自然映入眼帘。西边，朝着博尔德的方向，我们沿着一条幽长的山谷前行。春天早已降临，而远处的山峰上仍堆积着皑皑白雪。这条路一直蜿蜒至山谷深处，旁边有几匹马和成群的母牛。正前方是火山山脊。天空到处都是黑沉沉的，刮着大风。在开发区的入口处，几块狂草的木牌抗议着牧场主的消失，呼吁人人平等，不过主要是为了白人。我们继续赶路。更远一些，经过了几英里土夯的小路后，我们终于到了麦葛尼家门口。几只羚羊从身边飞奔而过。穿过一排树后，路转了个弯。突然，我们止住了脚步：一位披着长发的美丽女郎，穿着牛仔裤和平底鞋，正赶着一小群枣红马进马栏。栅栏后有四只狗正温柔地望着她。这是劳丽，托马斯·麦葛尼的妻子，也是他书中诸多女主人公的原型，是《巴拿马》（*Panama*）中在格里斯让弗兰克·科本哈沃心悦诚服的卡特琳娜·德·波美罗（Catherine de Pomeroy）。汤姆到了。他个子高大，比实际年龄看起来要年轻十岁。他领我进屋，步履很慢，靴刺发出响声。几栋房屋像是簇拥在几十

---

[1] 英文书名为 *Nothing but Blue Skies*。

株鲜花盛开的月桂树下。一处临河而建的小屋子是他的写作室，三间木房朝着河水敞开。在那里，我们只听得到流水的声音。河流对面是陡峭的山峰。我们坐在一栋大屋子的客厅里，几块彭德尔顿毛毯搭在楼梯栏杆上。沙发深陷，看起来一切都十分热情、古朴、宁静。几条狗卧在我们身旁。

这是世界上最美的地方了！跟我说说您是怎么来到蒙大拿的。

我是在马萨诸塞州的怀恩多特出生的，不过我很小的时候，我的父母就搬到了密歇根，我是在那里长大的。十六岁的时候，我交了一个女朋友，她爸爸在怀俄明州有家大牧场，于是夏天的时候我就去那里干活。也是在那里，我开始热爱大自然，也开始对捕鱼和野外生活感兴趣。我再也不想过另一种生活了。大学一毕业，我就住到了蒙大拿，那是1968年。

我们可以谈一谈地理意识吗？您的很多小说都发生在蒙大拿。

是的。但我不是商会作家，也不是西部作家或者蒙大拿作家。虽然确实有这样的作家，比方说艾尔弗雷德·伯特伦·格思里（A.B. Guthrie），您知道他吗？我不是那种风景至上的作家。我的故事之所以发生在这里，是因为我对这里很了解，但是它们不是关于这片土地的。说到底，我最强烈的地域意识，是在大学毕业后找到了一间每月二十八美元的房子。

二十八美元?

(他笑。)不错吧?那是在利文斯顿的 H 大道。

是啊!那就是您书中的戴德洛克吗?

有点像吧。戴德洛克是个拼凑起来的地点。所以您看,我写的不是大自然。我只是生活在大自然之中。有时候我的人物也是这样。我会写一些关于在自然生活的随笔,但这不是我写作计划的重点,完全不是。我写一些文学虚构小说,其中人物才是主导,一切都要回到人物身上来。

那个地方让您有归属感?

说到底,是文学让我有归属感。我觉得我更像伊塔洛·斯维沃[1],而不是我的邻居。我生活的中心是文学,文学是我的栖居。

这里的生活吸引您的是什么地方?

有好的也有不好的。这里很偏僻,我们有点离群索居。

我觉得这里全是作家……

确实也是,它在逐渐变成这样。虽然它目前还不是布鲁克林,但也差不多了(他身体后仰靠在沙发上,哈哈大笑)。但是我刚来这里的时候,这个选择还是挺让人惊讶的……这里什么也没有。另外,它一直都挺荒凉的,但文化生活却很丰富。利文斯顿、博兹曼、密苏拉都是很活跃的文化中心。现在这里的艺术家比六十年代要多得多。某种程度上来说,这样更好。蒙大拿现

---

[1] 伊塔洛·斯维沃(Italo Svevo, 1861-1928):意大利犹太商人兼小说家,被誉为二十世纪最出色的小说家之一。

在不像以前那么保守，那么偏远了，它变得丰富多彩起来。但是这里三分之二的地区仍非常乡野，完全由农业主导，非常非常保守、虔信宗教，并且排外。斯威特·格拉斯县就是这两种蒙大拿的交汇处。

自然对您的想象和您的作品有什么影响？

自然是必不可少的。它很神奇，是我作品的元素。但是就像有人说过，自然很快就会说出所有它要说的话！这会让我想到我母亲，当我还小的时候，她总是让我拍照片，但她总是跟我说："不要拍风景，让风景见鬼去吧。要拍人！"在某种程度上而言，这是她给我的一个很好的建议，我常常想起这个。

蒙大拿是个适合写作的地方吗？

它不是很国际化，没法和你遇到的人进行些很有思想的交流，另外你也只能碰到这些人。但是我了解他们，真的很了解，关于他们的一切我都知道：他们是怎么生活的，晚上几点关灯，他们遇到的麻烦，我什么都知道。

这对于一个作家来说是好事，不是吗？

嗯，当然很好了。就好像福克纳，您知道的，他心中一直有个他熟知的小世界。这真的非常非常好，因为在写作中，一切都是围绕着人物转的。（狗朝着麦克风狂吠，让接下来的访谈根本无法继续。托马斯试着把它弄走，但这个大家伙很顽固。）您养狗吗？

不，我住在巴黎市中心的一套公寓里，要是养狗的话会很麻烦。

不过您小时候家里总有狗吧？要么至少跟狗一起长大过吧？

不，一样的，我一直生活在巴黎。

噢噢,我的生活里不能没有狗。这两只是猎狗,那几只是救援狗。这条狗特别温顺,它是从一家避难所过来的。

您是从什么时候开始想要成为一名作家的?

很早,很小的时候。其实这挺奇怪的,一是因为我小时候不怎么读书,二是因为我在学校里成绩不是特别好。但我父母很爱读书,所以家里有很多书,这对我而言也是一道风景。

他们会读书给您听吗?

不,不多。我童年时期最棒的就是移动图书馆了。当移动图书馆来的时候,孩子们都疯了一样从四面八方涌过去。我们急不可耐地等着它。但是我读的都是一些诸如《孤筏重洋》(*Kon-tiki*)之类探险的书,当然最让我神往的,我想象中最惊心动魄的生活是作家的生活!现实和我当初想的相去甚远。(他大笑。)要是我没有成为作家,我想我应该会去外交部文化处工作,找一份外派到阿富汗或诸如此类的工作。我会有各种各样的历险,我想我会很喜欢这样的生活。

您是在什么时候发现读书的乐趣的呢?

中学的时候,我交了一个好朋友。他是同性恋——呃,我不是同性恋……(他妻子在厨房里笑起来。)这好笑吗,劳丽(Laurie)?好吧,我不是同性恋,但是我们关系很好,而且一直都很好。那就是埃德蒙·怀特[1],他也是作家,很有才华。那时候,我们对他的性取向没什么概念。那是五十年代,我比较大男子主义,不过

---

[1] 埃德蒙·瓦伦丁·怀特(Edmund Valentine White,1940-):美国小说家、随笔作家。

我们相处得很好。他比我们更世故、更成熟。他给了我几本书，给我推荐了一些作家。回想起来，我发现那确实是对自己的性取向充满疑问的男孩会读的书：兰波、于斯曼[1]、洛特雷阿蒙[2]、王尔德、普鲁斯特。这些也极大地拓展了我的文学视野。在认识他之前，我读的都是些大家都读的作家，像海明威、福克纳等。从那以后，我就没再停止过阅读。其实写作只是我对阅读的激情的衍生物。

您那时就已经开始写作了吗？

不错，写了一些诗歌。一些小东西，就是那种被人们称为碎片的文本。幸好我没有保留那个时期的任何作品。我什么也没完成。此外，在我的第一本小说之前，很长一段时间我都是什么也没完成。那时候我想着："小伙子，还是得投入啊。"

您觉得需要有阅历才能写作吗？

在某种程度上，我不这么认为。或许恰恰相反。想想福楼拜或者是艾米莉·狄金森[3]的生活。也许阅历丰富是发生在一个作家身上最糟糕的事情了。不过对于我来说，我还是有过一些阅历和冒险的。我很高兴我能经历那些冒险，我玩得很开心，也希望能经历更多的奇遇。

跟我说说比勒科队长吧。

噢，这是我哥哥给我取的绰号。那时候我们很多小伙子在一

---

[1] 乔里斯－卡尔·于斯曼（Joris-Karl Huysmans，1843-1907）：法国小说家。
[2] 洛特雷阿蒙（Comte de Lautréamont，原名伊齐多尔·吕西安·迪卡斯，Isidore Lucien Ducasse，1846-1870）：法国诗人。
[3] 艾米莉·狄金森（Emily Dickinson，1830-1886）：美国女诗人。

起，其中有些现在成了作家或者画家。我们会一起做些傻事。我当时怪得很，我的工作、写的最初的几本书，还有我遇到的所有人都让我很兴奋。我们毫无理智地喝酒、吸毒。但那是一个很适合做这种事的时期，因为是在七十年代，一切都很极端。后摇头丸时代，也是前艾滋病时代，大家都会做些很疯狂的事情。您呢，跟我说说您做过的最疯狂的事情？

啊，不要，没门儿。说说您的喜好吧。

我喜欢海明威早期的短篇小说。我喜欢马克·吐温。对，我很喜欢马克·吐温，他是我的英雄。我还喜欢俄国的悲喜剧作家，让你不知该哭还是该笑，比方说果戈理（Gogol）。我还喜欢巴西的麦卡铎·德·阿西斯[1]，您认识吗？还有托马斯·洛甫·皮科克[2]。

除了蒙大拿以外，您从没试过在别的地方生活吗？

试过一下。很年轻的时候我做过渔船的引水员。那是在西礁岛，我母亲住在那里。在好莱坞的时候，我也在史蒂夫·麦奎因[3]家附近小住过一阵子，我那时为他工作。我租了他家旁边的别墅。但是我不喜欢那种生活。

关于电影，您都做过些什么呢？

我写过好几个剧本，《大峡谷》（*Missouri Breaks*）和《华丽

---

[1] 若阿金·玛丽娅·麦卡铎·德·阿西斯（Joaquim Maria Machado de Assis, 1839-1908）：巴西小说家、诗人、剧作家、短篇故事家。
[2] 托马斯·洛甫·皮科克（Thomas Love Peacock, 1785-1866）：英国小说家、诗人。
[3] 史蒂夫·麦奎因（Steve Mcqueen, 1930-1980）：美国演员。

农场》(*Rancho Deluxe*)。我还指导了由我的小说《九二阴影下》[1](33° à l'ombre)改编的电影。为什么他们要把这些交给我这样一个毫无经验的新手来干呢?简直就是个谜。

写剧本的时候,您最喜欢什么?

我喜欢团队一起工作。您知道的,作家的工作实在是太孤独了。我一天到晚都是一个人。而我是那种喜欢和别人待在一起的人,我很喜欢社交。我也很喜欢写剧本,也喜欢执导电影。我喜欢动作片,喜欢每天肾上腺素飙升,喜欢这种一群人扎堆工作的感觉。我还很喜欢发号施令。(他笑。)

不过当我说写剧本没有写小说有趣的时候,别人总不太相信。写小说的时候,要是你有了想法,脑海中有了画面,你只要写出来就行了,你是完全自由的。电影则是个很庞大的机制,换一个布景都需要五十个人来完成。

您不想在这条路上继续下去吗?

实际上,我没有真正地想要停下来。我的电影得到的几乎都是好评,尤其是来自《纽约时报》的。所以他们建议我再写另一部电影,猜猜是什么吧!《新星升起》[2](*Une étoile est née*),和芭芭拉·史翠珊[3]一起工作。(他笑疯了。)我心想:"哎呀,老家伙,要是你自甘堕落到这步田地,那就完蛋了!"

您拒绝了?

是的。

---

[1] 英文书名为 *Ninety-Two in the Shade*。
[2] 英文影名为 *A Star is Born*。
[3] 芭芭拉·史翠珊(Barbra Streisand, 1942-):美国演员、歌手。

> 好吧，我们回到前面的话题。您很小的时候就决定要写作，您的家庭支持您吗？

嗯，他们没有阻止我，不过他们觉得这有点不太现实。此外他们也是有道理的。指望靠写作活下去看起来是不太靠谱。

> 为了成为作家，您制订了哪些计划？

我先在密歇根大学学习，然后在耶鲁研习文学和戏剧写作。我觉得自己或许可以靠这个过活。我很确定我不想教书。

> 为什么呢？

我教过一小阵子，在伯克利教了几个学期。不过您知道的，我很喜欢这个。所有那些充满希望的年轻人都很可爱。您也很可爱，您是跑来跟我提问的所有人中最可爱的，您见过的那些作家都会跟您调调情，不是吗？

> 完全没有。所以您曾经教过书？

我非常喜欢教书，和别人分享有关文学的一切。所以当我离开课堂的时候，我都不想写作了，甚至不想读书了。不过为了生存，我想过写戏剧或者是新闻。硕士毕业之后，我收到了斯坦福的华莱士·斯泰格纳（Wallace Stegner）奖学金。我们没有什么课，不过那是个把作品拿给一个作家看的好机会。此外很好的一点就是会遇见一些同龄的作者。

> 您遇到了谁？

我不知道您是否认识他们，很可能不认识吧，不过那真的不错。自从上密歇根大学以来，我就经常和吉姆·哈里森来往。

> 真的吗？

他只比我大两岁，我们关系很好。

> 你们会把文章拿给对方吗？

不会。我们关系特别好，不过不会给对方看自己的作品。我们会聊聊书，聊聊作家。和吉姆一起，我们看了很多关于北欧文学的书，我们变得很奇怪，像疯子一样读这些书："斯蒂格·达格曼[1]、克努特·汉姆生[2]、帕尔·拉格克维斯特[3]，我甚至都不知道这个名字是不是这么读，还有哈尔多·拉克斯内斯[4]，我尤其喜欢汉姆生和拉克斯内斯。一些诸如此类的作品。不停地读。好吧，我还写了一部长篇小说（不是第一部，之前那些最后全都扔进垃圾桶了）。我把它寄给了戴尔出版社，他们审查了好几个月。我坚信能发表，之后我就等得很不耐烦了。埃德加·劳伦斯·多克托罗在那里上班，我最后给他打了个电话说："好了吧，该做出决定了。"都已经九个月了！然后他们跟我说："不，不行，我们不会要的，我们放弃这个稿子！"那时候我大概二十六七岁吧，非常失望。特别特别失望。您知道的，二十七岁虽然不是很老，但也确实不算很年轻了。应该要有所成就了。我还有妻子，有孩子……

> 您那时已经有孩子了？

对，他现在住在博兹曼。我得赚钱养活自己。斯坦福的奖金已所剩无几。所以我又飞快地写了一部小说，只花了六周……

> 六周？！

---

[1] 斯蒂格·达格曼（Stig Dagerman，1923—1954）：瑞典作家。
[2] 克努特·汉姆生（Knut Hamsun，1859—1952）：挪威作家。
[3] 帕尔·拉格克维斯特（Pär Fabian Lagerkvist，1891—1974）：瑞典诗人、小说家。
[4] 哈尔多·拉克斯内斯（Halldór Kiljan Laxness，1902—1998）：冰岛作家。

是的，不过您知道伊塔洛·斯维沃写《基诺的信仰》[1]（*La Conscience de Zeno*）只花了三周时间吗？我花六周写了《狩猎俱乐部》[2]（*Le Club de chasse*）。我把它寄给吉姆·哈里森之后就心灰意冷地去了墨西哥，想着这辈子还能干什么。吉姆那时住在纽约，他几乎认识所有人！他非常爱交际，到处都有朋友。他找人读了我这本小说，然后我在墨西哥收到了一封电报，告诉我说我的作品将要被发表。我回来的时候——甚至在我还没回来之前，我就得知这本书将要被改编成电影。于是我又有了一点钱去写后面的书，就是这样。我一直都是这样前进的，一小步，再一小步。

您的前三部小说都是一部接一部发表的。这几本小说都取得了很大的成功：《狩猎俱乐部》（这是一部非常朋克，或者说无政府主义的小说），以及《被伏击的钢琴》[3]（*Embuscade pour un piano*）和《九二阴影下》。

其实销量并不是很多，不过评价很高。我收到了一些非常好的评论。《九二阴影下》甚至入围了美国国家图书奖（National Book Award）的终选，所以已经很不错了。那年获奖的是品钦[4]的《万有引力之虹》[5]（*L'Arc-en-ciel de la gravité*）。

然后您写了《巴拿马》。

对，然后我写了《巴拿马》。

自传色彩很浓，对吗？

---

[1] 英文书名为 *Zeno's Conscience*。
[2] 英文书名为 *The Sporting Club*。
[3] 英文书名为 *The Bushwacked Piano*。
[4] 托马斯·品钦（Thomas Pynchon, 1937— ）：美国后现代主义文学代表作家。
[5] 英文书名为 *Gravity's Rainbow*。

对的。是用第一人称写的。是一个感人、深情、堕落的瘾君子的忏悔！

您吗？

噢，是的。

评论界有什么反应？

受到了尖刻的抨击，他们完全否定了这本书。《纽约时报》和另外一本杂志除外。其实是他们在争名夺利。当我跟我的朋友理查德·布劳提根（Richard Brautigan）说我感觉不太好，感觉自己被击垮了，他对我说："这很正常，那些人就喜欢这么干。先捧出一个偶像，然后把他搞下台。我本应该在书出版前就告诉你的，书出来绝对是一场灾难。"

在您看来这是为什么呢？

因为他们不喜欢它。其次这个圈子就是这样。他们先说我很有才华，现在他们想找到我的短板，发现我的不足之处。发现作家的才华是件很有意思的事，不过发现作家不行更有意思。他们是这样对我的，也是这样对很多其他作家的。比方说约翰·契弗。评论把他贬得一文不值，这让他非常痛苦，完全摧毁了他，并且加速了他沉溺于酒精的过程。

您在那个时期是怎么挺过来的呢？

不太容易。所有人都对你充满敌意，大家都觉得你写得烂透了，你会觉得："好吧，要是所有人都不喜欢，那这部作品是不是真的很糟糕呢？而我觉得好呢？而我喜欢它呢？"我很失望，不知所措。然后我的出版社也很不高兴。出版业确实不容易，你的出版社就是你的合伙人。要是别人不喜欢你的书，出版社的日子也很难过。

这本书最后的命运如何呢?

现在《巴拿马》一直在加印,还在卖。它已经闯出一条路,获得了小小的成功。有些人觉得那是我最好的小说。

您呢?

我也觉得它是我最好的小说之一。

在经历了这个阶段之后,您再次投身写作的时候会觉得艰难吗?

对,有一点。然后我换了出版社,因为之前那家做了一些我觉得很不对的事情。他们说给了我《巴拿马》很不错的稿酬,然而书却卖不出去。所以他们想拿前一本——《九二阴影下》赚的钱来弥补这本书的损失。我觉得这样很可恶,所以我离开了。出版社这么做于情于理都不对。幸运的是我找到了克诺夫出版社,一切都好起来了。

您对出版业的发展怎么看?

从我刚开始走上写作这条路到现在,它已经发生了巨大的改变。大部分的书都是在亚马逊上卖出去的,50%以上都是电子书。不过我不太在乎这个,我觉得这跟作者没什么关系。我很高兴能有读者,不管他们以什么方式读我的书。我很幸运能找到一个这样的出版社:其中所有人都对文学充满热情。但是最近这些年,我对小说形式有点失望了。菲利普·罗斯说小说几乎已死。二十年后它大概就会消失了,甚至有可能更早。我对短篇小说更感兴趣。在美国,短篇小说一直是个很有趣的形式,而且现在越来越是如此。最近我读的书中,能够触动我、让我感兴趣的都是短篇小说。比如耐尔·佛鲁登伯格[1]的《幸运女孩》(*Lucky Girls*)。在我看来，理查德·福特最好的书是他的短篇小说集《摇滚春天》(*Rock Springs*)。那是他最精雕细琢的一本书。您跟我说您已经见过他了，不是吗？您也见到了克里斯蒂娜吗？她非常优秀。您知道当理查德·福特认识她的时候，她正一边学物理，一边做模特吗？她是个让人惊叹的女人。看见他们在一起真让人开心，他们非常恩爱。此外，理查德·福特也是那些认为《巴拿马》是我最好的作品的人之一。最近我看了这十年来获得美国国家图书奖的书（我在九十年代曾是评委），我看到获得一时的荣誉后依然流传的都是一些短篇小说，所有的都是。那么您呢？您有哪些喜欢的作家是我有可能认识的？您喜欢约翰·契弗吗？

  对，很喜欢！您呢？

我也喜欢他的作品。我认识他，但不是特别熟。您的小说被译介到美国了吗？

  没有。很少有外国图书被译介到美国。

是的。我们不是很擅长译介。我想法国应该对自己的文化生活很满意。这是全世界都羡慕的：你们是一个岛屿。

  噢，我们不是一个岛屿，我们有欧洲。尽管最近大众对选举的参与度都很低，但我不觉得我们是个岛屿。不过确实，法国有很多电影、书籍，文化生活很丰富。

我不知道美国的文学市场能不能像这样健康地发展。美国对于小说类型的偏爱让我很难过，真的很可惜。要是后面不紧接着

---

[1] 耐尔·佛鲁登伯格（Nell Freudenberger, 1975- ）：美国短篇小说家。

发表一部长篇小说的话,出版社是不会发表你的短篇小说的,而这部长篇小说往往让人十分失望。有些人天生就是写长篇小说的料。但想想爱丽丝·门罗和卡佛吧,要是逼着他们去写长篇小说绝对是暴殄天物,所以这些年轻的短篇小说作家不能坚持下去真令人遗憾。其次我觉得,这些投身于短篇小说创作的人已经放弃靠写作活下去的想法了(靠写作为生对一个长篇小说作家来说就已经很艰辛了,对短篇小说作家而言就更难)。从某种程度上说,这让他们的写作更为纯粹,您明白我的意思吗?他们不必操心要取悦谁。除了写作,作家们必须有别的生存方式。

您呢?您靠什么生活?

我啊,什么都靠一点。牧场能赚点钱;我的书在书店都有卖,也能赚点钱;我还有一笔作协发的退休金;此外还有剧本和我拍的那些电影也能挣点。这些加起来就够生活了。

法国出版的短篇小说要比这里更少。在美国,短篇小说仍然是个高贵的体裁。

是的,我知道。《加拉丁峡谷》(*Gallatin Canyon*)——我最近的一本短篇小说集在这里就卖得很好,我真的很喜欢写短篇。接下来我还有一本新的小说集要发表,在您到达之前,我刚刚接受了审查。我知道在法国,我的编辑克里斯蒂安·布儒瓦(Christian Bourgois),卖书就卖得很痛苦。他很烦恼,因为书卖不出去。在这里呢,我还是很幸运的,因为有很多作品,所以也有很多评论。我对我的作品很满意。

您是从哪部作品开始走好运的呢?《唯有蓝天》?

这追溯起来要有些年头了,这部是……

1992年出版的。

是的,可以说是《唯有蓝天》,或者是下一本。

我真的很喜欢这部小说。尽管它很感人,我读的时候还是笑得停不下来。

我已经很久没重读这本书了,不过我很喜欢它。我对这本书充满了温情,真的。

您是怎么开始一个新故事的呢?

一般都不是很明确。比方说对于《在轮上》[1]（*Sur les jantes*）这本书,就是从一个我认识的利文斯顿的医生开始的。在西部小城,医生确实算得上大人物了,几乎可以说是小城之王。不过这个医生爱上了一个他治疗过的妓女。好吧,不幸的是,这个妓女爱着一个牛仔,这个坏男孩对她很不好。于是这个医生带着武器去了主街,手上拿着枪,要去找这个伤害他心上人的男孩算账。您明白了吗？我特别喜欢这个故事。我喜欢表面发生的故事,它们能让生活更深层的东西显露出来。就是这类的东西,一些趣闻逸事,我的故事就是从这里诞生的。人们总是比看起来要更复杂一些。您在大廷伯住的那家宾馆,那里以前有一张手术台。当牛仔们决斗的时候,他们会相互开枪,受伤之后,外科医生就会赶过来在同一张桌子上给他们做手术。可惜这张手术台现在不在了。

您是怎么工作的呢？

一开始,我不会一次写很多。创作之初是很隐晦、很模糊的。

---

[1] 英文书名为 *Driving on the Rim*。

我要在迷雾中寻找道路，这很艰难，也很缓慢。我得一点点地抓住碎片。这不是在几小时之内能完成的工作。我写一两个小时，然后我就出去干外面要干的活儿，或者我去钓鱼。

一旦您的故事步入正轨呢？

啊，一旦我开始进入正轨，找到门道的话，我就不会停下来了，会一直坚持不懈地挖掘，写啊写啊，一整天都会写作。找到诀窍时是停不下来的。

您每天都写作吗？

不是。嗯，嗯，我每天都会在我的小本子上记点笔记。但我不会强制性地每天都写书。和人们想的恰好相反，我不是那种很自律的人。我父亲极其自律，所以他觉得我很反复无常。

您手写吗？

我试过，但是我的字很难看。写完过一会儿，我自己都认不出来我写的是什么了。

您经常修改润色吗？

我会写一个非常粗糙的初稿，然后我会大量地修改润色。只要我允许自己修改，我就赋予自己很大的自由，我就更敢写了。我觉得自由是因为如果有地方写得不好我可以修改，并不是一旦成文就要伴我一生。

您写不下去的时候会去干什么呢？

您知道的，这里有很多事可以做。您来之前，我在马场里逛了好几个小时。您离开之后，我可能会去钓鱼。劳丽不喜欢钓鱼，真是可惜了。这的确是个很不错的活动。这里有自然、美景，还有我的娱乐：钓鱼。好吧，我们现在来谈谈可卡因吧。

您想谈谈可卡因？

不错！您吸过毒吗？

不管怎么说，您肯定吸过。

是的。

可卡因吗？

对，非常美妙。

您曾经大量吸毒？

是的，吸得很多。就像别人说的那样，在吸过量之前怎么会知道什么叫吸得很多呢。所有人都在吸毒。时代使然。可卡因是种很出色的毒品，但是真的很危险，它使得你看到的一切都变得更加鲜活。我们可以看到更多，一切都加速了，都变得更快、更强。您不觉得它对于性爱来说是种绝佳的春药吗？

您这么觉得？

对，但我觉得它的效果可能对男人比对女人更强烈？不是吗？

您因为可卡因做过的最疯狂的事情是什么？

天哪，太多了，所有疯狂的事情我几乎都干了，可以说没有哪一个禁区我没碰过。但是总的来说，我参与最多的是集体淫乱。早上我醒来的时候，会想："噢，天哪，我在这里干什么？我又干了什么？"不幸的是，宿醉和可卡因之夜的第二天都会非常难受。哎，真让人难过。但我最终停下来了。三十五年来，我都没再喝过一杯酒。

您曾经是个酒鬼？

也许吧，我没进过美国解救互助协会（AA）。但我很害怕我会沉溺于酒精。我有些朋友可以晚上喝一整瓶红酒而安然无恙，如果可以这么说的话。但我不是这种人。我觉得来自爱尔兰的美国人没有欧洲人那么节制。不管怎么说，喝酒的时候就敞开喝。这对我不好，但我那时不想一辈子都自我克制。就一杯，不要两杯；现在不用注意，太早了；等等，呃，我不想那样生活。我用其他的事代替了酒瘾。我是有意做出这个选择的。

哪些其他事呢？

我的家庭、马匹、钓鱼，我对这些事很入迷。当然了，还有写作。当写作和一切都顺利进行的时候，这种感觉美妙极了。这是作家写作的真正原因，不是吗？您肯定也很了解，这种极大的快感，这种一切都很顺利时感到的兴奋，真的很奇妙。至于集体淫乱，您知道，我是开玩笑的。

您经常能感受到这种兴奋吗？

不一定。不过一旦你体验过一次之后，你就会一而再再而三地寻找这种感觉。这就是写作的巨大幸福。它带来的这种愉悦与美好有时候是会让人轻度上瘾的。文学是我生命中最重要的东西。当然了，不会每每都进展顺利，也有好像什么都行不通的令人沮丧的时刻。写作对于一个躁狂抑郁症患者来说是一项完美的活动，我觉得我特别符合躁狂症的症状。您知道，最重要的是诚实，对自己的诚实。我们应当考虑的，不是作品公众是否会喜欢、是否符合潮流、是否能赚钱，而是应该带着纯净、诚实的目光去看待我们所写的东西。我觉得这对一个作家来说是最难的事情。在某种程度上，当我们年纪大了，写作水平提高了，我们可能就更善于巧妙利用某种名声去掩饰作品的空洞。要抵制这种行为，要直面现实。我觉得最诚实的作家应该是契诃夫，我说的是情感上的诚实，是契诃夫。阅读契诃夫一定会让一个作家得到提升。一定要读读他的作品。您知道托尔斯泰写的关于契诃夫的那则逸事吗？

不知道，您跟我说说吧。

托尔斯泰很晚才学骑自行车。那时他大概六十多岁了。一个女人教他怎么在圆形剧场里骑车，托尔斯泰得围着她转大圈子。转圈的时候，托尔斯泰反复叮嘱自己："不管发生什么，我都不能冲向她。我不能冲向她。"当然了，才转到第二圈，他就撞到她了。托尔斯泰说这个画面绝妙地反映了真相对契诃夫的吸引。不管他做什么，他都要一头撞上去。真相对他有不可抗拒的吸引力。我喜欢这个故事。

我们可以说您作品中的男性人物通常和他们的父亲关系很僵，如果不说"糟糕"的话，这是以您的亲身经历为蓝本的？

不错。这在《巴拿马》中尤其明显，不是吗？我们相处得非常糟糕。我们家不幸福。我最小的妹妹，也是我深爱的妹妹，二十几岁的时候死于嗑药过量。

这是在……

对，是在《无人的天使》[1]（*L'Ange de personne*）中出现的。叙事者的妹妹死了，这真的……简言之，这是我一生中遇到的最

---

[1] 英文书名为 Nobody's Angel。

糟糕的事情。这件事已经过去很久了,但我总会想起它。我父亲是个酒鬼,也是个工作狂。他一生都没有误过一天工。他白天不喝酒,但是夜夜宿醉。他是个商人,非常冷漠也非常自闭。他出生在大萧条时期,所以一直对贫穷极度恐惧。他来自一个工人家庭,本来拿了一份运动员奖学金,可以在哈佛读书。但是一到大学,他发现身边都是一些有钱的贵族子弟,他对他们的看法非常刻薄,也非常不善于社交。我有个来自法国贵族家庭的朋友,准确地说是个伯爵,是查理大帝的直系子孙。当他每次来我家找我一起去钓鱼的时候,我父亲都会离开屋子——为了不用看见我朋友。他是个非常严厉、非常沉默的人。他来自爱尔兰北部,那里和科克地区不一样,我母亲来自科克。在他的一生快要结束的时候,他只有一个朋友,一个叫作约翰尼·埃斯塔米略(Johnny Escamillio)的墨西哥移民。在他的同学、同事中,他一个朋友也没有。

您会在多大程度上把个人生活融入小说?您很像您作品中的男性人物。

对,我会在作品中运用亲身经历的一些东西、元素和趣事,会稍微改编一下。您也会这么做吗?作家们都会直接或间接地这么做吧。

回到您的家庭上来,您刚说您母亲那边的人很不一样?

在我母亲家,所有人都很快乐,喜欢说话。他们都是些爱讲故事、爱说话的人,都很搞笑。我很想念我外婆家。当我父亲把我们带到密歇根之后,我们就完全离开了那里,但是我每年夏天都会回去。在某种程度上来说,我和劳丽在这儿成功地重建了那种氛围。我们有四个孩子，有些虽然不是我们俩婚后所生，但这么长时间过去了，我们已经是一家人了。我们都是演员，爱大声嚷嚷、爱高声说话，玩得也很开心。

您从母亲这边继承的口语文化影响了您想要成为作家的愿望吗？

当然，当然。我们写作就是为了讲故事。就是为了这个，分享一些故事。

您有过写作危机吗？

我在想我现在是不是正处在写作危机中。几周前我完成了上一部小说集，然后我去了古巴，天哪，我真的很喜欢古巴！我还想再去一次。我已经开始跟附近牧场的女主人学西班牙语了。她来自智利，我们经常聊天。我学得还不错。您了解古巴吗？最后我回来了，但是没办法重新投入到写作中去，就好像我已经忘了怎么写作一样。写作真的是一种习惯，需要一直写一直写。保持规律，不能气馁。这就好像锻炼身体一样，需要热身。否则一切又得从头再来，一切从零开始。您呢，您已经写了几本书了？

三本长篇小说。

跟我说说吧。

啊，不要。

说说吧。人老了，就没兴趣好好谈论自己了。您知道您很可爱吗？

您已经跟我说过了。我们严肃点吧，要不然永远都结束不了。

我更希望是我采访您。

　　好吧,如果您真想听的话。我的第一本小说故事发生在圭亚那,在它和苏里南交界的一条河上。

您了解这个地方吗?

　　是的,我父亲在那里工作,我去过很多次。

啊啊,真不错!这让我很想读一读。我一直很想去苏里南,我不知道为什么。

　　那里对于小说家来说是个非常好的地方。很危险、很浪漫、有很多淘金者、很多有点疯狂的故事,还有很多荒唐事。

您为什么会开启这次美国之旅呢?

　　好吧,我正处在文学危机之中,我的第三本小说卖得不是很好,但我真的很喜欢它。

啊,绝望是职业的一部分。我们是预见不了的,并不是我们喜欢的就卖得好。

　　此外我的丈夫是摄影师,我们想要一起旅行,带着我们的孩子上路,探险。我也很想知道其他作家是怎么做的。对于我来说,在某种意义上而言,这是一次成长之旅。

这么做是个好主意,我很喜欢。那么您在巴黎的时候,除了写作还干吗呢?

　　我和几个女友去喝喝开胃酒。这没钓鱼或骑马那么有趣。您会放了您的鱼吗?就像在《唯有蓝天》中那样?

会的会的，一直都是这样。这些年来我一条鱼也没杀过。而且，我几乎完全不杀生了。

不过您会打猎？

越来越少了。每个周日，我都会打一两只松鸡做晚餐。我的小孙女有天跟我说："你喜欢打猎吗？你喜欢在乡下散步然后射击，是吗？你觉得很开心对不对？"我点点头。"好吧，嗯，那我希望你继续吧。不过我觉得这是世界上最让人难过的事情了！"啊呀！她几乎完全抹杀了我这个乐趣！我的女儿们都是素食主义者，您看看我们这一家子。我想很快我不会再打猎了，我不再喜欢杀生了。

我们来的时候遇到了一群羚羊。

对，我们这里有很多。

我们在黄石追踪过棕熊，不过很明显，我们是唯一没见过它们的人。

嗯，很可惜，这里确实有很多。有天我们在河边烧烤，一抬眼就发现了一只很大的山狮，趴在我们上方的那块石头上，正看着我们的牛排淌口水！我最近也第一次看到山丘上有几只驼鹿。

您的牧场一直在运作吗？

是的，不过一直在缩小。我们曾经有一万英亩土地，二百五十头母牛，还养了十八匹竞技马、二十一头公牛，每年能提供千吨草料。我自己会去参加竞马表演。自从1968年起，我们有过好几个大牧场，每次我们都会把它们再卖掉，我很擅长这个。现在，我们只有两千英亩的土地，十一匹马，每季养一百来只一岁大的小羊羔。我们和一个兄弟牧场一起出产草料。

您对今天的美国的担忧是什么？

很多很多。您知道的，我会一直想着我们国家。当您向我提这个问题的时候，我很想说我很为我的国家自豪，说这里是个非常宜居的地方，最宜居的地方之一。就像一个大家庭，在家里或许有纷争，但是当有外人来指责你家某个成员的时候，所有家人都会抱成一团一致对外。不过我仍然有很多的担忧。今天我们被卷入大量的灾难性的冲突之中，美国人不再对国外的政治感兴趣了，它在倒退，孤立主义倾向又回来了。我们仍然是个很强大、很富有的国家，但是越来越封闭了。我们和中国人竞相争夺对非洲的控制，和南美关系紧张，还有复杂的移民问题。我是个自由主义者，但全国人民都能接受政府的每次崩溃吗？我们国家的另外一个灾难就是：公司和个人有同样的权力。我们的国家被公司所操控，然而这些公司并无理智可言。美国的中产阶级是个很好的群体，不管是什么肤色，都比较直接，或者说有点天真，但总体来说都不错。但是他们和精英阶级、大公司以及媒体的分歧已经公开化了。当然还有一个您应该也担心的问题，也是为了孩子们所必须担忧的问题，就是气候变化与全球变暖。

这种变化在您周围是肉眼可见的吗？

不，我不觉得，暂时还没有。不过我去了格陵兰岛，我看到了冰块不可挽回地融化。人口过剩确实是个问题。自我出生以来，美国人口已经翻倍了。有些事情确实得做，尤其是第三世界妇女的教育和计划生育问题。

好吧，那么最后一个问题，我们就可以结束采访了。您自认为是一个美国作家吗？或者是西部作家？或者是其他的？

很简单，就是一个作家。我是一个作家，一个不属于哪个国家，不属于哪个地理位置的作家。我也不相信南部作家或者乡村作家这些噱头。我不关心这个，这对我来说也没什么意义。你在哪里写作并不重要，重要的是你的写作。我不相信所谓的美国长篇小说。

结　语

我们是带着一种地理意识开始这本书的。什么样的国家就会诞生什么样的伟大人物。英语中，最适用于这次探索的解释是：*a sense of place*。总的来说，也就是地理意识。一个想象、一本小说是如何根植于一片土地的呢？很明显，这个问题对于那些把他们的城市或者地区当成写作中心的作家们（肯尼迪、盖恩斯、勒翰）来说是很有意义的。但它同样也适用于其他作家：地点是怎样融入作品中去的呢？阿第伦达克山脉在班克斯书中投下的倒影，伯克书中受到毒害的路易斯安那州，阿斯维特书中的纽约和大城市……我们开启了一趟穿梭在真实与想象之间的旅行，透过那些刻板印象去认识一个国家。四季变换，天空辽阔，我们走过的路跨越了无尽的风景，它们是无数小说的背景。我们在活动房公园歇脚，那里的居民像永远被卡在那里似的——我们相信认识了他们就读懂了班克斯——我们在从书中看到的汽车旅馆里躲避坏天气；去过从早上五点起就人满为患的健身房；穿过莽莽的原始森林，那里也许就住着波登或者拉什的主人公。我们在七十个服务站停留过，想着《洗礼》中朝着大峡谷前进的叙事者，还有那不切实际的美事：买一张电话卡，每次都带着一瓶啤酒出发……北美的卑微与伟大、它不可抗拒的美、它的广阔无垠是难以一言以蔽之的。

我们又想起福特的话："我们努力适应。"我们见过的作家一起努力适应着他们的国家，并从国家获得给养，因为他们都已经竭尽所能。他们写作，因为那是他们的事业。就像波义耳说过的:"尽管读者持续减少这件事带来的黑暗仍在一旁窥伺,但作家们仍将像饥饿的绝食艺术家一样继续写作。"

我们两个人一起开启这场旅行,或者说六个人。我们在野营车的方向盘上或者一只手还放在童车上拍照片。我们在无尽的喧嚣中长时间地研究路线,时不时被打断。我们去的更多的是儿童博物馆和游乐场,而非酒吧。这是这场旅行的局限,也是它的力量所在。同时它也是一场伟大的私人或者家庭冒险。

得益于这些访谈,我们学到了重要的一课,那就是创作过程中必不可少的诚实与写作时的全情投入,我们需要投入全部甚至更多。在所有这些采访中,被提到最多的词是:工作、严谨、规律。再试一次,坚持。这个秘诀的美丽在于它适用于所有学科。许多作家都称呼他们的艺术为:苦役。

最后借鉴怀德曼引用的海姆斯的比喻:拳击手打拳,作家写作,摄影师摄影。概莫能外。

致　谢

我们做了一次漫长的旅行，很多人都以各自的方式帮助过我们。衷心感谢你们：

弗里德曼一家。伊利亚、瓦伦蒂娜和阿基姆，感谢你们的款待，谢谢那些俄罗斯动画片，还有所有一起度过的愉快的夜晚。

马库斯和卡亚，谢谢你们的房间。

弗朗索瓦和朱迪斯·达莱格雷，感谢那个像小说中的地方，谢谢在桑迪湾度过的美好周末和生日蛋糕。

瑞秋·哈伊杜，她女儿还有她母亲：感谢你们让我们深入了解了罗彻斯特的生活。

罗贝尔和玛丽-克洛德·嘉兰，感谢你们的款待。

埃里克·泰索尼埃尔·德·格拉蒙，谢谢你的一臂之力。

伊丽娜·艾普斯塔杰，谢谢你在我们临时需要翻译时给予的帮助和支持。

斯特凡·拉古特，感谢你独到的眼光。

索菲·萨莱斯·德·梅隆和萨缪埃尔·蒂西艾，毫无怨言地帮忙刷了墙壁，我们爱你们。

多米尼克·盖纳和雅克-路易·比内，非常感谢你们在巴黎为我们所做的后勤保障工作。

多萝特·库内奥，谢谢你让这次旅行成为可能。任何人对我们的帮助都远不及你！

最后,非常感谢接受我们的约见,跟我们开诚布公,容忍我们的打扰(尤其是劳拉·卡塞斯克)。

我们特别感谢理查德和克里斯蒂娜·福特、玛格丽特·阿特伍德和罗素·班克斯,给我们看了他们的通讯录,还要感谢詹姆斯·李·伯克和他的骏马。